LES

IMPOTS EN FRANCE

I

LES
IMPOTS EN FRANCE

TRAITÉ TECHNIQUE

PAR

J. CAILLAUX

ANCIEN MINISTRE DES FINANCES

Deuxième Edition revue et mise à jour

I

CONTRIBUTIONS DIRECTES
ENREGISTREMENT, DOMAINE ET TIMBRE

PARIS

LIBRAIRIE GÉNÉRALE DE DROIT & DE JURISPRUDENCE

Ancienne Librairie Chevalier-Marescq et Cⁱᵉ et ancienne Librairie F. Pichon réunies

F. PICHON et DURAND-AUZIAS, ADMINISTRATEURS

Librairie du Conseil d'Etat et de la Société de Législation comparée

20, RUE SOUFFLOT, (5ᵉ ARRᵗ)

1911

INTRODUCTION A LA DEUXIÈME ÉDITION

En publiant une deuxième édition des *Impôts en France* nous entendons simplement présenter au public un ouvrage remis au point, tenu au courant des modifications qui ont été apportées à notre droit fiscal au cours de ces dernières années.

Nous n'ajouterons pas une nouvelle préface à celle que nous avons écrite il y a sept ans et où nous avons essayé d'indiquer les origines, de décrire les évolutions, de dire les qualités et les défauts de notre régime d'impôts. Dans l'intervalle de temps qui s'est écoulé entre 1903 et 1910 il n'a pas été introduit dans la législation des changements assez considérables pour qu'il y ait lieu de compléter ou de remanier un exposé où, selon nos expressions, nous nous sommes efforcé d'extraire la substance du massif traité technique. Sans doute, de grandes transformations sont en préparation ; sans doute, la charge nous est échue de présenter et de faire voter par la Chambre des députés un projet de loi portant réforme complète de nos contributions directes. Mais le projet n'a pas encore abouti et, au surplus, loin de bouleverser, comme l'ont soutenu ceux qui sont insuffisamment informés sur ces questions, notre système d'impôts, il reste dans la ligne d'évolution de notre fiscalité, il la rajeunit, il l'adapte aux progrès et aux formes nouvelles de la richesse publique, il la détache des régimes de privilège, il prépare, en mettant en œuvre avec le souci des transitions utiles quelques-unes des idées maîtresses développées dans la préface écrite en 1903, l'avènement d'un système nouveau d'impôts analogue à ceux qui, depuis longtemps déjà, sont en vigueur dans la plupart des grands pays du monde.

Quand la réforme sera entrée dans notre législation avec les tempéraments, les corrections et les retouches dont nous avons proclamé l'absolue nécessité, peut-être nous paraîtra-t-il utile de mesurer le pas qui aura été franchi, d'indiquer ou de prévoir les nouvelles étapes qu'il y aura lieu de parcourir, surtout de reviser à la lumière des faits les idées que nous avons développées en 1903. Mais ce sera l'œuvre de demain. Nous nous bornons aujourd'hui à demander au public de continuer à cet ouvrage et à sa préface le bienveillant accueil qu'il lui a si largement accordé.

J. Caillaux.

Novembre 1910.

PRÉFACE DE LA PREMIÈRE ÉDITION

Il y a quelque sept ans paraissait le premier volume des *Impôts en France*. Ses auteurs qui, à l'époque, appartenaient tous trois au corps de l'inspection des finances, indiquaient en une courte préface le caractère et l'objet de l'ouvrage qu'ils présentaient au public.

Ils remarquaient que, si l'on pouvait composer une bibliothèque de tous les livres traitant spécialement, avec un très remarquable luxe de détails, de telle ou telle catégorie de nos impôts, il n'existait pas un seul ouvrage embrassant notre régime fiscal tout entier. Combler cette lacune, rassembler en deux volumes toutes les notions essentielles sur l'assiette, le mode de perception de chacun de nos impôts, exclure les détails utiles seulement pour les professionnels, en un mot mettre à la disposition des hommes politiques, des économistes, des administrateurs, un résumé méthodique, à la fois succinct et complet, de notre droit fiscal, tel était le but que se proposaient les auteurs. En intitulant leur livre : *Les Impôts en France, traité technique*, ils marquaient leur intention bien arrêtée d'écarter toute question de doctrine, toute discussion de réformes. Et, de fait, si, dans quelques lignes de la préface et des notions préliminaires, ils laissaient discrètement paraître cette opinion que notre régime fiscal est quelque peu vieilli, qu'il n'est plus en harmonie avec les progrès et les formes actuelles de la richesse publique, ils se gardaient d'insister ; ils entendaient simplement, disaient-ils, « apporter une contribution modeste, mais peut-être efficace, aux travaux qu'ils laissaient à d'autres, plus autorisés qu'eux, le soin de poursuivre ou d'entreprendre ».

Par l'accueil qu'il fit au premier volume des *Impôts en France*, le public prouva aux auteurs que leur initiative était comprise. Ils se trouvaient ainsi engagés à achever leur œuvre et ils commençaient à en préparer le second volume lorsque les circonstances les obligèrent à suspendre leurs travaux. L'un d'entre eux fut appelé dans les conseils du gouvernement, auxquels il participa pendant quelques années. C'est seulement lorsqu'il eut quitté le pouvoir qu'il put songer à la tâche longtemps abandonnée. Il la reprit dans son entier, jugeant qu'il convenait non seulement de donner au public un second volume, mais de corriger celui qui était déjà édité. L'ouvrage, dont le premier tome a été le produit d'une collaboration, a donc été achevé et remis au point par l'auteur de ces lignes qui tient du moins, dans cette préface au bas de laquelle il écrit son nom, à rendre un hommage mérité au travail si remarquable de ses deux collaborateurs : MM. Touchard, sous-gouverneur du Crédit foncier, et M. Privat-Deschanel, directeur général de la comptabilité publique au ministère des Finances.

Ces détails n'auraient que peu d'intérêt pour le public si, en indiquant la genèse de l'ouvrage, ils ne concouraient à en définir plus exactement le caractère. L'œuvre a été conçue, le plan a été élaboré par des inspecteurs des finances, c'est-à-dire par des fonctionnaires mieux à même que qui que ce soit d'observer et de connaître la fiscalité. Ils s'attachent à décrire ce qu'ils ont vu, à le photographier ; ils s'efforcent de condenser et de clarifier une matière trouble et diffuse ; ils expliquent l'impôt sans le juger ; non seulement ils se gardent de discuter les mérites de notre système fiscal, les avantages respectifs de nos divers impôts, ils s'interdisent même toute division de nos taxes en catégories selon leur caractère économique. Résolus qu'ils sont à circonscrire obstinément le champ de leurs études, convaincus par ailleurs que le fonctionnement de la machine fiscale ne peut être expliqué avec clarté qu'autant que le livre où l'on en traite est calqué sur notre organisation administrative, ils écartent toute distinction didactique entre les impôts, et, pour séparer la matière, ils suivent tout simplement la division qui résulte du partage de nos taxes entre les diverses administrations ou régies financières. De même, c'est dans des cas exceptionnels qu'ils font une place, toujours restreinte, à des considérations historiques qui ne leur paraissent pas, en règle générale, rentrer dans le cadre d'un ouvrage dont l'unique objet est de décrire l'organisation et l'administration de l'impôt en France au commencement du vingtième siècle.

L'homme politique qui a revu et achevé le travail est resté fidèle au plan primitif, et si, dans le second volume qui porte plus particulièrement son empreinte, il a parfois cédé au désir de rendre l'ouvrage plus vivant, de le dépouiller dans quelque mesure de son inévitable sécheresse, il ne s'en est pas moins gardé de dévier de la ligne dont il avait jadis, d'un commun accord avec ses collaborateurs, arrêté le dessin. Mais il a pensé que, n'étant plus tenu à la réserve qu'il s'était imposée en 1896, ayant, au contraire, toutes raisons de s'en départir, il pouvait et il devait fixer dans une préface certaines idées générales sur l'impôt, montrer la valeur relative des classifications et des distinctions théoriques, envisager notre système fiscal, rechercher ses origines, décrire ses évolutions successives, examiner le régime actuel de nos impôts, s'efforcer en un mot d'extraire la substance de l'ouvrage qu'il présente au public.

L'IMPOT. — LES DISTINCTIONS ENTRE IMPOTS.
LA MÉTHODE A SUIVRE
DANS LES ÉTUDES DE DROIT FISCAL

L'écrivain qui, dans un ouvrage, cherche à porter un jugement sur le système fiscal d'un pays et plus particulièrement sur celui de la France, aussi bien que le membre du Parlement qui, dans un rapport sur le budget, se dégage des discussions de détail pour s'élever aux questions du même ordre, commence le plus souvent par se demander ce qu'est l'impôt. Quelle que soit la formule qu'il emploie, il se borne généralement à constater que l'impôt est le prélèvement que les pouvoirs publics opèrent sur les ressources individuelles pour l'entretien des services d'une utilité générale. On aperçoit de suite que ce n'est pas là une définition à proprement parler, mais bien plutôt l'énoncé d'un fait, l'affirmation que, dans tous les temps et dans tous les pays, les individus qui font partie d'un groupe social sont obligés de subir ou de consentir certaines contributions destinées à pourvoir aux dépenses que la collectivité entend prendre à sa charge. Mais il est difficile de découvrir une définition qui serre de plus près les réalités. Veut-on définir l'impôt par son objet ? Comme cet objet est l'entretien des services publics, cela revient à dire ce qu'il faut entendre par ce terme. Or, selon le degré de civilisation, selon la forme du gouvernement, selon les idées ou les tendances qui prévalent, la notion de l'utilité générale se déplace, les services publics s'étendent ou se restreignent, le rôle de l'Etat grandit ou diminue. Veut-on chercher comment s'opère le prélèvement sur les ressources individuelles qui s'appelle l'impôt ? Chacun sait que les formes de ce prélèvement, que les méthodes mises en œuvre pour l'effectuer varient à l'infini; que, si quelques théoriciens ont proposé une base unique de l'impôt, des obstacles presque insurmontables se sont toujours opposés dans tous les pays, à toutes les époques, à la réalisation de ce dessein ; que, en fait, l'impôt est un Protée. On en revient donc à une définition lâche parce que c'est la seule possible ; on en arrive presque à dire que « l'impôt, c'est l'impôt », et ainsi l'on entrevoit, au seuil de cette étude, quelques-unes des difficultés que l'on rencontrera, à chaque pas pour ainsi dire, à mesure que l'on avancera sur le terrain mouvant de la fiscalité.

Lorsqu'on est parvenu tant bien que mal à une définition de l'impôt on cherche à différencier les taxes du système fiscal que l'on envisage et on établit les classifications suivantes : on distingue parfois les impôts réels et les impôts personnels, l'impôt proportionnel et l'impôt progressif; presque toujours on divise les impôts en impôts directs et en impôts indirects. Chacune de ces distinctions sera expliquée, toutes méritent d'être retenues; mais il faut se garder de leur attribuer une valeur absolue, elles n'ont qu'une valeur relative. Surtout, il ne faut pas considérer les catégories qu'elles déterminent comme des compartiments à cloisons étanches où l'on peut enfermer, en les séparant, les diverses taxes d'un système fiscal. Comme nous le verrons, ces divisions servent beaucoup plus à coordonner des idées qu'elles ne permettent de classer méthodiquement et surtout rigoureusement les impôts multiples composant une fiscalité savante.

Ainsi en est-il de la division de l'impôt, que l'on se complaît à adopter aujourd'hui, en impôt personnel et en impôt réel. On dit généralement que les impôts réels sont assis sur les biens, ou sur certaines catégories de biens, tandis que les impôts personnels pèsent sur les contribuables eux-mêmes. Si l'on prenait ces expressions à la lettre, on serait amené à constater qu'il n'y a pas d'impôts personnels, ou qu'il n'en existe que dans les fiscalités primitives. En effet, le seul impôt véritablement personnel, le seul qui atteigne les contribuables mêmes, c'est la capitation, c'est-à-dire un impôt qui se perçoit par tête, et qui, en raison de son assiette, est souverainement injuste, puisqu'il charge également tous les contribuables. Si c'est là, selon toutes probabilités, la première forme que revêtit l'impôt chez les peuples primitifs, dès que la civilisation commença à se développer, la capitation disparut, ou plutôt le nom seul fut conservé, l'impôt cessa d'être appliqué conformément à son principe ; la capitation devint une capitation graduée, un impôt de classes, une taxe qui frappait les contribuables rangés dans diverses catégories différemment selon leur naissance, selon leur profession, *selon leurs biens*, selon leur état social, qui cessait d'être un impôt exclusivement personnel puisque ce n'était plus les personnes, mais leurs revenus réels ou présumés, que l'on prétendait atteindre. Ainsi était organisée, quand elle fut instituée sous l'ancien régime, la capitation graduée : les sujets du roi étaient divisés en vingt-deux classes, dont la septième, par exemple, comprenait les marquis, les comtes, les vicomtes, les barons, les caissiers des aides et gabelles; dont la dixième comptait les ingénieurs, les banquiers, les agents de change. L'impôt des classes (*Classensteuer*), qui fut perçu pendant de longues années en Allemagne, était conçu sur le même modèle. L'un et l'autre représentaient une sorte de patente sur l'ensemble du revenu. A leur tour, ces taxes, dont l'imperfection est visible, qui ne sont que des formes intermédiaires entre les impôts primitifs et les contributions modernes, disparurent pour céder la place à des impôts plus scientifiques assis soit sur les diverses sources de revenus, soit sur l'ensemble du revenu de chaque citoyen. Ce sont les impôts de cette dernière catégorie que l'on qualifie aujourd'hui d'impôts personnels sous le prétexte qu'ils envisagent les contribuables mêmes, tandis que les impôts sur les sources de revenus seraient réels parce qu'ils ignorent les individus et ne connaissent que les biens. Mais, si l'on va au fond des choses, on a vite fait d'apercevoir que les impôts sur le revenu général, tout en frappant les contribuables individuellement, ne les atteignent cependant, de même que les taxes sur les revenus, qu'à raison de leurs biens, des richesses ou valeurs qu'ils détiennent. En un mot, que l'impôt s'attaque aux sources mêmes du revenu par des taxes fragmentaires, ou qu'il frappe l'ensemble du revenu de chaque citoyen, c'est toujours sur des valeurs, sur des réalités qu'il est assis, si bien que, la capitation primitive étant mise à part, les impôts, de quelque type qu'ils soient, peuvent être tous considérés comme des impôts réels. Faut-il en conclure qu'il n'y ait rien à retenir de la distinction entre les impôts réels et les impôts personnels? Cela serait excessif. La vérité, c'est que les impôts sur l'ensemble du revenu permettent, mieux que les impôts sur les sources de revenus envisagées isolément, de tenir compte de la situation de chaque contribuable, de modérer l'impôt pour les moins fortunés, de l'aggraver pour les plus riches, d'en graduer le poids à raison des personnes. C'est en ce sens qu'on peut les qualifier d'impôts personnels. Encore faut-il remarquer que ce n'est là qu'une question de commodité et que l'on peut obtenir des résultats analogues avec les impôts, que l'on dit réels, sur les sources de revenus. Encore convient-il d'observer que l'on retombe ainsi sur une tout autre question, qui absorbe celle de la réalité et de la personnalité, sur la question du tarif de l'impôt, de l'impôt proportionnel et de l'impôt progressif.

On dit que l'impôt est proportionnel quand il est calculé d'après un taux uniforme, quels que soient la somme des facultés d'un contribuable ou le montant des valeurs qu'atteint l'impôt; on dit qu'il est progressif quand les taux croissent en même temps que les facultés individuelles, ou en même temps que les valeurs auxquelles l'impôt s'applique. Comment se défend la proportionnalité ? Quels arguments fait-on valoir en faveur de la progression? Quelle est la raison d'être de ces deux théories opposées? Les partisans de la proportionnalité avancent que l'impôt est une sorte de prime d'assurance payée par le contribuable à l'État pour les frais des services publics; de même que les primes d'assurances sont calculées en proportion des sommes dont le remboursement est garanti, de même l'impôt doit être réglé en proportion des revenus ou des capitaux dont l'État assure la paisible jouissance. Les partisans de la progression répondent que cette théorie pourrait être acceptée si les pouvoirs publics se bornaient à distribuer la justice et à faire régner la sécurité; mais que, comme les États modernes assument bien d'autres charges, étendent sans cesse le champ de leurs attributions, il est puéril de chercher à mesurer d'après l'importance des revenus ou des capitaux le bénéfice que chacun retire des services publics, que l'argument des défenseurs de la proportionnalité se résout au fond en une simple hypothèse. La vérité, disent-ils, c'est qu'il convient de se placer sur un tout autre terrain : on doit considérer qu'une nation est une association d'individus où chacun est tenu de faire un effort égal pour le bien commun; il faut donc calculer l'égalité d'efforts et fonder sur cette égalité un système d'impôts. Ce système aura la progression pour base, car celui-ci fait un effort plus grand quand il abandonne le dixième de son revenu, s'il est pauvre, que celui-là quand il abandonne le huitième de son revenu, s'il est riche. Telles sont, succinctement résumées, les doctrines en présence. Il paraîtra sans doute que la seconde répond mieux à l'idée que nous nous faisons aujourd'hui du rôle de l'Etat, qu'elle a d'ailleurs une valeur et une portée philosophiques tout autres que la théorie un peu mesquine de la proportionnalité qui se rattache à la formule surannée de « l'État bon gendarme ». Les partisans de l'impôt proportionnel triomphent cependant sur le terrain des objections pratiques. Quelle progression choisir? demandent-ils. Quels taux différents faut-il adopter? Si l'on part du taux de 1 pour 100, à quel moment, en regard de quel chiffre de valeurs placera-t-on le taux de 2 pour 100? Comment trouver, où découvrir une suite de nombres qui soit une suite naturelle et qui donne à la progression une base scientifique? De toutes façons, on verse dans l'arbitraire. Presque fatalement aussi on est conduit à des excès : la progression, dépourvue de règle et de limite, aboutit à la spoliation. La force singulière de ces objections aurait sans doute prévenu l'introduction de la progression dans un système fiscal quelconque, si l'on avait pu faire en sorte que toutes les taxes fussent rigoureusement proportionnelles. Mais tel n'est pas le cas. La nécessité de faire face à des charges sans cesse grandissantes, d'autres raisons encore, ont conduit le législateur, dans la plupart des pays, à faire une large place aux impôts sur les consommations et sur la circulation des biens. Dès lors, la question change d'aspect. On ne peut songer un instant à répartir les contributions indirectes, qui ont des tarifs impersonnels, qui ignorent les situations individuelles, qui frappent à l'aveugle, selon la formule soit de la proportionnalité, soit de la progression. Bien plus : on est amené à constater que les impôts indirects, atteignant le plus souvent des objets d'une utilité générale, grèvent plus lourdement les classes peu aisées que les classes fortunées. Voici donc que tout est bouleversé et que, avant de penser à mettre en œuvre la doctrine de la progression, il faut se préoccuper de revenir à la proportionnalité. On n'y peut parvenir qu'en créant, en regard des impôts indirects, des taxes progressives sur les capitaux ou sur les revenus, auxquelles échoit la singulière fortune non de faire disparaître la proportionnalité dans l'impôt, mais bien de la rétablir. Quels sont les effets pratiques de ces taxes? dans quelle mesure modifient-elles la répartition des charges dans son ensemble ? Il est difficile de le dire. S'il est, en effet, hors de doute qu'un système fiscal où, à côté des taxes indirectes, il n'existe que des impôts proportionnels, ne soit défavorable aux possesseurs de petits revenus, il est impossible de discerner si, dans d'autres régimes d'impôts où l'on a juxtaposé des taxes progressives aux contributions indirectes, on a réussi à atteindre la proportionnalité, si on est resté en deçà, si on est allé au delà. On ne peut, en un mot, mesurer exactement l'efficacité des procédés empiriques auxquels l'existence des impôts indirects oblige à recourir. Ce que l'on peut voir, c'est combien les théories et les systèmes sont distants des réalités : on discute passionnément la question de la proportionnalité et de la progression et, en fait, par suite de l'importance qu'ont prise les contributions indirectes, ni l'une ni l'autre des deux formules ne peut être rationnellement, scientifiquement appliquée. A la vérité la question de la proportionnalité et de la progression est dominée par la présence dans tout système fiscal des impôts indirects; elle se présente sous des jours différents suivant que les contributions de cet ordre occupent une place plus ou moins grande : telle taxe progressive joue ici le rôle d'impôt de redressement, tandis que là elle peut répondre à la conception doctrinale de l'impôt progressif. On en conclura que l'on ne peut asseoir des distinctions précises sur des formules qui impliquent des idées différentes selon les espèces et que, pour étudier une fiscalité, il faut recourir à d'autres divisions. Celle qui se présente naturellement à l'esprit à la suite des développements qui précèdent, qui est d'ailleurs la plus commune, la plus répandue, distingue les impôts directs et les impôts indirects.

Qu'est-ce qu'un impôt direct? Qu'est-ce qu'un impôt indirect? L'administration française, si nous l'interrogeons, répond (Instruction générale du 30 juin 1859) que « la contribution directe s'entend de toute imposition qui est assise directement sur les personnes et sur les propriétés, qui se perçoit en vertu de rôles nominatifs et qui passe immédiatement du contribuable cotisé à l'agent chargé de percevoir », tandis que « les impôts indirects sont ainsi nommés parce que, au lieu d'être établis directement et nominativement sur les personnes, ils reposent, en général, sur des services rendus et ne sont, dès lors, qu'indirectement payés par celui qui veut consommer les choses ou user des services frappés de l'impôt ». Quelque chargées qu'elles soient, ces définitions indiquent fort bien les principaux caractères des impôts que notre administration a baptisés du nom de contributions directes ou du nom de contributions indirectes, mais elles n'expriment pas la valeur économique de ces deux termes; ce sont des définitions administratives dont il est facile d'apercevoir la fragilité. Notre impôt sur le revenu des valeurs mobilières ferait, en effet, partie des taxes indirectes — et c'est ainsi que l'administration le considère — parce qu' « il n'est pas assis directement sur les personnes et les propriétés, qu'il ne se perçoit pas en vertu de rôles nominatifs, qu'il ne passe pas immédiatement du contribuable cotisé à l'agent chargé de percevoir ». Or il est à peine besoin de faire remarquer que, s'il est un impôt qui ait le caractère d'impôt direct dans le sens courant du mot, c'est bien l'impôt de 4 pour 100 sur le revenu des valeurs mobilières. Pour ces raisons il n'est guère d'auteur qui ne se soit élevé contre ces définitions et qui n'en ait suggéré d'autres. M. de Parieu, M. de Foville, M. Stourm avancent, en des termes à peine différents, que le législateur atteint par l'impôt direct « les situations normales, la possession ou la jouissance des richesses, certains faits permanents périodiquement constatés », tandis que l'impôt indirect « porte non sur des qualités ou des possessions, mais sur des circonstances, sur des faits intermittents, constatés au jour le jour ». Quoique bien meilleures, ces définitions ne nous satisfont pas encore. A les lire, il semble que la différence entre les deux natures de taxes consiste en ce que les unes sont perçues à des intervalles réguliers, en raison de situations acquises, tandis que les autres sont encaissées, au jour le jour, selon les hasards de la production, de la circulation et de la consommation des richesses. Or, prenons l'impôt sur les successions, qui manifestement est, à l'heure actuelle, dans tous les grands pays du monde, plus particulièrement en Angleterre, un impôt direct sur le capital. Les définitions précédentes le classeraient parmi les impôts indirects parce qu'il porte sur des faits intermittents, non sur des faits permanents périodiquement constatés. Les auteurs, fort éclairés cependant, qui ont proposé ces formules, n'auraient-ils pas eu trop constamment en vue ce que l'administration française entend par l'impôt direct et par l'impôt indirect et, après avoir écarté la définition qu'elle en donnait, n'en auraient-ils pas suggéré d'autres, différentes dans la forme, assez semblables dans le fond? L'un d'eux a d'ailleurs si bien compris la faiblesse de ces distinctions qu'il a imaginé une autre division de l'impôt, qu'il a proposé de différencier les impôts sur la propriété et les impôts sur les consommations. Mais, outre que le terme « impôts sur la propriété » est singulièrement vague et prête à bien des ambiguïtés, cela ne revient-il pas à changer les mots pour échapper à la difficulté de définir clairement?

Puisque ni l'administration ni les auteurs ne nous donnent de définitions qui puissent être acceptées, interrogeons le public qui croit entendre clairement ce qu'est un impôt direct, ce qu'est un impôt indirect. Il imagine que l'impôt direct est celui que l'on exige des citoyens à raison de leurs revenus ou de leurs capitaux, dont ils éprouvent et dont ils supportent définitivement le poids; que l'impôt indirect est celui que les contribuables paient accidentellement sans s'en apercevoir. Si nous traduisons ces idées courantes dans un langage plus scientifique, nous dirons que l'impôt direct est celui qui atteint les facultés des contribuables en frappant directement leurs capitaux ou leurs revenus, tandis que l'impôt indirect est assis à raison de faits de production, de consommation et d'échange ; nous ajouterons que les citoyens n'ont pas le pouvoir de récupérer l'impôt direct, alors que ceux qui versent au Trésor le montant de l'impôt indirect ne le supportent pas définitivement. D'après ces définitions, qui ont tout au moins le mérite d'éveiller des idées nettes, deux éléments permettraient de distinguer les impôts directs des impôts indirects : l'un essentiel, suffisant à lui seul à différencier les taxes, l'assiette, qui reposerait ici sur les capitaux ou sur les revenus, là sur des faits accidentels ; — l'autre subsidiaire, l'incidence. Mais les difficultés apparaissent dès qu'on veut mettre la division à l'épreuve.

Essayons en effet de distinguer dans notre système fiscal les contributions directes des impôts indirects. Toutes les contributions qualifiées par notre administration « contributions directes », toutes les taxes dites assimilées frappent les revenus réels ou présumés; les impôts sur les valeurs mobilières atteignent les arrérages de ces valeurs, le droit de succession pèse sur les capitaux recueillis dans les hérédités. Ce seraient donc des impôts directs, tandis que tous les impôts de consommation, tous les droits de douane, la plupart des droits d'enregistrement et de timbre, malgré le caractère indécis de quelques-uns d'entre eux, tous nos autres impôts en un mot, étant établis à raison de faits de production, de consommation ou d'échange, seraient des contributions indirectes. Voilà la matière fiscale séparée à l'aide de l'unique critérium de l'assiette, et il paraît, à première vue, que la division soit satisfaisante.

Cependant, on éprouve une première hésitation que nous venons de faire pressentir à propos des droits d'enregistrement sur les mutations qui frappent certains capitaux à raison du *fait accidentel* de leur transmission. Sont-ce des impôts directs comme on l'a parfois prétendu ? Sont-ce des impôts indirects ? Nous penchons pour cette seconde opinion parce que le fait générateur de l'impôt est purement accidentel ; nous ne dissimulons cependant pas qu'il peut y avoir des raisons de décider dans l'autre sens. Encore cette difficulté n'est-elle que peu de chose à côté de celle qui surgit à l'occasion des contributions directes et qui semble insoluble. S'il paraît certain que le droit de succession présente les caractères d'un impôt direct sur le capital, surtout depuis que la loi de 1901 a autorisé la déduction des dettes et institué des tarifs progressifs ; s'il est indiscutable que la taxe de 4 pour 100 sur les valeurs mobilières, atteignant directement les revenus distribués par certaines collectivités, soit un impôt direct sur une partie des revenus mobiliers, les choses ne vont pas aussi simplement quand il s'agit des cinq grandes contributions directes. En effet, pour les asseoir, on a eu recours à des présomptions légales, c'est-à-dire que ces contributions ne reposent pas sur des évaluations précises du revenu réel, mais bien sur des signes extérieurs considérés comme l'expression de la situation des contribuables. On peut croire que c'est là une simple question de mode d'assiette, indifférente pour déterminer le caractère véritable de ces impôts. Au fond, il n'en est rien, car une taxe établie sur le revenu ou sur une fraction du revenu évalué d'après un signe extérieur tend à devenir une taxe sur le signe extérieur même et par suite un impôt indirect. Pour développer cette idée qu'il est essentiel de retenir, nous allons faire le tour de nos principaux impôts directs en commençant par la contribution personnelle-mobilière. On sait qu'elle fut instituée, dans des conditions que nous dirons, à titre d'impôt sur les revenus mobiliers; on sait aussi qu'elle ne tarda pas à se transformer, qu'on chercha à en faire un impôt sur l'ensemble du revenu évalué d'après le loyer. Ce qu'on aperçoit moins, c'est la mesure dans laquelle la contribution a dévié par le fait qu'elle a été assise non sur le revenu réel, mais sur la valeur locative des maisons d'habitation. Si l'on réfléchit cependant, on reconnaîtra que l'impôt, reposant sur une dépense qui représente une fraction variable du revenu de chaque citoyen, se résout en une taxe indirecte, en une sorte de droit de consommation sur le loyer analogue aux droits de consommation sur le café, le sucre ou l'alcool (1). Il

(1) Voir dans le même sens l'ouvrage de Léon Say : *Solutions démocratiques de la question des impôts.*

en est de même de l'impôt des portes et fenêtres qui, grevant chaque citoyen dans la mesure où son habitation comporte des ouvertures, est en réalité un droit sur la consommation de l'air et de la lumière. L'impôt des patentes, qui est censé atteindre les bénéfices industriels et commerciaux d'après des signes extérieurs, n'échappe pas à la même loi. Dans nombre de cas l'impôt se transforme en une taxe sur le signe extérieur. Voici, par exemple, la patente des professions libérales qui est réglée eu égard à la seule valeur locative de la maison d'habitation occupée par le patentable, quels que soient par ailleurs les bénéfices qu'il réalise. Il est évident que la taxe devient un supplément à la contribution mobilière, un second droit de consommation sur la dépense du loyer, bien plutôt qu'elle n'est un impôt sur les profits que rapporte l'exercice de la profession taxée. Même l'impôt foncier sur les propriétés non bâties atteignant un revenu fictif, évalué il y a de longues années lors de la confection du cadastre et présumé immuable, un revenu de genre, selon l'heureuse expression d'un auteur, frappe le fait de la possession d'une terre quel que soit son revenu réel, et non pas ce revenu. Il n'est guère, en résumé, parmi nos cinq grandes contributions, que la contribution foncière sur les propriétés bâties qui, depuis qu'elle a été transformée et qu'elle est devenue un impôt de quotité assis sur le revenu périodiquement revisable des maisons, présente les caractères d'un véritable impôt direct.

De ces développements on pourrait conclure que, à

part quelques exceptions, il n'y a pas, à proprement parler, d'impôts directs dans notre système fiscal; qu'il n'y a que des impôts indirects, dont les uns, qualifiés « contributions directes », pèsent sur certaines situations; dont les autres, dénommés « contributions indirectes », pèsent sur certains faits. On pourrait même observer que, comme les faits qui motivent la perception des contributions indirectes ont, par leur matérialité même, un caractère de précision qui ne peut appartenir aux situations plus ou moins fictives servant de base aux contributions directes, les plus indirects de nos impôts sont précisément ceux qui ont reçu le nom de contributions directes. Mais il faut se garder de pousser trop loin les déductions; on en arrive à verser dans le paradoxe, à jouer sur les mots. Nous resterons dans la juste mesure en nous bornant à constater que la plupart de nos contributions directes inclinent vers l'impôt indirect, parce que le lien qui existe entre le revenu que chacune d'elles est censée atteindre et le signe extérieur qu'elles frappent en réalité est trop lâche.

Quelque modérée qu'elle soit, cette conclusion fait éclater la division de nos taxes d'après leur assiette, ou, pour mieux dire, elle établit que, dans un système fiscal complexe tel que le nôtre, il existe nombre d'impôts qui ne peuvent être rigoureusement différenciés à raison de leur assiette. Si l'on envisageait d'autres régimes d'impôts, on y découvrirait également des contributions hybrides dont on ne saurait dire si elles doivent être classées parmi les impôts directs ou parmi les impôts indirects.

Mais, pensera-t-on, si l'on n'arrive pas à distinguer les impôts d'après leur assiette, ne peut-on les séparer d'après d'autres caractères ? Ne peut-on accéder à l'opinion commune qui veut que l'impôt indirect soit celui qui se paye volontairement, tandis que l'on ne saurait échapper à l'impôt direct ? Si cette formule courante ne fournit pas les éléments d'une distinction précise, ne peut-on la mettre au point, en modifier les termes et la portée, dire que l'impôt direct est celui qui reste à la charge des contribuables que le fisc a désignés comme ses débiteurs, alors que les citoyens qui versent au Trésor le montant de l'impôt indirect parviennent à le recouvrer sur les consommateurs ? En un mot, ne peut-on diviser les impôts d'après leur incidence ?

Encore une fois nous allons voir les difficultés naître. Elles vont même redoubler, se multiplier, le problème de l'incidence étant le plus redoutable de la fiscalité.

Est-il vrai d'abord que, tandis que l'impôt direct est inexorable, les contributions indirectes n'atteignent que ceux qui veulent bien se laisser frapper ? Autrement dit, suis-je libre, vivant en France au vingtième siècle, de ne pas payer d'impôts indirects ? Oui, sans doute ; mais à une condition, c'est de ne pas vivre. Toutes les fois que je bois du vin ; que je consomme du sel, du sucre, etc., j'apporte une contribution indirecte au budget de mon pays. La prétendue liberté dont je jouis n'est donc que la liberté de m'abstenir et, à ce compte, j'ai également la faculté de me soustraire à l'impôt direct, puisqu'il ne m'atteint que si je possède et que je suis libre de ne pas posséder. On aura beau accumuler les sophismes; arguer de ce qu'une part des impôts indirects grève des produits, tels que l'alcool ou le tabac, qui ne sont pas indispensables à l'existence et dont chacun peut, dit-on, restreindre, quand il le juge à propos, la consommation qu'il en fait, c'est toujours la liberté de s'abstenir, liberté dérisoire s'il en fût, que l'on concède au contribuable, qui peut d'ailleurs éprouver une privation égale quand il renonce à l'usage du tabac, à la gêne qu'il subit quand il s'interdit la consommation du sucre ou du vin. L'opinion commune que nous avons rapportée procède donc d'une vue superficielle des choses; elle ne résiste pas à l'examen; l'impôt volontaire est une chimère.

Du moins, il paraît exact que les contribuables directement atteints par des impôts pesant sur leurs revenus, sur leurs capitaux, sur leur situation réelle ou présumée ne les récupèrent pas, tandis que ceux qui versent au Trésor le montant de l'impôt indirect le recouvrent sur le consommateur. On peut donc avancer, ce semble, que les impôts directs sont ceux qui, exigés des contribuables à raison de leurs revenus, de leurs capitaux, de leur situation, restent à la charge des citoyens auxquels ils sont réclamés, alors que les impôts indirects, perçus à l'occasion de faits accidentels, s'éparpillent dans la masse des consommateurs.

Mais ce n'est là qu'une tendance. On ne peut énoncer aucune règle générale, tant sont nombreuses les exceptions : les principales concernent ce que nous appellerons les contributions directes, c'est-à-dire les impôts réclamés aux citoyens à raison de leur situation ; les autres ont trait aux taxes perçues d'après des faits de consommation, de production ou d'échange.

Examinons d'abord la matière des contributions indirectes, où l'incidence est, quoi qu'on en dise généralement, le moins compliquée. Il est certain que, dans la plupart des cas, les droits de consommation s'incorporant dans le prix des objets taxés, les producteurs ou les intermédiaires ne font que colliger l'impôt pour le compte du Trésor, et se remboursent de leurs avances aux dépens du consommateur. Mais une seconde incidence ne vient-elle pas détruire les effets de la première? Autrement dit, le consommateur, frappé par l'impôt indirect, ne parvient-il pas à s'en dédommager en recherchant et en obtenant une augmentation de salaires? Bien que des arguments spécieux aient incliné beaucoup de bons esprits dans le sens de l'affirmative, nous ne pouvons, pour des raisons que nous développerons quand nous étudierons notre système fiscal et dont la principale est déduite de l'observation des faits, souscrire à ces conclusions. Nous restons persuadé que, en règle générale, les impôts sur les consommations sont à la charge de ceux qui anéantissent les produits taxés. Nous ne pouvons nier cependant qu'il n'y ait des cas où l'excès des impôts indirects détermine une augmentation dans les salaires et où, par suite, le consommateur réfléchit une partie de l'impôt qu'il a subi. Mais ce sont là des faits exceptionnels qui n'altèrent pas, d'ailleurs, sensiblement la tendance que nous avons formulée, puisqu'ils aboutissent à la dispersion de l'impôt entre les citoyens; puisque les producteurs ou les intermédiaires qui ont versé le montant des taxes au Trésor ne cessent pas de les recouvrer, et ne supportent, en dernière analyse, par contre-coup, qu'une part insignifiante des droits qu'ils ont recueillis. Il est, en revanche, d'autres cas beaucoup plus fréquents qu'on ne le croit généralement, où les fabricants et les marchands d'objets taxés, obligés de se défaire de leurs stocks, prennent à leur compte tout ou partie des droits de consommation, Cela arrive notamment toutes les fois que la consommation est inférieure à la production. A qui observera que c'est là un phénomène indépendant de l'existence d'une taxe, que c'est une simple manifestation de cette vérité économique, à savoir que les producteurs ou les intermédiaires sont parfois contraints de vendre à perte, on répondra que l'impôt, en pesant sur la vente d'un produit, concourt à rompre l'équilibre entre la production et la consommation et que, une fois que la crise a éclaté, il rend plus difficile le retour à un état de choses normal, puisqu'il charge d'un poids immuable l'un des plateaux de la balance économique. L'impôt indirect reste donc parfois à la charge des producteurs et cette éventualité fait échec à la seconde des règles que nous avons avancée. La première, celle qui est relative aux impôts directs, souffre des exceptions bien plus nombreuses, bien plus importantes.

Pour les exposer avec clarté, nous formerons diverses hypothèses. Supposons un pays où le système d'impôts directs consiste uniquement en un faisceau de taxes embrassant tous les revenus, les atteignant tous dans la même mesure. Si ces impôts sont fixés à un taux tel qu'ils ne fassent pas peser sur les capitaux un poids supérieur à celui dont ils sont chargés dans les pays voisins, aucune répercussion n'aura lieu ; les capitaux étant également atteints quel que soit leur emploi dans le pays et, leurs possesseurs n'ayant pas intérêt à les exporter, chacun supportera plus ou moins patiemment le fardeau de l'impôt direct. Mais si, d'aventure, le taux de ces impôts est plus élevé dans le pays que nous considérons qu'à l'étranger, il faudra que les industriels, sous peine de voir les capitaux chercher à l'extérieur des placements plus fructueux, se débarrassent par un moyen ou par un autre d'une partie de l'impôt. Ils chercheront tout d'abord à hausser les prix, à récupérer une part de l'impôt direct, à le transformer en une taxe de consommation. Ils y réussiront lorsque les circonstances économiques leur seront favorables ; souvent ils échoueront devant la résistance des consommateurs fortifiée par les facilités, plus ou moins grandes selon le caractère du tarif douanier, qu'offre l'appel à la concurrence étrangère. Si l'excès de l'impôt direct ne peut être compensé par une augmentation dans les bénéfices industriels, dans la rente du sol, etc., les revenus diminueront nécessairement et par suite les cours des valeurs tant mobilières qu'immobilières baisseront jusqu'au moment où ils exprimeront un taux de capitalisation égal à celui des placements comparables à l'étranger. Il adviendra alors, non pas, comme on l'a dit inexactement, que l'impôt aura détruit une partie du capital national — il n'y a nulle disparition de capital — mais bien que l'Etat aura pris une sorte d'hypothèque sur toutes les valeurs, au détriment de leurs possesseurs actuels, dépouillés d'une partie de leur avoir.

Ce qui est exact pour l'ensemble des revenus d'un pays dans l'hypothèse que nous avons adoptée n'est pas moins vrai pour les diverses catégories de revenus d'un même pays, quand elles sont inégalement frappées, comme c'est le cas le plus fréquent. Le système fiscal d'une simplicité idéale que nous avons supposé ne se rencontre guère, en effet, dans la pratique. Même en Angleterre, où fonctionne l'impôt général sur les revenus, il existe, à côté de l'*income-tax*, des impôts d'Etat et des impôts locaux assez lourds sur la terre et sur les maisons. En France, les anomalies sont bien plus choquantes encore : les rentes sur l'Etat, les fonds d'Etat étrangers, les revenus des créances hypothécaires et chirographaires échappent à l'impôt direct qui frappe sévèrement la richesse immobilière et certaines catégories de la richesse mobilière. Les sources de revenus les plus chargées devant cependant présenter les mêmes avantages pour les capitalistes que celles qui sont ménagées par le fisc, il faut que les propriétaires, les industriels, les commerçants, ou bien arrivent à réaliser des bénéfices plus importants, ou bien abandonnent à l'Etat une part de leur capital en même temps qu'une part de leurs revenus. Pour mieux nous faire comprendre, prenons un exemple, faisons une nouvelle hypothèse : imaginons que, en France, on augmente demain l'impôt sur les maisons, la rente sur l'Etat continuant à rester indemne. Les propriétaires d'immeubles s'efforceront naturellement de faire payer par les locataires le supplément d'imposition. Ils y parviendront si la loi de l'offre et de la demande leur est favorable, et, alors, une partie de l'impôt direct sera transformée en une taxe indirecte sur le loyer. Si la loi de l'offre et de la demande leur est contraire, le revenu des maisons diminuera, et par suite la valeur vénale, puisque le taux de capitalisation ne peut se modifier du chef de l'impôt pour une seule catégorie de placements.. L'Etat s'attribuera donc une sorte de droit réel, une part dans la propriété de toutes les maisons, au désavantage de leurs possesseurs actuels, dont la fortune se trouvera diminuée, sans que les acquéreurs subséquents de ces immeubles aient à souffrir de cette augmentation d'impôt, qu'ils ne supporteront pas en réalité, puisqu'ils achèteront sur le pied de la valeur réduite.

L'examen, même sommaire, des phénomènes de l'incidence conduit, on le voit, à nombre d'observations intéressantes. On aperçoit d'une part comment les droits sur les consommations troublent le fonctionnement normal du commerce et de l'industrie ; on reconnaît d'autre part que la suppression des contributions indirectes, quelque désirable qu'elle puisse être, est pratiquement irréalisable si elle n'est entreprise simultanément par les grands peuples civilisés, car, au cas où l'un d'entre eux, agissant isolément, voudrait réduire son système d'impôts à une ou plusieurs taxes sur les revenus ou capitaux, l'élévation relative de ces contributions les ferait répercuter sur les consommations, et l'impôt indirect, supprimé aujourd'hui, serait en fait rétabli le lendemain ; on en peut déduire encore qu'un État commet une très grande injustice et une très grave erreur quand il ne frappe pas également tous les revenus : une très grande injustice, car il en arrive à exproprier sans indemnité certains citoyens ; une très grave erreur, parce que le système fiscal qu'il institue manque de souplesse, parce qu'il hésitera dans la suite à demander un supplément de contribution à des impôts qui, n'atteignant pas également toutes les catégories de ressources, chargeant certains revenus, en épargnant d'autres, aboutissent aux inégalités que nous avons dites, que chacun pressent confusément, s'il ne les discerne nettement.

Quelque attachantes qu'elles puissent être, ces considérations et bien d'autres qui pourraient jaillir des mêmes développements ne se relieraient pas au sujet que nous traitons si elles ne concouraient toutes à mettre en pleine lumière la diversité des phénomènes de l'incidence, la multiplicité des exceptions qui déforment les prétendues règles générales que certains ont énoncées.

Comment, dès lors, diviser les impôts d'après leur variable incidence ? On n'y saurait songer. Force est de reconnaître que toutes les classifications qui ont été successivement envisagées, qu'elles opposent l'impôt direct à l'impôt indirect, ou l'impôt réel à l'impôt personnel, ou encore l'impôt proportionnel à l'impôt progressif, ne peuvent être adaptées à une fiscalité complexe dont les multiples impôts revêtent des formes trop diverses, trop fuyantes, pour qu'on puisse les emprisonner dans des catégories.

Faut-il en conclure que ces catégories soient vaines? Nullement. Elles ont une valeur relative et une utilité : elles ont une valeur relative, car, si elles ne peuvent enfermer dans leurs mailles les taxes d'un système perfectionné, elles expriment les tendances de certains groupes d'impôts, aux contours indécis sans doute, dont on ne peut tracer les lignes de démarcation, mais qui n'en existent pas moins dans toute fiscalité ; elles ont une utilité, car elles permettent d'encadrer des idées, de rassembler des observations, de classer des faits dont le rapprochement et la réunion conduisent à fixer certains principes, certaines lois. On peut les comparer à ces hypothèses scientifiques dont beaucoup ont été reconnues inexactes, dont les autres seront sans doute abandonnées quelque jour, mais qui toutes ont été et sont encore si utiles au progrès des sciences physiques ou chimiques. En d'autres termes, les discussions sur la nature des impôts, sur les diverses sortes de taxes composent des prolégomènes économiques, essentielles à retenir quand on aborde les études de droit fiscal, mais qui, trop distantes des réalités au contact desquelles elles s'effondrent, ne peuvent fournir à elles seules les éléments nécessaires à l'analyse serrée d'un système fiscal vivant et agissant.

Seule la méthode historique peut donner le mot d'un régime d'impôts, indiquer le sens et le rythme de son évolution. Adaptée par chaque peuple à son génie, dont elle porte l'empreinte, évoluant à mesure que s'élève la civilisation, que se développe et se transforme la richesse publique, évoluant encore quand naissent, s'étendent, se propagent ou bien s'affaiblissent et disparaissent les idées de justice et de liberté, la fiscalité est liée à l'histoire d'un pays, à son développement politique et moral. Seulement, les évolutions qu'elle subit, faisant partie intégrante des évolutions sociales, se produisent toujours lentement ; plus le système plonge des racines dans le passé, plus elles mettent de temps à s'accomplir ; les réformes n'aboutissent qu'après avoir été préparées par des modifications de détail dont le sens échappe au plus grand nombre, mais dont ceux qui sont familiers avec ces questions aperçoivent la signification ; même les commotions politiques, quelque violentes qu'elles soient, n'ont pas pour effet de remuer de fond en comble une fiscalité. Si ces grands événements conduisent parfois à des transformations trop radicales, ces transformations n'ont qu'un temps ; elles disparaissent pour céder la place aux réformes tempérées, en préparation quand ils sont survenus, et qu'ils ont la vertu de faire aboutir.

C'est ce qui apparaîtra dans les pages qui vont suivre, où, écartant les distinctions didactiques, dédaignant ce qu'on peut appeler la scolastique fiscale, nous allons voir se former en même temps qu'un peuple, se développer avec une race, se transformer à mesure que, la civilisation s'élevant, de nouvelles formules politiques naîtront et des classes nouvelles prendront la direction des affaires, un système d'impôts dont nous essaierons de dire les qualités et les défauts.

LES ORIGINES DE NOTRE FISCALITÉ
L'IMPOT ROMAIN. — L'IMPOT FÉODAL
L'IMPOT MONARCHIQUE

Aucun de ceux qui savent les sources de notre droit civil ne sera surpris d'apprendre qu'il faut chercher dans les institutions financières de l'ancienne Rome les origines de notre droit fiscal. Rome avait si puissamment jeté les bases de la fiscalité dans les Gaules; elle lui avait si bien donné « cette vitalité qui permet aux choses humaines de se perpétuer à travers une longue série de siècles », que l'impôt romain survécut à l'invasion barbare; la féodalité le morcela, mais ne le détruisit pas; quand la royauté, cherchant à faire l'unité nationale pour asseoir son autorité, s'efforça de reprendre l'impôt et parvint à le ressaisir, c'est l'impôt romain qu'elle restaura; les siècles passèrent; les révolutions politiques, les évolutions économiques survinrent; la fiscalité se modifia : elle n'en continua pas moins à porter l'empreinte du système romain; aujourd'hui encore on en trouve la trace dans notre régime d'impôts, de même que l'on rencontre sur notre sol les vestiges de ces chemins de César, si solidement construits qu'ils paraissent défier le temps.

Très divers, multipliés à l'excès, les impôts romains peuvent cependant se diviser en deux classes : il y a, d'une part, les impôts directs, *tributa* ou *munera* ; d'autre part, les impôts indirects, *vectigalia*.

Au lendemain des campagnes de César, Rome ne perçoit dans les Gaules qu'un seul impôt direct, le *stipendium* ou *tributum*, qui est une sorte de taxe générale assise sur les personnes aussi bien que sur les choses, substituée, selon toutes probabilités, à la dîme, à l'impôt sur les fruits du sol, perçu en nature que levaient sans doute les Gaulois. Mais lorsque les Romains qui, en administrateurs habiles, commençaient toujours par conserver dans chaque pays qu'ils plaçaient sous leur domination les institutions antérieures à la conquête, ont définitivement assis leur autorité dans les Gaules, ils modifient le régime. L'empereur Auguste ordonne, en l'an 27 de notre ère, la formation du cens, qui consiste en un cadastre des biens immobiliers en même temps qu'en un recensement des personnes. Ces très vastes opérations, qui avaient déjà eu lieu dans la Narbonnaise antérieurement soumise, y sont renouvelées et d'autant plus attentivement exécutées que la province est classée parmi les provinces sénatoriales ; le travail est beaucoup plus sommaire dans le reste des Gaules, qui est province impériale, c'est-à-dire considéré comme une marche militaire dont les revenus adviennent au *fiscus*, au trésor de l'imperator. Nous verrons que cette particularité suffit à expliquer comment l'impôt de la taille a plus tard revêtu des caractères différents dans le nord et dans le midi de la France.

Une fois le cens effectué, le *stipendium* ou *tributum* se divise en deux grands impôts, pesant l'un sur les revenus, plus tard sur la valeur du sol et des meubles y attachés, esclaves compris — c'est le *tributum soli* ; — l'autre sur les personnes — c'est le *tributum capitis*.

Impôt de répartition dont le contingent est déterminé par un acte du César nommé *indictio*, le *tributum soli* est partagé entre les contribuables selon les données du cens qui, comme notre cadastre, comporte non seulement la description, mais l'évaluation des biens faite d'après des moyennes, valant jusqu'à ce qu'intervienne une revision du cens. La législation romaine renferme donc deux principes essentiels que nous avons conservés : celui de l'estimation des revenus fonciers d'après une moyenne, et celui beaucoup plus important de la fixité des évaluations cadastrales qui, aujourd'hui encore, est la base de notre impôt sur les propriétés non bâties.

Taxe personnelle à l'origine, frappant également toutes les têtes, le *tributum capitis* devient rapidement un impôt de classes analogue à ce que sera plus tard la capitation graduée en France, ou la *Classensteuer* en Allemagne. Nous avons dit que de telles taxes n'étaient jamais que la forme intermédiaire d'impôts plus complets. Parfois, ils sont le prototype d'impôts sur l'ensemble du revenu — la *Classensteuer* a donné naissance en Allemagne, au moderne *Einkommensteuer* ; — il arrive souvent aussi qu'elles disparaissent pour se fondre dans des impôts sur les diverses sources de revenu. C'est ce qui adviendra, dans quelque mesure, à la capitation graduée au cours du dix-huitième siècle. C'est ce qui se produit sous l'empire romain où le *tributum capi-*

tis est absorbé par l'impôt foncier et par l'impôt sur l'industrie établi entre temps et qui paraît avoir été à ce point semblable à notre impôt des patentes qu'il reposait comme lui sur des signes extérieurs. A côté de ces taxes principales, il y a encore quelques impôts directs secondaires, notamment un impôt sur les portes, les fenêtres, les colonnes, que nous avons fait revivre en partie.

Les analogies, que chacun apercevra, entre le régime des impôts en France pendant ces derniers siècles et les institutions de l'ancienne Rome s'accuse encore quand on étudie les traits dominants de la fiscalité impériale. Dans l'organisation romaine, l'impôt direct sur la terre et sur les immeubles par destination est, dans les campagnes, la clef de voûte du système : on est, en effet, assuré de frapper de la sorte, sans difficultés, la richesse immobilière, la seule qui compte en dehors des villes. Pour atteindre la richesse mobilière, en général concentrée dans les cités, on a recours à l'impôt indirect perçu sous forme de droits d'entrée et dont une partie est abandonnée aux localités. Nous verrons que notre fiscalité ne cessera de porter l'empreinte de cette conception fort ingénieuse que, à de certaines époques, l'on essaiera de faire pleinement revivre.

Les impôts indirects établis par les Romains consistent donc d'abord en des droits d'entrée ; ils comprennent en second lieu des droits de douane perçus à la frontière de l'empire et à l'intérieur suivant de grandes lignes analogues à celles qui diviseront plus tard la France. Il existe aussi un monopole du sel, l'équivalent de la gabelle, momentanément un impôt sur les successions créé par Auguste; enfin, à côté de mille autres petites taxes, un grand impôt indirect institué par César sous le nom de *centesima rerum venalium,* qui prélève, comme le nom l'indique, 1 pour 100 sur le produit de tous les achats et de toutes les ventes.

Tel est, tracé à grands traits, le système fiscal de l'empire romain entre Auguste et Dioclétien. Avec la décadence, cette organisation si puissante, si savante, se corrompt. Elle est minée, comme le sera plus tard la fiscalité de la monarchie française, par les privilèges, par les immunités que les empereurs confèrent successivement au clergé, aux sénateurs, à l'aristocratie des fonctionnaires impériaux, même à la plèbe urbaine. L'impôt retombe de tout son poids, sans cesse aggravé par les exigences du fisc impérial, sur les cultivateurs, sur les classes laborieuses, qui peinent pour le clergé et pour la noblesse, qui peinent aussi pour la démagogie. Bien vite naît, puis se propage, puis s'étend la misère. Elle devient si grande que la terre est répudiée par son possesseur. Par tous les moyens le fisc essaie d'enchaîner le contribuable au sol. C'est en vain ! « Il gagne les solitudes, dit Majorien, ou bien se place, malgré les interdictions légales, sous le patronage des hauts personnages qui le préservent de l'impôt. » Ainsi apparaissent les premiers germes de la féodalité, tandis que finit l'empire.

Les Barbares qui surviennent se gardent bien cependant de toucher à l'impôt romain ou du moins au principal de ces impôts, à l'impôt sur la terre qui s'appellera désormais le cens, puis la taille. Seulement n'ayant et ne pouvant avoir d'organisation administrative, les chefs délèguent la perception de l'impôt, comme ils délèguent l'administration, à leurs compagnons, à leurs lieutenants et, peu à peu, en même temps que se développe la féodalité, l'impôt se morcelle, comme le pouvoir, comme l'administration. Tout naturellement, par une pente insensible, de chose publique qu'il était sous l'empire romain il se transforme en chose privée ; il fait partie du bien des chefs, des nobles qui l'ont reçu ; il entre dans leurs fortunes ; il fait corps avec leurs terres ; il devient une propriété qui se conserve, se vend, se partage, se donne comme toute autre. Tout le long et patient travail de la royauté va consister à arracher, fragment par fragment, l'impôt aux fortunes privées pour le faire entrer dans le domaine royal qui deviendra plus tard le domaine de la nation. Il fallut de longs siècles pour y parvenir !

Battue d'abord en brèche dans le grand mouvement des communes qui, déterminé en partie par les abus de la fiscalité seigneuriale, aboutit à limiter au profit des gens des villes les excès de cette fiscalité, la féodalité rencontre ensuite devant elle le pouvoir royal. D'abord féodale, la royauté se borne à puiser dans le droit même de la féodalité les éléments d'une force nouvelle ; elle réclame *l'aide*, qui était un secours extraordinaire qu'en de certains cas les vassaux devaient au suzerain et qui, exigé par le roi, devenait un impôt général et universel ; elle n'arrive pas encore à rendre l'aide permanent ; mais, du moins, parvient-elle à multiplier les occasions de le percevoir. Mais on ne transforme pas une organisation politique et sociale uniquement en développant certains des principes sur lesquels elle repose ; il faut attaquer de telles citadelles du dehors en même temps qu'on les mine au dedans. La royauté a vite fait de le comprendre. De féodale qu'elle était, elle s'applique à devenir administrative ; elle fait appel aux légistes auxquels elle donne pour mission de consolider et de grandir l'autorité royale en invoquant le droit romain, en faisant revivre, au profit du roi de France, les textes qui, jadis, étaient l'expression de la puissance impériale. En vertu du nouveau caractère qu'elle s'attribue, la royauté étend son action sur tout le territoire : elle prétend à intervenir ; elle intervient, en fait, dans la plupart des conflits qui éclatent à tout instant au sein d'une société anarchique où le pouvoir est divisé entre mille mains ; elle oppose les féodaux les uns aux autres ; elle suscite contre eux l'Eglise qu'elle sait, d'autre part, rigoureusement contenir ; elle soutient, toutes les fois qu'elle en a l'occasion, les gens des communes contre les féodaux, quitte à retourner les féodaux contre eux quand ils deviennent trop puissants. Dans cette guerre de partisans où la victoire reste naturellement à la monarchie, qui ne rencontre que des adversaires divisés, le roi arrive, tantôt par ruse, tantôt par force, tantôt en arguant des principes du droit romain, tantôt en se réclamant de la coutume, à conquérir des parcelles de l'impôt ; il n'en reprend pas la substance. Pour y parvenir, il lui faut un levier plus puissant : l'appui de la nation. Les Etats généraux le lui apportent.

Convoqués pour la première fois en 1302 par Philippe le Bel, les Etats généraux sont réunis à de fréquentes reprises pendant le quatorzième siècle. Pour soutenir la lutte contre les Anglais, la monarchie a besoin d'argent. Elle ne peut lever tous les ans de sa propre autorité des impôts extraordinaires, et elle n'a d'autres ressources permanentes que le produit de son domaine et de certains droits enlevés aux nobles. Elle s'adresse donc aux Etats généraux, qui ne lui marchandent pas leur concours, mais qui savent y mettre des conditions, dont la principale, affirmée à de fréquentes reprises, est que l'impôt ne sera pas établi sans leur consentement. Du principe du vote de l'impôt par les représentants des contribuables aurait sans doute jailli un régime de liberté si la grande crise qui marqua le commencement du quinzième siècle n'avait brusquement conduit le pays en une direction opposée. En présence du démembrement dont la France est menacée, il se produit un premier éveil du sentiment national, fertile en conséquences heureuses, mais qui entraîne trop loin. Quand la nation commence à se reprendre, quand elle est délivrée de l'occupation étrangère, ses représentants veulent garantir sa sécurité et assurer son avenir en contenant définitivement la féodalité et en fortifiant la royauté, mais ils vont au delà du but à atteindre : ils grandissent outre mesure le pouvoir royal, ils renoncent à leur prérogative essentielle. En 1439, les Etats généraux consentent que l'impôt de la taille soit levé, en dehors de leur autorisation périodiquement renouvelée, de façon permanente, au profit du roi, afin qu'il puisse entretenir une armée également permanente ; ils interdisent en même temps à la noblesse de s'approprier la moindre partie de la taille. Elle a déjà été dépouillée quelques années auparavant du droit d'établir de nouvelles taxes indirectes. Voici que l'impôt direct lui est arraché. La féodalité est vaincue, mais la monarchie absolue est fondée.

Le pouvoir royal est, en effet, pourvu d'un budget ; il est doté d'impôts qu'il peut prélever tous les ans sans l'autorisation des Etats. Dès lors, il ne lui est plus nécessaire de convoquer les représentants des trois ordres que dans le cas où, les recettes normales ne lui suffisant plus, il a besoin d'un supplément de ressources. Durant le quinzième siècle il observe encore cette règle et certains Etats généraux, notamment ceux de 1484, indiquent des réformes utiles que la bonne volonté du roi Louis XII fait prévaloir. Mais, sous ces successeurs, les Etats ne sont plus réunis qu'à de rares intervalles, quand, pressée par le besoin d'argent, la royauté ne se sent pas assez forte pour imposer sans le consentement des représentants du pays de nouvelles taxes à la France épuisée par les guerres de magnificence ou déchirée par les guerres de religion. Dès que, délivrée de la féodalité, momentanément débarrassée des luttes religieuses, ayant réduit avec l'appui de la nation tout entière les grandes forces qui la contenaient, la monarchie a le sentiment qu'elle dispose de la France, elle se soustrait complètement à la règle avec laquelle elle a été obligée de composer, elle cesse de convoquer les Etats, et l'extension de la fiscalité monarchique ne rencontre d'autre frein que la résistance, toujours facile à surmonter et souvent intéressée, des Parlements.

Qu'est cette fiscalité à l'origine ? Comment se développe-t-elle ? Dans quelle direction évolue-t-elle ?

Au lendemain de l'ordonnance de 1439, les ressources de la royauté consistent dans le produit du domaine — des aides — de la taille. Les recettes du domaine se composent : 1° des revenus des biens de la couronne ; 2° des droits féodaux qu'exerce le roi à titre de seigneur sur ses terres; 3° d'un certain nombre de droits qui ont été repris un à un par le pouvoir central sur les seigneurs sous le prétexte, imaginé par les légistes, qu'ils faisaient jadis partie du domaine impérial. Tels sont notamment le droit de frapper monnaie, le premier peut-être que recouvra la royauté et dont elle abusa si étrangement : les droits de franc-fief et d'amortissement, le droit de sceau, les droits de douane à la frontière et à l'intérieur qui furent toujours considérés comme un attribut de la souveraineté, les péages à l'entrée des villes, la gabelle du sel.

Le roi prélève en second lieu dans certaines provinces les aides qui, le sens primitif du mot s'étant altéré, sont devenues synonymes d'impositions indirectes. Les aides comprennent un droit sur la vente et l'achat des boissons dont l'origine remonte peut-être à l'époque romaine et un droit sur la vente et l'achat de toutes les autres denrées ou marchandises, qui n'est autre chose que la taxe instituée par César sous le nom de *centesima rerum venalium*, qui a été restaurée par Philippe le Bel.

Enfin le roi reçoit, à titre d'impôt direct, les décimes

et la taille : les décimes sont l'impôt foncier levé accidentellement sur les biens d'église ; la taille, annuellement payée par les contribuables autres que la noblesse et le clergé, procède en droite ligne de l'impôt romain. Entré dans le domaine des féodaux sous le nom de cens, le *tributum soli* a été d'abord indépendant du prix de la location de la terre consentie par le seigneur au vassal ; puis il s'est le plus souvent ajouté au fermage, pour se confondre enfin avec lui. Aussi, quand les seigneurs ont voulu se procurer des ressources extraordinaires pour guerroyer, pour aller en Terre sainte, ils ont été conduits à exiger une nouvelle contribution qui, dénommée taille, a été assise sur les mêmes bases que le cens. C'est cet impôt, devenu peu à peu une source de recettes normales, que les Etats généraux reprennent aux seigneurs, qui conservent le cens représentant encore pour partie tout au moins, un fragment du *tributum soli*.

Ainsi, nous noterons en passant que les nobles n'ont pas perdu tout l'impôt : ils conservent une fraction de l'impôt direct et nombre de taxes indirectes qu'ils garderont, en accroissant souvent leur nombre, jusqu'à la Révolution, avec l'appui de la royauté qui, n'ayant plus à redouter la féodalité, voudra maintenant s'attacher, par la dation ou le maintien des privilèges, une noblesse qui sera le rempart de son absolutisme.

Pour achever de dépeindre le système d'impôts de la monarchie au commencement du quinzième siècle, il faut ajouter qu'il est on ne peut plus inégal. Ici la taille est réelle, là elle est personnelle. Telles provinces conservent des Etats provinciaux qui votent l'impôt et le perçoivent par l'intermédiaire de leurs propres élus; la plupart, dénommées pays d'élections par une étrange déviation du sens de ce mot, sont sous la seule autorité des officiers du roi. Une partie des provinces ne sont pas soumises aux aides, au lieu et place desquelles elles versent une somme fixe au trésor royal. On les dit abonnées. Entre les provinces abonnées et celles où sont perçues les aides, il existe des lignes de douane. Chaque ville a ses privilèges particuliers et, par suite, des taxes particulières différentes. Les gens d'église, les nobles, les fonctionnaires, les corporations de marchands et d'ouvriers, les marchands étrangers jouissent de privilèges individuels. Ils sont exempts de la taille, même des aides sur les denrées de leur cru, voire sur celles qu'ils achètent pour leur usage personnel.

Prévenir l'extension des privilèges, les réduire petit à petit, surtout mettre de l'ordre dans le chaos des taxes, telle est la politique à suivre. Louis XI l'aperçoit. Il songe à réaliser la conception romaine des rôles respectifs de l'impôt direct et de l'impôt indirect, qui, dans le dédale des choses, a suffisamment surnagé pour qu'un homme d'Etat puisse en entrevoir les grandes lignes. Dans une ordonnance du 27 janvier 1482, il trace le plan de ce grand système financier. Faire disparaître les impôts indirects les plus intolérables, exempter les campagnes des aides, les percevoir aux barrières des villes libérées en revanche de la taille, tel est le projet ; il commence à l'exécuter en supprimant presque complètement le droit sur les achats et les ventes, l'impôt établi par César, particulièrement odieux aux gens des campagnes. Malheureusement il n'achève pas son œuvre et, après sa mort, ses directions ne sont pas suivies. Des siècles s'écoulent avant qu'on en vienne, trop tard, à adopter la méthode qu'il a conçue avec une si claire vision des besoins de son temps et des améliorations alors réalisables.

Pendant tout le seizième siècle les successeurs de Louis XI et leurs conseillers n'ont qu'une préoccupation : augmenter les ressources du budget par tous les moyens. Ils n'observent aucun plan général, ils ne suivent aucune méthode. De préférence, ils font appel à l'impôt indirect, parce que les contribuables le ressentent moins, parce que, aussi, il est plus facile à instituer en dehors de l'intervention des Etats généraux, et ils entrent ainsi dans une voie où ils seront suivis par leurs grands successeurs mêmes ; mais ils s'y engagent gauchement en multipliant maladroitement les taxes, en recourant à tous les expédients pour alimenter le trésor royal sans cesse démuni non seulement par les frais des guerres, mais encore par les prévarications et par les abus.

A ces prévarications, à ces abus Sully met momentanément un terme. Il réalise, en effet, des économies notables, augmente le rendement des impôts, fait des budgets en excédent réel, ce qui est fort rare dans notre pays, où, depuis la mort d'Henri IV jusqu'à la Révolution française, on chercherait vainement, en dehors de quelques budgets exécutés par Colbert, un seul budget qui ait été finalement en équilibre. Il est un ministre probe et économe, un grand honnête homme ; il n'est pas un ministre réformateur. Pas une innovation notable dans son œuvre administrative, par une réforme véritable ! « On n'y trouve, dit M. Clamageran dans son beau livre sur *l'Impôt en France*, rien de comparable au système suivi par Louis XI pour rendre plus facile la percesption des aides et celle des tailles, confinées chacune dans des régions distinctes ; ni aux mesures adoptées par Colbert pour simplifier le tarif des douanes ; ni à l'impôt du vingtième établi en 1710 sous l'influence des idées de Vauban ; ni aux courageux efforts de Turgot pour abolir les corvées et les maîtrises. A plus forte raison aucune de ces réformes radicales qui, de loin en loin, sortent des entrailles du peuple, comme la restriction des droits féodaux par les communes du douzième siècle, ou l'abolition de la taille seigneuriale par les Etats généraux de 1439, ou, enfin, le nouveau régime inauguré par la Révolution. » Dans le domaine de la fiscalité, Sully se borne à charger beaucoup l'impôt indirect en allégeant quelque peu l'impôt direct. Petite politique qui peut séduire les médiocres, ceux qui pensent que l'art des finances consiste à tromper les contribuables, à leur donner l'illusion du dégrèvement, politique qui ne devrait pas tenter de grands esprits, qui a été cependant suivie par nombre de nos ministres des finances ! Ceux qui succèdent à Sully ne la retiennent qu'en partie. Sans diminuer l'impôt direct, ils augmentent de toutes façons, à tort et à travers, l'impôt indirect. Ils font si bien, ils multiplient à tel point les péages, les barrières intérieures, que leur réseau enlace, étouffe la production et la circulation des marchandises quand, en 1661, Colbert devient intendant des finances.

Grand organisateur, merveilleux administrateur ; ayant le goût, le culte de la réglementation, la passion de l'ordre et de la méthode, Colbert étend dans tous les domaines de l'administration une activité souvent débordante. Plus spécialement, il s'applique à introduire de la régularité dans les finances, à améliorer l'assiette de l'impôt.

Dans la première partie de cette tâche, il réussit pleinement. Il exige et il obtient l'exactitude et la clarté dans les comptes, le contrôle rigoureux de tous les services, la réduction des dépenses abusives, le versement immédiat des recettes, l'ordre dans les payements. Il est un grand ministre de la comptabilité publique.

Il est un moindre ministre des contributions et revenus. Non pas qu'il n'ait de vastes projets de réforme, dont tous ne sont pas également heureux, dont la plupart cependant méritent d'être loués sans réserves ; mais aucun ne peut aboutir. Abroger les traites à l'intérieur, supprimer les lignes innombrables qui sillonnent la France dans tous les sens, reporter les taxes à la frontière, telle est sa plus grande pensée. Il songe encore à édifier sur des bases nouvelles la législation des aides ; il veut rendre les droits sur les boissons « uniformes et égaux dans tout le royaume » (Circulaire aux intendants du 7 août 1681, — lettre à M. de Miromesnil du 6 novembre 1681). Il pense à une réforme analogue des gabelles. Il cherche enfin à restreindre les privilèges en matière de taille, l'unique impôt direct de l'époque. Mais, dans toutes ces directions, il rencontre un même obstacle qui le paralyse : ses projets impliquent la disparition graduelle des privilèges individuels, la suppression immédiate des immunités locales ; or la politique de la monarchie exige le maintien des avantages consentis à des provinces, des faveurs faites à certaines classes de la nation, parce que ces abus, ces privilèges font accepter le despotisme en le tempérant. Colbert doit donc reculer, se contenter de demi-mesures ; se borner à améliorer quelque peu, bien peu, la législation des aides et celle des gabelles ; à combattre sans grands résultats le développement des privilèges en matière de taille ; enfin à modifier les tarifs de douanes intérieures ; à supprimer des traites, des péages. Il arrive sans doute à faire disparaître nombre d'obstacles à la circulation des marchandises, à réaliser des progrès incontestables ; il ne parvient pas à réformer profondément.

Ce ne sont pas d'ailleurs ces réformes qui constituent la partie principale de l'œuvre de Colbert dans le domaine de la fiscalité. Son grand mérite est d'avoir, bien moins en innovant qu'en rassemblant et en mettant au point les dispositions éparses dans les édits antérieurs, créé le code de l'impôt indirect au dix-septième siècle, auquel l'administration française fera, aux débuts du dix-neuvième, de si larges emprunts. Quoique singulièrement touffues, chargées de prescriptions abusives, déformées par les inégalités et par les exceptions, les grandes ordonnances qui composent ce code contiennent la substance de notre moderne législation des contributions indirectes. Les déclarations, les formalités en matière de douane sont, aujourd'hui encore, réglées en partie par l'ordonnance de 1687, que le législateur de 1791 a reproduite ; la loi du 13 brumaire an VII sur les droits de timbre se rattache étroitement à l'ordonnance de 1671 ; la loi du 28 avril 1816 sur les boissons, qui est restée en vigueur jusqu'au 1er janvier 1901, est presque entièrement extraite des grandes ordonnances de 1680 sur le fait des aides, à ce point que les textes qui, il y a quelques années encore, autorisaient les commis des contributions indirectes à procéder à l'exercice chez les débitants étaient littéralement copiés dans les ordonnances de Louis XIV. S'il ne peut donner suite aux grandes conceptions qu'il a formées, Colbert sait donc asseoir si solidement l'impôt indirect, poser si heureusement les principes d'une réglementation ingénieuse et souple, que ses successeurs auront, quelque cent vingt ans plus tard, la tentation, à laquelle ils céderont trop facilement, de puiser à pleines mains dans son œuvre, d'organiser, en démarquant et en améliorant ses ordonnances, un système fiscal dont ils proclameront la nouveauté.

Dans le présent, par la réforme de la comptabilité, par d'intelligentes augmentations et aussi par des dégrèvements habiles dans les tarifs, Colbert accroît le rendement des contributions indirectes, qui ont toutes ses préférences, de manière à suffire, tant bien que mal (1), aux dépenses du roi Louis XIV ; même à dimi-

(1) Sur vingt-deux budgets que Colbert a exécutés, huit seulement ont été en excédent, quatorze se sont clos en déficit. A partir de l'année 1672 jusqu'à la fin de l'ancien régime, il n'y a pas eu d'ailleurs un

nuer l'impôt direct qu'il cherche obstinément à réduire. Mais c'est aussi cette augmentation démesurée du produit des taxes indirectes qui est le côté faible de sa politique financière. Il s'en rend compte en partie. Il comprend que, lié à une politique de magnificence à l'intérieur et à l'extérieur, il a été conduit pour subvenir à ces frais, à trop demander au contribuable, qu'il a fallu frapper indirectement afin de ne pas soulever sa violente opposition. Mais qu'y faire ? Les ministres des finances, quelle que soit leur valeur, ne peuvent rien ou peu de chose quand le pouvoir politique, souverain ou Parlement, contrarie leur œuvre. Colbert prévoit encore que, prisonniers de la même situation, ses successeurs vont se débattre misérablement au milieu de difficultés grandissantes. Ce qu'il n'aperçoit pas, c'est qu'ils seront contraints de changer de direction, de faire aux débuts du dix-huitième siècle une politique fiscale toute différente.

Les ministres qui lui succèdent, dominés par la nécessité de trouver des ressources, ne songent tout d'abord qu'à une chose : augmenter le nombre et le rendement des impôts indirects. Ils rehaussent les tarifs ; puis ils instituent au hasard, à l'aveugle, des taxes « sur toutes sortes de prétextes (1) ». Tantôt c'est un droit de marque sur les chapeaux qui est établi et qui n'est supprimé que le jour où l'industrie de la

seul budget où les recettes normales aient suffi à couvrir les dépenses, remboursements déduits.
(1) Mot de Colbert sur ses prédécesseurs qui s'appliquerait tout aussi bien à ses successeurs.

chapellerie est ruinée ; tantôt c'est une redevance sur les moulins ; un droit sur les perruques, sur l'amidon, sur la poudre à poudrer ; le monopole de la glace et de la neige, etc.

Mais il est des limites à la productivité des contributions indirectes, il est un point à partir duquel l'impôt se dévore lui-même. C'est ce qui advient vers la fin du règne de Louis XIV. En vain Pontchartrain et Desmaretz multiplient-ils les taxes de toute nature, en vain aggravent-ils les tarifs des impôts existants, le rendement des aides va sans cesse en diminuant. Force est de se rendre compte que la productivité de l'impôt indirect est tarie, qu'il faut faire appel à l'impôt direct. En 1695 la capitation graduée, en 1710 l'impôt du dixième sont institués.

La capitation graduée, imaginée par Pontchartrain, et qui n'est autre chose, comme nous l'avons dit, que l'impôt sur le revenu par classes de contribuables, est acceptée sans trop de résistance, bien qu'elle atteigne tous les sujets du roi, à commencer par M. le dauphin. Comme les nécessités sont pressantes ; comme d'ailleurs le nouvel impôt a soin de ménager, ainsi qu'il convient, les grands seigneurs et le clergé, on lui pardonne ses quelques témérités. Mais quand Nicolas Desmaretz, le neveu de Colbert, apercevant que, malgré la capitation, les caisses sont encore vides, a le grand courage de proposer au roi, en 1710, de taxer au dixième les revenus de tous les citoyens sans distinction d'aucune sorte, une immense clameur s'élève. Saint-Simon nous a dépeint la scène : la fureur des grands, la stupeur des membres du conseil, l'abattement du roi, qui n'acquiesce qu'après avoir consulté son confesseur et sans doute après avoir réfléchi qu'il n'a d'autres moyens de sauver sa couronne et l'Etat. Malgré les privilèges qui s'infiltrent dans le nouvel impôt, il produit des sommes considérables; on peut lever les armées de Villars et de Vendôme. La France est préservée de l'invasion (1).

A la fin du règne de Louis XIV, la fiscalité a donc notablement évolué. Deux grands faits se sont produits : la prédominance excessive de l'impôt indirect sur l'impôt direct a disparu ; les impôts directs nouvellement institués ignorent en principe tout au moins, les privilèges, les distinctions de classes. De même que, à la suite des désastres de la guerre de Cent Ans, les Etats généraux, en dotant la royauté de la taille, lui donnaient le moyen d'organiser un système fiscal qui aurait pu durer pendant plusieurs siècles, de même les événements malheureux de la guerre de succession d'Espagne, en permettant l'établissement de grands impôts directs, fournissaient à la monarchie l'occasion de rénover sa fiscalité. Il s'agissait d'améliorer l'impôt indirect, surtout de construire un système rationnel d'impôts directs au lieu et place des impôts de la taille, de la

---

(1) « Nos ennemis, dit Mallet, dans ses comptes rendus, crurent l'établissement du dixième impossible ; mais, ayant vu qu'il se faisait sans aucune résistance, et que tous les sujets se prêtaient aux besoins de l'Etat, ils regardèrent cette levée comme une ressource inépuisable pendant la guerre ; c'est un des principaux motifs qui les ont déterminés à faire la paix, et la manière dont ils s'en sont expliqués par la suite n'a laissé aucun lieu d'en douter. »

capitation et du dixième, dont le premier était assis de façon inégale, dont les deux autres, établis sans études préalables, improvisés du jour au lendemain, reposaient sur des bases incertaines. Mais, pour une telle œuvre, il eût fallu des hommes qui manquaient sans doute ; il eût fallu surtout mettre un terme aux privilèges. Or, c'est la chose la plus difficile qui soit dans un pays où les classes qui détiennent le pouvoir, ou en approchent ont toujours déployé une sauvage énergie pour défendre les abus dont elles bénéficient. La tâche était trop lourde ; celui qui l'aurait entreprise sans avoir l'appui d'Etats généraux ou d'un Parlement aurait fatalement succombé sous les coups des privilégiés, ainsi que succombèrent Turgot et ses successeurs quelque cinquante ans plus tard.

On n'essaye même pas ! Comme s'ils subissaient l'attrait d'une force invincible, les ministres des finances et leur administration retombent dans la vieille ornière, ils s'attachent à l'impôt indirect ; ils imaginent de nouvelles taxes, dont la plupart disparaîtront, dont quelques-unes, établies sur les actes et les mutations, subsisteront et formeront les grandes lignes de notre législation de l'enregistrement. Quant à l'impôt direct, ils n'y touchent guère que pour instituer les corvées, qui sont abrogées avant la Révolution ; ils conservent la taille avec ses inégalités, la capitation et l'impôt du dixième, qui est successivement supprimé, puis rétabli sous d'autres noms et avec d'autres taux ; ils les maintiennent sans leur donner une assiette solide, sans les préserver de l'arbitraire, sans en éliminer les privilèges qui s'y sont introduits et qui se multiplient contre leur gré. C'est cet arbitraire, ce sont ces privilèges qui d'abord commencent par émouvoir l'opinion, puis finissent par la révolter.

Il naît, en effet, une opinion qui devient attentive à ces questions. Un grand souffle de justice a traversé le monde. Les physiocrates, Quesnay et ses disciples, répandent les idées économiques qui sont immédiatement acceptées, admises par tous ou presque tous, trop vite peut-être, avec cet engouement pour les théories neuves qui est une des caractéristiques du tempérament français.

La Révolution est proche. Elle va accomplir une œuvre immense qui aura été préparée dans une large mesure par les philosophes, par les économistes, par un grand ministre réformateur et par ses successeurs.

LES IMPOTS A LA FIN DE L'ANCIEN RÉGIME
TURGOT ET SES SUCCESSEURS. — LA CONSTITUANTE
LA FISCALITÉ DU DIX-NEUVIÈME SIÈCLE

L'arbitraire, les privilèges, la diversité de l'impôt, voilà ce qui soulevait les plaintes, ce qui suscitait les colères des hommes éclairés de la fin du dix-huitième siècle.

Les privilèges s'étalent dans l'assiette et le recouvrement des impôts directs. L'arbitraire, la diversité, on les rencontre partout. Il suffit pour s'en convaincre d'examiner la fiscalité vers la fin de l'ancien régime, d'en saisir les traits dominants.

I

Les contributions directes comprennent la taille, la capitation, les vingtièmes (1). Impôt de répartition comme le *tributum soli*, la taille fait chaque année pour chaque province l'objet d'un brevet du roi (2), c'est-à-

(1) Il ne sera pas question dans cet exposé de la corvée, parce que, instituée sous le ministère du cardinal Fleury, elle fut supprimée avant la Révolution, en 1787, par l'assemblée des notables.
(2) Dans les pays d'États, les assemblées provinciales votent bien les contingents; mais on les incite souvent, ou plutôt on les oblige, à en élever le chiffre.

dire que le pouvoir central fixe les contingents selon son gré, arbitrairement, et, comme les besoins de l'Etat ou, pour mieux dire, les appétits de la cour sont considérables, le chiffre des contingents enfle sans cesse, sans qu'il y ait de relation entre la productivité de l'impôt et l'accroissement de la richesse. Au dernier degré, la taille est répartie entre les contribuables selon des modes différents suivant les provinces. Ici elle est réelle, là elle est personnelle. Dans les quelques provinces de droit écrit, la taille est réelle, ce qui veut dire qu'elle est divisée entre les contribuables proportionnellement au revenu réel des terres selon les données d'un cadastre plus ou moins parfait. Elle est dans ce cas un véritable impôt foncier. Mais c'est l'exception. Dans les trois quarts du territoire, la taille est personnelle ou mixte ; elle frappe non les biens immobiliers, mais les personnes, à raison de l'ensemble de leurs revenus ; elle doit saisir les facultés individuelles de toute origine. Pourquoi cette différence dans le mode d'assiette de l'impôt ? Les mémoires sur l'état des généralités, dressés par les intendants pour l'instruction du duc de Bourgogne, en donnent la raison suivante : « Les tailles, y lit-on, sont réelles ou personnelles. Les tailles réelles *sunt onera possessionum*, comme en Languedoc et en quelques autres provinces du royaume qui sont demeurées plus longtemps sous la puissance des Romains, et sont venues les dernières sous l'obéissance des rois de France. Ces tailles sont les plus anciennes retenues de l'ancienne coutume selon laquelle ces pays payaient le tribut aux Romains ». L'explication ne vaut qu'en partie. Selon toutes vraisemblances, la différence entre les tailles réelles et personnelles ne provient pas de ce que la Narbonnaise est restée plus longtemps sous la puissance des Romains, mais de ce qu'elle y est venue plus tôt. Un cadastre parcellaire a pu y être établi et ses allivrements ont servi à asseoir successivement le *tributum soli*, puis le cens, enfin la taille. Au contraire, il est fort probable que dans les autres provinces de la Gaule le cadastre n'a jamais été fait que sommairement, par grandes masses de cultures ou de propriétés, et qu'il a disparu noyé dans le flot de l'invasion barbare. La taille est ainsi un impôt territorial dans quelques provinces du midi de la France ; ailleurs elle est un impôt sur le revenu. Mais, comme le mode d'assiette de cet impôt n'a fait l'objet d'aucune règle précise, comme les facultés des contribuables sont appréciées par les *asséeurs*, sorte de répartiteurs, sans qu'ils aient le pouvoir de rassembler les éléments d'information suffisants, la répartition de la taille personnelle ou mixte est purement arbitraire. Dans le compte rendu qu'il adresse au roi en 1781, Necker écrit : « Il existe encore une taille appelée personnelle et qui dépend non de la propriété territoriale, mais des autres facultés des contribuables... Il serait à désirer que l'on pût renoncer à cette imposition ou parvenir à la dénaturer, car il faut regarder comme contraires à l'ordre public toutes les impositions dont la mesure et les proportions sont arbitraires ».

Presque aussi arbitraires sont la capitation et les vingtièmes. L'impôt des vingtièmes, qui n'est autre chose que l'ancien impôt du dixième rétabli après bien des vicissitudes, en 1749, par le contrôleur général Machault sous un autre nom, devrait frapper toutes les sortes de revenus individuels. « Voulons, disait l'édit de 1749 en son article 3, que le vingtième soit levé annuellement à notre profit sur tous les revenus et produits des sujets et habitants de notre royaume, sans aucune exception. » Mais comment déterminer ces revenus ? L'édit ne donne pas de moyens pratiques d'y parvenir. Si la déclaration est obligatoire, elle n'est ni strictement ni minutieusement réglementée ; des pouvoirs assez étendus ne sont pas accordés à l'administration, qui ne peut connaître de façon précise la majeure partie des revenus. Aussi est-ce l'arbitraire qui gouverne l'assiette de cette contribution. D'autre part la terre qui s'offre spontanément à la taxation supporte, par la force des choses, la plus grande part du poids de l'impôt, si bien que la fraction de la taxe qui pèse sur les revenus mobiliers, et qui est connue sous le nom de vingtièmes d'industrie, produit de moins en moins, et que, en 1784, elle ne rapporte que deux millions et demi sur soixante-seize millions et demi que fournit l'impôt. La capitation qui range les citoyens en différentes catégories, et taxe chacune d'elles à une somme fixe, depuis deux mille livres pour la première jusqu'à vingt sols pour la dernière, devrait, semble-t-il, exclure l'arbitraire, puisque toute la difficulté consiste à classer les contribuables, et que le fait qu'ils ont certaines qualités, remplissent certains emplois, exercent certaines professions, détermine la catégorie à laquelle ils doivent appartenir. Mais, comme nous le verrons, le clergé, les nobles, les fonctionnaires, des gens riches, parviennent à éluder l'impôt en tout ou en partie. Pour classer la plupart des roturiers, il faut connaître leurs revenus. On se trouve une fois de plus en présence de la même difficulté que l'on résout en mettant en œuvre des méthodes différentes selon les régions. Dans les pays de taille personnelle la capitation, sous le nom de capitation taillable, devient, dès 1705, un impôt de répartition, un complément de la taille. Dans les villes, on adopte souvent un système que, en 1711, le prévôt des marchands a imaginé pour Paris. « Nous savons, dira plus tard l'Assemblée nationale dans son instruction du 13 janvier 1791, que, dans plusieurs villes, des administrations éclairées avaient réparti l'ancienne capitation à raison des loyers, et avaient trouvé ce moyen plus propre que tout autre à prévenir les inégalités et les injustices. » Ailleurs, dans tous les pays de taille réelle notamment, on estime tant bien que mal la fortune des contribuables sans s'aider d'aucun principe, puisque la loi n'en établit pas. « Cette manière d'imposer, écrit en 1784 le bureau de l'impôt dans la généralité d'Auch, ne permet qu'une appréciation incertaine, un jugement aveugle, qui promène le fardeau de la capitation au gré des erreurs et des passions humaines. »

Le système des contributions directes n'est pas seulement faussé par l'arbitraire et par la diversité des taxes, il est vicié par ces privilèges scandaleux qui affranchissent de l'impôt une partie des citoyens. Ni les membres du clergé, ni les nobles, ni les acquéreurs de charges, ni la plupart des fonctionnaires n'acquittent la taille : dans les pays de taille personnelle, les roturiers seuls sont frappés ; les terres qui sont exploitées par les privilégiés, parfois celles qui leur appartiennent ou même celles qui leur ont appartenu, sont exemptes dans les pays de taille réelle. Tout le monde devrait supporter la capitation et les vingtièmes ; mais à peine ces deux impôts sont-ils institués que le clergé, spéculant sur les embarras financiers de la France, s'abonne, achète sa libération définitive moyennant le versement une fois fait de faibles sommes (1). Pour procurer un traitement de faveur aux nobles et aux riches, on invente le détour des taxes d'office. Au lieu d'être cotisés selon les règles communes, les privilégiés sont taxés d'office à la capitation et aux vingtièmes par les intendants qui reçoivent leur déclaration et l'acceptent sans contrôle. « Sous ce régime qui accable les faibles pour alléger les forts, plus on est capable de contribuer, moins on contribue », dit Taine. « On aura de la peine à croire, a dit encore Dupont de Nemours le 16 mars 1789, qu'il ait suffi d'être riche pour devenir noble, et de devenir noble pour cesser de payer, de sorte qu'il n'y a qu'un moyen unique d'échapper à l'imposition, c'est de faire fortune. »

L'assiette des contributions indirectes n'est pas davantage soustraite à l'arbitraire que la nature de l'impôt devrait cependant exclure. Les taxes sont si nombreu-

(1) Le clergé racheta l'impôt général de la capitation, qui représentait pour lui une charge annuelle de quatre millions, moyennant l'abandon à l'État d'un capital de vingt-quatre millions. C'était un placement au taux de 17 pour 100 !

ses, si complexes, les règlements si confus et contradictoires, que le contribuable est à la merci du fisc. Écoutons ce que, dans ses remontrances au roi, Malesherbes, parlant au nom de la Cour des aides, disait en 1775 des droits d'actes et de mutations, qui étaient cependant parmi les moins mal établis : « Votre Majesté saura que tous les droits de contrôle, d'insinuation, de centième denier, qui portent sur tous les actes passés entre les citoyens, s'arbitrent suivant la fantaisie des fermiers ou de leurs préposés ; que les prétendues lois sur cette matière sont si obscures et si incomplètes que celui qui paye ne peut jamais savoir ce qu'il doit ; que souvent le préposé ne le sait pas mieux, et qu'on se permet des interprétations plus ou moins rigoureuses, selon que le préposé est plus ou moins habile ; qu'il est notoire que tous ces droits ont eu sous un fermier une extension qu'ils n'ont pas eue sous d'autres. D'où il résulte évidemment que le fermier est le souverain législateur dans les matières qui sont l'objet de son intérêt personnel... » Les mêmes abus se rencontrent dans les droits de douane, dans les traites intérieures, dans les aides. Les commerçants, les particuliers, ignorant jusqu'aux impôts qu'ils ont à payer, sont dans la dépendance des commis, qui perçoivent selon leur gré.

A l'arbitraire engendré par la complication des droits et des règlements viennent s'ajouter l'inégalité et la diversité qui tiennent à l'organisation même de l'impôt indirect et qui apparaissent aussi bien dans les droits sur les actes et les mutations que dans les droits de douane, dans les gabelles, ou dans les aides.

Les droits sur les actes et mutations, qui ne sont pas uniformément perçus sur tout le territoire, pas plus d'ailleurs que l'impôt du timbre, sont au nombre de seize, établis par seize lois différentes, sous des dénominations diverses, aggravés par une foule de lettres patentes, d'arrêts du Conseil, d'ordonnances et de décisions contradictoires qui s'obscurcissent et se compliquent mutuellement. « Tout ce qu'il y avait de clair dans ces lois, dit l'Adresse aux Français, était au désavantage du pauvre. Les cent premières livres d'un acte payaient double droit ; on payait le droit simple depuis cent francs jusqu'à dix mille francs, et, ce droit acquitté, toutes les sommes qui excédait les premiers dix mille francs n'étaient assujetties qu'à un droit léger. »

Des droits atteignent la plupart des marchandises non seulement à leur entrée et à leur sortie du pays, mais encore quand elles traversent certaines lignes tracées à l'intérieur du territoire et coupant la France en trois grandes régions distinctes, d'innombrables droits secondaires qui tantôt se superposent aux droits principaux, tantôt forment de nouveaux cordons déchirant le pays dans tous les sens, des péages au nombre de *seize cents*, tels sont les obstacles opposés à la circulation des marchandises. Il est difficile d'imaginer de meilleurs moyens pour paralyser le commerce ; il paraît impossible d'organiser plus complètement la diversité dans l'impôt.

L'impôt des gabelles (le monopole du sel) ne présente pas moins de diversité. Ici le sel est payé 3 livres le quintal, là 61 livres 19 sols, ailleurs 27 livres 6 sols. Il y a des provinces de grande gabelle qui supportent les quatre cinquièmes de l'impôt ; de petite gabelle, de quart bouillon, de salines, des provinces rédimées, des provinces franches. « Il suffit, dit Necker, de jeter les yeux sur la carte des gabelles pour concevoir pourquoi cet impôt, dans son état actuel, présente des inconvénients et pourquoi, dans quelques parties du royaume, on doit l'avoir en horreur. »

Les autres taxes indirectes, qui se composent du monopole des tabacs — d'une série de petits impôts inventés au jour le jour pesant sur les cuirs et les peaux, sur les fers, sur les huiles et savons, sur l'amidon, sur les papiers et cartons, sur les matières d'or et d'argent, sur les cartes à jouer, sur les messageries — enfin des droits sur les boissons, offrent toutes le spectacle de la diversité. La principale d'entre elles, l'impôt sur les boissons, n'est perçue au profit de l'Etat que dans les ressorts des cours des aides de Paris et de Rouen. Dans les autres provinces, simplement tenues de verser au Trésor une somme fixe à titre d'abonnement, il a bien été institué des taxes sur les vins, cidres, bières, eaux-de-vie; mais ces droits qui sont des impôts locaux ont été naturellement assis de façon différente selon les régions. Même dans la zone restreinte où ils sont établis, les aides n'ont pas la moindre uniformité. « Je n'entreprendrai pas, écrit Le Trosne, un disciple de Quesnay, d'entrer dans le détail de la perception de tous les droits qui composent les aides. Je me contente de placer en note la nomenclature effrayante de tous ces droits. Il n'y a pas d'impôt aussi compliqué que les aides ; cette perception a exigé une législation immense dont il est impossible aux citoyens d'acquérir la connaissance... Ce qui rend encore cette matière plus difficile à traiter en détail, c'est que non seulement les aides n'ont pas lieu partout, mais que les mêmes droits n'ont pas lieu partout où les aides ont cours. »

Il y a plus : en dehors de la diversité qui est inhérente à l'organisation même de chaque taxe ou de chaque groupe de taxes, il existe d'autres inégalités locales qui proviennent de ce que nombre de villes ont été autorisées à supprimer tels impôts, tantôt à titre purement gracieux, tantôt à la charge de verser en leur lieu et place une redevance annuelle. Et ceci a une double origine : d'une part, bien que n'ayant pas été utilisée pour construire un système fiscal logique, la conception romaine du rôle respectif de l'impôt direct et de l'impôt indirect n'a pas été complètement oubliée ; on s'en est inspiré selon les circonstances, un peu au hasard, tout à la fois en instituant nombre de droits d'entrée et en autorisant, de-ci, de-là, les villes à racheter leurs impôts directs et à les remplacer par des droits d'octroi ; d'autre part, le roi, se croyant souvent obligé de consentir des avantages à des provinces et à des villes, toujours pressé par des besoins d'argent qui l'engagent à monnayer ses prérogatives, a parfois renoncé, tantôt gratuitement, tantôt moyennant finances, au droit de percevoir tel impôt dans telle ville, voire même dans telle province, et ces faveurs, ces rachats, ces abonnements augmentent la diversité dans l'impôt.

Ce n'est pas encore tout. Le roi n'est pas seul à percevoir l'impôt. Les seigneurs, les gens d'Eglise en ont gardé une part. Ils encaissent le cens sur les terres, des droits sur les mutations de biens immobiliers; ils détiennent des péages. L'Eglise prélève la dîme sur les produits du sol, qui, variant, selon les localités et la nature des récoltes, depuis le septième jusqu'au trente-deuxième du produit brut de la terre, retombe, inégalement encore, mais toujours lourdement, sur le paysan déjà accablé par l'impôt royal.

De ce tableau, quelle conclusion générale tirer ? Quel jugement porter sur ces taxes qui s'enchevêtrent, se superposent, se contrarient ? Que peut-on dire, sinon qu'à la fin de l'ancien régime il n'y a pas, à proprement parler, de système d'impôts en France ? Il n'en pourrait d'ailleurs être autrement. Libre de tout contrôle, le pouvoir politique n'a jamais songé qu'à augmenter les dépenses; la royauté n'a demandé aux contrôleurs généraux que de vivre au jour le jour; elle n'a employé leur habileté, leur talent qu'à trouver de l'argent pour les besoins actuels, le choix des moyens n'étant compté pour rien (1). Encore leur a-t-elle enjoint de respecter scrupuleusement les privilèges et a-t-elle obstinément contrecarré la tendance qu'ils ont toujours eue de les restreindre (2). Que faire dans de telles conditions ? Les ministres médiocres se résignent; ils créent de nouveaux-

---

(1) MELON, *Essai politique sur le commerce*, 1738.
(2) « Tous les ministres des Finances sans exception ont tous pensé et agi de même; tous ont cherché à restreindre les privilèges de la taille. » (TURGOT).

impôts, de nouvelles taxes indirectes ; ils augmentent les complications, ils ajoutent à l'incohérence de la fiscalité. Quand est appelé à diriger les finances un homme d'État comme il s'en est rencontré parmi les contrôleurs généraux, il doit se borner à simplifier quelque peu ce qui a été diversifié à l'excès, à mieux aménager certains impôts, surtout à préparer les éléments d'un système fiscal que l'on pourra, plus tard, dégager de la forêt de taxes qui pousse et qui se développe sur le sol de la France. C'est tout ce qu'a pu faire Colbert au dix-septième siècle. Au dix-huitième siècle, Turgot quel que fût son génie, Necker quelle que fût son habileté, Calonne quel que fût son savoir faire, n'arriveront pas à mieux, bien qu'ils aient l'appui de l'opinion publique ; ils ne pourront réaliser immédiatement de grandes réformes parce qu'ils se heurteront, comme leurs prédécesseurs, à un double obstacle : il leur faudra suffire à des dépenses excessives, surtout ils ne pourront renverser des privilèges abusifs.

II

Turgot s'efforce cependant d'y parvenir.

Préparé par toute une vie de réflexion, d'étude et de pratique administrative à l'exercice du pouvoir, il entend en user pour réaliser les réformes les plus larges et les plus fécondes. Réduire les dépenses, détruire les privilèges, délivrer le travail, le commerce, l'industrie des liens de toute nature qui les étouffent, notamment des traites et des péages, supprimer même tous les droits de douane afin d'attirer par la liberté le commerce du monde entier sur notre territoire, refondre les impôts directs en les transformant principalement en un impôt réel sur les produits du sol, telles sont les parties essentielles de son vaste programme. Il n'en est guère de plus grand ; mais il n'en est pas non plus qui soit plus difficilement réalisable, car il ne vise à rien moins qu'à transformer le régime et il doit soulever l'opposition passionnée de tous ceux qui vivent de ses abus. C'est ce qui ne manque pas de se produire. Quand Turgot, après avoir rendu la liberté au commerce des grains, veut abolir les jurandes et les maîtrises, surtout supprimer la corvée et en rejeter la charge sur tous les propriétaires *sans distinction*, on aperçoit quels sont ses projets. Le Parlement, se faisant, comme ce fut toujours le cas à la fin dix-huitième siècle, l'avocat des privilégiés, déclare que « assujettir les nobles à un impôt pour le rachat de la corvée au préjudice de la maxime que « nul n'est corvéable s'il « n'est taillable », c'est les proclamer taillables comme les roturiers », et il ajoute : « Quels ne sont pas les dangers d'un projet engendré par un système inadmissible d'égalité dont le premier effet est de confondre tous les ordres de l'Etat en leur imposant le joug uniforme de l'impôt ! » Dès lors, la perte de Turgot est décidée. On produit contre lui les accusations que l'on dirige toujours contre ceux qui luttent pour le bien général. « C'est un homme à systèmes », disent les uns. « C'est un brouillon », chansonnent d'autres. « Il ruine la France, il dilapide les réserves que l'abbé Terray a constituées », affirment certains. Il tombe donc après vingt mois de ministère, « succombant, comme l'a dit Voltaire, sous les coups des financiers, des talons rouges et des bonnets carrés », qui croient sauver le régime alors qu'ils préparent son effondrement. Il tombe vaincu par la coalition des intérêts particuliers, mais vaincu en apparence seulement. En réalité, c'est lui qui remporte la victoire. En vain fera-t-on disparaître ses réformes, en vain cherchera-t-on à effacer jusqu'aux traces de son passage. Ses idées se répandront. Elles gagneront ses adversaires Necker et Calonne ; elles pénétreront dans le comité des impositions de la Constituante ; elles seront exprimées dans l'Adresse aux Français rédigée par Dupont de Nemours, son fidèle ami ; elles prévaudront pendant un temps, trop complètement, plus qu'il ne l'aurait sans doute voulu lui-même.

La réaction qui a amené la chute de Turgot porte bientôt au pouvoir Necker, dont elle espère se servir. Mais Necker a vite fait de reprendre, avec moins d'élévation dans les idées, moins de largeur de vues, mais aussi avec plus d'habileté, l'œuvre de Turgot dans certaines de ses parties. Il dirige principalement ses efforts vers les contributions directes : il corrige quelques-unes des défectuosités les plus saillantes de leur organisation ; il établit notamment le principe que les contingents de la taille ne pourront pas être augmentés arbitrairement d'année en année. S'emparant d'un projet de Turgot, il imagine de faire opérer la refonte des multiples impôts qui atteignent le sol par des assemblées provinciales qu'il institue en leur donnant la mission « de préparer les moyens d'adoucir le fardeau des impositions, soit par les modifications raisonnables dont elles sont susceptibles, soit plus particulièrement par la sagesse et l'équité des répartitions ». A peines créés, les conseils locaux se mettent à l'œuvre. Ils s'appliquent à améliorer l'assiette de la taille, et pour cela presque tous éliminent la taille personnelle, répartissant l'impôt entre les communes proportionnellement aux revenus immobiliers à l'aide de procédés dont quelques-uns, d'une ingéniosité remarquable, pourraient être utilement étudiés aujourd'hui encore, établissant enfin, dans les limites de chaque commune, un cadastre plus ou moins parfait qui sert à la fixation des cotes individuelles. En résumé, dans nombre de provinces, sous l'action des assemblées provinciales, la taille tend à devenir ce qu'elle est déjà dans les pays de droit écrit : un véritable impôt foncier. Il en est de même des vingtièmes, dont, nous l'avons montré, la presque totalité retombait sur la tere et dont le surplus, dit vingtièmes d'industrie, est abrogé par Necker en ce qui concerne les campagnes. Les assemblées provinciales continuent l'évolution en demandant et en obtenant le droit d'asseoir et de recouvrer elles-mêmes l'impôt du vingtième dans la même forme que la taille, sous la condition d'un abonnement annuel. Dès lors la capitation des roturiers étant déjà dans les pays de taille personnelle une annexe de la taille, on est bien près du jour où les divers impôts qui pèsent sur la terre se seront fondus et transformés en un grand impôt foncier de répartition (1).

(1) A ceux qui seraient désireux de connaître dans le détail les tra-

Mais les privilèges subsistent et rien ne sera fait tant qu'ils n'auront pas disparu. Un des successeurs de Necker, Calonne, veut y mettre un terme. Necker, après avoir servi la réaction, a été, en effet, emporté par elle le jour où il a été visible qu'il ne se laisserait pas diriger comme on l'entendait. Les privilégiés inventent alors Calonne, en qui ils espèrent trouver un instrument docile. Mais, esprit délié, plein de ressources, valant mieux que la réputation très injuste qui lui a été faite, Calonne ne tarde pas à comprendre que c'est folie de penser à suffire aux dépenses sans réformer les abus et sans asseoir solidement l'impôt. Il en vient donc au programme de Turgot. Il fait siens les résultats de l'étude commencée par le grand ministre, poursuivie par Necker et les assemblées provinciales. Il a l'audace de proposer à l'assemblée des notables, réunie en 1787 sur son initiative, l'institution, au lieu et place de la taille et des vingtièmes, d'un grand impôt foncier qu'il dénomme subvention territoriale et qui doit atteindre tous les propriétaires et toutes les propriétés sans distinction ni exception. A côté de cet impôt, il veut créer une autre taxe sur l'ensemble du revenu qui remplacerait les vingtièmes d'industrie subsistant dans les villes et la capitation, qui conserve dans quelque mesure une existence propre, notamment dans les pays de taille réelle. Pour asseoir cette nouvelle taxe, il imagine de généraliser ce qui se fait à Paris : il présente un projet de capi-

---

vaux si intéressants des assemblées provinciales, nous ne saurions trop recommander la lecture du bel ouvrage de M. STOURM, *les Finances de l'Ancien Régime et de la Révolution*.

tation assis sur la valeur locative des habitations. Solution ingénieuse, bien que très insuffisante, qui prévaudra cependant plus tard, qui échoua devant l'assemblée des notables, où l'on fit justement observer que les valeurs locatives sont singulièrement difficiles à évaluer dans les campagnes et qu'elles n'y peuvent guère servir de commune mesure aux revenus.

Au reste, aucun des projets de Calonne n'aboutit, pas plus le projet de supprimer les barrières intérieures que le projet d'impôt territorial, qui sont cependant approuvés l'un et l'autre par les notables. Les privilégiés ne consentent qu'à l'abandon des corvées; avec l'appui du Parlement, qui leur est toujours fidèle, ils parviennent à empêcher toutes les autres réformes et à briser Calonne, comme ils ont brisé Turgot et Necker.

La réaction triomphe donc encore une fois dans le domaine de la fiscalité, comme elle triomphe dans l'armée, dans la magistrature, dans l'industrie, même dans l'application des droits féodaux des seigneurs. « Au lieu de céder doucement à l'action du temps, à l'influence des lumières, écrit Sieyès à cette époque, la noblesse se raidit contre elles. Elle prétend ne rien perdre de ses privilèges : que dis-je ! elle les accroît. »

Cet esprit de résistance aveugle qui anime les privilégiés n'est chose ni bien nouvelle, ni bien surprenante. Depuis des siècles, la royauté s'est appuyée presque exclusivement sur la noblesse et sur le clergé, qu'elle a retenus par des faveurs, sur les intérêts locaux qu'elle a consolidés en les opposant les uns aux autres. Les choses en sont arrivées à un tel point que, à la fin du dix-huitième siècle, les privilèges font corps avec le régime, qu'y toucher, c'est ébranler l'édifice, les supprimer, c'est le faire crouler. C'est ce qu'aperçoivent confusément les conseillers du roi et les représentants des ordres privilégiés. Ils pressentent que les réformes sont devenues impossibles, une révolution indispensable ; ils n'en résistent qu'avec plus d'énergie, *comme ils ont toujours résisté*. Si, en effet, il est trop tard pour « céder doucement », si on ne l'a pas fait à temps ; si la royauté n'a su mettre à profit aucune circonstance décisive, suivre aucun des hommes qui, comme Turgot, ont allié à l'intelligence des réformes la prescience des temps à venir, cela tient principalement à ce que la noblesse, qui occupe les avenues du pouvoir, a toujours été animée de l'esprit de conservation sociale le plus étriqué qui se puisse voir, de cet esprit rétrograde qui, trop souvent dans notre pays, est l'apanage des classes dirigeantes. Sur le bord du gouffre, pris de vertige, les nobles résistent encore, coûte que coûte, cependant que monte la Révolution qui va délivrer la France des privilèges qui l'épuisent, balayer une fiscalité surannée.

III

Abroger les privilèges, de quelque nature qu'ils soient, faire disparaître l'impôt privé perçu au profit de particuliers ou de collectivités quelconques, supprimer la plupart des taxes de l'ancien régime, tels sont les premiers actes de la Constituante.

Le sol est net. Maintenant il faut bâtir. Quel sera le plan ?

Très sagement, sur la proposition de son comité des impositions qui compte des hommes éminents tels que La Rochefoucauld, Talleyrand, Rœderer, Dupont de Nemours, l'Assemblée conserve en les améliorant et en les rendant uniformes les droits sur les actes et mutations et les droits de timbre ; reprenant les projets préparés à la fin de l'ancien régime sous l'influence des idées de Turgot et présentés par Calonne à l'assemblée des notables, elle institue un tarif des douanes très modéré, très libéral, « le plus libéral que la France ait jamais eu » et qui — cela va de soi — est uniquement perçu à la frontière. Mais sont-ce là les seules contributions indirectes qu'elle va conserver, et quels impôts directs va-t-elle fonder ?

A la première de ces deux questions la Constituante tarde à donner une réponse. Visiblement elle hésite, elle est partagée en deux courants ; tout d'abord elle incline vers la solution prudente : sur la proposition de son comité de l'imposition, elle décide de conserver les impôts sur les boissons et les droits d'entrée dans les villes. Mais quand un projet de taxe sur les vins, tout à fait semblable à celui qui prendra corps plus tard dans la loi de 1804, lui est présenté le 29 octobre 1790, elle en ajourne indéfiniment l'examen ; elle est bien près de se déjuger. Elle ne tarde pas à le faire. Quelques mois plus tard, Dupont de Nemours, le physiocrate, l'ami de Turgot, qui est porté à exagérer les idées du maître et qui ne sait pas allier aux connaissances théoriques le sentiment des nécessités pratiques, dépose, au nom du comité de l'imposition, un projet instituant des droits d'entrée. Il l'a rédigé en des termes tels, il expose avec tant de force et de bonheur (ce sont ses propres expressions) les inconvénients que présentent les droits d'entrée et, en général, les contributions indirectes, que la presque unanimité de l'Assemblée lui interdit de poursuivre sa lecture et renonce au projet. « Jugez de ma joie ! » écrira plus tard Dupont de Nemours à J.-B. Say en lui contant cette séance. Cette joie n'aurait probablement pas été partagée par Turgot. Il aurait compris combien il était imprudent de priver un budget chargé de dépenses de la ressource des impôts de consommation et il aurait prévu que ces impôts renaîtraient quelque jour, moins bien organisés qu'ils n'auraient pu l'être par un de ses disciples. Ce fut là une des fautes que le culte excessif pour les théories dont on était alors engoué fit commettre à la Constituante. Ce ne fut pas la seule, ce ne fut pas la plus grave.

Pour remplacer les impôts directs de l'ancien régime, qui disparaissent tous et qui doivent disparaître, les hommes de la Constituante ont le choix entre deux systèmes : ils peuvent adopter un impôt sur l'ensemble du revenu, ou des impôts sur les diverses sources de revenus. On chercherait en vain une troisième méthode qui soit logique. A la première de ces deux solutions ils ne pensent même pas. Pendant toute la fin du dix-huitième siècle, les ministres des finances, les intendants, les corps électifs — états ou assemblées provinciales — se sont constamment appliqués à briser les taxes sur

l'ensemble du revenu, à les diviser en des impôts réels
sur les sources de revenus. Et cette transformation,
c'est l'opinion publique qui l'a réclamée parce que, par-
dessus tout, avant tout, elle veut que l'arbitraire soit
proscrit et qu'il lui paraît inséparable des impôts personnels sur le revenu. Cet état d'esprit est celui des
hommes de la Constituante. Leurs pères et eux-mêmes
ont tellement souffert de l'incertitude, de l'odieux arbitraire qui régnait dans les impôts de l'ancien régime,
que rien ne leur paraît plus haïssable que de conserver
ou d'instituer des taxes dont l'assiette laisse quelque
place à l'appréciation de l'administration. Ayant, d'ailleurs, le très légitime souci de faire disparaître tous les
privilèges, d'effacer toutes les distinctions de caste, ils
entendent que l'impôt ignore les personnes et ne con-
naisse que les choses. Ces deux idées qui se superposent
les éloignent d'un impôt général sur le revenu qui eût
forcément impliqué soit la déclaration du contribuable,
soit la taxation d'office. Ils pensent donc à organiser
un impôt sur les revenus fonciers et un ou plusieurs
impôts sur les revenus mobiliers. Mais, s'il leur est
facile de créer une taxe qui pèse sur les revenus du sol,
s'il leur suffit d'utiliser les travaux des assemblées
locales, de reprendre le projet de subvention territoriale de Calonne pour écrire la loi du 23 novembre-
1er décembre 1790, qui est aujourd'hui encore à la base
de notre impôt foncier, la tâche est loin d'être aussi
simple en ce qui concerne les revenus mobiliers.
D'abord, il n'y a pas de précédents, pas de solution
toute prête analogue à celle qu'ont patiemment pré-

parée, en ce qui concerne l'impôt foncier, par des investigations sur place, des intendants tels que Turgot, d'Orfeuil, Rouillé, Berthier; des assemblées provinciales telles que celles du Berry, du Poitou, de la Normandie. Ensuite, le problème est beaucoup plus complexe. Ici, il n'est pas possible d'établir un cadastre, de déterminer un revenu moyen. Une seule méthode peut valoir : il faut s'attaquer individuellement à toutes les sources du revenu mobilier; créer une série de taxes dont chacune sera assise soit d'après des présomptions, soit, quand il n'en existe pas ou qu'elles sont insuffisantes, sur la déclaration du contribuable contrôlée par l'administration. Mais de cette solution les hommes de la Constituante ne veulent pas encore, parce qu'ils sont convaincus que, dans notre pays, « les principes, les droits, les lois et les mœurs » proscrivent tout ce qui de près ou de loin, ressemble à une inquisition. Emportés trop loin par la haine de l'arbitraire, ils en viennent à reprendre, en le modifiant et en le compliquant le projet soumis par Calonne à l'assemblée des notables, qui l'a écarté. Ils imaginent de faire un impôt sur les revenus mobiliers déterminé d'après le signe extérieur du loyer. Solution tout à fait insuffisante, comme nous l'avons déjà dit! Solution qui ne durera pas! Deux années ne se sont pas en effet écoulées que la taxe sur les revenus mobiliers; « intelligible seulement, dit Ramel, pour ceux qui l'avaient étudiée longtemps », a vécu. La Convention nationale supprime pour 1794 un impôt « condamné par l'opinion publique, injuste dans ses résultats, grevant les citoyens peu fortunés, tandis que ceux qu'il devait atteindre trouvent moyen de s'y soustraire » (1). La Constituante n'est donc pas parvenue à organiser un système complet d'impôts directs. Elle n'y a pas réussi, non seulement par la crainte excessive qu'elle a eue de l'arbitraire, mais encore parce qu'elle a trop subi l'influence des doctrines économiques que Quesnay et son école avaient propagées et auxquelles la plupart des hommes éclairés de la Constituante étaient acquis.

Croyant avec les physiocrates que « la terre, source de toutes les richesses, fournit aussi toutes les contributions » (2) ; convaincus par suite que tout impôt qui ne frappe pas directement le produit net du sol constitue « un double emploi ». Les membres du comité de l'imposition auraient voulu ne proposer à la Constituante qu'un impôt unique sur la terre. Ils reconnurent cependant l'impossibilité de faire entrer ces théories dans le domaine de la pratique « dans un Etat où la longue suite d'une administration arbitraire et variable a sans cesse augmenté les besoins en tarissant les ressources » (3) ; ils se résignèrent à contre-cœur, « parce que l'opinion publique le demandait » (4), à juxtaposer à l'impôt foncier un impôt sur les revenus des capitaux mobiliers. Mais ils entendirent du moins que la contribution sur le produit net du sol fût la pierre angulaire de leur

---

(1) Procès-verbal de la Convention, séance du 23 nivôse an III.
(2) LA ROCHEFOUCAULD, Rapport sur le système général des impôts du 11 septembre 1790.
(3) LA ROCHEFOUCAULD, même Rapport.
(4) DUPONT DE NEMOURS, Adresse aux Français, Instruction du 13 janvier 1794.

système fiscal ; ils se berçaient même de l'espoir que, une fois la situation financière mieux assise, une fois les dépenses réduites, on pourrait en venir à ce qu'ils considéraient comme le but à atteindre : l'impôt unique sur le sol. Ils firent donc un impôt très modéré sur les capitaux mobiliers en regard d'un impôt fort lourd sur la terre et, autant ils apportèrent de soin à organiser la seconde de ces deux taxes, autant ils n'attachèrent qu'une importance relative à la forme et au mode d'assiette de la première contribution, qui, exprimant d'après eux une erreur économique, était, dans leur esprit, destinée à disparaître.

Des idées excessives — la foi invincible dans la valeur absolue des doctrines physiocratiques, qui étaient tout au plus des hypothèses fécondes, la crainte exagérée de l'arbitraire — empêchèrent les hommes qui dirigeaient la Constituante de construire sur les ruines du bâtiment si heureusement démoli un édifice dont toutes les parties fussent irréprochables. Du moins est-il aisé de compléter leur œuvre, non pas certes immédiatement, en une seule fois, mais peu à peu. Si l'on y parvient la France aura un grand système fiscal, parce qu'il sera tout imprégné de l'idée de justice, parce qu'il atteindra équitablement les revenus et ne fera qu'une place des plus restreintes aux impôts toujours inégaux, toujours iniques, sur les consommations où la circulation des biens. Mais ce n'est pas dans ce sens que va évoluer la fiscalité. La réaction qui survient, qui commence après Thermidor, qui se développe sous le Directoire, qui s'épanouit sous le Consulat, l'Empire et la Restauration, loin de chercher à améliorer l'œuvre de la Constituante, va s'appliquer à la détruire en exagérant ses défauts, en niant ses qualités.

Tout d'abord, elle exploite l'insuffisance de productivité du système. Il est bien vrai que, enclins en cela comme en d'autres choses à l'idéologie, ses auteurs ont de propos délibéré écarté le fisc de la confection des rôles, qu'ils ont confiée aux représentations locales. Comme il était facile de le prévoir, les rôles ne sont pas formés dans nombre de départements, où ils ne le sont que tardivement ; l'impôt ne rentre pas ou rentre mal, si bien que, en l'an IV, il reste plus de trois cents millions à recouvrer sur les contributions directes. Tant que la Révolution, pour subvenir aux dépenses, dispose de l'émission des assignats, on s'accommode tant bien que mal de cet état de choses ; mais, quand s'effondrent les expédients, il faut mettre en œuvre des méthodes normales pour procurer à l'Etat les ressources dont il a besoin ; il devient donc indispensable de restituer à l'administration la fonction qui lui appartient. Il est facile de le faire ; mais on ne se contente pas de remédier à cette imperfection de détail, on en argue pour faire le procès du régime fiscal tout entier. On observe encore que, même fonctionnant régulièrement, le système ne peut fournir les recettes nécessaires au budget d'un grand pays et que, d'autre part, la contribution foncière est trop lourde. Il est simple d'en diminuer le poids par des dégrèvements, d'instituer à ses côtés d'autres impôts sur les revenus mobiliers, enfin de fortifier dans une sage mesure les contributions indirectes. Mais cela ne suffit pas à la réaction, qui veut aller, qui va beaucoup plus loin.

Elle s'attaque à l'idée maîtresse de la Constituante. La Constituante a voulu circonscrire très étroitement le champ des contributions indirectes. Sous le prétexte de corriger les exagérations auxquelles elle s'est laissé entraîner, on combat le principe même, on affirme la supériorité des taxes indirectes ; on dit que « le meilleur impôt est celui dont les formes dissimulent le mieux la nature et qui, en dispensant d'ailleurs le contribuable de toute prévoyance, s'identifie le plus complètement avec les dépenses de nécessité que l'on fait communément sans regret » (1). Il n'est pas difficile d'apercevoir, à travers ces formules qui recouvrent des sophismes, que, afin de suffire aux grosses dépenses qui renaissent, les ministres des finances ont besoin, comme leurs prédécesseurs les contrôleurs généraux, d'impôts qui rapportent beaucoup sans que le contribuable s'en aperçoive. D'un autre côté, la bourgeoisie, issue de la Révolution et qui dirige cependant la réaction, pressent que l'évolution vers l'impôt indirect lui sera favorable ; qu'elle aboutira à l'exonérer d'une partie du fardeau qu'elle devrait supporter. Enfin l'administration française s'est reconstituée ; les commis de l'ancien régime sont rentrés dans leurs bureaux ; ils y ont retrouvé les projets de réforme qu'eux ou leurs aînés avaient jadis élaborés pour améliorer les taxes indirectes ; ils ont la tentation très naturelle de les faire aboutir maintenant

---

(1) Gaudin, ministre des finances.

qu'ils sont débarrassés par la Révolution des obstacles rencontrés jadis : ils n'ont pas, comme nous le montrerons, la même expérience de l'impôt direct ; ils sont donc portés à faire la place principale aux droits sur les consommations.

Toutes ces forces qui se combinent, qui agissent simultanément dans le même sens, qui convergent vers le même but, ont pour résultante une fiscalité nouvelle dérivant de la fiscalité de l'ancien régime, en progrès sans doute sur elle, grâce à la Révolution, mais qui, s'écartant du grand système libéral ébauché par la Constituante, substitue à la prédominance de l'impôt direct voulue par l'Assemblée nationale la prépondérance presque exclusive de l'impôt indirect.

IV

C'est au cours d'une période qui s'étend de 1796 ou 1797 jusque vers 1830 que s'opère cette transformation. Admirablement dirigée par de grands fonctionnaires, placée sous l'autorité de ministres dont beaucoup furent des hommes de premier ordre, l'administration française accomplit un vaste travail : elle restaure les contributions indirectes, elle organise des taxes auxquelles elle donne le nom de contributions directes.

Elle commence par améliorer l'assiette et le recouvrement des droits d'enregistrement et de timbre par les lois de l'an VII qui, remarquables sans nul doute, n'en sont pas moins presque entièrement empruntées aux édits sur les droits de contrôle, d'insinuation et de centième denier, à tel point que l'on a pu écrire que « le législateur n'avait guère fait que transcrire l'œuvre de ses prédécesseurs » (1). Après avoir complété sur quelques points le code des douanes établi par une loi de 1791 qui reproduit l'ordonnance de 1687, l'administration s'attache à faire revivre les impôts sur les consommations. Elle rétablit le monopole des tabacs ; elle crée l'impôt du sel et divers autres ; surtout elle institue les droits sur les boissons en utilisant les ordonnances de 1680, qu'elle démarque assez heureusement ; elle ressuscite, enfin, au profit de l'Etat et des villes, les droits d'entrée et d'octroi. En résumé, elle exhume une grande partie des taxes indirectes de l'ancien régime, en les mettant au point et en les revêtant de noms nouveaux.

Elle se trouve beaucoup plus embarrassée dans la matière des contributions directes, pour une raison qui a généralement échappé et qui peut paraître accessoire, qui explique cependant bien des choses. Sous l'ancien régime il n'y a pas d'administration des contributions directes dans le sens que nous attachons à ce terme. Dans les pays d'Etats, ce sont les délégués des Etats, les agents locaux qui répartissent les tailles et le plus souvent les vingtièmes ; si, dans les pays d'élections, la taille est divisée entre les paroisses par les officiers du roi, la répartition au dernier degré est faite par les asséeurs, qui sont des contribuables. Les fonctionnaires sont donc éloignés de l'impôt direct ; tout au moins,

---

(1) Championnière et Rigaud.

ils ne pénètrent pas dans le détail ; ils ne connaissent pas dans tous leurs détours les difficultés de l'assiette. Au contraire, la ferme générale a organisé avec une science parfaite l'administration des impôts indirects, elle a formé un remarquable corps d'agents familiers avec toutes les questions que soulèvent l'assiette et la perception de ces taxes. Ce sont ces agents qui remplissent les cadres de la nouvelle administration ; ce sont « les échappés de la ferme générale », selon l'heureuse expression de Dupont de Nemours, qui peuplent les bureaux. Les connaissances, l'expérience qu'ils ont acquises leur permettent de suggérer et de faire adopter des taxes indirectes dont ils ont depuis longtemps formé le dossier. Ils sont désorientés quand il s'agit d'organiser des impôts directs ; ils ignorent la matière ; ils n'ont pas tout prêts des plans de réformes mûris, étudiés, pratiques. Sans doute, ils fixent assez heureusement l'assiette définitive de l'impôt foncier, dont ils font le code en l'an VII et dont ils règlent ultérieurement le cadastre ; mais cela tient à ce qu'ils profitent des travaux exceptionnels que nous avons dits. Quand il faut instituer des impôts sur les autres sources de revenu, ils ne savent comment s'y prendre, ils hésitent, ils tâtonnent, ils mettent et remettent l'ouvrage sur le métier. Successivement, ils remplacent la contribution mobilière établie sous la Constituante, supprimée sous la Convention, par une série de taxes somptuaires, puis par un impôt sur le revenu général, dont la répartition est abandonnée à l'arbitraire ; enfin ils forment, en l'an VII, la contribution personnelle-mobilière qui, modifiée en l'an IX et en 1806, finit par se diviser en deux parts, comprend en dernière analyse une taxe personnelle, sorte de capitation, fort injuste et par cela même destinée à être peu à peu éliminée, et un impôt sur l'ensemble du revenu évalué d'après le loyer et qui, le temps aidant, deviendra une véritable taxe indirecte, un droit sur une dépense, un impôt de consommation. Parallèlement, ils instituent une contribution sur les bénéfices industriels et commerciaux, dont ils font reposer l'assiette sur des présomptions légales, maintes fois revues et corrigées, sans prendre garde que, dans bien des cas, l'impôt se résoudra en une taxe sur le signe extérieur même. Ils établissent enfin l'impôt des portes et fenêtres, que les Romains avaient connu et qui n'est autre chose qu'une taxe indirecte sur l'air et sur la lumière. En résumé, apportant dans une tâche qui est nouvelle pour eux la tournure d'esprit qu'ils ont acquise, les méthodes de travail qui leur sont habituelles, ils font, sous le nom de contributions directes, des taxes hybrides qui inclinent vers les contributions indirectes. Même, pour atteindre les revenus mobiliers qui dans leur système sont ménagés, puisque, à la différence des revenus fonciers, ils ne sont pas spécialement frappés, c'est à l'impôt indirect qu'ils ont recours. Ils reprennent la vieille conception, dont ils ne savent probablement pas les origines, des rôles respectifs de l'impôt direct et de l'impôt indirect ; ils créent des droits d'entrée afin de frapper, tant bien que mal, la richesse mobilière concentrée dans les cités.

Bâti par une administration dont les traditions et

les goûts se sont accordés avec les plans des hommes politiques, avec les désirs secrets des classes parvenues à la direction des affaires, ce nouveau régime d'impôts qui s'appellera désormais, par une délicieuse ironie ou par l'effet d'une suprême habileté, le système de la Révolution, alors qu'il est en réalité l'œuvre de la réaction contre-révolutionnaire, sera successivement complété, amélioré, renforcé, mais restera obstinément orienté dans le même sens, sans que ses principes soient sérieusement mis en discussion, jusqu'à ce que surviennent les événements de 1870-1871.

Alors, devant la première Assemblée de la République à laquelle incombe la lourde tâche de créer des ressources nouvelles pour une somme considérable, se pose la question de savoir s'il convient de transformer la fiscalité créée par les hommes du commencement du siècle ou s'il faut simplement y ajouter. Tandis que Wolowski, Henri Germain, Léonce de Lavergne, d'autres encore, en demandant l'institution d'un impôt sur les revenus analogues à l'*income-tax*, marquent l'intention d'engager la politique fiscale, prudemment et sagement, dans une voie différente de celle où elle a été conduite, ceux qui élèvent à la hauteur d'un dogme la fidélité aux traditions, la foi aveugle dans les méthodes mises en œuvre jusqu'alors, ceux qui veulent conserver et multiplier au besoin les privilèges que la bourgeoisie a su se réserver, réclament le maintien et l'extension du système élaboré quelque cinquante ans plus tôt. Elevé à l'école des baron Louis, des Royer-Collard, imbu des idées de l'administration française, passionnément conservateur, M. Thiers prend place dans le second parti auquel il apporte la victoire. S'il est juste d'ajouter que les circonstances tragiques où l'on se trouve éloignent les esprits des innovations, les disposent à accepter docilement les conseils de prudence que distribue l'homme d'Etat qui a la charge du pouvoir, force est de reconnaître que la République naissante, au lieu de reprendre l'œuvre de la Révolution, va continuer dans le domaine de la fiscalité comme dans l'ordre administratif les errements des régimes antérieurs.

On se décide donc à satisfaire aux nécessités de l'heure présente selon les vieilles formules chères à notre administration, à laquelle on confie le soin de compléter la fiscalité. Faisant preuve de l'habileté et de l'ingéniosité qui sont dans ses traditions, elle sait multiplier les taxes indirectes productives, augmenter le tarif des impôts existants sans faire fléchir leur rendement. Conformément aux mêmes traditions, elle se garde de toucher aux contributions directes. Forcée d'accepter une parcelle de l'impôt sur le revenu dont l'ensemble a échoué, d'organiser la taxe sur le revenu des valeurs mobilières votée par l'Assemblée nationale, elle parvient, du moins, à lui donner la forme et les apparences d'un impôt indirect, de façon à la rapprocher des contributions qui ont ses préférences et aussi de manière à atténuer la portée d'une innovation dont on a pu écrire qu'elle constituait le seul apport sérieux du dix-neuvième siècle à la législation fiscale issue de l'ancien régime.

Ainsi surchargé entre 1871 et 1875, notre système d'impôt a encore été aggravé, à la suite de la réaction économique qui, coïncidant avec une réaction politique, a conduit au vote d'un tarif des douanes agencé dans le but de favoriser certaines classes de la nation sous le prétexte de défendre et de développer l'agriculture et l'industrie. Il est vrai que, en sens inverse, diverses réformes ont abouti au cours de ces dernières années : l'impôt foncier sur les propriétés bâties est devenu un véritable impôt direct ; on a modifié dans quelques-unes de ses parties essentielles la législation de l'enregistrement ; on a institué un impôt progressif sur le capital en remplacement des anciens droits de mutation par décès : on a profondément transformé par les lois de 1900 et de 1903 les impôts sur les boissons ; enfin on a mis un terme aux abus que comportait la législation des sucres.

Malgré ces réformes, notre régime d'impôts est encore très proche de la fiscalité du commencement du siècle. Il ne serait ni tout à fait exact, ni suffisant de dire que les deux systèmes sont identiques dans leurs grandes lignes ; à la vérité, l'un n'est que le développement logique, la suite naturelle, le prolongement de l'autre ; à part quelques exceptions, toutes les lois d'impôt intervenues depuis la Révolution ont été combinées dans le même esprit, sous l'empire des mêmes idées directrices que nous avons déjà essayé de faire apparaître, que nous allons maintenant nous efforcer de pleinement dégager.

NOTRE SYSTÈME FISCAL

Parmi les écrivains, les économistes, les hommes politiques qui ont porté un jugement sur le régime d'impôts de la France, les uns ont distribué sans compter l'éloge, les autres ont prodigué la critique. Ceux-ci ont loué l'ingéniosité du système, sa souplesse ; ils ont fait valoir sa productivité ; ils ont montré qu'elle était obtenue sans que le contribuable eût à souffrir des investigations du fisc, à supporter une ingérence abusive de l'administration dans ses affaires. S'ils ont reconnu que des réformes pouvaient être nécessaires, ils ont pensé qu'elles devaient être conçues de façon à respecter dans ses grandes lignes un système qui avait fait ses preuves. Ceux-là, au contraire, ont mis en lumière la diversité et la multiplicité de nos taxes, leur complexité, surtout les inégalités, surtout les injustices d'un régime qui, dans son ensemble, pèse plus lourdement sur le pauvre que sur le riche. Ils ont demandé, ils demandent des réformes profondes, presque un changement complet.

Aussi bien les éloges décernés que les critiques formulées sont fondés. Il est très vrai que notre système fiscal est agencé de façon fort ingénieuse, que sa productivité est remarquable, qu'il prélève des sommes considérables sans susciter de plaintes bien vives. Il est non moins exact que la complexité en est inouïe, que la diversité des taxes y est choquante, qu'il est inégal, même progressif à rebours. Il faut ajouter, ce que beaucoup ont omis, qu'il fait la place large aux privilèges.

Mais ce n'est rien de constater les avantages et les inconvénients principaux d'une fiscalité. Il ne suffit pas encore de les exposer impartialement, ni même d'expliquer leur coexistence et leur relation. On ne juge pas une grande organisation administrative, on n'apprend pas le sens dans lequel il faut la perfectionner, si l'on se borne à en étudier les effets. Un système d'impôts est comme une lourde machine, aux rouages compliqués, chargée de pièces de toutes sortes dont on ne sait rien si l'on n'a pas découvert le moteur qui imprime la vie aux organes. Et, si ceux qui ont écrit ou parlé sur nos impôts n'ont vu le plus souvent qu'une face des choses, s'ils ont abouti à des conclusions trop sommaires, cela tient à ce qu'ils n'ont pas aperçu ou à ce qu'ils ont négligé de rechercher les ressorts qui animent le mécanisme.

Il est vrai qu'on éprouve quelque difficulté à les découvrir. Quand on ne recueille pas les leçons qui viennent de loin, quand on se contente d'envisager notre système d'impôts tel qu'il se comporte actuellement, l'impression qui se dégage de la première étude qu'on en fait, c'est qu'il ne porte l'empreinte ni d'une grande idée, ni d'une grande personnalité, c'est qu'on y chercherait vainement ce que l'on rencontre ailleurs : l'expression d'une politique. En Allemagne, ou plutôt en Prusse, les impôts récemment organisés par M. de

Miquel sont marqués du sceau de la politique de centralisation autoritaire et de despotisme administratif ; en Angleterre, la fiscalité exprime, quant à présent du moins, la politique individualiste et libérale des Gladstone, des Cobden, des Bright, qui réduit autant que possible les impôts de consommation pour affranchir de charges la vie de l'ouvrier. Rien de tel n'apparaît dans le système français. Si l'on jette un coup d'œil en arrière, on aperçoit bien que la Constituante a essayé de fonder un grand régime fiscal se rapprochant singulièrement de celui que Robert Peel et Cobden ont fait prévaloir quelque cinquante ans plus tard en Angleterre ; mais on voit aussi qu'il n'a pu vivre, que la contre-révolution l'a violemment écarté, qu'elle a confié à l'administration le soin de le transformer et l'on est tenté de conclure que l'œuvre de cette administration, que l'on sait intelligente et habile, mais que l'on sait aussi routinière et lente, ayant le culte de la tradition et des précédents, ne vivant, d'ailleurs, et ne pouvant vivre qu'au jour le jour, est une œuvre de circonstances, dépourvue de cohésion, manquant d'unité.

Cette impression s'affirme à mesure qu'on avance dans l'étude de notre fiscalité. La confusion des règlements, la complication des taxes, tout fortifie cette idée que nos contributions, extraites par l'administration de la législation de l'ancien régime, ou bien organisées au fur et à mesure des besoins, selon les nécessités du moment, sont juxtaposées les unes aux autres, qu'elles ne composent pas un système à proprement parler, que notre fiscalité est de pièces et de morceaux.

Il faut avoir pénétré dans le détail au point de pouvoir l'oublier, il faut surtout connaître l'histoire de nos finances pour se dégager d'une conception qui séduit, qui impressionne, mais qui n'est pas et qui ne peut être exacte. « L'esprit des bureaux » est une explication commode, mais très insuffisante. C'est puérilité d'imaginer que des bureaux, un corps de fonctionnaires aient le pouvoir d'organiser à eux seuls un ensemble d'impôts, sans le concours de l'opinion publique. Quand une administration est solidement assise, quand elle a un passé, des traditions séculaires, elle compose, sans doute, une grande force conservatrice, qui retarde par des lenteurs calculées, par des résistances habiles, auxquelles elle excelle toujours, l'avènement des réformes qui la désobligent, mais qui ne peut jamais les empêcher d'aboutir du moment où l'opinion publique les réclame énergiquement. En sens opposé quand les forces politiques veulent donner à la fiscalité une orientation rétrograde qui agrée à l'administration, elle sait s'y prêter, elle sait hâter et faciliter les choses, même accuser le relief des modifications ou des transformations qu'on lui demande, mais là se borne son action. Dans la réalité, notre administration n'a fait, au cours du dix-neuvième siècle, que seconder les desseins que d'autres avaient formés. Elle a restauré l'impôt indirect, elle lui a donné une place presque exclusive parce qu'on le lui a demandé. On peut même dire qu'elle a pris le goût de cette nature de taxes parce qu'on le lui avait inculqué en la dirigeant pendant des siècles dans la même voie. Sully et Colbert l'y avaient engagée ; Gaudin, le baron Louis, de Villèle et Thiers l'y maintinrent obstinément. Pas plus que leur administration, ces hommes d'Etat n'avaient cependant une préférence *innée* pour l'impôt indirect. S'ils ont voulu sa prépondérance, c'est que seul il peut alimenter de gros budgets et que la France a toujours, en tout temps, supporté de très lourdes charges. Voici que nous touchons à la cause principale, essentielle, de notre système d'impôts : l'excès des dépenses. Ce n'est pas la seule. Si les contributions indirectes ont reçu un tel développement, si l'on a écarté tout impôt direct pouvant remplir l'office de taxe de compensation, c'est parce que la bourgeoisie a entendu que le régime fiscal fût à son avantage.

En résumé, on a cherché à faire un système très productif qui accordât aux classes dirigeantes le plus possible de bénéfice apparaissant le moins possible.

De ces idées maîtresses procèdent les qualités et les défauts de notre fiscalité.

I

Ses qualités essentielles sont de rapporter beaucoup, d'exclure complètement l'arbitraire, d'exclure même toutes les recherches gênantes pour le contribuable.

Sans difficultés réelles le système procure tous les ans au Trésor des sommes considérables, qui vont toujours en grandissant dans des conditions que nous dirons, sans que le contribuable s'en doute, pour ainsi dire.

Le contribuable est, en effet, presque entièrement dégagé de l'œuvre administrative. Nulle collaboration ne lui est demandée ; on se garde de pénétrer dans ses affaires, d'exiger des renseignements sur sa fortune, sur sa situation sociale. Même nos vieilles contributions directes, qui ont bien plutôt, comme nous l'avons montré, le caractère de taxes indirectes, indolentes et routinières, n'impliquent nul tracas pour lui. De même qu'il a pris l'habitude de payer le sel, le sucre, l'alcool au-dessus de leur valeur, il a été habitué à recevoir tous les ans des papiers dont la lecture est difficile, par lesquels on lui réclame à peu près les mêmes sommes que l'année précédente. Il en solde le montant sans trop se plaindre, parce qu'on l'a laissé tranquille, parce que c'est là ce qu'il désire avant tout ou peut-être parce qu'on lui a persuadé que c'était là ce qu'il devait rechercher par-dessus tout.

Tels sont les avantages principaux que détient le système français. Ils sont remarquables, ils lui ont assuré une longue vie ; ils lui ont fait traverser les changements de régime, les révolutions ; ils lui valent l'affection persistante de tous ceux pour qui l'art de la politique se résume dans le *quieta non movere*, pour qui l'art des finances consiste à mettre en œuvre quelques-uns de ces élégants procédés de trésorerie qui valent à ceux qui les emploient le renom de grands financiers.

Qui ne se satisfait pas à aussi peu de frais demandera si ces qualités n'ont pas une contre-partie, quels sont les inconvénients qu'il faut placer en regard de ces incontestables avantages ?

II

Pour alimenter de gros budgets, pour obtenir la productivité qu'on recherchait, il a fallu atteindre le contribuable de mille manières par des taxes indirectes revêtant des formes variées, se superposant, à l'aide de mille détours, de façon à disperser son attention, à le plonger dans un milieu obscur où il se perde.

De là cette complexité, cette multiplicité des taxes, cette diversité dans l'impôt qui frappent quiconque examine notre fiscalité.

Peut-on imaginer une législation plus confuse que celle de l'enregistrement? Non seulement elle a donné naissance à une jurisprudence touffue, mais elle a formé un droit véritable, un droit factice, qui repose sur des principes souvent en opposition avec ceux du droit civil. Cette science, les agents de la régie et quelques officiers ministériels la possèdent seuls ; les profanes l'ignorent, si bien que certaines des paroles prononcées jadis par Malesherbes s'appliquent encore aujourd'hui. Aujourd'hui, comme en 1776, « celui qui verse des deniers dans la caisse du receveur de l'enregistrement ne sait pas le plus souvent ce qu'il doit » et « l'administration se permet des interprétations plus ou moins rigoureuses des lois selon que le préposé est plus ou moins habile ». Dans toutes les administrations financières on retrouve des complications analogues. Parlant des impôts de douane, des traites, des péages, Necker écrivait en 1781 : « Cette législation est tellement embrouillée qu'à peine un ou deux hommes par génération viennent à bout d'en posséder complètement la science. » Y a-t-il un ou deux hommes par génération qui *puissent posséder complètement* notre moderne droit fiscal ?

La multiplicité, la diversité des taxes retiennent l'attention presque autant que leur complexité. Trois, quatre impôts, différents par leur mode d'assiette et de perception, frappent souvent la même nature de richesses. On ne peut s'empêcher de penser qu'il serait plus simple de prélever au moyen d'un seul impôt les sommes que l'on juge à propos de réclamer. D'autres contributions sont inégales dans leurs applications soit aux localités, soit aux diverses catégories de ressources. Jusqu'à ces dernières années la législation des boissons offrait le plus complet échantillon d'impôts « bigarrés » qu'il fût possible de découvrir. Les consommateurs payaient des taxes différentes et le plus souvent inversement proportionnelles, selon qu'ils vivaient à la campagne ou à la ville, qu'ils s'approvisionnaient en gros ou en détail. Aujourd'hui encore l'impôt sur l'alcool comprend des droits d'entrée perçus aux barrières des villes de plus de quatre mille habitants ; quinze cents municipalités ont des taxes d'octroi, c'est-à-dire que, sur le territoire de quinze cents communes, certaines denrées ou certains produits sont frappés de taxes indirectes qui ne les atteignent pas quand ils sont consommés ailleurs. D'un autre côté, l'impôt pèse de façon différente sur les diverses sources de revenus. Tant par les contributions qualifiées « contributions directes » que par les droits de mutation, il grève lourdement la richesse immobilière ; il frappe moins sévèrement, durement encore, les valeurs mobilières en général ; il ménage les fonds d'États étrangers ; il ne touche pas à la rente sur l'État, au revenu des créances hypothécaires et chirographaires.

Ces inégalités sont réparables, dira-t-on, et qu'importe la multiplicité des taxes, la complexité des impôts? Il n'y a que des avantages à diviser la contribution ; ainsi seulement on est assuré d'atteindre la richesse sous toutes ses formes. Il ne faut pas, d'ailleurs, se repaître de chimères et c'en est une que de rêver d'une fiscalité tirée au cordeau.

Ce serait, en effet, pure chimère que de songer à simplifier le système au point de le réduire à quelques impôts, ou encore de penser à exclure complètement les taxes indirectes. Mais à cela personne ne prétend : ce qui est justement critiquable, c'est en premier lieu les inégalités dans les impôts, réparables sans nul doute, mais qu'il faut réparer ; c'est en second lieu la multiplicité anormale, l'extension démesurée des taxes, particulièrement des contributions indirectes. L'impôt trouble toujours la vie des individus, il implique pour chacun une augmentation d'effort ou une diminution de jouissance ; mais, quand il est dispersé à l'excès, quand il consiste principalement en des droits sur les consommations ou sur la circulation des biens, il intervient dans tous les actes de la vie quotidienne pour ainsi dire, il diminue les moyens d'action des citoyens, fausse leur direction naturelle, frappe la richesse qui agit, la richesse qui circule, celle qu'il faudrait précisément épargner.

La vérité, c'est que, à la productivité de l'impôt, on a tout sacrifié !

Du moins l'obtient-on ?

III

On obtient une productivité inégale et excessive !

Tous les ans on prélève des sommes énormes sur les contribuables. Mais c'est là aussi l'un des principaux vices du système. Le grand danger d'un régime dont les contributions indirectes indéfiniment multipliées sont la clef de voûte, c'est d'abord les alternatives dans le rendement des impôts, c'est surtout l'excès de leur produit.

Personne n'ignore que l'une des caractéristiques des impôts indirects, un de leurs principaux avantages, vient de ce qu'ils donnent chaque année, en période normale, des plus-values qui sont précieuses pour les budgets. On sait aussi que ces plus-values n'ont qu'un temps, que les moins-values leur succèdent rapidement, en France tout au moins, et il n'est pas difficile de pressentir que ces oscillations sont fort dangereuses pour les finances publiques. Durant les périodes d'accroissement, d'« inflation », selon l'expression anglaise, on prend l'habitude de dépenser largement ; l'opinion réclame, le Parlement vote des augmentations de crédits, même des programmes de dépenses dont l'exécution s'étend sur plusieurs exercices et qui sont gagés sur ces plus-values dont on s'enorguillit, que l'on a la tentation de croire éternelles quels que soient les avertissements que distribue le gouvernement. Vient la dépression, et l'on ne sait comment faire. Il est impossible d'arrêter, bien difficile de limiter du jour au lendemain le développement des dépenses qui ont été engagées; il n'est pas plus aisé de réaliser des économies par ailleurs. Si notre fiscalité comprenait un ou plusieurs impôts sur les revenus dont on pût régler le taux selon les circonstances, on aurait la ressource de récupérer au moyen de l'impôt direct ce que fait perdre l'impôt indirect. Mais on ne saurait songer à une telle solution en France où, à part quelques exceptions, nous n'avons, à titre d'impôts directs, que des contributions vieillies, ossifiées dans leur forme primitive, ayant perdu le contact avec la matière imposable réelle, qui ne subsistent qu'à la condition d'être immobiles. Donc, on se débat péniblement au milieu des difficultés; on augmente sous des formes diverses la dette publique jusqu'au jour où, la crise ayant pris fin, les plus-values renaissent et les errements antérieurs reprennent.

Que le système produise tantôt plus, tantôt moins que ne l'exigent les besoins budgétaires, ce n'est encore qu'un inconvénient secondaire ou plutôt ce n'est que le petit côté d'une question beaucoup plus large : celle du rapport entre la productivité de l'impôt et le progrès de la richesse. Il est tout à fait important — on le comprendra sans peine — que le produit de l'impôt suive le mouvement de la fortune publique, qu'il ne s'accroisse que quand elle se développe et dans une mesure correspondante. Nos impôts sont-ils organisés de façon à répondre à cette condition? Leur rendement s'adapte-t-il aux fluctuations de la richesse? Il suffit d'étudier comment fonctionne le système, comment surviennent les augmentations dans le produit des taxes directes et indirectes, pour apercevoir qu'il n'en est rien.

Examinons d'abord nos contributions directes. Si toute majoration de recettes, quand elle provient d'impôts qui sont de véritables impôts directs, c'est-à-dire des taxes sur la propriété bâtie et sur le revenu des valeurs mobilières, correspond à un accroissement de partie du revenu de la nation, elle n'exprime rien de semblable quand elle a pour origine nos autres contributions. Celles-ci ont été, en effet, organisées avec un art si parfait, avec un tel souci et une telle science de la productivité qu'elles fournissent, *fatalement*, des excédents annuels au Trésor ; mais ces excédents ne résultent pas du développement de la richesse ; ils surviennent par le jeu même de la loi, en vertu de présomptions légales, d'hypothèses qui nécessairement sont fragiles. Ainsi, les contingents de la contribution personnelle-mobilière, ceux de la contribution des portes et fenêtres, s'accroissent chaque année à raison de l'excédent des constructions nouvelles sur les démolitions ; chaque recensement de la population aboutit à faire relever dans les villes dont la population grandit dans quelque mesure le tarif de certains impôts, notamment de l'impôt des patentes. De ce qu'il est construit plus de maisons d'habitation qu'il n'en est démoli, doit-on conclure que l'ensemble du revenu des citoyens s'est accru ? De ce que les campagnes se dépeuplent à l'avantage des bourgs et des villes, suivant une loi commune à tous les pays vieux, est-on en droit de déduire que telle catégorie de patentables réalise des bénéfices plus élevés ? C'est le contraire qui peut être la vérité. Au reste, il suffit de réfléchir un instant pour se rendre compte que des augmentations ininterrompues dans le produit des impôts, qui adviennent mathématiquement chaque année, ne peuvent pas répondre au mouvement de la richesse qui tantôt recule, tantôt reste stationnaire, tantôt progresse dans une mesure presque toujours inégale. En résumé, il n'y a pas et il ne peut y avoir d'harmonie constante entre le rendement de la plupart des impôts directs en France et le montant de la fortune publique.

Abordons maintenant la matière des contributions indirectes. Toutes les taxes de cette nature atteignent la circulation de certains biens, la consommation de certaines marchandises; elles donnent, par suite, un produit supérieur quand augmente le volume de la circulation ou de la consommation des choses taxées. Mais existe-t-il une relation nécessaire entre la circulation plus rapide des marchandises et des biens, la consommation plus grande de certains articles tels que le tabac et l'alcool et le développement de la richesse? Qui le pourrait soutenir? Qui ne voit que, dans les périodes d'activité fiévreuse qui précèdent et accompagnent soit les Expositions universelles, soit l'exécution d'un vaste programme de travaux publics, la circulation, la consommation grandissent dans des proportions plus fortes que les revenus de la nation? Il arrive alors que, en quelques années, le produit des impôts indirects augmente de dix pour cent par exemple alors que les ressources du pays ne se sont accrues que de cinq pour cent. On objectera peut-être que, à ces périodes de hausse, succèdent des périodes de baisse ; que, ainsi, cet ensemble d'actions et de réactions n'a d'autre effet que de déterminer ces oscillations dans le produit des impôts dont nous avons déjà parlé. Mais, pour que le raisonnement fût juste, il faudrait que les dépressions qui surviennent à la suite des plus-values aboutissent à ramener le rapport entre le produit de l'impôt et la richesse du pays au chiffre qu'il atteignait avant que ne se produisent les majorations. Or, cela n'est pas et ne peut-être exact, pour deux raisons générales : dans les sociétés modernes tout concourt à rendre de plus en plus intense le mouvement des hommes et des choses ; d'un autre côté, les particuliers sont portés à réserver dans leurs budgets une part de plus en plus importante aux consommations qui répondent à des vices ou à des habitudes et qui sont précisément les consommations fortement taxées. Le produit de l'impôt indirect s'accroît donc, par la force même des choses, plus rapidement que ne se développe la richesse publique.

Il y a là un très grand danger qui menace sans doute tous les peuples, mais qui revêt un caractère exceptionnel de gravité en France à raison de la nature de nos contributions directes et de l'importance qu'ont reçue les impôts indirects. Il semble bien qu'il n'y ait qu'un moyen efficace de le prévenir : il faut dégrever à propos, profiter des périodes de prospérité pour diminuer, même au prix d'embarras temporaires, la charge qui pèse sur les contribuables. Ainsi, on est assuré d'obtenir un triple résultat : on soulage le pays, on lui rend la liberté de ses mouvements ; — on donne de l'élasticité à l'impôt, on le fait rebondir et, par le fait même, on prévient les chutes éventuelles des recettes ; — on met enfin les pouvoirs publics en garde contre les dépenses excessives, on les oblige à l'économie par la menace du déficit. Cette grande politique financière, qui a presque constamment prévalu en Angleterre pendant ces cinquante dernières années sous l'influence des idées de Gladstone, n'a été appliquée en France que très accidentellement. Alors que Gladstone n'hésitait pas, quand il assumait la charge du pouvoir, à *créer le déficit* selon l'énergique expression d'un de ses biographes, bien peu de nos ministres des finances ont osé rendre aux contribuables une somme équivalente aux excédents que renfermait le budget. Des dégrèvements fort importants ont bien été opérés entre 1878 et 1883, mais ils ont plutôt traduit le désir de distribuer des satisfactions qu'ils n'ont exprimé une politique financière. On a encore diminué, au cours de ces dernières années, les impôts sur les boissons hygiéniques et les sucres dans des proportions considérables ; on a allégé le fardeau des contributions dans une mesure suffisante pour que la dépression dans les recettes, survenue à la suite de l'Exposition de 1900, ne se soit pas prolongée au delà de deux années, tandis que les crises antérieures s'étendaient sur une période de quatre à cinq ans ; mais il ne semble pas que le public ait compris l'idée maîtresse, insuffisamment expliquée d'ailleurs, qui avait guidé l'auteur de ces dégrèvements. De ce que, chez nous, on n'ait pas mis en œuvre, avec l'esprit de suite et de méthode qui convient, les principes qui ont été si salutaires ailleurs, faut-il s'en prendre aux hommes? faut-il relever à leur charge soit une trop grande timidité, soit une absence de doctrines? Cela serait injuste ou du moins excessif. La vérité, c'est que nos ministres des finance sont été le plus souvent paralysés par une double raison : d'abord, nous n'avons jamais eu dans nos budgets une dotation de l'amortissement qui constitue un rempart contre les mécomptes financiers ; ensuite nous n'avons pas la ressource de l'impôt sur le revenu. Une opération de dégrèvement comporte toujours des aléas : on ne sait jamais, quand on réduit une taxe indirecte, dans quelle mesure l'augmentation de la consommation ou le développement de la circulation suscités par l'abaissement des prix dédommageront l'Etat des sacrifices qu'il consent. Quand on élève, pour compenser dans une certaine mesure le dégrèvement, le taux de tel autre impôt indirect, on peut encore moins prévoir le résultat qu'on obtiendra. Il advient que tous les calculs que l'on forme soient déjoués. Les inconvénients des erreurs que tous sont exposés à commettre en pareille matière sont limités quand on dispose d'un impôt sur les revenus. Il suffit de savoir le manier pour reprendre momentanément aux contribuables, durant la période pendant laquelle les choses se tassent, ce qu'on ne comptait pas leur restituer. Mais, quand d'une part il n'existe pas de soupape dans la fiscalité d'un pays, quand d'autre part le déficit ne trouve pas de contre-partie dans une large dotation de l'amortissement, on conçoit qu'il faille quelque hardiesse pour diminuer, transformer, supprimer des impôts indirects, alors que l'on ne peut évaluer exactement les conséquences de ces opérations et que l'on court le risque d'exposer le Trésor à des difficultés auxquelles il sera impossible de remédier sur-le-champ. Le plus souvent on se laisse donc aller, on retient les plus-values, on n'en abandonne aucune part. Comme le contribuable n'est pas à même de se rendre compte de la charge que lui inflige l'impôt indirect, comme il suffit pour le satisfaire que les tarifs ne varient pas, il ne proteste guère. Quand il est laborieux et économe, comme c'est le cas en France, il supporte le fardeau en se restreignant. Mais le pays se trouve placé dans une situation d'infériorité vis-à-vis de ses rivaux, le développement de sa prospérité se ralentit, il décline peu à peu, il en cherche la cause, il imagine des raisons de toute nature, il accepte des remèdes qui doivent le guérir et qui le rendent plus malade, il n'aperçoit pas que le mal dont il souffre n'a d'autre origine que le poids de l'impôt. Un jour ou l'autre cependant il advient que les ressorts de la fiscalité sont tendus à l'excès, que le contribuable résiste à l'impôt ; une crise durable, non plus une dépression passagère, éclate ; les déficits successifs d'un grand nombre de budgets ajoutent à la dette, le pays souffre, les affaires sont troublées; cette situation se prolonge durant de longues années jusqu'à ce que, les dépenses ayant été suffisamment diminuées par des moyens réguliers ou le plus souvent, hélas ! par des procédés violents, les choses soient à peu près remises au point.

On voit combien, pour l'économie de la nation et pour les finances publiques, la prépondérance presque exclusive des impôts à forme indirecte, l'exclusion de toute taxe pouvant jouer le rôle de volant dans la machine fiscale sont grosses de périls. Un inconvénient non moins grave du système, c'est qu'il est inversement proportionnel.

Mais ici nous abordons une autre question que nous allons traiter dans son ensemble, celle des privilèges dans notre fiscalité.

IV

La Révolution a passé ; les privilèges de la noblesse et du clergé ont vécu ; mais, quelques années plus tard, les classes qui prenaient la direction des affaires reconstituaient, sous une autre forme et à leur profit, une partie des abus qu'elles avaient âprement dénoncés quand le bénéfice en advenait à d'autres. Elles usaient des contributions indirectes pour répartir à leur avantage le fardeau commun ; surtout elles arrivaient à retenir ou à reprendre des fragments de l'impôt.

Par sa nature même, l'impôt indirect est inégal, car il ne peut atteindre toutes les consommations, la circulation de toutes les marchandises. On a bien essayé, il y a de longs siècles, d'établir un droit proportionnel sur l'universalité des objets mis en vente. C'est le *centesima rerum venalium* de César qui restauré par Philippe le Bel, fut perçu jusque sous le règne de Louis XI. Mais le moindre inconvénient de cette taxe était d'exiger une surveillance, difficile à exercer à l'époque, qui, aujourd'hui, serait impraticable. Elle n'avait, d'ailleurs, que les apparences de la proportionnalité puisqu'elle frappait à plusieurs reprises la même denrée et qu'il était toujours facile de l'éluder en achetant en gros au moyen de contrats qui échappaient aux investigations du fisc. Que si l'on songeait à instituer un autre impôt général assis sur la production des marchandises, on se heurterait à l'impossibilité de contrôler toutes les opérations agricoles ou industrielles, à moins de faire de la moitié des citoyens d'une nation des fonctionnaires qui épieraient l'autre moitié. De toute nécessité, il a fallu en venir et on en est venu à restreindre le champ de l'impôt indirect. Du jour où on est entré dans cette voie, on s'y est engagé de plus en plus. Les taxes indirectes étant plus gênantes que toutes autres, troublant toujours la liberté du commerce et de l'industrie, ont été de tout temps très vivement attaquées; on s'est appliqué à les déloger de nombre de leurs positions et on y a réussi. Plus on va, plus cette tendance se prononce ; on en arrive aujourd'hui, dans la plupart des grands pays, à tirer la meilleure partie des ressources du budget d'impôts établis sur un très petit nombre de denrées, telles que l'alcool, le tabac, le sucre, le café, le thé. Ainsi, non seulement l'impôt indirect ne frappe pas l'ensemble du revenu des citoyens, puisqu'il laisse forcément de côté la partie des revenus qui est épargnée, il ne pèse même pas sur l'intégralité des dépenses; il atteint certains des goûts des contribuables, certaines de leurs habitudes, certains de leurs vices ; il les ménage ou il les maltraite selon qu'ils ont ou qu'ils n'ont pas tel ou tel penchant ; il frappe au hasard, à l'aveugle, inégalement.

Le caractère général et absolu de cette inégalité ne permet pas sans doute d'affirmer qu'elle soit au détriment du pauvre. Mais, si l'on observe que nombre d'impôts de consommation atteignent des marchandises qui sont nécessaires à l'existence, ou du moins d'une utilité générale, sans qu'il puisse en être autrement, parce qu'une longue expérience atteste que les taxes sur les consommations de luxe sont improductives, si l'on remarque, en outre, que des nécessités pratiques ont conduit à substituer aux droits *ad valorem* des droits spécifiques assis d'après le poids, le volume, etc., des objets taxés, on ne peut échapper à cette conclusion que la plupart des impôts indirects sont inversement proportionnels.

Il est indiscutable, en effet, que dans le budget du pauvre, le *quantum* de dépense afférent à la consommation du sel ou du sucre par exemple, est plus élevé que le rapport correspondant dans le budget du riche. L'impôt indirect atteint donc une fraction du revenu plus forte dans le premier cas que dans le second. D'un autre côté, à égalité de dépense, le riche, qui recherche la qualité, achète une moindre quantité d'objets taxés que le pauvre; de ce chef, il est encore ménagé par les taxes indirectes qui, le plus souvent, ignorent les valeurs.

Les admirateurs de l'impôt indirect, qui ont toujours été fort nombreux, répondent en opposant une théorie dont il a déjà été dit quelques mots, mais qui vaut d'être étudiée de près. A les entendre, ce ne sont là que des apparences ; dans la réalité, les taxes indirectes déterminent une hausse dans les salaires qui indemnise les ouvriers, si bien que, en dernière analyse, ceux ci ne supportent pas les droits de consommation dont les mystérieuses lois de l'incidence éparpillent le fardeau.

Il est peu de sophismes qui aient été plus souvent répétés, plus facilement acceptés parce que très rassurants, par ceux qui aiment à s'endormir sur le commode oreiller de la conservation sociale ; il n'en est guère qui aient justifié de pires excès. Il y a plus d'un siècle, quand Turgot voulait abolir les corvées et faire face aux dépenses de la voirie au moyen d'un impôt proportionnel sur la propriété foncière, il rencontrait l'opposition du garde des sceaux, M. de Miromesnil. Défendant les privilèges de la noblesse et du clergé, Miromesnil soutenait que les charges directement imposées aux roturiers retombaient indirectement sur les privilégiés ; par exemple, disait-il, la taille d'exploitation fait baisser les fermages des propriétaires et la corvée fait hausser les salaires des corvéables ; il concluait que *les privilèges de la noblesse et du clergé étaient plus apparents que réels.* C'est un raisonnement de tout point analogue que forment aujourd'hui les défenseurs des impôts indirects, et particulièrement des droits de douane protecteurs, quand ils prétendent que ces taxes sont compensées pour les salariés par une hausse de la main-d'œuvre.

Justifier, glorifier au besoin les privilèges les plus excessifs : ceux de la noblesse et du clergé sous l'ancien régime, voilà où peuvent conduire de pareils arguments et cela seul suffirait à en faire justice ! Serrons cependant la question de plus près pour que chacun soit convaincu. Turgot répondait tout d'abord à Miromesnil que l'ouvrier qui n'a que ses bras est dans tous les cas contraint de faire l'avance de l'impôt et que, quand même il le recouvrerait ultérieurement, « ce n'en est pas moins une avance du pauvre au riche, accompagnée de toutes les langueurs de la misère ». Rien n'est plus exact, mais il y a plus et mieux à dire. Correspondant sur ce sujet avec Turgot, David Hume, le philosophe anglais, écrivait en 1776 une lettre qui est à lire en entier et dont le passage principal mérite en tout cas d'être cité : « Les marchands, dit Hume, qui fabriquent le drap qu'on exporte ne peuvent élever le prix de leur main-d'œuvre, parce que, s'ils le faisaient, le drap serait trop cher pour être vendu sur les marchés étrangers ; ceux qui travaillent pour la consommation du drap à l'intérieur ne peuvent pas non plus élever leur prix, car il n'y a pas deux prix pour la même espèce de main-d'œuvre. Cela est vrai de tous les produits dont il est exporté quelque quantité, c'est-à-dire de tous les produits ; et, même s'il y avait quelque produit dont aucune quantité ne serait exportée, le prix de la main-d'œuvre qui y est employée ne pourrait s'élever, car l'élévation des prix attirerait tant de travailleurs dans cette nature d'industrie qu'il en résulterait immédiatement une baisse dans le prix de la main-d'œuvre... Il me semble, concluait David Hume, que, lorsqu'une taxe est mise sur la consommation, ou les travailleurs consomment moins, ou ils travaillent davantage ». Il ne paraît pas qu'il y ait rien d'essentiel à reprendre, pas plus qu'il n'y a rien de notable à ajouter à ces arguments, dont les leçons de l'expérience confirment tous les jours l'exactitude. S'il était vrai, comme l'avancent les partisans des impôts indirects, que ces taxes eussent la vertu de faire hausser les salaires, le prix de la main-d'œuvre devrait être très inférieur en Angleterre, où il y a moins d'impôts indirects qu'ailleurs et où il n'existe pas de droits de douane protecteurs, au salaire moyen dans les pays tels que la France et l'Allemagne qui jouissent de ces divers bienfaits. Or, il suffit de lire les statistiques, en particulier le *Blue Book* qui vient d'être publié (septembre 1903) par l'administration anglaise, pour constater que les salaires dans la Grande-Bretagne sont de 25 pour 100 supérieurs aux salaires comparables en France, de 50 pour 100 aux salaires en Allemagne. On aura beau équivoquer : toutes les subtilités du monde ne pourront prévaloir contre le démenti brutal que les faits infligent.

La conclusion à laquelle, qu'on le veuille ou non, on est forcé d'aboutir, c'est qu'une fiscalité telle que la nôtre, presque uniquement composée d'impôts indirects, excluant à peu près complètement des impôts directs qui ménagent les possesseurs de petites fortunes, répartit l'ensemble de la contribution à l'avantage des classes pauvres, qu'elle a été combinée de façon à privilégier une catégorie de citoyens.

Encore cet abus est-il bien moindre que ceux auxquels

a donné lieu l'abandon par l'État, l'appropriation par les particuliers, d'une partie de l'impôt.

Devenu chose privée sous la féodalité, morcelé comme le pouvoir, comme l'administration, l'impôt est rentré définitivement et complètement dans le domaine de la nation avec la Révolution. Mais, au bout de peu de temps, le gouvernement et les Chambres, en reconstituant les offices ministériels et la vénalité des charges, en déléguant aux notaires, aux avoués, aux greffiers, aux huissiers, le pouvoir de prélever certains droits qui, dans la généralité des cas, ont manifestement le caractère de contributions publiques, se dépouillent à nouveau d'une part de l'impôt au profit d'une féodalité bourgeoise qui commence à se former. Loin de chercher à l'éliminer par le rachat des charges, on s'applique pendant tout le cours du dix-neuvième siècle, aussi bien sous la République que sous la Monarchie et sous l'Empire, à la consolider et à la fortifier. On va jusqu'à régler les droits que les officiers ministériels sont autorisés à prélever, de telle manière que les citoyens qui aujourd'hui ont recours au ministère, souvent obligatoire, des notaires ou des avoués payent des redevances qui vont en décroissant selon l'importance des sommes en cause. Que l'on parcoure un de ces tarifs et l'on apercevra que les droits exigibles sont très lourds quand les sommes qui font l'objet d'un contrat ou d'un litige sont minimes, que leur taux s'abaisse au fur et à mesure qu'elles s'élèvent. Ne croit-on pas rêver quand on constate que c'est au cours de ces dernières années qu'une sanction légale a été donnée à cette réglementation qui rappelle à s'y méprendre celle des droits progressifs à rebours, d'insinuation et de centième denier, dont le rédacteur de l'*Adresse aux Français* disait en 1791 : « Tout ce qu'il y a de clair dans ces lois est au désavantage du pauvre » ?

Encore la féodalité des officiers publics, qui ne prélève pas plus de cent millions par an (1), fait-elle une emprise bien moindre sur les deniers des contribuables que la féodalité des grands propriétaires fonciers, des grands industriels qui travaille à l'abri du tarif des douanes.

Certes, nous n'avons pas la prétention de traiter dans tous ses détails la vaste question de la protection et du libre échange, qui ne rentre pas, d'ailleurs, directement dans le cadre de notre sujet. Mais il nous appartient de montrer en quelques pages quels sont, pour les contribuables, les effets des droits de douane protecteurs, de discuter rapidement les arguments principaux à l'aide desquels on prétend justifier le système.

Jadis, les douanes, établies non seulement le long des frontières, mais à l'intérieur du territoire, entre les diverses provinces, avaient pour objet essentiel de prévenir les disettes que la difficulté des moyens de communication rendait redoutables. Par des tarifs élevés ou

---

(1) D'après les chiffres fournis par la chancellerie, la valeur des offices ne dépasserait guère six cents millions. Le revenu annuel, estimé à 15 pour 100 du capital, atteindrait cent millions en chiffres ronds.

par des prohibitions édictées tant à l'entrée qu'à la sortie, on s'appliquait à localiser la production et la consommation. On arrivait à tellement resserrer les marchés, les relations commerciales étaient, d'autre part, si difficiles que les prix dans chaque région se réglaient selon les hasards de la production locale, que les fluctuations dans les cours des denrées avaient une amplitude démesurée; en résumé, les tarifs de douane protecteurs, même prohibitifs, n'impliquaient ni pour les industriels, ni surtout pour les agriculteurs, la certitude, encore moins la fixité des bénéfices.

Les choses changèrent d'aspect quand les inventions nouvelles, le progrès des voies et des moyens de communication eurent décuplé la production, multiplié les échanges entre nations, nivelé les prix sur les grands marchés du monde. Dès lors, les tarifs de douane deviennent un instrument précieux pour distribuer capricieusement la richesse. On l'aperçoit et on en use. On demande à l'Etat de maintenir ou d'instituer des droits de douane protecteurs sur telles denrées ou telles marchandises, de façon à en élever artificiellement le coût; on exige qu'il décrète l'élévation des prix au détriment du plus grand nombre. Le consommateur des objets taxés subit ainsi un impôt dont la différence entre le prix sur le marché intérieur des marchandises frappées de droits de douane et leur valeur sur les marchés libres représente le montant; de cet impôt l'Etat ne retient qu'une part : il perçoit le droit de douane à la frontière sur les produits qui entrent, l'augmentation du prix des denrées indigènes profite aux producteurs nationaux. On peut dire, en d'autres termes qui préciseront et dégageront mieux la pensée, que l'Etat, par l'établissement de droits protecteurs, devient l'associé des industriels, des propriétaires fonciers, des capitalistes ; il établit pour eux un impôt sur le consommateur dont il partage le produit avec eux, la répartition se faisant dans des proportions variables selon le flux et le reflux des phénomènes économiques. Lorsque, pour une raison ou pour une autre, la production indigène augmente, les importations baissent, l'impôt public décroît, mangé par l'impôt privé. Si des circonstances malheureuses, une mauvaise récolte, par exemple, surviennent, des denrées ou des marchandises étrangères pénètrent en grand nombre, l'impôt public augmente, tandis que diminue l'impôt privé. Ces alternances de hausse et de baisse dans le produit des droits qu'encaisse le Trésor ont pour effet de bouleverser les finances publiques, de faire des budgets en excédent quand le pays s'appauvrit, des budgets en déficit quand il s'enrichit. Quelque grave que cela soit, ce n'est cependant qu'une question secondaire. La question principale, c'est que l'Etat, par l'institution de telles taxes, consent une délégation de l'impôt en faveur de certains particuliers qu'il investit du pouvoir de lever tribut sur la masse.

Peut-on mesurer l'importance de ces concessions ? La question étant posée sous une autre forme, peut-on connaître « le rapport entre le visible et l'invisible » (1),

---

(1) M. RAFFALOVICH. — Rapport au Congrès international de statistique de Berlin. — Septembre 1903.

autrement dit, la proportion entre l'impôt public, ostensiblement et directement versé dans les caisses de l'Etat et l'impôt privé, payé aux producteurs privilégiés par le consommateur sans qu'il s'en aperçoive ? Sans doute, il est impossible de répondre en donnant des chiffres qui soient à l'abri de toute contestation. On ne pourrait, en effet, évaluer mathématiquement le montant de l'impôt privé qu'à la condition de déterminer, pour chacun des articles protégés, la surélévation des prix sur le marché intérieur pendant une certaine période de temps et de multiplier les chiffres ainsi obtenus par les quantités consommées; or, il est facile de comprendre que l'on ne puisse mener à bonne fin ces calculs, non seulement parce qu'ils sont très compliqués, mais parce que l'on ignore, pour la plupart des produits, la consommation qu'il en est fait. En revanche, il est relativement aisé de procéder par épreuves, de choisir une ou plusieurs marchandises-type, d'une utilité générale, sur la consommation et la production desquelles on ait des données certaines, telles, par exemple que le blé, de déterminer pour chacune de ces denrées le rapport entre l'impôt privé et l'impôt public et de conclure du particulier au général.

Dans une note présentée il y a quelques semaines au congrès international de statistique, M. Zolla établit que la surélévation des prix du blé en France pendant la période 1896-1900 a été de 4 francs par hectolitre. Les récoltes dans le cours de ces cinq années ayant atteint en moyenne 115 millions d'hectolitres par an, dont il faut déduire 45 millions d'hectolitres réservés pour les semences et la consommation des producteurs, il a été vendu chaque année 70 millions d'hectolitres à des prix majorés en moyenne de 4 francs par unité. « Le consommateur qui n'est pas producteur de blé a donc supporté, conclut M. Zolla, sous forme de hausse artificielle et relative du blé acheté par lui, une perte de 280 millions par an. » D'autre part, comme les droits de douane sur le blé ont procuré, pendant les cinq années considérées, une recette moyenne de 28 millions au Trésor, la proportion entre le visible et l'invisible est exactement exprimée par le chiffre 10. Or, le produit des droits de douane protecteurs a été de 230 millions en moyenne entre 1896 et 1900 ; le total de l'impôt privé ressort donc à 2 milliards 300 millions par année. Admettons que ce chiffre soit exagéré — on peut faire valoir des arguments dans ce sens — réduisons-le de 20, de 30, de 50 pour 100, *il n'en subsiste pas moins que l'on prélève tous les ans sur les consommateurs une somme supérieure à un milliard, atteignant, dépassant peut-être deux milliards, pour la répartir entre un certain nombre de producteurs.*

Comment peut-on défendre un tel abus ?

Parmi les avocats du protectionnisme, les uns nient l'évidence, contestent les faits, ce qui est évidemment fort commode. Ils disent que la protection n'a pas pour résultat de faire hausser sensiblement les prix ; que, s'il en était autrement, cela n'aurait nulle importance parce qu'il se produirait une augmentation dans les salaires qui indemniserait les ouvriers. Nous savons ce qu'il faut penser de la seconde partie du raisonnement. La première partie est tout à fait extraordinaire. Quelle serait la raison d'être de la protection, à quoi servirait-elle si ce n'était à faire hausser les prix ? L'exemple du blé que nous venons de donner est, d'ailleurs, suffisamment probant (1) et il n'est pas isolé. Il suffit de lire avec attention les statistiques pour apercevoir que le même fait existe pour tous les produits protégés, sans qu'il puisse en être autrement. La seule chose qu'il y ait à retenir, c'est qu'il arrive, comme nous le montrerons, que la production, stimulée par les avantages qui lui sont faits, devient souvent trop abondante pour le marché intérieur. Alors les prix baissent, l'impôt privé décroît, il peut même disparaître ; mais alors aussi le protectionnisme a épuisé ses effets, il n'y a plus de raison de s'y tenir.

Laissons donc de côté toutes ces allégations, qui ne peuvent être prises au sérieux, et abordons le seul argument qui compte, l'argument *national*.

Il est vrai, disent ceux des protectionnistes qui parlent net et franc, que le système inflige de lourdes charges au consommateur, mais il faut que chacun les accepte dans l'intérêt commun. Les nations sont, en effet, comme les individus ; elles ne peuvent vivre qu'en travaillant. Du moment où la concurrence étrangère risque de ruiner leurs grandes industries, notamment leur agricul-

(1) On a dit, il est vrai, que le consommateur de pain ne sentait pas la répercussion des droits de douane sur les grains ou sur la farine. Le bon sens interdit d'attacher de l'importance à de telles allégations victorieusement réfutées, d'ailleurs, par le professeur Hirschfeld dans une étude sur les prix payés à Berlin pour la farine et le pain de seigle de 1886 à 1898 et par le docteur Paul Mombert dans un livre intitulé : *Le poids annuel sur l'ouvrier résultant des taxes sur les blés.*

ture, elles ont le devoir de résister et le droit d'imposer, dans ce but, des sacrifices à l'ensemble des citoyens. C'est parce que les nécessités de la lutte pour la vie nationale apparaissent ainsi aux grands peuples du monde que presque tous, même ceux qui semblaient le plus réfractaires aux idées d'intervention de l'État, en viennent successivement à la protection, alors qu'il y a quelque quarante ans ils étaient en route vers le libre échange.

Le pivot du raisonnement, que nous croyons avoir résumé assez clairement pour ne rien lui enlever de sa force, est cette idée que les nations ne peuvent vivre qu'en travaillant. Le principe est juste, mais les conséquences qu'on en veut déduire sont abusives. On taxerait de folie un particulier qui, sous le prétexte que chacun doit se suffire à lui-même, émettrait la prétention ridicule de produire toutes les choses nécessaires à son existence. S'il pouvait entendre le langage de la raison, on lui montrerait les déperditions d'efforts auxquels il se condamne ; on lui dirait que la loi de la division du travail prescrit à chacun de concentrer son activité sur un travail déterminé. Ce qui est vrai pour les individus l'est également pour les nations. Pour les nations comme pour les particuliers, le progrès, c'est la division, c'est la spécialité du travail. Un peuple qui cherche à pourvoir à l'aide de ses seuls moyens à la plupart de ses consommations, en arrive exactement comme un particulier, à une coûteuse déperdition d'efforts ; il disperse son activité ; il engage une partie des citoyens dans des tâches auxquelles, pour des raisons naturelles ou pour des raisons économiques, ils ne sont pas aptes ; il les éloigne des travaux auxquels ils excellent, et c'est la masse, l'ensemble de la nation qui, par le mécanisme des droits de douane et de l'impôt privé, supporte les frais de ses erreurs.

Thèse d'école ! reprend-on. Un pays qui voudrait appliquer ces principes serait obligé de renoncer à certaines de ses industries dont la prospérité peut être une condition essentielle de son développement. Est-ce qu'un peuple chez lequel l'agriculture est la principale source de richesse et qui voit sa production agricole mise en péril par la concurrence des pays neufs peut se résigner ? Ne doit-il pas se défendre et quel autre moyen a-t-il de le faire que de recourir à la protection ? L'argument est spécieux, il peut impressionner ; il n'a cependant de valeur qu'en apparence.

Remarquons d'abord qu'il n'est pas de pays où la production agricole toute entière soit menacée ; telle nation conserve et conservera toujours la supériorité de ses vignobles, telle autre la supériorité de ses pâturages. La crise agricole sera donc toujours restreinte à une catégorie de produits, par suite à une nature de terres et à une classe de cultivateurs. Elle aboutira, si on laisse les choses aller, à des réductions ou même à des disparitions locales de la rente du sol ; la valeur de certaines terres diminuera jusqu'au jour où elle aura suffisamment décru pour que les capitaux soient à nouveau sollicités de son côté. Que l'évolution soit très pénible pour les propriétaires, particulièrement pour ceux qui ne vivent pas sur leurs terres, cela est incontestable. Qu'il soit légitime d'alléger pour eux le fardeau de l'impôt, qu'il convienne de dégrever largement, cela va de soi. Que l'on puisse même donner momentanément des subventions aux petits agriculteurs qui sont le plus éprouvés, afin de leur fournir les moyens d'améliorer leurs méthodes d'exploitation, cela est *à la rigueur* soutenable. Mais ce qui est inadmissible, c'est d'aller au delà ; c'est de méconnaître, pour venir en aide à quelques producteurs, l'intérêt du plus grand nombre.

Onéreuse pour les consommateurs, la protection est d'ailleurs impuissante à prévenir des transformations économiques que la marche de la civilisation impose ; elle ne fait qu'en retarder l'avènement pendant quelques années ; elle remplit à peu près le même office que ces petites digues de sable que les enfants élèvent sur la plage, tandis que la marée monte. — En outre, inefficace pour les petits producteurs, elle ne profite qu'à une oligarchie. — Pour exposer avec clarté ces deux ordres de considérations, nous distinguerons deux cas : celui où la protection est spéciale à l'agriculture, celui où elle s'étend à la plupart des industries.

Formons la première hypothèse, irréalisable dans la pratique comme nous le montrerons; imaginons que l'application des tarifs protecteurs soit limitée aux seuls produits agricoles. Il est certain que, pendant quelques années, la hausse des prix assurera des bénéfices à l'agriculture dont profiteront principalement les grands propriétaires fonciers. Mais de ces bénéfices chacun voudra avoir une part : la production augmentera tandis que le développement de la consommation sera ralenti par la surélévation des prix. Au bout d'un temps plus ou moins long, il arrivera fatalement que la production sera trop abondante pour la consommation : les prix baisseront ; une crise se produira, plus redoutable que celle qu'on aura voulu prévenir, parce qu'elle atteindra un plus grand nombre de personnes ; elle éprouvera particulièrement ceux qui, confiants dans la vertu des droits de douane, croyant que le législateur dispose du pouvoir surnaturel de fixer les cours de marchandises, se seront mis à travailler avec une légère marge de bénéfice. La protection n'aura donc servi qu'à aggraver la crise en reculant l'échéance.

Mais, il n'est pas d'exemple d'une protection limitée à une seule industrie. Quand on a mis le doigt dans l'engrenage, il faut que le corps y passe tout entier. Protéger une catégorie d'individus, c'est déchaîner les appétits. Tout le monde réclame, non sans quelque raison, des avantages analogues à ceux qui ont été concédés ; par la force même des choses, on est conduit à les accorder. On en arrive ainsi à majorer dans une mesure à peu près égale les prix de la plupart des articles, et ceci a une double conséquence : d'une part, on charge, sans compensation d'aucune sorte, les industries d'exportation, qui sont les industries vitales d'un pays ; d'autre part, pour tous les petits producteurs de denrées ou de marchandises protégées, on annule les avantages qu'on leur a faits, on leur retire d'une main ce qu'on leur a donné de l'autre. Il est clair, en effet, que tous ceux qui fabriquent pour l'exportation subissent la charge du tarif douanier sans en retirer aucun profit, puisque, pour eux seuls, la protection, n'ayant pas de raison d'être, ne peut exister. Le système aboutit donc à cet admirable résultat d'empêcher la croissance, parfois de ruiner les industries pour lesquelles une nation a une supériorité naturelle ! D'un autre côté, tous les petits industriels, tous les petits cultivateurs, tous les petits propriétaires même, qui ne peuvent guère épargner et qui subissent une augmentation des prix sur les denrées qu'ils consomment, les vêtements qu'ils achètent, les machines ou les outils qu'ils sont forcés d'acquérir, supportent un impôt privé au moins équivalent à celui qu'ils encaissent en écoulant *certains de leurs articles* à des prix majorés. Seuls, les grands propriétaires fonciers, les grands industriels, qui vendent des produits à prix surélevé pour une somme bien supérieure à celle qu'ils emploient en des acquisitions de marchandises également protégées, retirent un large bénéfice du régime. C'est une nouvelle féodalité qui recueille, qui amasse la presque totalité des deniers levés sur les consommateurs. Faut-il s'étonner qu'on ait comparé une nation qui jouit de droits de douane protecteurs à une vaste société de secours mutuels où les pauvres seraient les membres honoraires, les riches les membres participants ?

Une objection viendra peut-être à l'esprit de qui nous lira. On observera que, tout ce qui précède étant admis, il n'en est pas moins indéniable que la plupart des grandes nations sont enveloppées dans un mouvement qui les emporte vers la protection et qu'il paraît impossible de réagir contre une évolution qui a probablement des causes profondes. Qu'il soit difficile de lutter contre un courant dont la violence est, en effet, singulière, moins que personne nous y contredirons. Nous ne contesterons pas davantage que, dans la pratique, un peuple qui a élevé une muraille de tarifs ne puisse l'abattre complètement du jour au lendemain si ses voisins n'en font autant, que le *complet* désarmement économique doit être simultané. Mais, de même que le fardeau accablant des dépenses militaires obligera, sans doute, les peuples hors d'haleine à réduire quelque jour leurs armements, de même le protectionnisme succombera sous le poids de ses excès et succombera bientôt; il périra, moins parce que se révoltera enfin le troupeau docile des consommateurs qui, quant à présent, se laisse tondre sans protester, que parce que l'imminence des catastrophes aura raison de l'égoïsme des producteurs. Déjà la perspective d'un prochain désastre a obligé les grandes nations de l'Europe à jeter bas l'échafaudage des subventions directes ou indirectes, ouvertes ou déguisées, accordées à l'industrie des sucres. Tôt ou tard, le développement des cartels et des trusts qui ne vivent qu'à l'abri des barrières de douane conduira les peuples à étendre, dans une nouvelle conférence internationale, à tous les objets taxés les principes qui ont prévalu à Bruxelles. Des initiatives individuelles de raison désintéressée, qui sont la source de tout progrès dans ce monde, hâteront peut-être la chute d'un régime qui a pour causes : l'impérialisme, l'appétit des privilèges.

Tout se tient ici bas. La guerre de 1870-1871 a amené, comme toutes les grandes convulsions, un recul dans la civilisation morale du monde. Au lieu de se rapprocher, les nations se sont repliées sur elles-mêmes ; elles ont voulu augmenter leur puissance militaire ; elles ont, en même temps, songé à écraser leurs rivaux sous le poids de leur puissance industrielle. Les classes dirigeantes ont habilement tiré parti de ces tendances, en France plus qu'ailleurs. Profitant de l'ignorance des lois économiques qui est générale, ramassant toutes les théories éculées, se faisant une arme de tous les préjugés, elles ont persuadé que les tarifs de douane protecteurs donnaient les moyens de développer la richesse nationale, comme si l'on pouvait créer de la richesse avec la baguette magique de la loi. Elles ont attisé l'impérialisme, qui sévit actuellement dans le monde sous des formes et des noms divers, et le protectionnisme qui exprime, dans l'ordre économique, le même état d'esprit. Elles ont si profondément troublé la mentalité de notre pays qu'elles sont parvenues à faire accepter comme chose normale l'allocation des primes les plus extravagantes, notamment de ces primes sur les sucres dont nous parlions, qui n'ont disparu qu'hier et dans l'étonnant agencement desquelles s'épanouissaient toutes les beautés du système. Ce fut le pillage du budget !

Avons-nous donc exagéré en disant, au début de ces développements, que l'on avait fait revivre une partie des abus si vigoureusement attaqués jadis ? Ce n'est pas parce qu'on a eu l'habileté de mieux dissimuler ces nouveaux privilèges, parce qu'on a su les envelopper de telle sorte qu'ils n'apparaissent pas au plus grand nombre, qu'ils sont moins criants.

CONCLUSION

Une productivité excessive de l'impôt qui engendre la multiplicité des taxes ; la complexité des lois et des règlements, des privilèges pour des individus, des collectivités, des castes sociales, tels sont les deux traits dominants de notre fiscalité à quelque époque de l'histoire qu'on l'envisage. Ils apparaissent dès l'origine au lendemain des États généraux de 1439 ; avec le temps leur relief s'accuse ; au dix-septième et surtout au dix-huitième siècle l'impôt est devenu si lourd, l'arbitraire si grand, les privilèges si accablants que le système tout entier croule comme a croulé de longs siècles auparavant la fiscalité romaine également compliquée, également minée par les faveurs et par les immunités. Quand la révolution a passé, se forme un régime d'impôts qui, issu des législations antérieures, est sans doute en grand progrès sur elle, où l'on voit renaître cependant, semblables à ces plantes vivaces dont les racines poussent sans cesse une végétation nouvelle, les défauts des fiscalités antérieures procédant toujours des mêmes causes : l'excès des dépenses, le goût des privilèges.

L'excès des dépenses ! Quand on étudie, non plus seulement l'histoire de notre fiscalité, mais notre histoire financière, on aperçoit que, dans tous les temps, sous tous les régimes, moins à coup sûr quand la liberté règne que quand sévit le despotisme, presque constamment néanmoins, on a demandé au peuple de France des sommes qu'il avait peine à fournir. Comment s'est-il laissé faire ? Comment le Français qui est si ménager de ses propres deniers, a-t-il admis que ceux qui le gouvernaient fussent presque toujours prodigues des deniers de la collectivité ? Comment, dans d'autres pays où l'individu ignore l'économie, le souci de l'épargne apparaît-il dans la gestion des finances publiques ? Est-il une plus surprenante antithèse ? On aura le mot de l'énigme si l'on observe que chez nous on a le culte des intérêts privés à un tel point que l'on en perd de vue l'intérêt général. Les largesses de l'État ne scandalisent pas parce que le bénéfice en advient à des particuliers que l'on se plaît à considérer ; on envie leur sort ; chacun espère qu'un jour ou l'autre il recueillera, lui aussi, une part de la manne budgétaire ; il n'aperçoit pas que, en attendant, il est dépouillé, il se dépouille volontairement à l'avantage exclusif de certains.

Le goût des privilèges ! N'est-on pas surpris de voir qu'un pays qui a soif d'égalité a subi pendant de longs siècles les privilèges de la noblesse et du clergé ? N'est-on pas plus surpris de constater que, aujourd'hui encore, une démocratie triomphante, justement orgueilleuse de sa force et de ses victoires, supporte les abus que nous avons exposés ? Dire qu'une sorte de fatalité pèse sur les classes qui, dans ce pays, prennent successivement la direction des affaires ; dire qu'elles ne songent une fois parvenues à leurs fins, qu'à renier l'idée de justice dont elles se sont armées pour la conquête du pouvoir est une explication qui ne vaut pas ou du moins qui ne suffit pas. Sans doute, les classes qui, en France, ont détenu la puissance publique ont constamment cherché à tirer parti de l'impôt. Mais cela est vrai de tous les pays et de tous les temps. S'il est exact d'autre part que, chez nous, les classes privilégiées, hier la noblesse, aujourd'hui la bourgeoisie, n'ont jamais su alors le mot de Sieyès : « céder doucement à l'action du temps, à l'influence des lumières » ; qu'elles se sont toujours « raidies contre elles », comment la masse qui peine, qui souffre, qui est le nombre, qui est la majorité, qui aujourd'hui est le pouvoir, ne leur a-t-elle pas imposé, ne leur impose-t-elle pas le sacrifice de leurs prérogatives ? Bien plus ; comment ceux-là mêmes qui prétendent à conduire la démocratie la plus avancée, qui rêvent tout haut d'éventuelles transformations sociales, qui dans les nuages de leur imagination bâtissent le plan des lointaines Salentes, ne s'insurgent-ils qu'accidentellement contre ces immédiats abus ? (1) Comment certains d'entre eux vont-ils parfois jusqu'à les accepter, comme s'ils nourrissaient l'espoir de superposer quelque jour des privilèges sur des privilèges, comme s'ils ne comprenaient pas que toute addi-

---

(1) Il est juste d'ajouter que, en Angleterre et en Allemagne, les chefs du parti socialiste mènent énergiquement le combat contre tous les privilèges, particulièrement contre ceux qui résultent des droits de douane protecteurs. — A qui voudra s'en convaincre il suffira de lire les vigoureux articles de John Burns et de Bernstein parus dans le numéro de novembre 1903 de l'*Independent Review* : *Labour and Free trade* (Travail et libre échange). — *Protection and labour in Germany* (Protection et travail en Allemagne).

tion aux avantages individuels, de quelque nature qu'elle soit, impliquant une augmentation de l'impôt, ajoute encore à la charge déjà plus lourde pour le pauvre que pour le riche? On ne peut expliquer ces anomalies, démêler ces contradictions, si l'on n'a pénétré le tempérament de ce pays, si l'on n'a vu l'envers de quelques-unes de ses admirables qualités. Profondément individualiste, toujours préoccupé de l'intérêt immédiat des personnes, le Français pousse à un si haut degré le souci des avantages concédés aux individus, qu'il en arrive à respecter jusqu'aux abus dont bénéficient des particuliers.

Que l'on se dégage maintenant du détail, que l'on ne retienne que les grandes lignes des développements qui précèdent, que l'on comprenne que notre système fiscal, se rattachant étroitement à la fiscalité de l'ancien régime, laquelle puise ses origines dans les institutions de l'ancienne Rome, est marqué du sceau de l'esprit français, de l'esprit latin si l'on veut, on parviendra à cette conclusion que, pour réaliser les améliorations désirables, pour simplifier notre régime d'impôts, pour le débarrasser des privilèges qui le vicient, pour le doter de l'élasticité qui lui fait défaut, il ne suffit pas d'écrire d'admirables plans de réorganisation, il ne suffit même pas de mener à bonne fin d'importantes réformes. Elles ne donneront pas les effets attendus, elles *dévieront* comme dévièrent les grands impôts directs du commencement du dix-huitième siècle, si l'on n'a pris soin d'agir, au préalable, sur l'esprit de ce pays.

Il faut agir sur son esprit en fortifiant chez lui le sentiment du bien général, en s'acharnant à montrer, à répéter que l'intérêt général n'est pas, contrairement à ce que l'on a souvent dit, hélas ! la somme des intérêts particuliers (1); que ces intérêts sont sans doute habiles à se masquer derrière l'intérêt général, mais que c'est là l'habituelle « piperie des mots » à laquelle il ne faut pas se laisser prendre si l'on ne veut méconnaître l'idée de justice qui est dans l'essence du régime républicain et nuire à ceux-là même que l'on prétend servir, car il n'est pas de mesure qui profite de façon efficace, durable, à une catégorie d'individus quand elle est en opposition avec les droits du plus grand nombre.

Il faut encore agir sur l'esprit du pays en lui prêchant l'économie, en rappelant sans se lasser, sans se décourager, même quand il semble que prévalent momentanément d'autres tendances, les belles paroles que Turgot prononçait le 24 août 1774, au moment de prendre possession du contrôle général des finances, et que devraient avoir sans cesse présentes à l'esprit tous ceux qui, de près ou de loin, directement ou indirectement, ont participé, participent ou participeront à l'administration des finances publiques : « On peut espérer de parvenir, par la suppression des abus dans les perceptions et par une répartition plus équitable des impo-

(1) « L'intérêt général se forme de la réunion des intérêts de chaque individu en particulier. » (Discours de Séguier combattant, au nom du Parlement, dans le lit de justice du 12 mars 1776, l'enregistrement des édits sur la suppression des corvées et des jurandes.)

« La masse des intérêts particuliers du pays constitue l'intérêt général »... (Discours de M. Méline défendant le nouveau tarif des douanes devant la Chambre des députés le 24 décembre 1891).

sitions, à soulager sensiblement le peuple sans diminuer beaucoup les revenus publics ; mais, si l'économie n'a précédé, aucune réforme n'est possible, *parce qu'il n'en est aucune qui n'entraîne le risque de quelque interruption dans la marche des recouvrements, et parce qu'on doit s'attendre aux embarras multipliés que feront naître les manœuvres et les cris des hommes de toute espèce intéressés à maintenir les abus, car il n'en est point dont quelqu'un ne vive.* » L'économie serait ainsi la préface nécessaire de toutes les grandes réformes fiscales. Elle est peut-être, après tout, le dernier mot de la science financière.

J. CAILLAUX.

Novembre 1903.

LES IMPOTS EN FRANCE

PREMIÈRE PARTIE

CONTRIBUTIONS DIRECTES ET TAXES ASSIMILÉES

Les impôts que l'on est convenu de qualifier de *contributions directes* sont au nombre de quatre :
L'impôt foncier,
L'impôt personnel-mobilier,
L'impôt des portes et fenêtres,
L'impôt des patentes.

Il faut y ajouter un certain nombre de taxes accessoires, dites *taxes assimilées*, dont nous donnerons plus loin l'énumération.

Produit des impôts directs et des taxes assimilées. — Le produit des impôts directs est évalué au budget de l'exercice 1911 à la somme de 541.332.870 francs ; le produit des taxes assimilées qui sont perçues pour le compte de l'Etat est estimé à 51.505.049 francs. Si l'on remarque que le total général des voies et moyens de l'exercice 1911 atteint 4 milliards 269 millions, on constate que les contributions qui ont l'apparence de contributions directes ne fournissent à l'État que moins du septième de ses ressources annuelles.

Caractères des impôts directs et des taxes assimilées. — Les principaux caractères distinctifs de nos impôts directs peuvent se ramener à trois :

1° Ces impôts sont assis sur les personnes, sur leurs

propriétés immobilières et sur leurs professions, commerces ou industries, *à raison de présomptions légales*.

2° Ces présomptions légales résultent en principe *des faits existant au 1ᵉʳ janvier*.

3° Les contributions directes sont perçues *en vertu de rôles nominatifs, rendus exécutoires par l'autorité administrative*.

L'étude des présomptions légales qui servent à dégager la matière imposable, comprend toutes les règles de l'assiette, dont l'exposé constituera la partie principale de notre travail sur les impôts directs.

Le second caractère distinctif, qu'on a fréquemment qualifié et que nous qualifierons de *principe de l'annualité de l'impôt*, s'entend en ce sens que chaque impôt est assis, pour l'année entière, sur les situations contributives au 1ᵉʳ janvier de l'année qui donne son nom à l'exercice. Ce principe permet d'imposer tous les contribuables d'après les faits existant au 1ᵉʳ janvier; mais il interdit de revenir sur l'année antérieure, ou de tenir compte des faits survenus dans le courant de l'année. Nous verrons, à propos de chaque impôt, que cette règle souffre d'assez nombreuses exceptions.

Enfin les contributions directes sont perçues en vertu de *rôles nominatifs*, ou titres de recouvrement, rendus exécutoires par l'autorité administrative. Ces rôles, dont les minutes rédigées par les agents de l'administration des contributions directes portent le nom de *matrices* ou *d'états-matrices*, indiquent, d'une part, les bases d'assiette, d'autre part, les cotisations des contribuables. Ils sont annuels, sauf lorsqu'il s'agit de réparer une omission ou d'imposer supplémentairement en vertu d'une exception au principe de l'annualité de l'impôt. Les rôles formés en pareil cas sont généralement qualifiés de *rôles supplémentaires*.

A ces trois caractères essentiels de l'impôt direct on pourrait en ajouter un quatrième, qui résulte plus de notre organisation administrative qu'il ne tient à la nature même de l'impôt. L'assiette et le recouvrement sont confiés à deux administrations distinctes. Suivant le plan que nous nous sommes tracé, nous exposerons séparément les règles relatives à l'assiette et au recouvrement.

TITRE PREMIER

ASSIETTE DES CONTRIBUTIONS DIRECTES

CHAPITRE PREMIER

IMPOTS DE RÉPARTITION ET IMPOTS DE QUOTITÉ

Le système des présomptions légales, qui sert de base à nos impôts directs, ne peut évidemment conduire à la détermination exacte des facultés des contribuables. On doit s'en tenir à des approximations qui peuvent, selon les cas, favoriser d'une façon exagérée soit le contribuable, soit le Trésor. Pour corriger dans une certaine mesure ces imperfections, on a écarté, pour ceux de ces impôts dont l'assiette repose sur les signes extérieurs les moins probants, l'application d'un tarif invariable, et l'on a préféré fixer à l'avance le montant de l'impôt, sauf à déterminer ultérieurement la part de chaque contribuable par des répartitions successives. Les impôts directs se divisent par suite en deux catégories : les impôts de répartition, dont nous venons d'indiquer le principe, et les impôts de quotité, qui résultent au contraire de l'application d'un tarif fixé par la loi.

Les impôts de répartition sont : l'impôt foncier sur les propriétés non bâties, l'impôt personnel-mobilier et l'impôt des portes et fenêtres.

Le mécanisme de la répartition est réglé de la façon suivante. Le produit total de l'impôt est annuellement déterminé par la loi de finances, qui fixe en même temps la part contributive ou *contingent* de chaque département. Ce contingent est lui-même réparti entre les arrondissements par les conseils généraux dans leur session d'août.

A leur tour les conseils d'arrondissement, dans la seconde partie de leur session, déterminent le contingent de chaque commune.

Dans la première partie de leur session, qui précède la réunion des conseils généraux, les conseils d'arrondissement délibèrent sur les réclamations auxquelles peut donner lieu la fixation du contingent de l'arrondissement et sur les demandes en réduction des contingents communaux, formées par les conseils municipaux. Ils sont tenus, dans la seconde partie de leur session, de se conformer, pour la répartition du contingent de l'arrondissement, aux décisions rendues par le conseil général sur les réclamations des communes. Sous cette réserve, le conseil d'arrondissement a, d'ailleurs, le droit de diminuer les contingents des communes qui lui paraissent surchargées et de répartir le dégrèvement entre celles qu'il croit avoir été ménagées (1).

Le contingent communal une fois fixé est réparti entre les contribuables par une *commission de répartition*, composée du maire, d'un adjoint et de cinq contribuables inscrits au rôle foncier. Le conseil municipal dresse chaque année une liste de dix personnes parmi lesquelles le sous-préfet choisit les cinq répartiteurs, dont deux au moins doivent, autant que possible, être pris parmi les contribuables non domiciliés dans la commune. Cinq réparti-

---

(1) La loi a prévu le cas où les conseils généraux ou d'arrondissement se sépareraient sans avoir fixé les contingents des arrondissements ou des communes. La répartition est alors faite par le préfet d'après les bases de l'année précédente, sauf les modifications à y apporter en vertu des lois.

Si le conseil d'arrondissement ne s'est pas conformé aux décisions rendues par le conseil général sur les réclamations des communes, s'il s'est, par exemple, refusé à tenir compte d'un dégrèvement prononcé par le conseil général, le préfet, en conseil de préfecture, établit la répartition et répartit, le cas échéant, au centime le franc, sur toutes les autres communes de l'arrondissement, la somme dont est diminué le contingent de la commune dégrevée.

teurs suppléants, également nommés par le sous-préfet dans les mêmes conditions, remplacent au besoin les répartiteurs titulaires.

Par exception, à Paris, la commission de répartition se compose de sept membres nommés par le préfet de la Seine et d'un assez grand nombre de répartiteurs adjoints désignés, dans les mêmes conditions, à la suite d'un concours.

CHAPITRE II

IMPÔT FONCIER

Les règles de l'assiette de la contribution foncière ont été posées par la loi du 3 frimaire an VII. Cette loi s'occupe à la fois des propriétés non bâties et des propriétés bâties; mais, depuis la loi du 8 août 1890, qui a transformé en impôt de quotité l'impôt sur les propriétés bâties, les deux contributions, différentes déjà, au moins dans la forme, depuis la loi du 22 juillet 1881, sont devenues deux impôts parfaitement distincts, dont nous nous occuperons séparément.

1. — Contribution foncière des propriétés non bâties

Définition de la matière imposable. — Aux termes de l'article 2 de la loi du 3 frimaire an VII, l'impôt foncier doit être réparti, par égalité proportionnelle, sur toutes les propriétés foncières à raison de leur *revenu net imposable*.

Les articles suivants définissent la matière imposable, autrement dit le revenu net imposable, qu'on appelle encore *revenu cadastral* des propriétés non bâties. Il n'est autre chose que le revenu net moyen, calculé sur un nombre d'années déterminé, le revenu net étant lui-même ce qui reste au propriétaire, déduction faite, sur le produit brut, des frais de culture, semence, récolte et entretien.

L'évaluation du revenu imposable se fait en calculant d'abord la valeur du produit brut ou total qu'une propriété foncière non bâtie peut rendre, année commune, en la supposant cultivée selon la coutume du pays et en formant l'année commune sur les quinze années antérieures à celle de l'évaluation, moins les deux plus fortes et les deux plus faibles. Le produit brut moyen de chaque parcelle de terre étant ainsi déterminé, on en déduit les frais de culture, semence, récolte et entretien, et on obtient ainsi le *revenu net imposable* (1).

Exemptions. — Toutes les propriétés foncières non bâties sont assujetties à l'impôt à raison de leur revenu net imposable, sans autres exceptions que celles expressément prévues par la loi.

Les exemptions sont permanentes ou temporaires.

Pour qu'une propriété non bâtie profite d'une exemption permanente d'impôt foncier, trois conditions sont nécessaires et suffisantes. Elle doit : 1° appartenir à l'État, à un département, à une commune ou à un établissement public ; 2° être affectée à un service public ; 3° être non productive de revenu. Telles sont, par exemple, toutes les routes et dépendances de la voirie non productives de revenu (2). Par exception, les forêts domaniales, qui sont productives de revenu, ne sont cependant pas assujetties au principal de l'impôt foncier ni aux centimes généraux ; mais elles supportent les centimes additionnels au profit des départements et des communes.

Les exemptions temporaires ont généralement été accordées dans le but d'encourager l'agriculture. Les unes s'appliquent en tout état de cause et permettent d'obtenir un dégrèvement immédiat, quelle que soit l'époque à laquelle

---

(1) Aux termes de l'article 65 de la loi du 3 frimaire an VII, les terres doivent être assujetties à la contribution foncière d'après leur produit net moyen, quelque modique qu'il puisse être ; mais dans aucun cas leur cotisation ne peut être moindre qu'un décime par hectare.

(2) Mais le sol des voies ferrées, bien qu'appartenant à l'État et affecté à un service public, est imposé à la contribution foncière au nom des compagnies concessionnaires, parce qu'il est productif de **revenu.**

se produise le fait qui y donne droit. Les autres portent seulement sur l'augmentation de revenu qui résulterait normalement d'une nouvelle évaluation des terrains dont la culture a été améliorée ; nous verrons plus loin que le principe de la fixité des évaluations cadastrales limite l'application de ces dernières exemptions au cas exceptionnel où le cadastre d'une commune viendrait à être revisé.

La première catégorie comprend l'exemption de tout impôt, pendant trente ans, accordée aux semis et plantations de bois sur les montagnes dénudées, sur les dunes et dans les landes. Lorsque la plantation en bois a lieu sur des terrains déjà en valeur, la cotisation de ces terrains est réduite, pendant trente ans à partir de la plantation, au quart de celle imposée sur les terres d'égale valeur non plantées. D'après la jurisprudence, le bénéfice de cette disposition ne pouvait être revendiqué pour des terrains qui, déjà plantés en bois au moment du cadastre et n'ayant pas cessé d'être imposés comme tels, avaient été défrichés, puis reboisés. Il n'en est plus ainsi depuis la loi du 29 mars 1897, d'après laquelle (art. 3) le droit à l'exemption découle exclusivement du fait de la transformation d'un terrain défriché en terrain boisé, et est indépendant de la nature de culture de ce terrain avant le défrichement. Une loi du 1er décembre 1887 a, en outre, accordé aux terrains nouvellement plantés ou replantés en vignes, dans les arrondissements déclarés atteints par le phylloxéra, l'exemption de tout impôt pendant quatre ans à partir du 1er janvier de l'année qui suit celle de la plantation ou celle de la replantation.

La seconde catégorie d'exemptions temporaires comprend, notamment, les cas suivants. Le revenu cadastral des marais desséchés ne peut être augmenté, en raison de la plus-value acquise par le desséchement, que vingt-cinq ans après cette opération. Il en est de même pour les marais ou lais de mer convertis en marais salants. Les terres en friche depuis dix ans au moins profitent d'une exemption semblable lorsqu'elles viennent à être mises en valeur.

On doit rattacher aux exemptions les remises qui sont accordées, en vertu de la loi du 21 juillet 1897 (art. 1er) aux propriétaires dont les cotes foncières, uniques ou totalisées, ne dépassent pas 25 francs en ce qui concerne la part de l'Etat, et qui ne sont pas assujettis, dans leurs diverses résidences, à une contribution personnelle-mobilière excédant 20 francs (part de l'Etat). Les remises ne portent que sur la part de l'Etat ; elles sont totales pour les cotes de 10 francs et au-dessous ; des trois quarts pour les cotes de 10 fr. 01 à 15 francs ; de moitié pour les cotes de 15 fr. 01 à 20 francs, et d'un quart pour les cotes de 20 fr. 01 à 25 francs.

Cadastre. — L'évaluation du revenu net imposable de toutes les propriétés non bâties, passibles de la contribution foncière sur toute l'étendue du territoire, exige des opérations beaucoup trop nombreuses et trop compliquées pour qu'on puisse y procéder tous les ans. Aussi cette évaluation n'a-t-elle été faite qu'une fois pour toutes, sauf les cas exceptionnels de revision dont nous parlerons, au moyen de l'établissement d'un *cadastre général* parcellaire dont la loi du 15 septembre 1807 a ordonné l'exécution.

Le cadastre est un état descriptif et estimatif, établi dans chaque commune, de toutes les parcelles de biensfonds soumises ou non à la contribution foncière. Deux parcelles diffèrent entre elles soit par la culture à laquelle elles sont affectées, soit par le propriétaire auquel elles appartiennent.

De ce que le cadastre comporte à la fois la description de chaque parcelle et l'évaluation de son revenu, il s'ensuit qu'il se compose de deux documents fondamentaux : le *plan cadastral* et la *matrice cadastrale*. On doit y ajouter un troisième document, les *états de section*, dont nous verrons plus loin l'utilité.

Pour former le plan cadastral, on a commencé par délimiter exactement le territoire de chaque commune. Puis ce territoire a été divisé en un certain nombre de sections, dont la surface a été couverte de triangles. La mesure de ces triangles a permis d'effectuer plus rapidement et plus sûrement l'arpentage de chaque parcelle et le lever définitif du plan. Ces opérations d'art terminées, le plan parcellaire a été dressé sur des feuilles distinctes par sections et reliées en atlas pour chaque commune (1).

L'évaluation du revenu net imposable a été faite au moyen de trois opérations successives : la classification, le classement et la rédaction du tarif des évaluations.

La classification consiste à former dans chaque commune, pour chaque espèce de culture, un certain nombre de classes (cinq au plus). Elles sont définies par un type supérieur et un type inférieur choisis parmi les différentes propriétés situées dans cette commune. La classification a été effectuée par les soins d'une commission de cinq propriétaires, dont deux forains, nommés par le conseil municipal.

Le classement, effectué par trois classificateurs au moins, consiste à ranger dans les différentes classes ainsi déterminées toutes les parcelles composant le territoire de la commune.

Enfin, le tarif des évaluations est un tableau présentant pour chaque classe le revenu net imposable ou revenu cadastral de l'unité superficielle. Il est arrêté par le conseil municipal, sauf approbation de la commission dépar-

(1) La minute du plan cadastral de chaque commune est conservée à la Direction départementale des contributions directes. Une ampliation en est déposée dans les mairies. Elle est précédée d'un tableau d'assemblage au 1/10.000, dont copie a été envoyée au dépôt de la Guerre pour servir à l'exécution ou à la revison de la carte de l'Etat-major.

tementale (1). La décision de la commission départementale peut être frappée d'appel devant le conseil général ; elle est aussi, suivant la règle applicable à toutes les décisions administratives, susceptible d'un recours direct devant le Conseil d'Etat en cas d'excès de pouvoir et de violation de la loi.

Nouvelle évaluation du revenu net des propriétés non bâties. — Les évaluations cadastrales servent encore aujourd'hui de base à la taxation des propriétés non bâties, bien que, fort anciennes, elles ne correspondent plus avec les valeurs véritables. Il est, en effet, à peine besoin de faire remarquer que des phénomènes économiques de tout ordre, des faits naturels, les découvertes scientifiques ont profondément modifié les revenus des terres depuis l'époque où le cadastre a été fait, tandis que restaient immuables les chiffres que l'administration avait fixés. L'impôt foncier représente donc ici 0,50 c. p. 0/0 du revenu de la terre, ailleurs 50 à 60 p. 0/0. Cet état de choses a, depuis de longues années, déterminé de nombreux projets et de nombreuses propositions de loi dont aucun n'avait abouti jusqu'à ce qu'intervint la loi du 31 décembre 1907 dont l'article 3 ordonne d'entreprendre immédiatement les opérations nécessaires pour déterminer le *revenu net actuel* des propriétés non bâties.

Dès ce moment a commencé, dans les formes prescrites par la loi du 3 frimaire an VII, à peu de chose près, la vaste opération, qui se poursuit à l'heure actuelle, de la revision des évaluations cadastrales. Il faut cependant bien remarquer qu'on ne saurait entendre le terme « revenu net actuel » dont s'est servi le législateur de 1907, dans le

---

(1) L'approbation du tarif des évaluations était autrefois de la compétence du préfet, le conseil de préfecture entendu. Cette attribution appartient désormais à la commission départementale, en vertu de la loi du 10 août 1871 sur l'organisation et les attributions des conseils généraux.

même sens que l'expression « revenu net » dont a usé la loi de frimaire. D'après l'article 3 de cette loi « le revenu net des terres est ce qui reste au propriétaire déduction faite, sur le produit brut, des frais de culture, semence, récolte et entretien ». La loi de l'an VII visait ainsi le produit net total des propriétés non bâties, c'est-à-dire le produit obtenu par le concours simultané de la puissance de productivité des terres, du travail de l'exploitant et de la mise en œuvre du capital d'exploitation. Au contraire, la loi de 1907 envisage exclusivement le premier de ces éléments de production; elle ne retient que le revenu du sol, la rente foncière, autrement dit la valeur locative, et fait abstraction complète des bénéfices de l'exploitation agricole.

Dès la promulgation de la loi du 31 décembre 1907, l'Administration des Contributions directes, chargée d'effectuer le travail prescrit par le Parlement, a procédé aux études et aux expériences nécessaires pour organiser définitivement les détails d'exécution. Les mesures arrêtées à cet effet sont indiquées dans une instruction ministérielle qui porte la date du 31 décembre 1908.

Aux termes de cette instruction, les opérations sont divisées en trois catégories : 1º travaux préparatoires, 2º travaux d'évaluation proprement dits, 3º travaux postérieurs. La première catégorie est elle-même subdivisée en deux parties bien distinctes se rapportant : l'une aux travaux préparatoires des Directions des contributions directes et l'autre aux travaux des agents du service du recouvrement.

Les travaux préparatoires des Directions des contributions directes ont pour objet l'établissement des documents qui serviront à l'exécution des opérations de l'évaluation dans les communes. Ils consistent dans la confection de bulletins présentant le groupement des parcelles par propriétaire et par feuille de plan ; mais, le groupement dont il s'agit devant être effectué à l'aide des matrices cadastrales, l'instruction générale prescrit de procéder préalablement à une vérification des données de ces matrices touchant la désignation des sections, des numéros du plan et des lieux-dits.

Les bulletins ainsi établis sont ensuite communiqués aux percepteurs qui ont mission de rechercher, avec le concours des propriétaires et des personnes connaissant le mieux le territoire des communes, les changements survenus dans les natures de culture depuis l'établissement du cadastre; les percepteurs sont en outre chargés de relever les désignations cadastrales des parcelles comprises dans les actes de location, en vue d'identifier les propriétés louées et de reconnaître les diverses parties constituant chaque exploitation. Pour faciliter la tâche du service du recouvrement, les propriétaires, fermiers, régisseurs, etc., sont invités par voie d'affiches et, en cas de besoin, au moyen de convocations individuelles, à se rendre à la mairie et à fournir toutes les indications utiles concernant les immeubles qu'ils possèdent ou qu'ils exploitent.

L'évaluation proprement dite ne commence qu'après l'achèvement de ces travaux préliminaires et c'est aux contrôleurs des contributions directes qu'incombe le soin d'y procéder de concert avec les classificateurs. Ceux-ci arrêtent d'abord le nombre des classes que comportent les diverses natures de culture, eu égard à la fertilité du territoire de la commune, à la valeur des produits du sol et à la situation topographique des propriétés ; puis ils établissent le tarif prévu par la loi de 1907, c'est-à-dire qu'ils recherchent la valeur locative moyenne à l'hectare dans les différentes natures de culture. L'opération du classement, qui est effectuée ensuite, a pour but de déterminer dans quelle classe chaque propriété doit être rangée.

Dès que ces travaux sont terminés, le contrôleur et les classificateurs en vérifient l'exactitude en rapprochant, pour les immeubles loués, les évaluations résultant de l'application du tarif de celles qui résultent directement du prix des baux.

Après examen et vérification des travaux des contrôleurs par les inspecteurs, les tarifs des évaluations sont arrêtés par les directeurs des Contributions directes qui font alors calculer les valeurs locatives de toutes les propriétés et communiquent les résultats de l'évaluation aux propriétaires. Enfin, à l'expiration du délai imparti aux intéressés pour présenter leurs observations, celles-ci sont examinées par les contrôleurs de concert avec les classificateurs et les rectifications nécessaires sont immédiatement opérées ; les évaluations deviennent alors définitives, sous réserve bien entendu du droit de réclamation qui sera de nouveau accordé aux propriétaires au moment où les résultats du travail seront utilisés pour l'assiette de l'impôt.

Tel est dans ses grandes lignes le mécanisme de l'évaluation ordonnée par la loi de 1907. Cette évaluation se poursuit activement et lorsqu'elle sera terminée le Parlement y trouvera la base d'une réforme depuis longtemps attendue par les populations rurales.

Modification des contingents. — Le recueil méthodique des *Lois et Règlements* sur le cadastre (1811) prescrivait de cotiser les propriétés nouvellement créées et de supprimer celles qui venaient à disparaître ; mais ces additions et retranchements étaient sans influence sur les contingents, qui restaient immuables. Une loi du 17 juillet 1819 remédia à cet état de choses, en décidant spécialement que les contingents du département, de l'arrondissement et de la commune seraient modifiés lorsqu'un immeuble appartenant à l'État et exempté de l'impôt viendrait à passer entre les mains d'un particulier et *vice versa*. Elle ajoutait, en outre, qu'il y aurait lieu de modifier les contingents toutes les fois qu'une propriété non cotisée deviendrait imposable pour quelque cause que ce fût, ou, au contraire, qu'une propriété cotisée cesserait d'être imposable. Il résulte de ces dispositions que, dans tous les cas de perte ou d'accroissement de matière imposable, il y a lieu à modification des contingents (1). Les pertes s'entendent soit d'une disparition matérielle, totale ou partielle, de la propriété, due à un événement extraordinaire, tel que l'envahissement d'un champ par les eaux, soit de sa disparition au point de vue fiscal par suite de son passage dans la catégorie des propriétés bénéficiant d'une exemption permanente. Les accroissements résultent, soit de la formation d'une nouvelle parcelle non comprise au cadastre, par exemple en cas d'alluvion, soit du passage dans la catégorie des imposables d'une parcelle qui réunissait jusque-là les conditions nécessaires pour profiter d'une exemption permanente (2).

Fixité des évaluations cadastrales. — En dehors des cas qui viennent d'être rappelés et qui donnent lieu à modification des contingents, les évaluations cadastrales ne peuvent être modifiées jusqu'à ce qu'il soit procédé au renouvellement du cadastre de la commune. Deux lois règlent les conditions dans lesquelles le cadastre peut

---

(1) Lorsqu'il y a lieu, par suite d'accroissement, d'imposer une nouvelle parcelle à la contribution foncière des propriétés non bâties, son revenu cadastral ne doit pas être calculé d'après les règles posées par la loi du 3 frimaire an VII. Il doit être évalué par comparaison avec les autres parcelles de la même commune, c'est-à-dire qu'il suffit de rechercher dans quelle classe la nouvelle parcelle doit être rangée, eu égard à la nature de son sol et de la culture à laquelle elle est affectée.

(2) Mais les exemptions temporaires ne font varier ni les évaluations cadastrales, ni les contingents; les contribuables, exonérés temporairement, continuent à figurer sur les matrices et sur les rôles dans les mêmes conditions que par le passé. Ils ont simplement le droit d'obtenir chaque année les dégrèvements correspondant aux cotes des parcelles exemptées.

être renouvelé : ce sont les lois du 7 août 1850 et du 17 mars 1898.

La loi du 7 août 1850 a permis aux communes d'entreprendre à leurs frais, sauf autorisation du Conseil général, la revision du cadastre lorsque ce cadastre aurait plus de trente ans de date.

La loi du 17 mars 1898 a ordonné l'inscription annuelle au budget du ministère des finances d'un crédit destiné à être affecté : 1° à l'entretien d'un service dit « du renouvellement ou de la revision et de la conservation du cadastre » ; 2° à l'allocation de subventions aux communes qui, cadastrées depuis trente ans au moins, demanderont le renouvellement ou la revision de leur cadastre dans des conditions déterminées et s'engageront à en assurer la conservation.

Des dérogations au principe de la fixité des évaluations cadastrales ont été en outre exceptionnellement autorisées par la loi du 21 juillet 1897 (art. 5 et 16) en faveur des salins, salines et marais salants, d'une part, et des terrains ayant cessé d'être alternativement en étang et en culture, d'autre part. Ces dérogations ont trop peu d'importance pour que nous entrions dans de plus amples détails à leur égard.

Matrice cadastrale. — Les évaluations, établies comme nous venons de le voir, ont conduit à la formation du document essentiel qui sert de base à l'impôt et qu'on appelle la matrice cadastrale. Il consiste, pour chaque commune, en une sorte de grand livre sur lequel un article est ouvert, dans l'ordre alphabétique, au nom de chaque propriétaire. Cet article, indique dans une première colonne, toutes les parcelles appartenant au même contribuable. Les parcelles sont désignées par une lettre et par un numéro d'ordre, la lettre se référant à la section et le numéro individualisant, dans chaque section, les différentes parcelles dont elle se compose. Les colonnes suivantes font connaître la nature de la culture, la classe, la contenance, et enfin le revenu cadastral, calculé en appliquant à la contenance le revenu de l'unité superficielle fixé par le tarif des évaluations. Deux autres colonnes donnent, l'une le total des contenances de toutes les parcelles du même article, l'autre le total des revenus imposables. Enfin les deux dernières colonnes (intitulées : *tiré de... passé à...*) permettent d'indiquer, par une référence en regard de chaque parcelle, les mutations de propriété, dont on a soin également de mentionner la date.

Le plan parcellaire reste, en effet, invariable tant qu'il n'est pas procédé à une réfection complète du cadastre dans les formes prévues par les lois de 1850 ou de 1898; mais il n'en est pas de même de la matrice cadastrale, qui, chaque année, est mise au courant des mutations de propriétés survenues. Un tableau, ouvert en tête de la matrice, présente en outre, par année, la nomenclature des augmentations ou diminutions de la matière imposable, telles qu'elles résultent de l'application des règles exposées précédemment.

Etats de sections. — La matrice cadastrale, sur laquelle toutes les parcelles de la commune sont groupées par articles ouverts au nom de chaque contribuable, ne permet pas, étant donnée une parcelle prise au hasard sur le plan, de retrouver immédiatement le nom de son propriétaire, soit actuel, soit à une époque quelconque. C'est pourquoi on a créé un document intermédiaire, appelé *états de sections*. Il est formé de tableaux présentant, pour chaque section désignée par une lettre de l'alphabet, la série des numéros correspondant à chacune des parcelles dont elle se compose. En regard de chacun d'eux, on a inscrit le nom du propriétaire primitif, le canton ou lieu dit, la contenance, la désignation de la classe et le revenu cadastral. En d'autres termes, ces états présentent, groupées par sections, avec l'indication des noms de leurs propriétaires au moment de la confection du cadastre, les parcelles qui, sur la matrice cadastrale, sont groupées par noms de propriétaires. On peut, dès lors, en se reportant à l'état de section et de là à l'article du propriétaire primitif sur la matrice cadastrale, suivre les mutations successives qui ont affecté une parcelle déterminée, et retrouver en dernière analyse son propriétaire actuel.

Le cadastre est aujourd'hui terminé depuis longtemps pour toutes les communes, sauf pour une assez grande partie du territoire annexé en 1860 dans les départements de la Savoie et de la Haute-Savoie. Il n'a été que très rarement fait usage de la faculté de revision accordée par la la loi de 1850. Quant à la loi de 1898, son application est demeurée jusqu'à présent très restreinte. La procédure des réclamations auxquelles a pu ou peut encore exceptionnellement donner lieu la confection du cadastre des propriétés non bâties n'offre donc guère qu'un intérêt rétrospectif. Il faut cependant en connaître tout au moins l'économie succincte, pour avoir une idée complète des opérations qui ont servi à déterminer l'assiette actuelle de la contribution foncière.

Réclamations contre les opérations du cadastre. — Ces réclamations sont de deux sortes : collectives ou individuelles. Elles sont collectives quand elles portent sur la classification et le tarif des évaluations ; elles sont individuelles quand elles portent sur le classement, ou exceptionnellement quand un même contribuable, propriétaire de la totalité ou de la presque totalité des parcelles composant une classe déterminée, vient à réclamer contre la classification ou le tarif des évaluations.

Les réclamations collectives sont soumises à la commission départementale, qui statue, sauf recours devant le Conseil d'Etat, en cas d'excès de pouvoir ou de violation de la loi.

Les réclamations individuelles appartiennent, au contraire, à la juridiction contentieuse des tribunaux administratifs. Elles sont instruites suivant les règles ordinaires de la procédure devant les conseils de préfecture et doivent être introduites par une demande adressée au préfet dans le délai de six mois à partir de la publication du premier rôle qui suit la confection du cadastre. Passé ce délai, aucune réclamation individuelle ne peut plus être admise contre les résultats du cadastre, à moins qu'il ne s'agisse ou bien d'erreurs matérielles commises dans la mesure des contenances, ou bien de l'un des cas d'exception au principe de la fixité. Ces réclamations sont alors présentées, instruites et jugées suivant les règles que nous exposerons en traitant des réclamations en général.

Répartition et modifications des contingents. — Le cadastre parcellaire, établi en vertu de la loi du 15 septembre 1807, devait servir, dans la pensée du législateur, à la péréquation de l'impôt à tous le degrés, c'est-à-dire à son exacte répartition, par égalité proportionnelle, non seulement entre les contribuables d'une même commune, mais encore entre les communes d'un même arrondissement, entre les arrondissements d'un même département et, enfin, entre tous les départements. Mais on s'aperçut bientôt que les résultats obtenus n'étaient comparables entre eux que dans la limite d'une même commune. La confection du cadastre a exigé, en effet, de longues années ; l'estimation des revenus a été faite à des dates fort différentes suivant les régions : c'est ce qui explique, en partie, le défaut de proportionnalité rigoureuse entre toutes les évaluations. En outre, ces évaluations ayant été confiées à des commissions de classificateurs distinctes pour chaque commune, le taux d'atténuation des revenus cadastraux, par rapport aux revenus réels, n'est vraisemblablement le même que sur le terrain d'opération d'une même commission. Utiliser les résultats du cadastre pour la répartition du principal de l'impôt à tous les degrés eût forcément conduit à des inégalités choquantes. C'est pourquoi la loi du 31 juillet 1821 décida qu'à l'avenir le cadastre parcellaire servirait exclusivement à la répartition individuelle du contingent communal.

Cette répartition est faite chaque année de la manière suivante. On commence par ajouter au contingent communal en principal le montant des centimes additionnels de toute nature; on calcule ensuite le rapport entre le contingent de la commune ainsi déterminé et le total des revenus cadastraux de toutes les parcelles figurant sur la matrice. Ce rapport porte le nom de *centime le franc*. La cote en principal et centimes additionnels, imposable au nom de chaque propriétaire, s'obtient ensuite immédiatement en multipliant par le centime le franc le revenu total de l'article qui le concerne sur la matrice cadastrale.

Quant à la répartition entre les différentes circonscriptions administratives, elle a été l'objet depuis 1790 de diverses modifications, toutes effectuées par voie de dégrèvements; les dernières sont celles qui ont été édictées par la loi du 31 juillet 1821, dont il a été question plus haut, et par la loi du 8 août 1890.

Le principal de l'impôt foncier, primitivement fixé par la loi du 23 novembre-1er décembre 1790 à la somme des impôts similaires (1) de l'ancien régime, augmentée de ce

---

(1) Le véritable impôt foncier de l'ancien régime était la taille. La taille était réelle ou personnelle. Réelle dans les *pays d' « Etats »*, elle portait exclusivement sur les revenus fonciers; personnelle dans les *pays « électifs »*, elle frappait l'ensemble des facultés des contribuables, tant mobilières qu'immobilières. La taille était un impôt de répartition; les nobles et le clergé en étaient exempts.

D'autres impôts, en se superposant à la taille, atteignaient les revenus fonciers : la capitation, impôt personnel et de répartition, était payée par les nobles d'après leurs facultés présumées et répartie entre les taillables au marc la livre de la taille payée; les vingtièmes, impôt de quotité portant sur l'ensemble des revenus mobiliers et immobiliers, étaient également payés par la noblesse et le tiers état; le clergé seul en était exempt. Enfin les dîmes, consistant en un prélèvement en nature sur les produits de la terre au profit du clergé, et

qu'auraient dû payer les privilégiés, fut d'abord réparti entre les différentes circonscriptions administratives au marc la livre des anciennes impositions. La première tentative sérieuse de péréquation consista dans un essai de cadastre par *masses de cultures*. Une instruction du 22 janvier 1801 avait ordonné la refonte générale de toutes les matrices de rôles. La commission, nommée pour diriger l'exécution de ce travail, recula devant les difficultés de l'établissement d'un cadastre parcellaire et résolut de faire évaluer seulement par masses de cultures le revenu net des terres pour dix-huit cents communes, choisies comme types dans les différentes parties du territoire. On pensait arriver ainsi à estimer approximativement, par comparaison, le revenu net imposable de l'unité superficielle pour chaque espèce de culture. L'application de ce revenu aux contenances déclarées par les propriétaires aurait permis de réaliser la péréquation à tous les degrés. Mais on ne put obtenir les déclarations qui devaient servir de base aux évaluations, et l'idée d'un cadastre par masses de cultures dut être abandonnée.

Le cadastre parcellaire, établi en exécution de la loi du 15 septembre 1807, ne devant être utilisé lui-même que dans les limites du territoire de chaque commune, la loi du 31 juillet 1821, qui formula ce principe, chercha à réaliser une tentative de péréquation, par voie de dégrèvement, dans la répartition du principal de l'impôt entre les départements. Le législateur utilisa à cet effet un travail exécuté par l'administration des contributions directes et du cadastre en conformité de l'article 38 de la loi du 15 mai 1818. Le rapport du revenu foncier véritable au revenu net imposé avait été évalué à l'aide de trois catégories de documents : les baux, les actes de vente et le

les corvées réelles, sortes de servitudes foncières, aggravaient encore les charges de la propriété dans des proportions variables d'un fonds à l'autre.

cadastre parcellaire dans les arrondissements où il était terminé. Les résultats de cette comparaison conduisirent à proposer la réduction des contingents de cinquante-deux départements, pour lesquels on estima que l'impôt en principal dépassait, par rapport au revenu vrai, la proportion du dixième.

Les choses sont restées en l'état jusqu'à la loi du 9 août 1879, qui prescrivit l'exécution d'un travail d'évaluation des propriétés non bâties devant permettre de réaliser une nouvelle amélioration dans la répartition du principal de l'impôt entre les départements (1). Ce travail, exécuté de 1879 à 1884, n'a été utilisé que par la loi du 8 août 1890, qui a accordé sur le principal de la contribution foncière des propriétés non bâties un dégrèvement de quinze millions en chiffres ronds, réparti entre les quatre-vingt-deux départements du territoire, de manière à réaliser autant que possible la péréquation des contingents.

En résumé, les lois de 1821 et de 1890 sont les seules qui aient sérieusement modifié depuis 1790 la répartition du principal de l'impôt entre les départements.

Quant aux contingents des arrondissements et des communes, ils sont fixés chaque année par les conseils généraux et les conseils d'arrondissement, qui restent libres de les faire varier à leur gré (2). Mais, en fait et malgré quelques tentatives de péréquation qui ont avorté, ces contingents, de même que ceux des départements, ne sont ou n'ont été modifiés, en dehors des lois générales de dégrèvement, que dans les cas de pertes ou d'accroissements

---

(1) Une évaluation générale des revenus territoriaux a été effectuée en 1850 (loi du 7 août 1850, art. 2), mais les résultats n'en ont pas été utilisés.

(2) Ces contingents ont été récemment modifiés, à titre exceptionnel, sur certains points à l'occasion de la mise à exécution de la loi du 21 juillet 1897 qui prescrivait de reporter les dégrèvements accordés aux marais salants sur les communes de chacun des départements où ces propriétés sont situées.

de la matière imposable, tels que ces pertes ou accroissements sont définis par les lois de 1807 et de 1819. Il faut ajouter cependant le cas de l'annexion à une commune d'une autre commune ou d'une section de commune. Il est à peine besoin de faire remarquer que, dans ce dernier cas, le contingent communal seul est modifié (1).

Annualité de l'impôt. — Le principe de l'annualité de l'impôt s'applique dans toute sa rigueur en matière de contribution foncière sur les propriétés non bâties. L'impôt n'est basé que sur les faits existant au 1er janvier. Bien plus, les omissions involontaires au rôle primitif ne peuvent même pas faire l'objet de rôles supplémentaires. Quant aux faits postérieurs au 1er janvier, il n'en est jamais tenu compte, sauf dans le cas suivant : les acquéreurs des bois de l'Etat doivent la contribution foncière depuis la date de la vente ou de l'entrée en jouissance jusqu'à la fin de l'année (loi du 19 ventôse an IX).

II. — Contribution foncière des propriétés bâties.

L'impôt foncier des propriétés bâties est resté jusqu'en 1891 un impôt de répartition soumis aux mêmes règles

---

(1) En cas d'annexion, le contingent de la nouvelle commune doit être calculé et réparti de telle manière que les contribuables des deux communes ou sections de communes payent, après leur annexion, exactement les mêmes cotes foncières qu'ils auraient eu à payer avant l'annexion. Pour y parvenir, on modifie de la manière suivante le revenu cadastral de chaque parcelle de la section annexée. Soit R le revenu cadastral, avant l'annexion, de l'une quelconque de ces parcelles, X son revenu cadastral après l'annexion, C le centime le franc de la section annexée avant l'annexion, C' le centime le franc de la commune qui profite de l'annexion; on devra avoir l'égalité : $RC = XC'$, d'où $X = R\frac{C}{C'}$. On obtient donc le nouveau revenu cadastral à attribuer à chacune des parcelles de la section annexée en multipliant son ancien revenu par le rapport des deux centimes le franc.

que celui des propriétés non bâties, tout au moins au point de vue de la fixation et de la répartition des contingents ; il a été transformé en impôt de quotité, à partir du 1ᵉʳ janvier 1891, par la loi du 8 août 1890.

Définition de la matière imposable. — Aux termes de l'article 5 de cette loi, la contribution foncière des propriétés bâties a été réglée, de 1891 à 1900 inclusivement, en raison de la valeur locative des maisons et usines telle que cette valeur avait été établie, conformément à l'article 34 de la loi du 8 août 1885, sous déduction d'un quart pour les maisons et d'un tiers pour les usines en considération du dépérissement et des frais d'entretien et de réparation. Cette déduction d'un tiers pour les usines a été portée à 40 pour 100 par la loi du 13 juillet 1900. (Depuis 1901 la contribution des propriétés bâties est réglée en raison de la valeur locative résultant de la *revision décennale* prévue par l'article 8, §§ 1 et 3 de la loi du 8 août 1890).

L'impôt est donc assis actuellement sur les résultats du travail d'évaluation entrepris par l'administration des contributions directes en exécution de la loi du 8 août 1885 et revisé en 1900. Ce travail a eu pour but de rechercher la valeur locative *actuelle* de chaque propriété bâtie, et non pas son revenu net imposable, tel qu'il était défini par la loi du 3 frimaire an VII (1).

Pour y parvenir, les agents de l'administration se sont fondés sur les extraits de baux et déclarations de locations

---

(1) Le revenu net imposable des maisons et usines, qui a servi de base à l'impôt jusqu'à la loi du 8 août 1890, avait été déterminé d'après leur valeur locative « *moyenne* » calculée sur une période de dix années, sous la déduction d'un quart pour les maisons et d'un tiers pour les usines. Les propriétés bâties avaient été cadastrées en même temps et dans les mêmes formes que les propriétés non bâties. La seule différence était que le nombre des classes pouvait s'élever à dix pour chaque commune. Dans certaines villes importantes, le système des classes avait même été abandonné, chaque maison ayant fait l'objet d'une estimation directe.

verbales passés dans chaque commune pendant la dernière période de dix ans, sur les actes de vente, sur les bases d'imposition au droit proportionnel de patente et généralement sur tous les renseignements recueillis auprès des maires, des répartiteurs, des receveurs de l'enregistrement, etc., pouvant leur permettre d'apprécier la valeur locative actuelle de chaque maison ou usine, soit directement, soit par comparaison. Il leur était prescrit de déterminer, au préalable, la valeur locative actuelle et normale d'un certain nombre de types ou termes de comparaison, choisis dans toutes les parties du territoire de chaque commune et comprenant autant que possible, au point de vue de l'importance et de la situation, toutes les variétés de propriétés bâties de cette commune. Ces types ont servi, en quelque sorte, de jalons entre lesquels sont venus prendre place, suivant leur importance relative, toutes les propriétés bâties de la commune ; ils sont également destinés à guider chaque année le contrôleur et les répartiteurs dans l'estimation des constructions nouvelles devenues imposables dans les conditions que nous verrons plus loin. Toutefois, dans les villes importantes, où les baux sont en nombre suffisant, il a été jugé inutile de choisir des types d'évaluation.

La contribution foncière des propriétés bâties ne porte d'ailleurs que sur la valeur locative de l'élévation, le revenu du sol restant imposable séparément à la contribution foncière des propriétés non bâties sur le pied des meilleures terres labourables de chaque commune (1).

Par contre, depuis la loi du 29 décembre 1884, les terrains non cultivés, employés à un usage commercial ou

---

(1) Il va sans dire que, si le sol d'une construction nouvelle est déjà imposé à la contribution foncière des propriétés non bâties, le principe de la fixité des évaluations cadastrales s'oppose à ce que cette parcelle soit changée de classe pour être cotisée comme les meilleures terres labourables de la commune.

industriel, tels que chantiers, lieux de dépôts de marchandises et autres emplacements de même nature, sont imposables, même s'ils ne supportent aucune construction, non seulement à la contribution foncière des propriétés non bâties pour leur superficie, mais encore à celle des propriétés bâties d'après leur valeur locative déterminée, à raison de l'usage auquel ils sont affectés, déduction faite de l'estimation donnée à leur superficie. L'évaluation est faite dans tous les cas sous la déduction du quart pour frais d'entretien, que les chantiers dépendent d'une maison ou d'une usine.

Exemptions. — Le législateur a admis, comme pour les propriétés non bâties, quelques cas d'exemptions permanentes ou temporaires à la contribution foncière des propriétés bâties.

La première exemption permanente est celle qui s'applique également aux immeubles non bâtis ; l'impôt n'est pas dû toutes les fois qu'une propriété bâtie appartient à l'Etat, à un département, à une commune ou à un établissement public, qu'elle est affectée à un service public et qu'elle n'est pas productive de revenu (1).

Une seconde exemption permanente a été accordée aux bâtiments servant aux exploitations rurales, tels que granges, écuries, greniers, caves, celliers, pressoirs et autres, destinés soit à loger les bestiaux des fermes et métairies, soit à serrer les récoltes (article 85 de la loi du 3 frimaire an VII). Ces bâtiments ne sont soumis qu'à la contribution foncière des propriétés non bâties, à raison du terrain qu'ils enlèvent à la culture, évalué sur le pied des meilleures terres labourables de la commune. La loi du

(1) La loi du 9 décembre 1905 (art. 24) a décidé que les édifices affectés à l'exercice du culte appartenant à l'Etat, aux départements ou aux communes continueraient à être exemptés de l'impôt foncier et de l'impôt des portes et fenêtres. Cette exemption a été étendue par la loi du 19 juillet 1909 (art. 4) aux édifices de même nature attribués aux associations cultuelles légalement constituées.

8 août 1890 a étendu le bénéfice de ces dispositions aux bâtiments qui servent à loger, indépendamment des bestiaux des fermes et métairies, le gardien de ces bestiaux.

Les seules exemptions temporaires qu'il y ait lieu de retenir sont celles qui s'appliquent aux constructions nouvelles et aux habitations à bon marché. La conversion d'un bâtiment rural en maison ou en usine et l'affectation de terrains à des usages commerciaux ou industriels sont d'ailleurs assimilées, à ce point de vue, à des constructions nouvelles.

Les constructions nouvelles, les reconstructions et les additions de constructions ne sont soumises à la contribution foncière que la troisième année après leur achèvement. Une maison terminée, par exemple, dans le courant de l'année 1911 n'est imposable qu'à partir du 1er janvier 1914. Mais la loi du 8 août 1890, en reproduisant cette exemption déjà prévue dans la loi du 3 frimaire an VII, en a subordonné le bénéfice à la formalité d'une déclaration, faite par le propriétaire à la mairie de la commune où doit être élevé le bâtiment, dans le délai de quatre mois à partir de l'ouverture des travaux. Cette déclaration indique la nature du bâtiment, sa destination et la désignation cadastrale du terrain sur lequel il doit être construit. L'obligation de déclarer les constructions nouvelles, inscrite dans la loi dans le but de prévenir autant que possible les omissions, comporte, en outre, une sanction pénale. Lorsqu'une construction nouvelle n'est pas déclarée ou est déclarée hors délai, elle perd le droit à l'exemption temporaire prévue par la loi ; elle devient imposable à partir du 1er janvier de l'année qui suit celle de son achèvement, et, si elle n'est découverte que plusieurs années après son achèvement, sa cotisation pour l'année en cours, tant en principal qu'en centimes additionnels, est multipliée par le nombre des années écoulées entre celle où elle a été achevée et celle où elle a été découverte, y compris cette dernière année et sans toutefois pouvoir être plus que quintuplée.

En vue de favoriser la construction de maisons salubres et à bon marché destinées à des ouvriers ou à des personnes peu fortunées, la loi du 30 novembre 1894 avait exempté de la contribution foncière pendant cinq ans, à compter de leur achèvement, les habitations répondant à certaines conditions déterminées par l'article 9 de la loi : être reconnues salubres, ne pas comporter une valeur locative supérieure à un maximum variable suivant les localités, enfin, être destinées au logement de personnes peu fortunées.

La loi du 12 avril 1906 a porté à 12 ans le bénéfice de cette exemption. L'exemption cesse de plein droit dès que les immeubles qui en bénéficient perdent l'un ou l'autre des caractères que la loi a attribués aux habitations à bon marché.

Fixité des évaluations. — Le recensement général et l'évaluation de toutes les propriétés bâties ont demandé, on le conçoit aisément, un temps très long et des efforts considérables. Le travail, entrepris à partir de 1886, n'a été entièrement terminé qu'à la fin de 1890. On ne peut donc songer à le recommencer annuellement. C'est pourquoi la loi du 8 août 1890 a décidé qu'il serait revisé seulement tous les dix ans. Le principe de la fixité des évaluations cadastrales, tel qu'il a été défini plus haut pour les propriétés non bâties, est donc applicable aux propriétés bâties dans la limite d'une période de dix ans (1). Dans cette limite, il souffre d'ailleurs les mêmes exceptions qu'en matière de propriétés non bâties, c'est-à-dire qu'il y a lieu de reviser les évaluations dans tous les cas de pertes

---

(1) L'article 102 de la loi du 3 frimaire an VII prévoyait déjà une revision décennale du revenu imposable de toutes les maisons et usines ; mais cette disposition n'a jamais été appliquée.

ou d'accroissements de matière imposable (1). Les pertes résultent, ainsi que nous l'avons vu, soit d'une disparition totale ou partielle de la propriété, soit du passage d'une construction imposable dans la catégorie des propriétés appelées à bénéficier d'une exemption permanente ; les accroissements proviennent soit de constructions nouvelles ou d'additions de constructions (2), soit du passage dans la catégorie des imposables d'une maison réunissant jusque-là les conditions nécessaires pour jouir d'une exemption permanente. Est considérée comme construction nouvelle l'affectation de terrains à des usages commerciaux ou industriels, dans les conditions prévues par la loi du 29 décembre 1884.

Contrairement aux règles établies en matière de propriétés non bâties, les propriétaires sont, en outre, admis à réclamer pendant les trois mois de la publication de chaque rôle lorsque, par suite de circonstances exceptionnelles, leur immeuble aura subi une dépréciation.

Enfin, la loi du 8 août 1890 permet aux conseils municipaux de demander qu'il soit procédé, aux frais de la commune, à une nouvelle évaluation, toutes les fois qu'il se produit dans l'intervalle de deux revisions décennales une dépréciation générale des propriétés bâties soit de l'in-

---

(1) Tant que la contribution foncière des propriétés bâties a été régie par la loi du 3 frimaire an VII, le principe de la fixité des évaluations cadastrales ne s'appliquait pas d'une manière absolue aux maisons et aux usines. On pouvait en modifier l'évaluation soit dans le cas de construction nouvelle ou de démolition, soit dans le cas de réclamation du contribuable surtaxé, mais sans que le contingent en fût affecté.

Depuis la loi du 17 août 1835, le contingent du département, de l'arrondissement et de la commune était modifié en cas d'accroissement ou de perte de la matière imposable

(2) Les constructions nouvelles qu'il y a lieu d'imposer dans le cours d'une période décennale, doivent être cotisées par comparaison avec les autres propriétés bâties de la commune où elles sont situées, c'est-à-dire que leur contribution doit être réglée non d'après leur valeur locative actuelle, au moment où elles deviennent imposables, mais d'après cette valeur ramenée, par comparaison, à ce qu'elle aurait été au moment où les autres propriétés bâties de la commune ont été évaluées.

tégralité, soit d'une fraction notable de la commune. Les évaluations ainsi établies doivent être néanmoins renouvelées à l'expiration de la période décennale en cours.

Matrice cadastrale. — L'évaluation des propriétés bâties a conduit, comme pour les propriétés non bâties, à la formation d'une matrice cadastrale pour chaque commune. Antérieurement à la loi du 8 août 1890, cette matrice était déjà distincte de celle des propriétés non bâties. La loi du 29 juillet 1881 avait, en effet, prescrit la séparation, sur les matrices cadastrales, des revenus afférents aux maisons et usines et de ceux applicables soit au sol desdites propriétés, soit aux immeubles non bâtis proprement dits. Cette séparation avait été faite en supprimant, sur les anciennes matrices cadastrales, les inscriptions concernant l'élévation des propriétés bâties, et en les reportant, pour chaque commune, sur une nouvelle matrice ouverte à cet effet. Les matrices ont été simplement, pour 1891, mises au courant des résultats du travail de la nouvelle évaluation; on y a substitué les revenus nets servant actuellement de bases à l'impôt, aux anciens revenus cadastraux.

Les matrices des propriétés bâties, de même que celles des propriétés non bâties, comportent une case spéciale pour chaque contribuable, dans laquelle sont groupées toutes les propriétés lui appartenant. Ces propriétés sont désignés par l'indication de la section et du numéro du plan afférent au sol, par leur situation (lieu dit, quartier, rue, etc.) et par leur nature (maison, atelier, usine, etc.). Les revenus nets imposables sont totalisés dans une colonne spéciale; d'autres colonnes permettent également de suivre les mutations de propriété survenues. Enfin, deux colonnes supplémentaires indiquent, suivant leur catégorie, le nombre des ouvertures imposables à la contribution des portes et fenêtres.

Taux de la quotité. — La matrice cadastrale est, comme

pour les propriétés non bâties, le document fondamental servant de base à l'assiette de l'impôt. Mais, pour connaître la cote d'un contribuable, il n'est plus nécessaire de calculer un centime le franc. La contribution foncière des propriétés bâties étant devenue un impôt de quotité, il suffit d'appliquer au total des valeurs locatives imposables de toutes les maisons appartenant au même propriétaire, le taux en principal fixé annuellement par la loi de finances, augmenté des centimes additionnels. Le taux en principal est depuis 1891 de 3,20 pour 100.

Réclamations. — Les réclamations contre l'évaluation des propriétés bâties ne peuvent être qu'individuelles, puisque chaque immeuble est l'objet d'une évaluation distincte.

Aux termes de l'article 7 de la loi du 8 août 1890, tout propriétaire d'immeuble bâti est admis à réclamer contre l'évaluation attribuée à sa maison, dans le délai de six mois à partir de la publication du premier rôle dans lequel cet immeuble aura été imposé, et dans le délai de trois mois à partir de la publication du rôle suivant (1). Pendant les autres années de la période décennale, aucune réclamation contre les résultats de l'évaluation ne peut plus être admise, à moins qu'il ne s'agisse de l'un des cas d'exception au principe de la fixité. La procédure de ces réclamations sera exposée, comme il a été dit pour les propriétés non bâties, dans un chapitre spécial.

Annualité de l'impôt. — L'impôt est assis d'après les

---

(1) A titre exceptionnel, ces délais ont été prolongés jusqu'à l'expiration des trois premiers mois qui ont suivi la publication des rôles de 1893.

Les propriétaires admis de même à réclamer contre les évaluations résultant de la seconde revision décennale effectuée en 1900 pendant six mois à partir de la publication des rôles de 1901, et pendant trois mois à partir de la publication des rôles de 1902 ont bénéficié d'une nouvelle prolongation de délai. La loi du 13 juillet 1900 leur a reconnu le droit de former des réclamations pendant les trois premiers mois suivant la publication des rôles de 1903.

faits existant au 1ᵉʳ janvier, et il n'y a jamais lieu d'établir de rôles supplémentaires, même pour les omissions au rôle primitif, sauf dans le cas de constructions nouvelles, reconstructions, additions de constructions, postérieures au 1ᵉʳ janvier 1891 non déclarées ou déclarées hors délai. On émet alors, dans le courant de l'année, des rôles particuliers où les cotisations sont calculées de la manière que nous avons indiquée.

CHAPITRE III

IMPOT PERSONNEL-MOBILIER

La contribution personnelle-mobilière (1) est un impôt de répartition composé de deux taxes : la taxe personnelle et la taxe mobilière, dont le produit cumulé forme un seul contingent, mais qui ont l'une et l'autre des bases d'assiette différentes.

Taxe personnelle. — Comme son nom l'indique, la taxe personnelle frappe les individus. Elle est due par chaque habitant français ou étranger de tout sexe et de tout âge jouissant de ses droits et non réputé indigent (art. 12 de la loi du 21 avril 1832). Elle représente la valeur de trois journées de travail. Cette valeur est fixée annuellement sur la proposition du préfet, après avis du directeur des contributions directes, par le conseil général, qui ne peut évaluer le prix de la journée de travail au-dessus de 1 fr. 50 ni au-dessous de 50 centimes. Toute personne imposable ne peut être inscrite qu'une seule fois à un seul rôle, celui de son domicile réel.

Taxe mobilière. — La contribution mobilière est due uniquement par les contribuables soumis à la taxe personnelle, mais elle est exigible pour toutes les habitations meublées (2) qu'ils occupent ou dont ils se réservent la

---

(1) La contribution personnelle-mobilière, qui date de 1791, a été successivement modifiée et transformée. La loi du 21 avril 1832, en abrogeant les lois antérieures, a établi les règles actuellement en vigueur. Cette loi a été complétée par celles des 4 août 1844, 3 juillet 1846, 13 juillet 1903 et 20 juillet 1904.

(2) Bien que le législateur ait spécifié que la contribution mobilière était due pour toute habitation meublée, il n'a pas entendu comprendre parmi les éléments d'imposition la valeur locative des meubles. Il a, au contraire, décidé (article 16 de la loi du 21 avril 1832) que

jouissance, soit dans la commune de leur domicile réel, soit dans une commune quelconque.

Elle est établie d'après la valeur locative des locaux affectés à l'habitation personnelle, abstraction faite de tout ce qui, dans les bâtiments, ne peut pas être considéré comme formant une dépendance de l'habitation personnelle. C'est ainsi que les valeurs locatives des écuries, remises, buanderies, bûchers et serres, bureaux non détachés des appartements personnels, etc., concourent à former les loyers imposables. En revanche, ni les bureaux nettement séparés des habitations personnelles, ni les locaux affectés au commerce ou à l'industrie, ni ceux destinés, dans les établissements d'instruction, aux classes, salles d'étude, logement des élèves, ni les bâtiments ruraux, etc., ne constituent des éléments d'imposition. Les bâtiments consacrés à un service public sont dans le même cas. Il convient toutefois d'excepter les parties de ces bâtiments qui forment l'habitation personnelle des fonctionnaires naturellement soumis, comme tous les autres contribuables, à l'impôt mobilier.

Exemptions. — Sont exemptés de la taxe personnelle et par suite de la contribution mobilière, d'après les termes mêmes de la loi que nous avons cités, les personnes qui ne jouissent pas de leurs droits et les indigents.

On considère comme jouissant de leurs droits les femmes non mariées ou séparées de leur mari, les garçons et filles majeurs ou mineurs qui ont des moyens suffisants d'existence, soit par leur fortune personnelle, soit par la profession qu'ils exercent. Inversement, on estime que les femmes mariées ne sont pas imposables ; il en est de

les contribuables qui occupent des appartements garnis, ne seraient assujettis à la contribution mobilière qu'à raison de la valeur locative de leur logement, évalué comme un logement non meublé. Ils ne sont d'ailleurs imposables, d'après la jurisprudence, que s'ils peuvent être considérés comme faisant partie de la population permanente de la commune.

même des domestiques à gages, qui ont accepté un contrat les plaçant, tant au point de vue matériel qu'au point de vue moral, dans une étroite dépendance.

Les indigents, dont il appartient aux conseils municipaux de former la liste, sont également affranchis de l'impôt.

Ces immunités ne constituent pas, il est vrai, des exemptions à proprement parler, puisqu'elles ont leur origine dans la définition même que le législateur a donnée de l'impôt. Mais il en est d'autres qui impliquent une dérogation aux principes posés dans la loi du 24 avril 1832. Ces exemptions (le mot étant pris dans son sens véritable) sont totales ou partielles.

Les agents consulaires ou diplomatiques de nations étrangères ne sont pas, en règle générale au moins, soumis à l'impôt, à moins qu'ils ne soient Français ou naturalisés, ou encore qu'ils n'exercent en France un commerce ou une industrie. Les pères et mères de sept enfants mineurs vivants, légitimes ou reconnus, assujettis à une contribution personnelle mobilière égale ou inférieure à 10 francs en principal, sont exonérés d'office de cette contribution.

Les officiers (1) avec troupe et les officiers d'état-major sont affranchis en partie de la contribution mobilière. L'impôt n'est exigible, en ce qui les concerne, qu'autant qu'ils n'habitent pas la caserne et que la valeur locative de leur habitation excède sensiblement celle du logement auquel ils auraient droit, aux termes des règlements militaires (décret du 3 mars 1899 sur le service du casernement), dans un bâtiment de l'Etat.

---

(1) Lorsque les officiers sont imposables, leur cotisation mobilière est basée sur la différence entre leur loyer effectif d'habitation et la valeur locative de l'appartement auquel ils auraient droit d'après le décret sur le casernement (arrêt du Conseil d'Etat du 17 juillet 1901, Roccaserra).

Les indigents que le conseil municipal ne juge pas à propos d'exempter de la taxe personnelle peuvent, au gré de la même autorité locale, être exonérés de l'impôt mobilier.

Enfin, l'article 4 de la loi du 13 juillet 1903 a autorisé la déduction d'un minimum de loyer pour la fixation des loyers matriciels qui servent de base à la contribution mobilière et l'article 4 de la loi du 20 juillet 1904 a complété cette disposition en permettant d'augmenter le minimum, dans une mesure déterminée, pour les familles nombreuses.

Cette dérogation à la règle générale n'est applicable que dans les chefs-lieux de département et dans les communes dont la population agglomérée dépasse 5.000 habitants. Il faut en outre que le conseil municipal en fasse la demande et que la délibération soit approuvée par le préfet sur la proposition du directeur des contributions directes.

La déduction complémentaire pour charges de famille est soumise aux mêmes formalités et elle ne peut être appliquée que dans les communes ou l'on use déjà de la faculté donnée par la loi de 1903.

Répartition et modifications des contingents. — La contribution personnelle-mobilière étant un impôt de répartition, les contingents sont établis par la loi de finances pour chaque département.

Le principal de l'impôt, fixé en 1791 au chiffre de 60 millions, a été réduit à **30 millions** par la loi du 3 nivôse an VII et porté à **34 millions** en 1832. A la même époque, le législateur décida qu'une revision générale des valeurs locatives d'habitation serait opérée, et que les résultats de ce travail serviraient à modifier les contingents départementaux, déterminés jusqu'alors d'une façon très arbitraire. Mais on recula devant les difficultés d'une péréquation, et, en **1844**, le gouvernement proposa le maintien de la répartition existante. Il demanda simplement que les contingents départementaux fussent modifiés annuellement à raison des constructions nouvelles ou des démolitions.

Ces propositions ayant été adoptées, les contingents départementaux sont, depuis 1844, diminués tous les ans du montant en principal des cotisations afférentes aux maisons servant à l'habitation personnelle d'individus imposables qui viennent à être démolies. Ils sont augmentés proportionnellement à la valeur locative des maisons ayant la même destination (1) qui sont nouvellement construites ou reconstruites. L'augmentation est du vingtième de la valeur locative réelle des locaux consacrés à l'habitation personnelle. Elle n'est appliquée qu'au moment où les maisons sont imposées à la contribution foncière, c'est-à-dire qu'elle n'accroît les contingents qu'à partir de la troisième année qui suit l'entier achèvement des constructions (loi du 4 août 1844). Ce principe est absolu; il s'applique même aux constructions nouvelles qui n'ont pas fait l'objet de la déclaration à la mairie prescrite par l'art. 9 de la loi du 8 août 1890; il s'applique également aux habitations salubres à bon marché, telles que la loi du 12 avril 1906 les a définies.

Mais, si les contingents ne sont pas immédiatement augmentés, il faut remarquer que les contribuables sont imposables à la contribution mobilière dès le 1er janvier qui suit le moment où ils ont meublé leur appartement. Par suite, les personnes imposables logées dans des maisons bâties depuis un an, par exemple, sont assujetties à la taxe mobilière avant que le contingent ait été majoré.

---

(1) Ainsi la construction ou la démolition de maisons occupées par des indigents ou en général par des personnes *non imposables*, n'influe pas sur les contingents. Une exception est à faire en ce qui concerne les pères et mères de sept enfants. Les bénéficiaires de cette exemption étant maintenus au rôle, sauf dégrèvement d'office, la construction ou la démolition de locaux affectés à leur habitation accroît ou réduit les contingents.

Il n'est pas inutile d'indiquer par suite de quelles considérations le législateur a adopté, pour fixer les augmentations de contingent, le taux uniforme du vingtième de la valeur locative des constructions nouvelles. Sans aucun doute, il a estimé qu'à la longue, au fur et à mesure des reconstructions, les contingents départementaux seraient unifiés et que leur montant représenterait un jour 5 pour 100 des valeurs locatives imposables. Il a pensé réaliser de la sorte une péréquation générale. Mais un tel résultat paraît bien problématique. Il est clair, en effet, que toutes les constructions anciennes n'auront pas disparu avant plusieurs siècles, et que le jour où cette situation sera obtenue, les contingents seront fixés à l'aide de valeurs locatives déterminées à des époques variables et ne correspondant plus à la réalité.

Cette opinion s'est trouvée confirmée par les résultats de la revision décennale des évaluations de la propriété bâtie effectuée en 1899 et 1900. La proportion du principal aux valeurs locatives, qui était en 1844 du seizième au dix-septième pour l'ensemble des départements, n'était plus, au 1er janvier 1901, que du vingt-quatrième, 4,34 pour 100. Mais elle variait entre les départements de 6,97 pour 100 (Lozère) à 3,50 pour 100 (Haute-Savoie).

Devant ces résultats, le Parlement n'a pas cru devoir attendre plus longtemps les effets de la péréquation à longue échéance escomptée par le législateur de 1844; il a fait pour 1902 (loi du 10 juillet 1901) la péréquation des contingents départementaux en les fixant proportionnellement aux valeurs locatives d'habitation résultant de la revision décennale. Il en est résulté une augmentation de contingent pour 31 départements et une diminution pour 56. Par la suite on a reculé devant cette augmentation de contingent pour 31 départements et la loi du 16 juillet 1902 a limité la réforme à un dégrèvement pour les 56 autres départements.

Sous-répartition. — La sous-répartition entre les arrondissements et les communes a été partout réglée à nouveau à la suite de la péréquation effectuée entre les départements par la loi du 10 juillet 1901. Antérieurement elle avait déjà subi des modifications à l'aide des travaux exécutés à la suite de la loi de 1832 dans chaque département. Depuis 1891, quelques conseils généraux et d'arrondissements avaient également utilisé les résultats de la loi du 8 août 1890 sur l'impôt foncier (propriété bâtie) pour remanier les contingents des arrondissements et des communes. En dehors de ces circonstances, la sous-répartition avait été, depuis 1844, modifiée, en outre, chaque année par suite des constructions nouvelles ou des démolitions.

Les nouveaux contingents continueront, du reste, à être modifiés annuellement, suivant les règles anciennes, à raison des augmentations et des diminutions de la matière imposable.

Répartition individuelle. — La répartition individuelle est effectuée par les répartiteurs assistés du contrôleur des contributions directes. Ils désignent les contribuables imposables à la taxe personnelle. Leurs décisions ne sont revisées que par le conseil municipal, dont le droit d'intervention ne peut s'exercer qu'en faveur des indigents pour prononcer les exemptions totales ou partielles dont il a été question.

Le nombre des contribuables soumis à l'impôt personnel étant ainsi déterminé, on le multiplie par la valeur de l'impôt. Le total des taxes personnelles obtenu de la sorte est déduit du contingent communal, majoré au préalable des centimes additionnels de toute nature. La différence représente le contingent mobilier qu'il s'agit de répartir entre les contribuables proportionnellement aux valeurs locatives de leurs habitations (1).

(1) Les cotisations mobilières supportent donc seules les centimes additionnels. La taxe personnelle est imposée en principal seulement.

Ce sont encore les répartiteurs aidés du contrôleur qui déterminent ces valeurs locatives, qu'on appelle, dans le langage administratif, *loyers matriciels*. Ils doivent observer les règles de l'égalité proportionnelle, qu'il appartient au contrôleur de leur rappeler, s'ils sont tentés de s'en écarter. Une fois les valeurs locatives fixées, il suffit de les multiplier par le centime le franc, c'est-à-dire de leur appliquer le rapport qui existe entre le contingent mobilier et le total des loyers de la commune pour obtenir les cotes individuelles.

Telle est la méthode à suivre en principe pour répartir la contribution personnelle mobilière. Toutefois, le législateur a, dès 1832, modifié ces règles en ce qui concerne les villes pourvues d'un octroi; il a autorisé les conseils municipaux de ces villes à prélever le contingent personnel mobilier, en tout ou partie, sur le produit de l'octroi. La portion du contingent à payer par la caisse municipale doit être au moins égale au montant des taxes personnelles. Le surplus est réparti en vertu de délibérations des conseils municipaux, sanctionnées par décret, soit au centime le franc des loyers d'habitation, soit d'après un tarif gradué en raison de la progression ascendante des loyers. Les faibles loyers peuvent même être exemptés de toute cotisation (loi du 3 juillet 1846). Dans le système de la loi de 1846 aucune catégorie de loyers ne peut cependant être imposée à un taux supérieur à celui que l'on obtiendrait si le contingent mobilier était réparti proportionnellement entre tous les contribuables. La mesure ne saurait donc avoir pour conséquence qu'un dégrèvement total ou partiel, jamais une aggravation de taxes (1).

(1) Pour faciliter la suppression ou la réduction des taxes d'octroi, quelques grandes villes notamment Paris, ont été autorisées par le législateur à répartir le contingent de la contribution personnelle-mobilière suivant un tarif dégressif combiné de façon qu'aucune partie du contingent ne soit plus soldée par la caisse municipale. Dans ce système les réductions ou les exemptions dont bénéficient les contri-

Annualité de l'impôt. — La contribution personnelle-mobilière est assise d'après les faits constatés au 1er janvier de l'année qui donne son nom à l'exercice. Elle est exigible en totalité, quels que soient les événements qui surviennent dans le courant de l'année et qui ne peuvent pas plus donner lieu à un dégrèvement qu'ils ne sauraient motiver un supplément d'impôt. Les omissions au rôle primitif ne peuvent pas être reprises par voie de rôle supplémentaire, sauf dans un cas : il peut être dressé, sur la demande expresse des contribuables, des rôles *supplétifs* pour cotisations omises.

buables les moins fortunés sont supportées par les contribuables plus aisés par le jeu même du tarif que le législateur arrête et approuve dans tous ses détails.

CHAPITRE IV.

IMPOT DES PORTES ET FENÊTRES

La contribution des portes et fenêtres est établie sur les portes et fenêtres donnant sur les rues, cours et jardins des bâtiments et usines (1) (article 2 de la loi du 4 frimaire an VII). L'impôt atteint donc en principe toutes les ouvertures extérieures des maisons, à l'exclusion des communications intérieures.

Impôt de quotité à l'origine, la contribution des portes et fenêtres est devenue un impôt de répartition à la suite de la loi du 13 floréal an X. On a bien essayé de revenir en 1831 au système de la quotité, qui paraissait le mieux approprié à la nature de l'impôt, mais on a été obligé d'y renoncer, et la loi du 21 avril 1832 a donné à la contribution la forme définitive d'un impôt de répartition.

Cette même loi du 21 avril 1832 a cependant créé un tarif légal dont l'existence paraît au premier abord se concilier difficilement avec le régime de la répartition. On ne s'explique guère, en effet, comment on peut déterminer à l'avance des contingents, tout en maintenant un tarif dont l'application doit forcément conduire dans la pratique à des résultats qu'on ne saurait prévoir.

(1) L'impôt des portes et fenêtres a été créé par les lois du 4 frimaire an VII et du 13 floréal an X. Les lois des 21 avril 1832, 17 août 1835, 4 août 1844 et 8 août 1890, ont successivement modifié les bases d'assiette et les règles de fixation des contingents.
Cet impôt a, en outre, été supprimé en principe par la loi du 18 juillet 1892, portant qu'à partir du 1er janvier 1894 il sera remplacé par une taxe représentative calculée à raison de 2,40 p. 100 du revenu net imposable de la contribution foncière bâtie. Aucune mesure d'exécution n'a encore été prise à cet égard et la contribution des portes et fenêtres continue à figurer au budget de chaque année.

Nous verrons plus loin que, pour résoudre la difficulté, on fait subir des modifications proportionnelles, différentes selon les cas, au tarif légal dont nous allons tout d'abord exposer l'économie.

Tarif. — La tarification est réglée en tenant compte *du chiffre de la population, du nombre des ouvertures, parfois de leur nature.*

Les communes sont divisées en six classes, selon leur population. On distingue les communes de moins de 5.000 âmes, celles de 5.000 à 10.000, celles de 10.000 à 25.000, de 25.000 à 50.000, de 50.000 à 100.000 et au-dessus de 100.000. Le chiffre à considérer est celui de la population totale; mais, dans les villes et communes de plus de 5.000 âmes, la taxe correspondant à ce chiffre n'est applicable qu'aux habitations comprises dans la partie agglomérée. Celles qui sont situées dans la banlieue ne sont imposable que d'après le tarif en vigueur pour les communes rurales (1).

Dans chaque catégorie de population, la taxe afférente à un immeuble déterminé est fixée, soit d'après le nombre total des ouvertures de la maison, soit en tenant compte à la fois du nombre des portes et fenêtres et de leur nature. Si la maison considérée a moins de six ouvertures, le tarif est réglé *spécialement* pour l'ensemble de l'immeuble à raison du nombre total des ouvertures, quelle qu'en soit la nature. Si, au contraire, l'immeuble en cause a six ouvertures et plus, il faut établir des distinctions entre les portes et fenêtres qu'on doit classer dans l'une des trois catégories que la loi a créées et auxquelles correspondent des droits différents : 1° portes cochères, charretières et de magasin; 2° portes ordinaires, fenêtres du rez-de-chaus-

(1) Les conseils municipaux ont toutefois la faculté de demander que les ouvertures des maisons de la partie non agglomérée soient taxées d'après le tarif afférent à la population totale. Le conseil général statue sur ces demandes après avis du directeur des contributions directes (loi du 30 juillet 1885).

sée, de l'entresol, des premier et deuxième étages : 3° fenêtres des étages supérieurs. On doit donc établir le compte des ouvertures de la maison qui rentrent dans chacune de ces trois catégories et multiplier chacun des chiffres obtenus par le montant du droit correspondant.

Telles sont les règles générales (1). Elles sont compliquées par des exceptions et par des exemptions dont nous allons faire connaître les principales.

Exceptions. — Dans l'intérêt des agriculteurs, la loi de 1832 a spécifié qu'il ne serait compté qu'une seule porte charretière pour les fermes, métairies ou autres exploitations rurales. Les autres portes charretières sont taxées comme des portes ordinaires.

Inversement, les portes charretières des bâtiments de moins de six ouvertures, situées dans les villes de 5.000 âmes et au-dessus, et employées à l'usage de magasins, sont taxées comme les portes charretières des magasins établis dans les maisons à six ouvertures ; les autres ouvertures des maisons ayant moins de six ouvertures continuent à être imposées conformément au tarif général.

Une aggravation de taxe analogue s'applique aux portes des magasins des marchands en gros, commissionnaires ou courtiers. D'après la loi du 4 frimaire an VII, ces ouvertures doivent être considérées comme des portes charretières, quelles que soient leurs dimensions.

Exemptions. — L'exemption la plus importante a trait aux portes et fenêtres des manufactures exonérées de la taxe par la loi du 4 germinal an XI. Cette exemption est d'une application pratique très délicate. En effet, la distinction entre les usines, qui sont imposables aux termes de la loi du 4 frimaire an VII, et les manufactures, appe-

(1) Le tarif général n'est pas en vigueur dans toutes les villes. Trois d'entre elles, Paris, Bordeaux, Lyon, ont été autorisées à appliquer un tarif spécial combiné de manière à tenir compte à la fois de la valeur locative des immeubles et du nombre des ouvertures ; la ville de Lyon a renoncé au bénéfice de cette disposition.

lées à bénéficier de l'exemption légale, est une question de fait dont la solution a donné lieu à de nombreuses difficultés ; la jurisprudence s'est prononcée sur les cas particuliers qui lui ont été soumis sans que, des arrêts intervenus, il soit possible de dégager une doctrine pouvant servir de règle invariable. On peut dire cependant que les établissements de quelque importance, qui comptent un certain nombre d'ouvriers occupés à des travaux où la main de l'homme a une part prépondérante, sont généralement considérés comme manufactures. Mais cette définition n'a rien d'absolu, et la jurisprudence l'a parfois écartée.

Une autre disposition légale, qui a été également l'origine de multiples difficultés contentieuses, affranchit de l'impôt les ouvertures servant à éclairer ou à aérer les granges, bergeries, étables, greniers, caves et autres locaux non destinés à l'habitation des hommes (Art. 5 de la loi du 4 frimaire an VII).

Le même article de loi exempte de l'impôt les portes et fenêtres des bâtiments employés à un service public. Exception est faite pour les ouvertures des parties de ces bâtiments consacrées à l'habitation personnelle des fonctionnaires.

En dehors de ces exemptions permanentes il existe deux exemptions temporaires :

1° D'après la loi du 15 février 1902, les ouvertures pratiquées pour l'exécution des travaux d'assainissement sont, durant cinq ans, exonérées de l'impôt ;

2° Aux termes des lois du 30 novembre 1894 et du 12 avril 1906, les habitations à bon marché temporairement exemptées de l'impôt foncier (voir impôt foncier sur les propriétés bâties) sont, durant le même laps de temps, affranchies de la contribution des portes et fenêtres.

Répartition et modifications des contingents. — Les tentatives auxquelles on a successivement procédé pour faire de l'impôt des portes et fenêtres un impôt de quotité, et notamment celle qui a eu lieu en **1831**, n'ont pu aboutir, comme nous l'avons vu ; on en a simplement utilisé les résultats pour fixer à nouveau les contingents des départements, des arrondissements et des communes. Depuis **1832**, il n'a été opéré qu'une seule revision d'ensemble de ces contingents, par la loi du 4 août **1844**, à la suite d'un recensement de toutes les ouvertures imposables effectué en **1841**.

Les contingents départementaux, de même que ceux des arrondissements et des communes, n'auraient donc pas varié depuis cette époque si le législateur n'avait pris soin de spécifier que, d'une part, les constructions nouvelles et les démolitions, d'autre part, les augmentations et les diminutions de la population, influeraient sur les contingents.

D'après la loi du 17 août **1835**, les maisons ou usines nouvellement construites ou reconstruites et devenues imposables accroissent les contingents de la commune, de l'arrondissement et du département **(1)**. Elles deviennent imposables à partir du 1ᵉʳ janvier qui suit l'époque où elles sont habitées ou simplement habitables. — On remarquera qu'on ne trouve nulle trace, dans la législation de l'impôt des portes et fenêtres, des exemptions temporaires relatives aux constructions nouvelles, que nous avons eu l'occasion d'indiquer en parlant de l'impôt foncier et de l'impôt mobilier. — Les cotisations des propriétés démolies sont, de leur côté, déduites des contingents **(2)**.

---

(1) Si, par suite du défaut de déclaration à la mairie ordonnée par l'article 9 de la loi du 8 août 1890, le contrôleur des contributions directes ignore l'existence d'une construction nouvelle, les contingents ne sont naturellement pas modifiés aussitôt qu'ils pourraient l'être. Mais ils sont augmentés dès que le contrôleur découvre l'immeuble nouveau, et, en ce cas, la cotisation individuelle pour l'année courante est établie et majorée selon les règles applicables en matière d'impôt foncier. (Voir impôt sur les propriétés bâties.)

(2) Le fait qu'une maison vient à être louée pour un service public,

Lorsque, par suite d'un recensement de la population, une commune passe dans une catégorie supérieure ou inférieure à celle dont elle faisait partie, les contingents sont diminués ou augmentés de la différence résultant du changement de tarif (loi du 4 août 1844). La même règle s'applique lorsque le passage d'une catégorie de population dans une autre résulte de modifications de limites, de réunions ou de scissions de communes.

Répartition individuelle. — La répartition individuelle a lieu conformément au tarif, auquel on fait subir des modifications proportionnelles pour remplir les contingents communaux.

On opère de la façon suivante :

On applique le tarif légal à toutes les ouvertures imposables d'une commune, comme si l'impôt devait être un impôt de quotité. On revient au système de la répartition en déterminant un centime le franc, qui est le rapport entre le contingent communal et le résultat de l'application du tarif.

Les différentes taxes du tarif suivant la loi, multipliées par ce centime le franc, forment le tarif suivant le contingent, qui, appliqué aux ouvertures inscrites au nom de chaque contribuable, donne les cotisations individuelles.

C'est aux répartiteurs qu'il appartient de désigner, avec l'aide du contrôleur, les ouvertures imposables et par suite de fixer les bases de cotisation des redevables de l'impôt.

D'après la loi du 4 frimaire an VII, les redevables sont les propriétaires et usufruitiers, fermiers et locataires principaux des bâtiments et usines, qui ont le droit de recourir contre les locataires particuliers pour le remboursement de la somme due à raison des locaux par eux occupés.

ou qu'elle cesse d'être louée à cet effet, est assimilé par l'administration à une construction ou à une démolition d'immeuble et influe sur les contingents dans la même proportion.

Annualité de l'impôt. — L'impôt est assis d'après les faits existants au 1ᵉʳ janvier, sans qu'il y ait lieu de tenir compte des faits survenus dans le courant de l'année, ni même des omissions au rôle primitif. Comme en matière de contribution personnelle-mobilière, ces omissions ne peuvent être réparées par voie de rôles supplémentaires que sur la demande expresse des contribuables, sauf toutefois dans le cas de constructions nouvelles, reconstructions et additions de constructions postérieures au 1ᵉʳ janvier 1891, non déclarées ou déclarées hors délai (Loi du 8 août 1890, art. 10).

APPENDICE

L'impôt des portes et fenêtres est la première contribution où il soit question du chiffre de la population, de la partie agglomérée et de la banlieue des villes. Ce sont là des notions que nous verrons souvent intervenir en matière d'impôt direct aussi bien qu'en matière d'impôt indirect. Il nous semble donc utile d'indiquer, dès maintenant, ce qu'on entend, en droit fiscal, par la population d'une commune, par l'agglomération, la banlieue, et d'exposer les règles qui permettent de fixer le chiffre de la population d'une ville, de limiter sa banlieue.

Le chiffre de la population qui sert de base à l'application d'un impôt quelconque est celui de la population dite *normale* ou *municipale*. On comprend dans ce terme la totalité des habitants d'une commune moins la partie mobile de la population, qui n'entre pas en ligne de compte. Des dénombrements quinquennaux permettent de déterminer ces chiffres. Les opérations en sont conduites par les maires, chargés à la fois de recenser les habitants et de délimiter l'agglomération, c'est-à-dire de résoudre sur place, d'après l'état des lieux, une question de fait.

On doit considérer comme faisant partie de l'agglomération les habitants de maisons contiguës ou réunies entre elles par des parcs, jardins, vergers, chantiers, etc., lors même que ces habitations ou enclos seraient séparés l'un de l'autre par une rue, un fossé, un ruisseau, une rivière ou une promenade.

Les travaux des mairies sont soumis à la ratification du pouvoir central. Un décret qu'on appelle le *décret de dénombrement* fixe, tous les cinq ans, pour chaque commune, le chiffre de la population normale et, s'il y a lieu, celui de l'agglomération, dont il indique le périmètre. Les décrets de dénombrement ne font en général que sanctionner les résultats obtenus par les municipalités. Il ne faut cependant pas croire que toute latitude soit laissée aux autorités locales. Il est recommandé aux agents des administrations financières de se mettre en rapport avec les maires et de veiller à l'application des règlements. Si ces règlements sont méconnus, il appartient aux directeurs des services financiers, avisés par leurs subordonnés, de formuler des réclamations, adressées au préfet (1). Selon la nature de la réclamation, le préfet ordonne un nouveau recensement soit de la population totale, soit de la partie agglomérée. Il y est procédé contradictoirement par les délégués de la mairie et les agents des administrations intéressées (2). Au cas où il y a lieu de modifier les chiffres précédemment obtenus, le préfet prend un arrêté qui, transmis au ministère de l'Intérieur, permet de rectifier le décret de dénombrement.

(1) Les conseils généraux et les conseils municipaux sont également admis à protester auprès du préfet contre les décrets de dénombrement.

(2) Les administrations intéressées sont celles des contributions directes (assiette et recouvrement) et des contributions indirectes. Ce sont les seules dont les agents participent aux opérations des recensements.

CHAPITRE V

IMPOT DES PATENTES

L'impôt des patentes est régi actuellement par la loi du 15 juillet 1880, qui a abrogé les lois antérieures, et qui n'a été modifiée que sur des points de détail par les lois subséquentes (1).

Cet impôt est perçu au profit de l'Etat ; mais il est prélevé sur le principal huit centimes par franc, dont le produit est attribué aux communes.

La définition de l'impôt est donnée par l'article 1er de la loi de 1880 : « Tout individu, Français ou étranger, qui exerce en France un commerce, une industrie, une profession non compris dans les exceptions déterminées par la loi, est assujetti à la contribution des patentes ».

L'impôt est donc général ; la loi a eu pour but de frapper tous les bénéfices professionnels, sans autres exceptions que celles qu'elle a admises : l'omission d'une profession au tarif n'est pas une cause d'exemption. En ce cas, pour atteindre le contribuable qui échapperait à l'impôt, l'autorité administrative se substitue provisoirement à l'autorité législative. Les préfets sont appelés à prendre des arrêtés spéciaux réglant par assimilation les droits exigibles. Ces arrêtés sont rendus sur la proposition des directeurs des contributions directes et après avis des maires. Ils ne valent que provisoirement. Tous les cinq ans, des tableaux additionnels, contenant la nomencla-

(1) Les principales de ces lois sont : la loi du 17 juillet 1889, la loi du 8 août 1890, la loi du 28 avril 1893 et celles des 19 avril et 19 juillet 1905.

ture des professions classées par voie d'assimilation depuis trois années au moins, sont soumis à la sanction législative.

La contribution des patentes se compose d'un *droit fixe* et d'un *droit proportionnel*. La pensée du législateur, en superposant un droit proportionnel au droit fixe, a été de différencier, d'une part, les professions entre elles et de proportionner, d'autre part, l'impôt à l'importance des bénéfices réalisés dans une même profession. Le droit fixe apparaît donc comme un droit qui frappe la profession, indépendamment des conditions dans lesquelles elle est exercée ; le droit proportionnel a précisément pour but de tenir compte de ces conditions.

Droit fixe. — La nomenclature des professions soumises au droit fixe est contenue dans trois tableaux : les tableaux A, B et C annexés à la loi.

Tableau A. — Le tableau A comprend, en principe, la généralité des commerçants et des artisans ; on peut diviser les marchands en marchands en gros, marchands en demi-gros et marchands en détail. Les marchands en gros sont ceux qui vendent principalement à d'autres marchands ; les marchands en demi-gros sont ceux qui vendent habituellement aux détaillants et aux consommateurs, et les marchands en détail sont ceux qui ne vendent habituellement qu'aux consommateurs.

Le droit fixe des patentes du tableau A est réglé en tenant compte à la fois de la nature de la profession et du chiffre de la population (1). Les professions sont divi-

---

(1) Dans les communes dont la population totale est de plus de cinq mille âmes, les patentables, exerçant dans la partie non agglomérée, telle qu'elle résulte des tableaux de dénombrement, des professions imposées eu égard à la population, payent le droit fixe d'après le tarif applicable à la population non agglomérée. Les patentables exerçant lesdites professions dans la partie agglomérée payent le droit fixe d'après le tarif applicable à la population totale. (Voir *Impôt des portes et fenêtres*, appendice.)

sées en huit classes, dont chacune comprend neuf catégories de population. Ainsi pour connaître le droit fixe applicable, par exemple, à un épicier exerçant sa profession dans la ville de Toulouse, il faut chercher d'abord à quelle classe appartient son commerce (1re classe s'il s'agit d'un épicier en gros, 2e classe pour un épicier en demi-gros, 3e classe pour un épicier en détail) et, dans l'échelle des droits qui s'appliquent à l'une ou l'autre de ces classes, choisir celui qui correspond au chiffre de population de la ville de Toulouse (1).

Tableau B. — Le tableau B s'applique à un certain nombre de commerçants spéciaux, tels que banquiers, grands magasins, entrepreneurs de distribution d'eau, entrepreneurs d'omnibus, etc. Il a paru, d'une part, que le chiffre de la population n'était pas le seul élément à envisager pour distinguer les commerçants exerçant une même profession, et, d'autre part, que ces professions, en raison de leur diversité, ne pourraient faire l'objet d'un classement analogue à celui du tableau A. On a donc tarifé spécialement chacune des professions du tableau B, et on a cherché à proportionner plus exactement le droit fixe à l'importance des bénéfices en le composant, dans la plupart des cas tout au moins, de deux éléments distincts. L'un de ces éléments est une *taxe déterminée* dont le chiffre varie, pour une même profession, à raison de la population et exceptionnellement de diverses autres circonstances. Le second élément consiste dans une taxe par personne employée, en sus du nombre de cinq, aux écritures, aux caisses, à la surveillance, aux achats et aux ventes inté-

(1) La nomenclature des professions inscrites au tarif des patentes est d'ailleurs suffisamment élastique pour permettre de qualifier différemment une même profession, selon son importance. On y voit ainsi figurer à des classes distinctes les cafetiers, les cabaretiers, les débitants de vin au petit détail, etc. Il appartient aux agents des contributions directes de ranger dans l'une ou l'autre de ces classes un détaillant de boissons d'après l'importance de son établissement.

rieures ou extérieures. Il s'applique à la majeure partie des professions inscrites au tableau B. Cependant, pour quelques professions telles qu'entrepreneur de distribution d'eau, entrepreneur d'omnibus, de cabriolets, de fiacres, etc., le tarif ne comporte aucune taxe par employé, mais seulement une taxe déterminée ou des taxes variables spéciales à ces professions.

La loi du 19 juillet 1905 a modifié le tarif du tableau B en ce qui concerne les grands magasins occupant habituellement plus de dix personnes. Le droit fixe comprend :

1° Soit une taxe déterminée, soit des taxes par spécialités ;

2° Une taxe par voiture attelée et par cheval ;

3° Une taxe par employé.

La taxe déterminée est donc exclusive de la taxe par spécialités. Elle est appliquée aux magasins occupant moins de 51 employés à Paris, moins de 26 employés dans les villes de plus de 100.000 âmes et moins de 16 employés dans les autres villes.

Les établissements qui occupent un personnel plus nombreux sont soumis non à la taxe déterminée, mais à une taxe variable pour chacune des spécialités qu'ils exploitent. Le montant de cette taxe se détermine en totalisant les coëfficients applicables à chacune de ces spécialités et en multipliant par le nombre total des employés, y compris les dix premiers, le chiffre ainsi obtenu, sauf réduction, suivant la catégorie de population, de *moitié* pour les cinquante, vingt-cinq ou quinze premiers employés et d'un *quart* pour les cinquante, vingt-cinq ou quinze employés suivants.

Lorsque la taxe par spécialités ainsi calculée donne un chiffre d'impôt inférieur à la taxe déterminée que comporte, pour les magasins d'un personnel moindre, la population du lieu où est situé le magasin, c'est cette taxe déterminée qui doit être appliquée.

La taxe par voiture et par cheval frappe les voitures et

les chevaux servant à la livraison des marchandises sans qu'il y ait lieu de se préoccuper de savoir s'ils appartiennent à l'exploitant ou s'ils sont loués par lui. Pour calculer cette taxe on fractionne par tranches le nombre des voitures de l'établissement en comptant d'abord les deux premières, puis les trois suivantes, puis les dix qui viennent ensuite, enfin de quinze en quinze jusqu'à la dernière catégorie (91 et au-dessus). Le nombre des chevaux est fractionné de la même manière, en comptant autant de chevaux qu'il est nécessaire pour l'attelage des voitures. Les chevaux en excédent sont classés dans la catégorie à laquelle appartient la dernière voiture.

Quant à la taxe par employé elle est plus ou moins élevée suivant le chiffre de la population et selon le nombre même des employés. Ainsi, dans une ville de plus de 100.000 âmes, le propriétaire d'un grand magasin comprenant cinq spécialités commerciales et occupant trois cents employés payera une taxe déterminée composée de cinq taxes particulières, dont chacune est fixée par le tarif selon la population et le nombre des employés. Il sera soumis, en outre, à une taxe de 20 francs pour chacun des employés de la première centaine (1), de 30 francs pour chacun des employés de la seconde, de 40 francs pour chacun des employés de la troisième. Si la population n'avait été que de 60.000 âmes, par exemple, les taxes en question auraient été respectivement fixées à 15 francs, 25 francs et 35 francs.

A Paris les taxes sont respectivement de 25 francs pour chacun des employés de la première centaine, de 35 francs pour chacun des employés de la deuxième et ainsi de suite par augmentation de 10 francs pour chaque employé de la centaine suivante.

---

(1) Les dix premiers employés de la première centaine ne sont pas imposables.

Tableau C. — Le tableau C s'applique aux professions industrielles. L'importance d'une industrie étant la plupart du temps indépendante du chiffre de la population, il était rationnel d'établir l'impôt en écartant cette considération.

Le droit fixe se compose, soit seulement d'une taxe déterminée, soit seulement d'éléments variables, soit à la fois d'une taxe déterminée et d'éléments variables.

La taxe déterminée est fixée à un chiffre uniforme pour tous les patentables d'une même profession; elle est, par exemple, de 5 francs pour tous les fabricants de conserves alimentaires dans quelques conditions que leur industrie s'exerce.

Les éléments variables du droit fixe sont destinés à représenter l'importance des usines, à proportionner l'impôt aux moyens de production. Le législateur a choisi dans chaque établissement l'élément de production qui lui a paru en corrélation directe avec les bénéfices présumés. Ainsi, un exploitant de brasserie est taxé à raison du nombre de degrés-hectolitres fabriqués; un fabricant de chapeaux d'après le nombre des ouvriers qu'il emploie; un fabricant de chocolat, en tenant compte à la fois du nombre des ouvriers et du nombre des meules, cylindres et appareils à mélanger existant dans l'usine (1). Dans les établissements où le droit fixe de patente est réglé d'après le nombre des ouvriers, les individus au-dessous de seize ans et au-dessus de soixante-cinq ans ne sont comptés dans les éléments de cotisation que pour la moitié de leur nombre. Mais on fait entrer en ligne de compte tous les ouvriers, quand bien même ils seraient disséminés.

En dehors des industriels proprement dits, le tableau C comprend divers autres patentables et notamment cer-

---

(1) En pareil cas, les ouvriers exclusivement occupés au service des machines imposables ne sont pas compris parmi les éléments d'imposition.

tains commerçants, dont la profession est cependant inscrite au tableau A. Ce sont les *fabricants pour le commerce* qui, se livrant à un travail de fabrication, de confection ou de main-d'œuvre, occupent plus de dix ouvriers disséminés ou réunis dans le même établissement. Ainsi, un menuisier, dont la profession est tarifée au tableau A, sera imposé d'après les règles du tableau C s'il travaille pour le commerce et s'il occupe plus de dix ouvriers.

Droit proportionnel. — Le droit proportionnel est établi en principe sur la valeur locative de la maison d'habitation des patentables et sur la valeur locative des locaux consacrés à l'exercice de la profession. Le taux n'en est pas uniforme ; il est réglé conformément aux indications d'un quatrième tableau, appelé tableau D. Pour les patentables du tableau A, il varie du 1/20 au 1/100 ; pour ceux du tableau B il est du 1/10, sauf quelques exceptions ; pour ceux du tableau C les droits varient du 1/20 au 1/60. Le taux applicable à la maison d'habitation diffère souvent de celui qui est fixé pour les locaux affectés à l'exercice de la profession. Certaines professions dites libérales, telles que celles de médecin, avocat, notaire, etc., ne sont inscrites qu'au tableau D et ne sont soumises à aucun droit fixe. Le taux du droit proportionnel qui leur est applicable est généralement de 1/15 ; exceptionnellement il peut être élevé à 1/12 (loi du 28 avril 1893).

Pour la fixation du droit proportionnel afférent aux grands magasins la valeur locative de l'établissement doit être, jusqu'à concurrence de 500.000 francs, répartie en six tranches successives, les trois premières de 25.000 fr. et les autres de 75.000, 100.000 et 250.000 francs, la partie de la valeur locative supérieure à 500.000 francs constituant une septième et dernière tranche. A chacun de ces chiffres de valeur locative est applicable un taux spécial qui varie, suivant la tranche et la catégorie de population du vingtième au tiers.

La valeur locative des annexes est ajoutée à celle de l'établissement principal et taxée en dernier lieu.

La valeur locative qui sert de base au droit proportionnel est celle qui résulte de baux authentiques actuellement en cours, s'il en existe; s'il n'en existe pas, elle est déterminée par voie de comparaison ou d'appréciation directe (1). Le droit proportionnel pour les usines et établissements industriels est calculé sur la valeur locative de ces établissements, pris dans leur ensemble et munis de tous leurs moyens matériels de production. Ainsi dans une filature, dans une minoterie, dans une gare de chemin de fer, il faut déterminer, pour l'assiette du droit proportionnel, non seulement la valeur locative des bâtiments, mais encore celle de l'outillage.

Il convient de faire observer que tous les locaux affectés à un commerce ou à une industrie sont soumis en principe au droit proportionnel, tandis que ce droit n'est pas dû pour les maisons d'habitation que peut posséder un patentable, mais dont il ne fait pas sa résidence habituelle et principale et qui ne servent pas à l'exercice de sa profession (2).

Cumul des professions. — Il arrive fréquemment qu'un même patentable exerce simultanément plusieurs professions. Les droits fixes et proportionnels sont alors réglés d'après les principes que nous allons exposer.

En ce qui concerne le droit fixe, il faut rechercher si les professions sont exercées dans des *établissements* distincts ou dans un même établissement. Il est assez difficile de

---

(1) Un même immeuble peut ainsi comporter, en matière d'impôts, trois évaluations différentes : le revenu net en ce qui concerne l'impôt foncier, le loyer matriciel pour la contribution personnelle-mobilière et la valeur locative réelle pour l'impôt des patentes.

(2) Si l'industrie d'un patentable ne constitue pas sa profession principale et s'il ne l'exerce pas par lui-même, il ne paye le droit proportionnel que sur la maison d'habitation de l'agent préposé à l'exploitation.

donner une définition précise de ce que le législateur a entendu par *établissement*. L'unité ou la pluralité d'établissements dépendent d'un ensemble de circonstances laissées à l'appréciation des agents. L'existence d'un préposé spécial, d'une comptabilité distincte pour chaque profession, est de nature, par exemple, à faire décider, dans la plupart des cas, qu'il y a établissements multiples.

Si l'exercice de deux professions constitue deux établissements distincts, le patentable paye, sans réduction aucune, les droits fixes applicables à chacune de ces professions. Si au contraire il exerce plusieurs professions dans le même établissement, il ne paye qu'un seul droit fixe réglé de la manière suivante. On commence par calculer le droit fixe applicable à chacune de ces professions. On cumule ensuite toutes les taxes variables des professions qui en comportent, et on y ajoute la taxe déterminée la plus élevée parmi celles qui correspondent à ces dernières professions. On compare ensuite ce total aux droits fixes applicables aux autres professions, c'est-à-dire à celles qui sont imposées au tableau A ou qui, faisant partie des tableaux B ou C, ne comportent qu'une taxe déterminée sans taxes variables. Le droit fixe imposable est celui de ces chiffres qui est le plus élevé.

En ce qui concerne le droit proportionnel, il y a lieu de rechercher non plus si les professions sont exercées dans des établissements différents, mais bien dans des *locaux* distincts.

Le patentable qui exerce dans un même local plusieurs industries ou professions est, en tout état de cause, imposé au droit proportionnel d'après le taux applicable à celle de ces professions qui comporte le taux le plus élevé. Si les locaux sont distincts, il paye pour chaque local le droit proportionnel afférent à l'industrie ou à la profession qui y est spécialement exercée. Dans tous les cas, le droit proportionnel est établi sur la maison d'habitation d'après le taux applicable à celle des professions imposées au droit fixe pour laquelle ce taux est le plus élevé.

Cumul des droits. Sociétés. — Nous venons de voir qu'un patentable exerçant simultanément plusieurs professions n'était parfois soumis qu'à un seul droit fixe. A l'inverse, il peut arriver qu'une même profession, exercée en commun par plusieurs personnes, donne ouverture à plusieurs droits fixes, ou plus exactement à un droit fixe et à plusieurs fractions de droit fixe. Les associations de l'espèce peuvent résulter de simples faits en dehors de tout contrat écrit. Mais elles se ramènent toujours à l'une des formes de sociétés prévues par la législation commerciale : sociétés en nom collectif, en commandite ou anonymes.

Dans les sociétés en nom collectif, l'associé principal acquitte la totalité du droit fixe afférent à la profession. Chaque associé secondaire paye en outre une fraction du même droit fixe, qu'on obtient en divisant le montant de ce droit par le nombre total des associés (1).

Les mêmes règles s'appliquent de tous points aux gérants responsables des sociétés en commandite, les simples commanditaires étant exempts de la patente.

Toutefois, ces règles ne concernent pas les sociétés dont le but est d'exercer une des professions industrielles du tableau C qui comportent à la fois une taxe déterminée et des taxes variables ou seulement des taxes variables. En ce cas l'associé principal est seul imposé au droit fixe. S'il s'agit d'une profession du tableau B, le droit de patente des associés secondaires est calculé en tenant compte seulement de la taxe déterminée et ne porte pas sur les employés et autres éléments variables d'imposition.

(1) Pour les associés habituellement employés comme simples ouvriers dans les travaux de l'association, cette part ne doit jamais dépasser le vingtième du droit fixe.

Quant aux sociétés anonymes, elles sont imposées pour chacun de leurs établissements à un seul droit fixe d'après l'objet de leur entreprise.

En ce qui concerne le droit proportionnel, l'habitation des associés secondaires en est affranchie. Ce droit ne s'applique qu'à l'habitation de l'associé principal et naturellement à tous les locaux professionnels.

Exemptions du droit fixe. — Il est quelques cas où, sans être exonérés de la totalité de l'impôt, les patentables ne sont pas soumis au droit fixe. L'exemption dont ils bénéficient peut s'appliquer à l'intégralité ou à une partie seulement du droit fixe.

Exemptions totales. — Le patentable qui exploite un établissement industriel et qui n'y effectue pas la vente de ses produits, est exempt du droit fixe pour le magasin séparé dans lequel sont vendus, exclusivement en gros, les seuls produits de sa fabrication. Toutefois, si la vente a lieu dans plusieurs magasins, l'exemption du droit fixe n'est applicable qu'à celui de ces magasins qui est le plus rapproché du centre de la fabrication (1).

On peut encore faire rentrer dans le cadre des exemptions totales du droit fixe le cas des patentables qui exercent une profession libérale. On sait qu'ils ne sont imposés qu'au droit proportionnel.

Enfin, les dispositions légales qui, en cas de pluralité de professions et d'unité d'établissements, suppriment ou réduisent quelques-uns des droits fixes exigibles, peuvent être, à la rigueur, considérées comme créant des exemptions totales ou partielles. Nous avons préféré y voir une modalité du droit fixe dans un cas spécial.

Exemptions partielles. — Dans les usines fonctionnant exclusivement à l'aide de moteurs hydrauliques, le droit

---

(1) La valeur locative du magasin dont l'existence ne donne pas lieu à un droit fixe est toujours soumise au droit proportionnel d'après le taux applicable à l'établissement industriel.

fixe est réduit de moitié pour ceux des éléments de cotisation qui, par manque ou crue d'eau, sont périodiquement forcés de chômer pendant une partie de l'année équivalente au moins à quatre mois (art. 11 de la loi du 15 juillet 1880). Chaque terme, chaque mot pour ainsi dire de cet article de loi a sa valeur. Ainsi, la réduction du droit fixe ne peut être accordée aux patentables exerçant des professions rangées dans les tableaux A et B, puisque le législateur l'a limitée aux usines. Encore faut-il que les usines soient exclusivement actionnées par des moteurs hydrauliques, ou du moins que les éléments de production appelés à bénéficier de la disposition légale ne puissent être mis en mouvement par un autre moteur. Enfin, ne sont pas considérés comme chômages, dans le sens que la loi de 1880 attache à ce terme, les interruptions de travail occasionnées pour toute autre cause que celle énoncée dans la loi.

Il existe une autre exemption partielle temporaire, applicable aux professions dont le droit fixe varie en raison de la population. Quand, à la suite d'un dénombrement, une commune passe dans une catégorie supérieure à celle dont elle faisait précédemment partie, l'augmentation du droit fixe n'est appliquée que pour moitié pendant les cinq premières années. Si le décret de dénombrement, qui intervient à l'expiration de cette période de cinq ans fait pour la seconde fois passer la commune dans une catégorie supérieure, le droit fixe des patentables n'est majoré que de la moitié de la différence existant entre le droit fixe qu'ils payaient effectivement, d'après le tarif exceptionnel en vigueur, et celui qu'ils devraient payer. D'autre part la réduction de droit fixe est également étendue, dans les villes dont la population total est de plus de 5000 âmes, aux portions de territoire qu'un nouveau dénombrement fait passer de la partie non agglomérée, dans la partie agglomérée.

Enfin, le droit fixe est réduit de moitié pour les fabricants travaillant exclusivement à métier à façon, lorsque ce droit, calculé conformément au tarif, excède 21 francs sans dépasser 50 francs en principal.

Exemptions du droit proportionnel. — Les exemptions qui ne portent que sur le droit proportionnel, s'appliquent tantôt à la totalité du droit, tantôt aux locaux professionnels seulement, tantôt à la maison d'habitation seulement.

Sont exempts de tout droit proportionnel si le montant du droit fixe n'excède pas 150 francs en principal, les fabricants travaillant exclusivement à métier à façon et les mouliniers en soie travaillant exclusivement à façon. L'exemption n'est que de moitié si le droit fixe excède 150 francs sans dépasser 450 francs. Au delà de ce chiffre la totalité du droit proportionnel est due.

Sont aussi exemptées du droit proportionnel, les usines dont l'outillage fonctionne exclusivement à bras.

Les patentables des septième et huitième classes du tableau A, qui exercent leur profession dans une ville d'une population égale ou inférieure à 20.000 âmes, ou qui vendent en ambulance, en étalage ou sous échoppe, dans une ville d'une population quelconque, sont également affranchis du droit proportionnel. Les patentables des cinquième, sixième, septième et huitième classes, exerçant leur profession dans les portions de territoire nouvellement comprises dans la partie agglomérée d'une ville, continuent au point de vue du droit proportionnel a être traités comme précédemment, jusqu'à la mise en application des résultats du dénombrement suivant.

Les patentables de ces mêmes classes exerçant leur profession dans des communes qui, par suite d'un nouveau dénombrement passent dans une catégorie supérieure de population, continuent au point de vue du droit proportionnel, à être traités comme précédemment, jusqu'à ce qu'un second décret de dénombrement ait maintenu lesdites communes dans la même catégorie.

A l'égard des patentables compris dans la cinquième partie du tableau C (adjudicataires, marchands expéditeurs, exploitants de carrières, directeurs de spectacle, entrepreneurs de travaux publics, etc.), le droit proportionnel ne porte que sur la maison d'habitation.

Pour les loueurs de chambres ou d'appartements meublés, ce droit n'atteint que les locaux professionnels.

Exemptions de droit fixe et de droit proportionnel. — Les exemptions qui portent à la fois sur le droit fixe et sur le droit proportionnel peuvent être partielles ou totales.

Exemptions partielles. — Les patentables du tableau A qui exercent leur profession en ambulance, sous échoppe ou en étalage, à quelque classe qu'ils appartiennent, ne sont passibles que de la moitié des droits que payent les marchands qui vendent les mêmes objets en boutique.

Exemptions totales. — Les exemptions totales sont énumérées à l'article 17 de la loi du 15 juillet 1880. Les principales sont les suivantes :

1° Les fonctionnaires et employés salariés soit par l'Etat, soit par les départements ou les communes, et, en général, les commis et toutes personnes travaillant à gages, à façon et à la journée ;

2° Les artistes ne vendant que le produit de leur art ; les éditeurs de feuilles périodiques ;

3° Les cultivateurs, seulement pour la vente de leurs récoltes ou bestiaux ; les concessionnaires de mines qui se bornent à extraire les matières premières sans les transformer ; les propriétaires de marais salants ;

4° Les assurances mutuelles régulièrement autorisées ;

5° Les ouvriers travaillant chez eux ou chez les particuliers, sans compagnon ni apprenti (1, soit qu'ils tra-

(1) Ne sont pas considérés comme compagnons ou apprentis la

vaillent à façon, soit qu'ils travaillent pour leur compte et avec des matières à eux appartenant, qu'ils aient ou non une enseigne ou une boutique ; les ouvriers travaillant en chambre avec un apprenti âgé de moins de 16 ans ; la veuve qui continue avec l'aide d'un seul ouvrier ou d'un seul apprenti la profession précédemment exercée par son mari ; la veuve du pêcheur qui confie à un patron la conduite de la barque que montait son mari si celui-ci n'était pas lui-même imposable à la patente.

6° Une série de professions dont les bénéfices ont paru trop minimes pour être assujettis à l'impôt, telles que : savetiers, chiffonniers au crochet, marchands vendant en ambulance des statues en plâtre, des fruits, des légumes, des poissons et autres comestibles.

7° Il faut y ajouter les fabricants travaillant exclusivement à métiers à façon, dont le droit fixe, calculé conformément au tarif légal, n'excède pas 21 francs en principal. (Lois des 15 juillet 1880 et 17 juillet 1889).

Enfin la loi du 12 avril 1906 a exempté de la contribution des patentes les sociétés qui construisent des maisons à bon marché ou qui en facilitent l'achat ou la construction.

Annualité de l'impôt. — La contribution des patentes est due pour l'année entière par tous les individus exerçant au 1ᵉʳ janvier une profession imposable. Il en résulte que les omissions au rôle primitif peuvent et doivent être reprises par voie de rôle supplémentaire. Mais il faut qu'il y ait omission proprement dite ; on ne peut, en aucun cas, établir un rôle supplémentaire pour rehausser l'imposition d'un patentable, par le seul motif que les éléments de cotisation de ce patentable auraient été mal appréciés dans le rôle primitif.

Bien qu'en principe l'impôt soit dû pour l'année entière,

---

femme travaillant avec son mari, ni les enfants non mariés travaillant avec leurs père et mère, ni le simple manœuvre dont le concours est indispensable à l'exercice de la profession.

le montant des droits exigibles à raison des faits existant au 1ᵉʳ janvier est cependant réduit, en cas de fermeture de magasin, boutique ou atelier, par suite de décès, de faillite déclarée ou de liquidation judiciaire, sur réclamation des intéressés, proportionnellement au nombre de mois pendant lesquels la profession n'est plus exercée, abstraction faite du mois courant. Le législateur a également admis qu'en cas de cession d'établissement, la patente fût, sur la demande du cédant ou du cessionnaire, ou même d'office, transférée au nom du successeur.

Quant aux faits nouveaux survenus dans le courant de l'année, ils donnent lieu à imposition supplémentaire dans les cas suivants :

1° Les contribuables qui entreprennent après le 1ᵉʳ janvier une profession sujette à patente doivent la contribution à partir du 1ᵉʳ du mois dans lequel ils ont commencé d'exercer, à moins que, par sa nature, la profession ne puisse pas être exercée pendant toute l'année ; auquel cas la contribution est due pour l'année entière. quelle que soit l'époque à laquelle la profession ait été entreprise.

2° Les patentés qui, dans le cours de l'année, entreprennent une profession comportant un droit fixe plus élevé que le droit afférent à la profession qu'ils exerçaient d'abord, ou qui transportent leur établissement dans une commune d'une plus forte population, sont tenus de payer un supplément de droit fixe.

3° Il est également dû un supplément de droit proportionnel par les patentables qui prennent des maisons ou locaux d'une valeur locative supérieure à celle des maisons ou locaux pour lesquels ils ont été primitivement imposés et par ceux qui entreprennent une profession passible d'un droit proportionnel plus élevé.

Dans tous les cas les suppléments sont dus à compter du 1ᵉʳ du mois dans lequel les changements prévus par les deux derniers paragraphes auront été opérés.

CHAPITRE VI

CENTIMES ADDITIONNELS AU PRINCIPAL DES QUATRE CONTRIBUTIONS DIRECTES

L'ensemble des règles que nous venons d'exposer conduit à déterminer, pour chaque contribuable, ce qu'on appelle le *principal* de l'impôt. Mais le principal ne forme qu'une partie de la cotisation ; le surplus est composé des centimes additionnels.

On entend par centime additionnel la centième partie du principal de l'impôt.

Cette définition n'est cependant pas absolue. Il arrive que les centimes additionnels se superposent, que certains centimes dont il sera ultérieurement question portent sur le principal majoré d'autres centimes additionnels.

Les centimes sont perçus soit au profit de l'Etat, soit au profit des départements, soit au profit des communes. On distingue ainsi les centimes généraux, les centimes départementaux, les centimes communaux.

Centimes généraux. — Le nombre des centimes généraux est fixé annuellement par la loi de finances. On peut les diviser en centimes sans affectation spéciale et en centimes établis en vue de pourvoir à diverses dépenses (1).

Les centimes sans affectation spéciale ne portent que sur les contributions personnelle-mobilière, des portes et

---

(1) Cette distinction est pour ainsi dire purement historique. Elle n'a d'autre raison d'être que l'origine différente des centimes additionnels, dont certains ont eu pendant longtemps une véritable affectation spéciale. Mais depuis la suppression du budget sur ressources spéciales (loi du 18 juillet 1892), le produit total des centimes additionnels généraux est confondu dans la masse des recettes de l'Etat.

fenêtres et des patentes. Il est à remarquer que le nombre de ces centimes n'est pas le même pour chaque contribution, et qu'en outre, pour la patente, ils se divisent en deux catégories : les centimes ordinaires et les centimes extraordinaires. Ces derniers, actuellement au nombre de vingt, ne sont pas applicables aux patentés des 7e et 8e classes du tableau A qui exercent leurs professions dans les communes de 20.000 âmes et au-dessous, ni aux patentés dont les professions sont rangées dans les autres tableaux et dont les droits en principal (droit fixe et droit proportionnel réunis) n'excèdent pas 8 francs.

Les centimes avec affectation spéciale comprennent :

1° Depuis la loi du 19 juillet 1889, qui a rattaché au budget de l'Etat les dépenses de l'instruction primaire, les centimes antérieurement perçus à ce titre au profit des départements et des communes. Ils portent sur le principal des quatre contributions directes et sont actuellement au nombre de huit. On y ajoute douze centièmes de centime qui représentent la contribution autrefois exigée des communes pour frais de perception des quatre centimes qu'elles percevaient pour subvenir aux dépenses de l'instruction primaire.

2° Les centimes pour secours en cas de grêle, incendie, inondations et autres cas fortuits. Ces centimes ne frappent que le principal des contributions foncière (propriétés non bâties et propriétés bâties) et personnelle-mobilière.

3° Les centimes pour non-valeurs, qui s'ajoutent, en nombre variable, aux quatre contributions. Ces centimes sont applicables non seulement au principal effectivement compris dans les rôles, mais encore au produit des centimes perçus au profit des départements et des communes, et au montant des centimes généraux pour dépenses de l'instruction primaire, y compris les frais de perception. En somme, ils portent sur la totalité des cotisations, déduction faite des centimes additionnels généraux sans affectation spéciale et de diverses impositions accessoires (1).

Centimes départementaux. — Les centimes additionnels perçus au profit des départements se divisent en centimes ordinaires et extraordinaires, correspondant aux deux catégories de dépenses inscrites au budget départemental. Les centimes ordinaires sont votés par le conseil général, dans la limite des maxima fixés par la loi de finances, pour subvenir soit aux dépenses générales, soit aux dépenses des chemins vicinaux ou du cadastre. Une partie de ces centimes (25, sans les centimes du cadastre) ne porte que sur les deux contributions foncière (propriétés non bâties et propriétés bâties) et personnelle-mobilière. Tous les centimes extraordinaires frappent au contraire les quatres contributions. Ils sont également votés par le conseil général dans la limite d'un maximum qui ne peut être dépassé qu'en vertu d'un décret rendu en Conseil d'Etat (loi du 10 août 1871, modifiée par la loi du 12 juillet 1898).

Dans le but d'augmenter les facultés d'imposition des assemblées départementales, la loi du 30 juin 1907 a créé des centimes ordinaires pour insuffisance de revenus que les conseils généraux peuvent voter chaque année dans la limite du maximum fixé par la loi de finances et qui sont autorisés par décret quand ils excèdent ce maximum.

Enfin, il peut exister des centimes imposés d'office sur les quatre contributions, soit par un décret, soit par une loi, pour dépenses obligatoires omises au budget départemental.

Centimes communaux. — Comme les centimes départementaux, les centimes communaux se divisent en centimes ordinaires et centimes extraordinaires.

Les centimes ordinaires comprennent les centimes ayant

---

(1) Centimes pour frais de perception des impositions communales, des impositions pour frais de bourses et chambres de commerce réimpositions et centimes pour frais de confection de rôles spéciaux.

une affectation spéciale et ceux qui sont destinés à faire face aux dépenses générales. Il n'y a plus actuellement d'affectation spéciale que pour les cinq centimes obligatoirement appliqués aux dépenses des chemins vicinaux et pour les centimes afférents aux dépenses du cadastre. Les centimes de la seconde catégorie se composent de cinq centimes au maximum, additionnels aux deux premières (1) contributions, et de centimes pour insuffisance de revenu, en nombre illimité, portant sur les quatre contributions.

Les centimes extraordinaires pèsent toujours sur les quatre contributions. Les impositions pour insuffisance de revenus et les impositions extraordinaires dont la quotité n'excède pas le maximum fixé par le Conseil général et dont la durée n'est pas supérieure à trente ans sont votées à titre définitif par les Conseils municipaux. Les lois des 5 avril 1884 et 7 avril 1902 ont réglé les conditions dans lesquelles ces impositions peuvent être établies (2).

(1 Foncière (propriétés bâties et propriétés non bâties) et personnelle-mobilière.

(2) Les conseils municipaux peuvent voter, en vertu de la loi du 5 avril 1884, sans approbation de l'administration supérieure : 1° les 5 centimes *ordinaires* afférents aux dépenses générales ; 2° les centimes spéciaux autorisés pour certaines dépenses déterminées.

La loi du 7 avril 1902 a modifié la loi de 1884 en ce qui concerne l'imposition pour insuffisance de revenus et les impositions extraordinaires affectées soit à des dépenses extraordinaires, soit au remboursement d'emprunts.

Sous le régime de la loi du 5 avril 1884 les centimes pour insuffisance de revenus devaient être autorisés par arrêté préfectoral ou par décret, suivant qu'il s'agissait de dépenses obligatoires ou facultatives. Les impositions extraordinaires étaient votées définitivement par les conseils municipaux jusqu'à concurrence de 5 centimes pour une durée de cinq ans, au plus. Au delà de ces limites, l'imposition devait être autorisée par arrêté préfectoral si elle ne dépassait pas le maximum fixé par le conseil général, par décret si ce maximum était dépassé ou si l'imposition était établie pour plus de trente ans

La loi du 7 avril 1902 a supprimé la distinction qui existait dans les impositions pour insuffisance de revenus entre les dépenses obligatoires et les dépenses facultatives. Elle a supprimé, en outre, la distinction entre les impositions pour insuffisance de revenus et les impositions extraordinaires.

La compétence en matière d'imposition communale est déterminée

Calcul des centimes additionnels à la contribution foncière. — En apportant des modifications à l'assiette de l'impôt foncier (loi du 8 août 1890), le législateur n'a pas voulu troubler l'équilibre des budgets départementaux et communaux. A cet effet, il a adopté les mesures transitoires qui sont encore en vigueur pour le calcul des centimes départementaux et communaux additionnels à la contribution foncière. Le produit total de ces centimes par département ou par commune doit, aux termes de l'article 26 de la loi du 8 août 1890, être calculé sur le principal qui aurait été imposé dans les rôles, si ce principal avait continué à être fixé d'après les anciennes bases. Les centimes généraux sont au contraire calculés sur le principal réel.

Frais d'avertissement. — Telles sont les règles qui servent à fixer les suppléments de taxe que l'on doit ajouter au principal de l'impôt pour obtenir la cote de chaque contribuable. Cette cote est encore majorée d'une somme fixe de 0 fr. 05 par article de rôle, représentant le coût de l'avertissement.

sans égard à la nature des dépenses, mais seulement à raison de la quotité des centimes à percevoir et de la durée de la perception.

En vertu de la loi de 1902, si les impositions pour insuffisance de revenus et les impositions extraordinaires excèdent le maximum réglementaire, tout en demeurant dans la limite de trente ans, elles sont soumises à l'approbation préfectorale, mais cette approbation suffit, quelle que soit la quotité de l'imposition.

Un décret ne devient nécessaire que dans le cas d'une imposition établie pour une durée de plus de trente ans.

Enfin, il va sans dire qu'une loi doit intervenir si l'on veut excéder le maximum fixé par la loi de finances.

CHAPITRE VII

TAXES ASSIMILÉES PERÇUES POUR LE COMPTE DE L'ÉTAT

On qualifie de *taxes assimilées aux contributions directes* des impôts qui sont assis et recouvrés selon le mode et dans les formes applicables aux contributions directes.

Elles sont perçues soit pour le compte de l'État, soit pour le compte des départements, communes, chambres de commerce, associations syndicales, etc.

Les taxes perçues pour le compte de l'État sont : la taxe des biens de mainmorte, la redevance des mines, les droits de vérification des poids et mesures et des alcoomètres, les droits de visite des pharmaciens et droguistes, les droits d'inspection des fabriques et dépôts d'eaux minérales, la contribution des chevaux et voitures, la taxe sur les billards, sur les cercles, la redevance pour la rétribution des délégués mineurs, les droits d'épreuve des appareils à vapeur et des récipients de gaz comprimés ou liquéfiés, les redevances pour frais de surveillance des fabriques de margarine ou d'oléo-margarine (1).

1. — Taxe des biens de mainmorte

La contribution des biens de mainmorte est un impôt créé par la loi du 20 février 1849 dans le but de remplacer les droits de transmission immobilière entre vifs et par décès qui frapperaient certains biens, s'ils n'appartenaient pas à des établissements ou à des personnes civiles et

---

(1) Jusqu'en ces dernières années il y avait, en outre, la taxe sur les vélocipèdes et la taxe militaire.

n'étaient par conséquent immobilisés, pour toujours ou tout au moins pour une longue période de temps, entre les mains du même propriétaire.

D'après l'article 1er de la loi de 1849, la taxe porte sur les immeubles, passibles de la contribution foncière, appartenant aux départements, communes, hospices, séminaires, fabriques, congrégations religieuses, consistoires, établissements de charité, bureaux de bienfaisance, sociétés anonymes et tous établissements publics légalement autorisés.

Cette disposition a été complétée par la loi du 11 mars 1903 dont l'article 2 soumet à la taxe toutes les collectivités ayant une existence propre et qui subsistent indépendamment des mutations susceptibles de se produire dans leur personnel, à l'exception des sociétés en nom collectif et des sociétés en commandite simple.

Les collectivités que la loi de 1903 donne le moyen d'atteindre peuvent être rangées dans trois catégories :

1° Les sociétés proprement dites, c'est-à-dire les associations civiles ou commerciales formées en vue de réaliser des bénéfices ;

2° Les sociétés ou associations ayant pour objet, soit d'assurer la réparation d'un dommage, soit de sauvegarder ou de développer des intérêts professionnels et dont le fonctionnement est réglé par des lois spéciales ;

3° Les associations constituées dans un but désintéressé (associations littéraires, scientifiques, artistiques, politiques, etc.) et qui sont régies par la loi du 1er juillet 1901.

Sous le régime antérieur, il fallait, d'après le texte de la loi et les décisions formant la jurisprudence, que trois conditions fussent remplies pour qu'un immeuble rentrât dans la catégorie des propriétés imposables à la taxe des biens de mainmorte :

1° Que l'immeuble fut un immeuble par nature et non par destination ;

2° Qu'il fût passible de la contribution foncière ;

3° L'établissement auquel appartenait l'immeuble devait être désigné dans l'article 1er de la loi du 20 février 1849.

Ainsi les immeubles appartenant à une société en commandite par actions ne pouvaient être soumis à la contribution des biens de mainmorte, puisque les sociétés en commandite par actions n'étaient pas comprises dans l'énumération limitative de l'article 1er de la loi du 20 février 1849. De même le domaine public des compagnies de chemins de fer, qui appartient à l'État, n'était pas imposable, puisqu'il n'est pas fait mention de l'État dans la liste des personnes morales soumises à l'impôt.

Les termes généraux employés par le législateur de 1903 ont fait disparaître la troisième condition, mais les deux premières subsistent. Ainsi une maison possédée par une commune, mais temporairement exemptée de l'impôt foncier, n'est pas passible de la taxe.

Exemptions. — Les sociétés anonymes ayant pour objet exclusif l'achat et la vente des immeubles sont exemptées de la taxe pour tous les immeubles qu'elles ont achetés et qu'elles possèdent dans l'unique but de les vendre (loi du 14 décembre 1875).

Un établissement imposable, qui n'est que nu-propriétaire d'un bien, paye seulement la demi-taxe.

Enfin les sociétés qui ont pour objet exclusif la construction et la vente des maisons à bon marché sont affranchies de l'impôt ; la taxe doit cependant être perçue pour les maisons exploitées ou mises en location par ces sociétés (lois des 30 novembre 1894 et 12 avril 1906).

Quotité de l'impôt. — La taxe des biens de mainmorte, étant une taxe représentative des droits de transmission entre vifs et par décès, on s'est efforcé de la calculer de telle sorte que les établissements imposables soient soumis à une contribution annuelle équivalente aux droits que les particuliers ont à supporter.

La loi du 30 mars 1872 avait fixé la taxe à 70 centimes par franc de l'impôt foncier auquel sont assujettis les biens imposables. Depuis la loi du 11 mars 1903, elle est calculée à raison de 112 centimes et demi par franc du principal de la contribution foncière des propriétés bâties et de 70 centimes par franc du principal de la contribution foncière des propriétés non bâties. Comme les droits d'enregistrement sont augmentés de deux décimes et demi, la taxe de mainmorte est majorée dans les mêmes proportions, si bien que, tout compte fait, le taux annuel en est porté à 87 centimes et demi par franc du principal de l'impôt foncier pour les propriétés non bâties, et qu'il s'élève à 1 franc 40625 par franc du principal pour les propriétés bâties (1).

Annualité de l'impôt. — En principe, la taxe ne porte que sur les immeubles imposables au 1er janvier de l'année qui donne son nom à l'exercice. Toutefois, depuis la loi du 29 décembre 1884, les propriétés qui, dans le cours de l'année, sont acquises de quelque façon que ce soit par des collectivités mainmortables, sont assujetties à l'impôt à partir du 1er du mois dans lequel elles en sont devenues passibles et sont cotisées par voie de rôles supplémentaires. Doivent être également reprises supplémentaire-

(1) D'après les estimations auxquelles procéda l'administration de l'enregistrement en 1849, lors de la création de l'impôt, le rapport entre les droits de mutation perçus annuellement et le revenu net de la totalité des immeubles possédés par les particuliers ressortait à 5 0/0. On calcula que 5 0/0 du revenu net des immeubles représentait en moyenne 62,5 0/0 du principal de la contribution foncière, et on décida que la taxe représentative serait fixée à 62 c. 1/2 par franc du principal de l'impôt foncier assis sur les biens imposables. Plus tard, les droits d'enregistrement ayant été élevés, la contribution des biens de mainmorte fut portée à 70 c. par franc (loi du 30 mars 1879). Des calculs analogues ont amené le législateur à la suite de la majoration des droits de succession à élever le taux de la taxe de mainmorte sur les propriétés bâties. Si on l'a maintenue au même chiffre pour les propriétés non bâties c'est qu'on a entrevu des taxations excessives dans les cas assez fréquents où l'impôt foncier sur les terres est démesuré.

ment les propriétés passibles de la taxe qui ont été omises au rôle primitif.

II. — Redevance des mines

La loi du 21 avril 1810, qui est la loi fondamentale de notre législation minière, disposait que les propriétaires de mines étaient exempts de patente, mais qu'ils étaient tenus de payer annuellement à l'Etat une redevance fixe et une redevance proportionnelle.

La loi de 1910 a profondément modifié ces dispositions de la loi de 1810 en réglant comme suit l'assiette de la taxe.

Redevance fixe. — La redevance fixe est calculée à raison de 0 fr. 50 par hectare de la superficie de chaque concession.

Elle est abaissée toutefois à 0 fr. 15 par hectare pour les petites mines de combustible, dont la surface n'excède pas 300 hectares, ni le revenu net 1.500 francs, à la condition que le combustible soit habituellement employé au chauffage domestique dans un rayon de 30 kilomètres.

La redevance n'est due qu'à partir de la troisième année qui suit celle au cours de laquelle le décret de concession est intervenu.

Redevance proportionnelle. — La redevance proportionnelle est calculée chaque année à raison de 6 p. 100 du produit net de l'exploitation pendant l'année précédente dont 5 p. 100 au profit de l'Etat et 1 p. 100 au profit des communes.

Dans l'évaluation du produit net est compris le produit de toutes les opérations *consécutives et accessoires* à l'exploitation minière proprement dite, ces opérations étant, par suite, exonérées de patente.

Deux procédés différents sont d'ailleurs employés, selon les cas, pour la détermination du produit net imposable.

D'une part, à l'égard des mines exploitées par des sociétés par actions *ayant pour objet principal* l'exploitation minière, le produit net est considéré comme forfaitairement égal au montant des dividendes distribués aux actionnaires pendant l'exercice précédant l'année de l'imposition. Le montant total des sommes ainsi distribuées est déterminé au vu des documents déposés dans les bureaux de l'enregistrement pour le paiement de la taxe de 4 p. 100 sur le revenu des valeurs mobilières.

En ce qui concerne les autres mines, le produit net est évalué directement par l'administration. Ce dernier mode d'évaluation est également applicable aux mines exploitées par des sociétés par actions, lorsque l'objet principal de la société est le partage en nature des produits de la concession entre les associés.

Redevance communale. — La part de la redevance proportionnelle perçue au profit des communes est divisée en deux portions égales.

L'une est attribuée aux communes sur le territoire desquelles s'étend chaque concession et le partage en est effectué, le cas échéant, entre les diverses communes intéressées proportionnellement au principal de la contribution foncière des propriétés bâties établie dans chaque commune au nom de l'exploitant.

L'autre sert à constituer un fonds commun, qui est réparti entre les communes où se trouvent domiciliés au moins 25 ouvriers ou employés des usines, au prorata du nombre de ces ouvriers et employés.

Centimes additionnels. — Par la loi du 31 mars 1903 le Parlement a décidé qu'une somme de un million serait employée annuellement à majorer les pensions d'âge ou d'invalidité des ouvriers et employés des mines ou à allouer des secours à ceux-ci dans certaines conditions. La même loi a mis à la charge des exploitants de mines la moitié des dépenses et des frais d'application de la loi. Elle a stipulé que dans ce but, la loi annuelle de finances déterminerait le nombre de centimes additionnels à la redevance des mines qui devront être établis en représentation de la part contributive des exploitants.

Exemptions. — Il n'existe qu'un seul cas d'exemption en matière de redevance des mines. Les mines de sel, sources et puits d'eau salée, dont les produits font l'objet d'un impôt indirect, sont exemptées de la redevance proportionnelle.

III. — Droits de vérification des poids et mesures.

Cette taxe a été établi par la loi du 18 germinal an III. Elle a été modifiée à plusieurs reprises et notamment par l'ordonnance du 17 avril 1839, le décret réglementaire du 26 février 1873, par la loi du 5 août 1874, enfin par la loi du 21 juillet 1894, le décret du 17 décembre de la même année et les lois des 17 juillet et 31 décembre 1907.

Assiette. — Les droits de vérification des poids et mesures sont une sorte de rétribution exigée, en principe, à raison de la vérification des instruments de pesage et de mesurage.

Cette opération est effectuée par des fonctionnaires appelés *vérificateurs des poids et mesures*, nommés par arrêtés du ministre du Commerce (1). Elle est constatée par l'apposition d'un poinçon dont la lettre varie chaque année. Elle a lieu obligatoirement, d'abord pour les poids et mesures nouvellement fabriqués ou rajustés avant

---

(1) Le personnel se compose de vérificateurs en chef, de vérificateurs et de vérificateurs adjoints. Les vérificateurs ordinaires sont répartis en cinq classes, et les vérificateurs de cinquième classe sont pris exclusivement parmi les vérificateurs adjoints, qui sont nommés à la suite d'un concours.

qu'ils soient livrés au commerce, et ensuite périodiquement tous les ans chez les assujettis désignés dans un tableau annexé au décret du 26 février 1873, dont l'énumération est limitative. Toutefois, il peut y être fait des additions par voie d'arrêtés d'assimilation, pris par les préfets, sauf approbation du ministre du Commerce. Tous les trois ans, des tableaux additionnels, contenant la liste des professions assujetties ainsi à la vérification, en vertu de ces arrêtés, font l'objet de décrets rendus dans la forme des règlements d'administration publique. Enfin, toute personne non assujettie peut, sur sa demande, obtenir la délivrance du poinçon annuel de vérification en acquittant le droit par anticipation (1).

Un second tableau, annexé au décret du 26 février 1873, comprend la désignation et la composition des séries de poids et mesures et la nomenclature des poids et mesures hors séries dont l'usage est autorisé. Les assujettis ont la faculté de composer à leur choix un assortiment approprié à l'importance de leur négoce, mais à la condition de s'en tenir aux différents types désignés dans ce tableau.

Le même décret du 26 février 1873 comprenait un troisième tableau indiquant le tarif des droits à percevoir pour chaque instrument ou série d'instruments soumis à la vérification. La vérification première des poids et mesures était soumise aux mêmes droits que la vérification périodique. Mais la loi du 21 juillet 1894 a décidé qu'à partir du 1er janvier 1895 la vérification première des instruments de pesage et de mesurage neufs ou rajustés serait faite gratuitement. La diminution des recettes en résultant a

---

(1) En matière de patente, ce n'est pas le fait de l'inscription au tarif ou dans un arrêté d'assimilation qui donne ouverture aux droits ; le patentable est imposable par le fait même de l'exercice d'une profession, même non prévue au tarif. Pour les poids et mesures, au contraire, la vérification périodique n'est obligatoire que si, préalablement à cette opération, un arrêté d'assimilation y a assujetti la profession visée.

été compensée par une revision de la taxe de vérification périodique, faite par le décret du 17 décembre 1894.

C'est donc aujourd'hui le décret du 17 décembre 1894 qui règle les droits à percevoir, exigibles seulement en cas de vérification périodique ou de vérification anticipée.

Les états-matrices des droits de vérification des poids et mesures sont rédigés par les vérificateurs eux-mêmes avant l'ouverture des opérations, en prenant pour base les résultats des recensements opérés au cours de l'année cédente et en tenant compte des déclarations qui auraient été faites par les assujettis. Au cours de sa tournée, le vérificateur établit, s'il y a lieu, les états de dégrèvements d'office. L'administration des contributions directes n'intervient dans l'assiette de la taxe que pour la rédaction des rôles au vu de ces états-matrices.

Exemptions. — En principe, le fait matériel de la vérification périodique donne toujours ouverture aux droits fixés par le tarif annexé au décret du 17 décembre 1894. Cette règle souffre cependant au moins une exception. C'est ainsi que la vérification périodique est obligatoire, mais gratuite pour les instruments de pesage et de mesurage appartenant aux établissements publics, bureaux d'octroi, bureaux de poids publics, ponts à bascules, hospices et hôpitaux, prisons et établissements de bienfaisance, bureaux des douanes et autres offices publics (ordonnance du 17 avril 1839 et circ. du 14 mars 1826).

Annualité de l'impôt. — La taxe est due non à raison des faits existant au 1er janvier, mais à raison des vérifications matériellement effectuées dans le cours de l'année. Elle est d'ailleurs exigible intégralement, quels que soient les faits postérieurs à la vérification, alors même, par exemple, que le contribuable cesserait l'exercice de sa profession avant la fin de l'année.

Il ne peut y avoir lieu à imposition supplémentaire que pour le matériel déclaré postérieurement à l'établissement des états-matrices ou encore pour les instruments qui viendraient à être vérifiés en cours d'année sans avoir figurés aux rôles primitifs.

IV. — Droits de vérification des alcoomètres et des densimètres.

Une loi du 7 juillet 1881, modifiée par la loi du 28 juillet 1883, a ordonné la vérification des alcoomètres centésimaux et des thermomètres nécessaires à leur usage, préalablement à leur mise en vente. Un décret du 27 décembre 1884 a réglé les formes de cette vérification, effectuée par des agents nommés par le ministre du Commerce, et fixé le tarif des droits à percevoir. Ces droits sont de 1 franc pour la vérification d'un alcoomètre et de 50 centimes pour celle d'un thermomètre. Les instruments neufs reconnus défectueux après vérification, sont néanmoins passibles de la taxe, mais ils ne payent que la moitié des droits.

Ces dispositions ont été étendues aux densimètres employés dans les fabriques de sucre et aux thermomètres nécessaires à leur usage, par la loi du 6 juin 1889 et le décret du 2 août suivant.

Les droits de vérification des alcoomètres, densimètres et thermomètres nécessaires à leur usage, sont établis et recouvrés comme les droits de vérification des poids et mesures ordinaires. La seule différence est qu'il n'existe qu'un seul bureau de vérification, institué à Paris, auprès du ministre du Commerce, et que ces instruments ne sont soumis qu'à la vérification première. Les vérificateurs des poids et mesures, dans leurs tournées périodiques, doivent seulement examiner si les alcoomètres ou densimètres et leurs thermomètres mis en vente ou employés, sont revêtus de la marque de la vérification primitive, sauf à constater, par procès-verbal, les infractions qu'ils découvriraient.

V. — Droits de visite des pharmacies et magasins de droguerie.

Aux termes de la loi du 21 germinal an XI et de l'arrêté du gouvernement du 25 thermidor de la même année modifiés par la loi du 25 juin et le décret du 5 août 1908, il doit être fait, au moins une fois par an, des visites chez tous les pharmaciens, droguistes, herboristes et épiciers, à l'effet de constater la bonne qualité des drogues et médicaments mis en vente. Ces visites sont effectuées par des inspecteurs spéciaux munis du diplôme de pharmacien qui sont nommés par les préfets..

L'arrêté du 25 thermidor an XI a établi une taxe spéciale pour frais de ces visites. Elle est de 6 francs pour chaque pharmacien et de 4 francs pour chaque épicier ou droguiste. En sont affranchis les épiciers chez lesquels il n'est pas trouvé de drogues pharmaceutiques.

Les matrices sont rédigées par les inspecteurs de chaque région et l'administration des contributions directes n'intervient dans l'assiette des droits que pour la formation des rôles au vu de ces matrices.

Cette taxe, qui faisait précédemment partie des produits éventuels départementaux, a été rattachée au budget de l'Etat à partir du 1er janvier 1868, par la loi de finances du 31 juillet 1867.

VI. — Droits d'inspection des fabriques et dépôts d'eaux minérales.

Les fabriques d'eaux minérales artificielles et les dépôts d'eaux minérales naturelles ou artificielles sont soumis à une surveillance exercée par des inspecteurs spéciaux nommés par les préfets.

Les taxes variables que payaient ces établissements pour subvenir aux traitements des médecins inspecteurs, en vertu de l'article 30 de la loi du 25 juin 1841, et de lois de finances antérieures, ont été uniformisées par le décret du 9 mai 1887 rendu en exécution de la loi du 19 juillet 1886.

Les fabriques d'eaux minérales artificielles sont actuellement assujetties à une taxe de 30 francs dans le département de la Seine et de 10 francs dans les autres départements.

Pour les dépôts d'eaux minérales naturelles ou artificielles le droit est de 3 francs par dépôt dans les départements autres que la Seine et de 25, 10 ou 4 francs pour le département de la Seine, suivant l'importance de la vente annuelle.

L'administration des contributions directes n'intervient dans l'assiette de ces droits que pour la formation des rôles d'après les seuls documents fournis par les préfectures.

Cette taxe a d'abord fait partie, comme la précédente, des produits éventuels départementaux : elle n'est classée au budget, parmi les taxes assimilées perçues au profit de l'État, que depuis le 1ᵉʳ janvier 1887, en vertu de la loi du 19 juillet 1886.

VII. — Contribution des chevaux, voitures, mules et mulets.

La contribution des chevaux et voitures, qui est généralement considérée comme une taxe somptuaire, paraît avoir été plutôt envisagée par le législateur comme un supplément de la contribution personnelle-mobilière.

Etablie par la loi du 2 juillet 1862, abrogée à partir du 1ᵉʳ janvier 1866, elle fut remise en vigueur par la loi du 16 septembre 1871. Les lois des 23 juillet 1872, 22 décembre 1879, 29 décembre 1884, 17 juillet 1895, 13 avril 1898, 11 juillet 1899, 13 juillet 1900, 31 décembre 1907 et 8 avril 1910, apportèrent dans l'assiette de l'impôt des modifications dont quelques-unes sont essentielles.

La contribution des chevaux et voitures n'est pas perçue en totalité au profit de l'Etat. Il est attribué aux communes $1/20^e$ du produit de l'impôt, déduction faite des cotes ou portions de cote dont le dégrèvement a été prononcé.

Assiette de l'impôt. — La taxe s'applique :

1° Aux voitures suspendues destinées au transport des personnes (1) ;

2° Aux chevaux, mules et mulets servant à atteler des voitures imposables ;

3° Aux chevaux, mules et mulets de selle.

La contribution est établie d'après un tarif variable suivant la nature des éléments d'imposition et selon le chiffre de la population. La loi distingue les voitures à quatre roues, les voitures à deux roues, les chevaux, mules et mulets de selle ou d'attelage, les voitures automobiles à une ou deux places et les voitures automobiles à plus de deux places. Chacune de ces cinq classes comporte une échelle de droits différents dont le taux varie d'après la population des communes, divisées en six catégories (Paris, villes de plus de 40.000 âmes, villes de 40.000 à 20.000 âmes, etc.), en ce qui concerne la taxe sur les voitures ordinaires, chevaux, etc.; et en cinq catégories pour les voitures automobiles de 12 chevaux-vapeurs et au dessous ; ces derniers véhicules sont, en outre, assujet-

---

(1) Pour qu'une voiture soit imposable, la réunion de deux conditions est donc nécessaire. Il faut qu'elle soit suspendue et qu'elle soit destinée au transport des personnes. Toutefois, la loi du 8 avril 1910 a décidé, à l'égard des voitures automobiles, que la seconde de ces conditions suffirait pour les rendre imposables.

tis à un droit uniforme de 5 francs par cheval-vapeur ou fraction cheval-vapeur.

Quant au voitures automobiles de plus de 12 chevaux-vapeur, elles sont imposables d'après un tarif spécial qui ne comporte que deux catégories de population (Paris et autres communes que Paris) et la taxe *par cheval-vapeur* est calculée par tranches, suivant un système de taux progressifs : jusqu'à 12 chevaux, 5 fr.; du treizième au vingt-quatrième, 7 fr.., 15 fr. à partir du soixante et unième cheval-vapeur.

Il n'y a pas lieu, en matière de contribution des chevaux et voitures, de faire les distinctions qui existent pour l'impôt des portes et fenêtres, ou pour celui des patentes, entre l'agglomération et la banlieue. Le même tarif est applicable à toutes les parties d'une commune (1).

Les chevaux et les voitures sont imposables dans la commune où ils séjournent habituellement. Pour les chevaux et les voitures habituellement attachés à une résidence, l'application du tarif ne comporte donc aucune difficulté. Les contribuables sont imposés dans cette résidence suivant la taxe afférente à la population de la commune. — Il n'en est pas de même quand les chevaux et voitures sont, comme cela arrive parfois, habituellement utilisés dans plusieurs villes appartenant à des catégories de population différentes. En ce cas, les contribuables sont soumis à l'impôt dans la commune où ils payent la contribution personnelle, conformément à la loi du 21 avril 1832, mais la contribution est établie suivant le tarif de celle des communes en question dont le chiffre de la population est le plus élevé. Il va sans dire que des faits exceptionnels ne suffisent pas à justifier un supplément

---

(1) La loi du 11 juillet 1899 a cependant décidé que les communes, dont la population agglomérée est inférieure à 2.000 habitants, sont *toujours* soumises à la taxe des communes dont la population n'atteint pas 5.000 habitants quand bien même le nombre des habitants desdites communes dépasseraient le chiffre de 5.000.

d'imposition. Si, par exemple, un attelage attaché à une résidence n'est qu'accidentellement employé dans une autre ville, la taxe doit être calculée selon le tarif applicable à la première commune et inscrite au rôle de cette commune.

L'impôt est assis d'après les déclarations des personnes imposables qui, aux termes de la loi du 23 juillet 1872, sont non pas les propriétaires, mais les *possesseurs* de chevaux et voitures (1). Ils sont tenus de déclarer le 15 janvier au plus tard de chaque année, à la mairie de l'une des communes où ils ont leur résidence, leurs voitures et chevaux imposables, et d'indiquer en même temps les différentes communes où ils ont des habitations, en désignant celles où ils ont des éléments de cotisation en permanence. Les déclarations sont valables pour toute la durée des faits qui y ont donné lieu.

Si elles ne sont pas faites dans les délais, si elles sont inexactes ou incomplètes, les taxes sont doublées. La double taxe est calculée sur les éléments omis ou inexactement déclarés, que l'inexactitude dans la déclaration porte sur des faits matériels ou qu'elle résulte d'indications incomplètes (2). Pour préciser en citant un exemple, le fait d'avoir omis de déclarer une résidence dont la population donnerait lieu à l'application d'une tarif plus élevé, motive un doublement de taxe qui porte sur la différence entre

---

(1) L'article 4 de la loi du 17 juillet 1895 a précisé le sens qu'il fallait attacher au mot « possesseurs » employé dans la loi de 1872. Les voitures, chevaux, etc., fournis par des loueurs à des particuliers qui les logent dans des locaux à leur disposition, sont imposables au nom de ces derniers, dans quelques conditions que ces locations aient lieu, pourvu qu'elles soient consenties pour une certaine période de temps. — Il en résulte que la contribution est due non pas seulement pour les voitures appartenant aux particuliers, mais encore pour celles qu'ils prennent en location dans de certaines conditions.

(2) Mais la double taxe n'est pas due par un contribuable qui, dans sa déclaration, a réclamé l'application de la demi-taxe (voir ci-dessous) à ses chevaux et voitures reconnus imposables à la taxe entière, du moment où le nombre, la nature des éléments de cotisation, les résidences auxquelles ils sont affectés ont été exactement déclarés.

le tarif applicable d'après la loi et celui qui résulte de la déclaration.

Exemptions. — Les exemptions à la contribution des chevaux et voitures se divisent en exemptions totales et exemptions partielles.

Sont exemptés de tout impôt :

1° Les chevaux et voitures possédés en conformité des règlements du service militaire ou administratif (1);

2° Les jugements et étalons exclusivement consacrés à la reproduction ;

3° Les voitures et chevaux affectés exclusivement au service des voitures publiques qui sont soumis aux droits perçus par l'administration des contributions indirectes;

4° Les voitures et chevaux possédés par les carrossiers, marchands de voitures, marchands de chevaux et exclusivement destinés à la vente ou à la location.

Il n'existe qu'un seul cas d'exemption partielle. La taxe est réduite de moitié pour les voitures et les chevaux imposables, lorsqu'ils sont *habituellement* employés pour le service de l'agriculture ou d'une profession quelconque donnant lieu à l'application du droit de patente et non comprise parmi les professions dites libérales. Toutefois, par exception à cette dernière disposition, le bénéfice de la demi-taxe peut être accordé aux docteurs en médecine, officiers de santé et médecins-vétérinaires (loi du 11 juillet 1899).

Annualité de l'impôt. — Selon le principe général, la contribution est exigible pour l'année entière a raison des faits existant au 1er janvier. La disparition dans le courant de l'année d'éléments imposables ne saurait motiver un dégrèvement. Mais il est dû des suppléments de droits à

---

(1) Toutefois la taxe sur les voitures automobiles est applicable intégralement aux éléments qui sont possédés par des fonctionnaires civils ou militaires qui ne les utilisent pas exclusivement pour l'exercice de leurs fonctions ou qui touchent des indemnités de déplacement.

raison des faits nouveaux survenus à partir du 1ᵉʳ janvier, dans les cas suivants :

1° Les contribuables qui, dans le courant d'une année, acquièrent des chevaux et voitures imposables qui ne sont pas destinés à remplacer des éléments de même nature déjà inscrits au rôle, doivent la contribution à partir du 1ᵉʳ du mois dans lequel le fait s'est produit, sans qu'il y ait lieu de tenir compte des taxes imposées au nom des précédents possesseurs ;

2° Quand, par suite de changement de résidence, un contribuable devient passible, par le chiffre de la population de la résidence nouvelle, d'une taxe supérieure à celle à laquelle il a été assujetti au 1ᵉʳ janvier, il doit une taxe complémentaire égale au montant de la différence et calculée à partir du 1ᵉʳ du mois dans lequel le changement s'est opéré.

Pour l'assiette de ces droits, les contribuables sont tenus de procéder aux déclarations habituelles dans le délai de trente jours à partir de la date à laquelle se sont produits les faits susceptibles à motiver l'imposition de nouvelles taxes ou de suppléments de taxes. Ces déclarations donnent lieu à la formation de rôles supplémentaires.

Il y a lieu d'établir dans la même forme les taxes afférentes aux éléments d'imposition omis aux rôles primitifs, quelle que soit l'origine de l'omission, et en appliquant, le cas échéant, la double taxe.

VIII. — Taxe sur les vélocipèdes

La taxe sur les vélocipèdes a été créée par la loi du 28 avril 1893 ; elle a commencé à être perçue à partir du 1ᵉʳ juin de la même année. Elle a été ensuite modifiée par les lois des 13 avril 1898, 24 février 1900 et 13 juillet 1900.

La loi de finances du 17 avril 1906 avait décidé que la taxe de 6 francs sur les bicyclettes devait, à compter du 1ᵉʳ janvier 1907, être réduite à 3 francs et transformée en impôt indirect. La loi de finances du 30 janvier 1907 a généralisé le dégrèvement pour tous les vélocipèdes non munis de machine motrice et étendu la transformation de l'impôt direct en impôt indirect à tous les vélocipèdes et appareils analogues sans distinction (Voir IIᵉ volume, chapitre II).

IX. — Taxe sur les billards publics et privés

L'impôt sur les billards a été établi par les lois des 16 septembre et 18 décembre 1871.

Il porte sur tous les billards publics ou privés. Le tarif est gradué suivant la population, divisée en quatre catégories (Paris, villes au-dessus de 50.000 âmes, etc.), sans qu'il y ait lieu de faire aucune distinction entre la partie agglomérée d'une ville et la banlieue.

Les possesseurs de billards soit publics, soit privés, que ces billards leur appartiennent ou qu'ils en aient simplement la jouissance, sont tenus de faire une déclaration à la mairie de la commune où se trouvent les éléments d'imposition, entre le 1ᵉʳ octobre et le 31 janvier. Ces déclarations produisent leur effet jusqu'à déclaration contraire.

Si elles n'ont pas été faites dans les délais, ou si elles sont inexactes, les taxes sont doublées.

Exemptions. — Les fabricants et les marchands de billards ne sont pas imposables à raison des billards qu'ils possèdent pour la vente ou la location.

Les billards anglais, hollandais, qui n'ont de commun que le nom avec les billards proprement dits, sont également exempts.

Annualité de l'impôt. — La taxe est due pour tous les billards possédés au 1er janvier. Elle est recouvrée dans son intégralité, quels que soient les événements qui surviennent dans le courant de l'année. Le législateur a simplement admis que, en cas de cession d'un établissement renfermant un ou plusieurs billards *publics*, la taxe pourrait être, sur la demande du cédant, transférée à son successeur.

Aucun fait nouveau, dans le courant d'une année, ne peut donner lieu à une imposition supplémentaire. Il n'y a pas notamment de taxe à établir pour les billards acquis en cours d'exercice. En un mot, il ne peut être formé de rôles supplémentaires que lorsque des faits *de nature à motiver l'application des doubles taxes* n'ont pas été constatés en temps utile pour entrer dans la formation des rôles primitifs (1).

X. — Taxe sur les cercles, sociétés et lieux de réunion

L'impôt sur les cercles, sociétés et lieux de réunion a été établi par les lois des 16 septembre et 18 décembre 1871. La loi de finances du 17 juillet 1889 apporta dans l'assiette de cette taxe des changements importants, dont l'application souleva de telles difficultés qu'on dut renoncer à les mettre en pratique.

Par la loi du 8 août 1890, qui règle actuellement les bases d'assiette de l'impôt sur les cercles, on revint au régime des lois de 1871, mais en le modifiant sensiblement sur quelques points.

Assiette. — L'impôt porte aujourd'hui sur deux éléments :

---

(1) Le cas d'omission au rôle primitif par suite d'une erreur matérielle commise par l'administration ne paraît pas avoir été prévu.

1° Les cotisations payées par les abonnés, membres ou associés des cercles, quel qu'en soit le taux, quelle que soit la durée de la période à laquelle elles s'appliquent, quel que soit le titre en vertu duquel elles sont encaissées. Les droits d'entrée, les contributions exceptionnelles qui peuvent être demandées aux membres d'un cercle, sont considérés comme des cotisations ;

2° La valeur locative des bâtiments, locaux et emplacements affectés à l'usage de l'établissement.

Au point de vue de la taxation à appliquer à ces éléments, les cercles sont divisés en trois catégories d'après le montant des cotisations et celui de la valeur locative des locaux utilisés :

1ʳᵉ catégorie. — Cercles dont les cotisations s'élèvent à 8.000 francs et au-dessus, ou la valeur locative à 4.000 francs et au-dessus.

Le tarif est, en ce cas, de 20 pour 100 du montant des cotisations et de 8 pour 100 du montant de la valeur locative.

2ᵉ catégorie. — Cercles dont les cotisations sont de 3.000 francs et au-dessus, mais inférieures à 8.000 francs, ou dont la valeur locative est de 2.000 francs et au-dessus, mais n'atteint pas 4.000 francs.

Le tarif est de 10 pour 100 du montant des cotisations et de 4 pour 100 du montant de la valeur locative.

3ᵉ catégorie. — Cercles dont les cotisations sont inférieures à 3.000 francs et la valeur locative inférieure à 2.000 francs.

Le tarif est de 5 pour 100 du montant des cotisations et de 2 pour 100 du montant de la valeur locative.

On voit qu'un cercle ne peut être classé dans la troisième catégorie que s'il répond aux deux conditions indiquées, dont l'une a trait au montant des cotisations, l'autre à la valeur locative. Pour qu'un cercle rentre dans la première ou la seconde catégorie, il suffit au contraire que l'une des deux conditions spécifiées dans la loi soit remplie.

Les gérants, secrétaires ou trésoriers de cercle doivent faire chaque année, du 1er au 31 janvier, à la mairie de la commune où se trouvent les établissements, une déclaration indiquant, d'une part, le nombre des abonnés et le montant des cotisations encaissées durant l'année précédente, d'autre part, les bâtiments, locaux ou emplacements affectés à l'usage de l'établissement pendant la même année. Si ces déclarations ne sont pas faites, ou si elles sont déposées en dehors des délais, le montant de la taxe est doublé. Dans le cas où une déclaration est inexacte, il y a également lieu de doubler la taxe ; mais la pénalité ne s'applique qu'aux éléments d'imposition dissimulés.

A l'aide des déclarations dûment vérifiées ou, en l'absence de déclarations, à l'aide des renseignements recueillis, le contrôleur des contributions directes, après avoir fixé le montant de la valeur locative selon les règles applicables en matière de patente, détermine les catégories, règle l'impôt, prépare au moyen des matrices les rôles de l'année en cours.

Exemptions. — Les exemptions en matière de taxe sur les cercles sont multiples. Les principales sont relatives aux sociétés de bienfaisance ou de secours mutuels, aux sociétés exclusivement scientifiques, littéraires, agricoles ou musicales dont les réunions ne sont pas quotidiennes. Sont également exempts les cercles militaires, les associations d'étudiants des facultés de l'État, lorsque lesdites associations sont exclusivement scientifiques ou littéraires et qu'elles sont en outre reconnues par les autorités préfectorale et universitaires, et les sociétés qui ont pour objet exclusif des jeux d'adresse ou des exercices spéciaux, tels que chasse, tir, etc., et dont les réunions ne sont pas quotidiennes.

Annualité de l'impôt. — Dans la généralité des contributions directes, on fait état de la matière imposable au 1ᵉʳ janvier de l'année courante. L'impôt sur les cercles est, au contraire, assis, comme nous l'avons vu, d'après la situation pendant l'année précédente.

Il ne saurait donc être question de former des rôles supplémentaires pour des faits survenus dans le courant d'une année, tels qu'ouverture de cercles, etc., puisque ces faits apparaîtront forcément l'année suivante dans les déclarations à intervenir.

Par contre, il y a lieu à rôle supplémentaire dans le cas de fermeture ou de dissolution d'un cercle en cours d'exercice. A cet effet, il est prescrit aux gérants de faire une déclaration spéciale, selon les formes habituelles, dans les dix jours de la dissolution ou de la fermeture.

Il est encore dressé des rôles supplémentaires lorsque des faits, pouvant donner lieu à des doubles taxes, n'ont pas été constatés en temps utile pour entrer dans la formation des rôles primitifs.

En dehors de ces deux seuls cas, l'administration des contributions directes ne peut reprendre supplémentairement les sociétés imposables à la taxe sur les cercles. Il lui est interdit notamment de réparer une erreur quelconque *ou même une omission au rôle primitif*, par la voie de rôles supplémentaires, du moment où les déclarations exigées par la loi ont été régulièrement faites.

XI. — Taxe militaire

Supprimée par la loi du 21 mars 1905, à compter du 1ᵉʳ janvier 1907, la taxe militaire créée par la loi du 15 juillet 1889, sur le recrutement de l'armée, était une sorte de compensation pécuniaire exigée des citoyens qui bénéficiaient d'une exonération totale ou partielle du service dans l'armée active.

Cette taxe a continué à être perçue après 1907, dans les conditions fixées par la loi du 15 juillet 1889, pour les hommes incorporés sous le régime de cette loi ou qui bénéficiaient des avantages prévus à l'article 99 de la loi du 21 mars 1905.

XII. — Redevance, pour la rétribution des délégués mineurs

La loi du 8 juillet 1890 a institué des délégués à la sécurité des ouvriers mineurs, chargés de visiter les travaux des mines dans le but exclusif d'en examiner les conditions de sécurité pour le personnel qui y est occupé, et, d'autre part, en cas d'accident, d'étudier les circonstances dans lesquelles cet accident se serait produit. Ces délégués, nommés par les ouvriers de chaque circonscription minière, sont tenus de faire une visite mensuelle dans chacune des exploitations dont ils ont la surveillance ; ils doivent, en outre, accompagner les ingénieurs ou contrôleurs des mines dans leurs visites toutes les fois qu'ils en sont requis, et rechercher aussi les causes et les responsabilités des accidents qui peuvent se produire.

Toutes ces visites leur sont payées par le Trésor, d'après le nombre de journées employées, au vu d'états mensuels dressés par les délégués, vérifiés par les ingénieurs des mines et arrêtés par le préfet. Le prix de la journée de travail est fixé annuellement pour chaque circonscription par arrêté du préfet. Cet arrêté détermine, en même temps, le nombre maximum des journées que le délégué doit employer à ses visites, et le minimum de l'indemnité mensuelle pour les circonscriptions comprenant au plus cent vingt ouvriers. Dans les autres circonscriptions, l'indemnité à accorder aux délégués pour les visites mensuelles réglementaires ne peut être inférieure au prix de dix journées de travail.

Les frais de ces visites, avancés par le Trésor, sont recouvrés sur les exploitants au moyen de rôles mensuels. L'administration des contributions directes n'intervient que pour la formation de ces rôles, rédigés d'après les états dressés comme nous l'avons dit.

XIII. — Droits d'épreuve des appareils à vapeur et des récipients de gaz liquéfiés ou comprimés.

Depuis le 1ᵉʳ janvier 1893, les épreuves, exigées par les règlements, des appareils à vapeur autres que ceux situés dans l'enceinte des chemins de fer d'intérêt général, donnent lieu, en vertu de la Loi du 18 juillet 1892, à la perception, pour chaque épreuve, d'un droit de 10 francs par chaudière ou de 5 francs par récipient de vapeur. Ce droit est dû par la personne qui a demandé l'épreuve ou à qui l'épreuve est imposée par application des règlements.

Les états-matrices de cette taxe spéciale sont établis trimestriellement par l'ingénieur des mines ou par le président de la commission de surveillance des bateaux à vapeur et arrêtés par le préfet. L'administration des contributions directes n'intervient, dans l'assiette de ces droits, que pour la formation des rôles au vu de ces états-matrices.

Une taxe analogue a été instituée par la loi du 13 avril 1898 pour droits d'épreuves des récipients de gaz comprimés ou liquéfiés.

Cette taxe est comprise dans les mêmes états-matrices que la précédente. Elle s'élève à 5 francs pour les récipients d'une capacité de plus de 100 litres et à 0 fr. 50 pour les récipients d'une capacité de 100 litres et au-dessous.

XIV. — Redevances pour frais de surveillance des fabriques de margarine et d'oléo-margarine.

La loi du 16 avril 1897 dispose que les fabriques de margarine et d'oléo-margarine sont soumises à la surveillance d'inspecteurs nommés par le gouvernement et que le traitement des inspecteurs est à la charge des établissements surveillés.

Les redevances exigées, de ce chef, des imposables sont fixées chaque année par le ministre de l'agriculture et recouvrées comme en matière de contributions directes.

Les états-matrices de cette taxe sont établis mensuellement dans les bureaux des préfectures. L'Administration des contributions directes n'intervient que pour la confection des rôles au vu de ces états-matrices.

XV. — Centimes additionnels au principal des taxes assimilées.

En principe, les taxes assimilées ne supportent aucun des centimes additionnels qui frappent les quatre contributions directes. Cette règle est absolue en ce qui concerne les centimes départementaux et communaux. Elle souffre quelques exceptions dans l'intérêt de l'Etat, qui s'est réservé le droit de percevoir certains suppléments sur différentes taxes assimilées pour couvrir soit les non-valeurs, soit les frais de perception. Ces taxes sont : la redevance des mines, la contribution des chevaux et voitures (1), la taxe militaire, la redevance pour la rétribution des délégués mineurs, les droits d'épreuve des appareils à vapeur, et ceux des récipients de gaz comprimés ou liquéfiés.

(1) Il n'y a pas de centimes pour frais de perception sur la contribution des chevaux et voitures.

CHAPITRE VIII

TAXES ASSIMILÉES PERÇUES AU PROFIT DES COMMUNES,
ASSOCIATIONS SYNDICALES,
BOURSES ET CHAMBRES DE COMMERCE, ETC.

Les trois principales de ces taxes sont : la taxe sur les chiens, les prestations en nature et la contribution spéciale destinée à subvenir aux dépenses des chambres et bourses de commerce. Il faut y ajouter les taxes directes, que les communes sont autorisées à établir en remplacement de leurs droits d'octroi sur les boissons hygiéniques (loi du 29 décembre 1897). L'assiette et le recouvrement de ces taxes appartiennent aux administrations chargées d'asseoir et de recouvrer les contributions directes. Les règles générales que nous avons indiquées ou que nous allons indiquer, relatives à la rédaction des matrices, à la formation des rôles, à la suite à donner aux réclamations, au recouvrement des contributions directes, sont de tout point applicables à ces impôts.

Mais, en dehors de ces taxes, il existe des taxes particulières perçues soit au profit des communes, soit au profit des établissements publics ou des associations syndicales, telles que les taxes de pâturage, d'affouage, de tourbage, de balayage, de pavage des rues, etc. Ces droits ou produits sont tous les ans limitativement désignés dans la loi de finances, qui en autorise la perception. Il va sans dire, toutefois, que cette autorisation générale ne peut suffire pour qu'une commune ou un établissement public mette en recouvrement quelques-uns de ces impôts. Il faut encore que le pouvoir compétent pour gérer les intérêts de la commune, de l'établissement ou de l'association, sollicite des pouvoirs pubics une autorisation *spéciale*, qui est donnée soit par arrêté préfectoral, soit par décret.

L'administration des contributions directes n'a, en général, nullement à intervenir dans l'assiette de ces taxes particulières. Ce sont les agents locaux qui déterminent la matière imposable, rédigent les rôles approuvés par les maires ou présidents des commissions administratives et rendus exécutoires par les préfets et sous-préfets. En revanche, l'administration, à laquelle est confié le recouvrement des contributions directes, a mission de faire rentrer ces taxes, soit par l'intermédiaire de ses propres agents chargés de percevoir les impôts directs (percepteurs), soit par l'intermédiaire de comptables spéciaux placés sous sa direction et sa surveillance. Le recouvrement de ces taxes a lieu comme le recouvrement des contributions directes. Les réclamations que peuvent former les contribuables sont également assimilées, au point de vue de l'autorité chargée de les juger, aux réclamations en matière d'impôt direct.

Seules, les principales des taxes assimilées (prestations, chiens, frais de bourse et chambre de commerce, taxes de remplacement des droits d'octroi, taxe vicinale, feront l'objet d'explications spéciales.

1. — Prestations en nature.

L'entretien des chemins vicinaux et des chemins ruraux légalement reconnus est à la charge des communes (1).

---

(1) Il faut noter cependant que les communes ne concourent à l'entretien des chemins vicinaux de grande communication qu'en partie, dans des proportions déterminées par le préfet. Le surplus de la dépense est couvert par des subventions du département ou des particuliers.

En cas d'insuffisance de leurs ressources ordinaires, les communes subviennent à ces dépenses, soit au moyen de centimes additionnels établis dans les conditions indiquées précédemment (voir chapitre VI, page 69), soit à l'aide d'une taxe spéciale : les prestations en nature. Les conseils municipaux ont la faculté de voter l'une ou l'autre de ces ressources ou toutes les deux concurremment (1).

Assiette de la taxe. — Les autorités locales peuvent établir une prestation de trois journées de travail au maximum pour les chemins vicinaux et d'une journée de travail au maximum pour les chemins ruraux reconnus (2).

Cette prestation est due par tout habitant de la commune, c'est-à-dire par tout individu qui a dans la commune son domicile réel, au sens de la loi du 21 avril 1832, pourvu qu'il soit mâle, valide, âgé de 18 ans au moins et de 60 ans au plus, porté au rôle de l'une ou de l'autre des quatre contributions directes, quelles que soient d'ailleurs sa profession et sa situation sociale.

En outre, tout chef de famille ou d'établissement à titre de propriétaire, de régisseur, de fermier ou de colon partiaire, doit la prestation :

Pour chaque individu mâle, valide, âgé de 18 ans au moins et 60 ans au plus, membre ou serviteur de la famille et résidant dans la commune ;

Pour chaque bête de trait, de somme ou de selle, et

---

(1) Certaines communes peuvent encore bénéficier d'autres recettes pour leurs chemins, en vertu de l'article 14 de la loi du 21 mai 1836 et de l'article 11 de la loi du 20 août 1881, qui autorisent les communes à réclamer aux entrepreneurs ou industriels, dont le camionnage occasionne des dégradations extraordinaires sur les chemins vicinaux ou ruraux, des subventions spéciales qui peuvent être acquittées en argent ou en nature. Ces subventions rentrent dans la catégorie des taxes assimilées, dont le service des contributions directes ne détermine pas l'assiette, mais qui sont recouvrées par les receveurs municipaux dans les formes et selon le mode applicable aux quatre grandes contributions.

(2) Les deux principales lois intervenues en matière de prestations en nature sont la loi du 21 mai 1836 et celle du 20 août 1881.

pour chaque charrette ou voiture attelée au service de la famille ou de l'établissement dans la commune.

Enfin tout individu, alors même qu'il ne répondrait à aucune des conditions qui viennent d'être énumérées, qu'il ne serait ni mâle, ni valide, ni porté au rôle des contributions directes, ou qu'il ne se trouverait pas dans les limites d'âge indiquées, du moment où il est chef d'une famille ou d'une exploitation agricole, ou encore d'un établissement situé dans la commune, est passible de la prestation, non pour sa personne, mais pour tout ce qui, personnes ou choses, selon les règles énoncées plus haut, dépend de la famille à la tête de laquelle il se trouve, de l'exploitation ou de l'établissement qu'il possède ou qu'il gère à quelque titre que ce soit.

L'impôt se décompose donc en deux taxes distinctes : une sorte de capitation qui est exigée de la généralité des habitants de la commune, et une taxe proportionnée à l'importance des exploitations agricoles ou des établissements situés sur ce territoire. Cette seconde taxe est calculée, comme nous l'avons vu, d'après le nombre des membres de la famille et des serviteurs, c'est-à-dire de tous ceux qui ont dans la maison des fonctions subordonnées à la volonté du maître et qui reçoivent des gages ou un salaire annuel et permanent, d'après le nombre des voitures et charrettes attelées, pouvant être employées simultanément au moyen des chevaux ou animaux de trait que le chef d'exploitation possède d'une manière permanente, enfin d'après le nombre des bêtes de somme, de selle ou de trait au service de la famille ou de l'établissement.

On considère comme voitures attelées et à ce titre comme imposables à la taxe des prestations, les voitures automobiles, ainsi que les tracteurs et les voitures attelées aux tracteurs. Le principe de l'imposition, admis par la jurisprudence, a été confirmé par la loi du 10 juillet 1901 (art. 7).

Tarif. — Bien que l'impôt soit dénommé « prestation en nature », il peut être acquitté en argent. Il est donc nécessaire d'évaluer la prestation. A cet effet, les conseils généraux arrêtent tous les ans un tarif pour la conversion en argent des journées de prestation en nature. Ce tarif peut être différent pour chaque commune et pour chaque espèce de journée de travail. On distingue les journées de travail suivant qu'elles doivent être accomplies par des hommes ou qu'elles correspondent à l'emploi d'animaux ou d'objets matériels.

Le tarif de conversion en argent des journées de prestation ne peut, en ce qui concerne les voitures automobiles, les tracteurs et les voitures attelées aux tracteurs, dépasser celui que comportent les voitures à traction animale dont la taxe est la plus élevée ; mais les voitures automobiles et les tracteurs peuvent être soumis à une taxe complémentaire calculée d'après le nombre de leurs chevaux-vapeur, le tarif ne pouvant dépasser, pour chaque cheval-vapeur, le tiers de la taxe afférente à la bête de trait la plus imposée (Loi du 10 juillet 1901, art. 7).

Option. — Quand les contribuables désirent se libérer en nature, ils doivent faire à la mairie, dans le mois qui suit la publication des rôles, une déclaration d'option reçue sur un registre spécial. Ils sont alors tenus d'exécuter ou de faire exécuter les journées de travail qui leur sont imposées, conformément aux indications du service vicinal. Ces journées de travail peuvent être transformées en tâches, d'après les bases et évaluations de travaux préalablement fixées par le conseil municipal.

Les contribuables qui n'ont pas, dans le délai voulu, procédé à la déclaration d'option ou qui l'ayant effectuée en temps utile, se sont ensuite refusés à se libérer en nature, sont tenus de payer leurs cotes en argent selon les règles habituelles en matière de recouvrement.

Annualité de l'impôt. — La taxe est due d'après les faits constatés au 1ᵉʳ janvier pour l'année entière, sans que les événements survenus postérieurement puissent donner lieu à une décharge ou à une réduction. Mais ces mêmes événements ne sauraient en aucun cas motiver une imposition supplémentaire.

Antérieurement à la loi du 24 février 1900, l'administration ne pouvait pas davantage former des rôles supplémentaires dans le courant de l'année pour réparer des omissions au rôle primitif. Aucune disposition légale ne lui en donnait le droit, et le Conseil d'Etat avait toujours refusé de lui reconnaître cette faculté.

Il était cependant admis par la jurisprudence du ministère de l'intérieur que les rôles supplémentaires pouvaient être rédigés, avec l'assentiment du préfet, pour réparer des omissions d'une certaine importance ou pour donner satisfaction à des demandes en réintégration au rôle faites par les intéressés. Mais cette façon de procéder, qui était sans doute conforme aux règles de l'équité, n'était certainement pas correcte au point de vue légal ; elle est aujourd'hui régularisée par un texte législatif.

Peuvent en effet être repris supplémentairement, aux termes de la loi du 24 février 1900 : 1° les contribuables qui ont fixé leur habitation dans la commune ou qui sont devenus chefs de famille ou d'établissement entre l'époque du travail des mutations et le 1ᵉʳ janvier ; 2° les contribuables qui ont été omis au rôle primitif et ceux qui ont, *antérieurement au 1ᵉʳ janvier*, augmenté le nombre de leurs éléments d'imposition.

Les rôles supplémentaires doivent être publiés avant le 1ᵉʳ avril.

II. — Taxe vicinale

Aux termes de l'article 5 de la loi de finances du 31 mars 1903, les conseils municipaux sont autorisés à remplacer en totalité ou en partie, le produit des journées de prestations *pour chemins vicinaux* par une taxe vicinale, représentée par des centimes additionnels aux quatre contributions directes. Toutefois, le remplacement doit être autorisé par le conseil général si le nombre de centimes additionnels nécessaires pour produire une somme équivalente à la valeur des prestations remplacées est supérieur à vingt.

D'après le texte législatif que nous venons de citer, la substitution est limitée aux prestations pour chemins vicinaux. En outre, la substitution lorsqu'elle est partielle doit toujours porter sur des journées entières. Enfin, elle ne peut être appliquée aux journées d'animaux et de voitures qu'après la suppression complète de la prestation individuelle (journées d'hommes).

Les contribuables peuvent se libérer en nature pourvu que la taxe ne soit pas inférieure à 1 fr. et qu'ils aient déclaré, dans les délais prescrits, qu'ils entendent user de cette faculté.

III. — Taxe sur les chiens

A la différence des prestations en nature auxquelles les conseils municipaux ont, en cas de ressources suffisantes, la faculté de renoncer, la taxe sur les chiens est un impôt obligatoire pour toutes les communes. En vertu de la loi du 2 mai 1855, les autorités locales ne doivent jamais se refuser à l'établir.

Assiette. — La taxe porte sur tous les chiens possédés

au 1ᵉʳ janvier à l'exception de ceux qui, à cette époque, sont nourris par la mère.

Des décrets rendus en Conseil d'Etat règlent, sur la proposition des conseils municipaux et après avis des conseils généraux, les tarifs à appliquer dans chaque commune (1).

Ces tarifs, qui peuvent être revisés à la fin de chaque période de trois ans, ne sauraient comprendre plus de deux taxes, dont l'une ne doit pas excéder dix francs, ni l'autre être inférieure à un franc. La taxe la plus élevée porte sur les chiens d'agrément ou servant à la chasse ; la taxe la moins élevée, sur les chiens de garde.

Pour l'assiette de l'impôt les possesseurs de chiens sont tenus de faire, à la mairie de la commune où l'imposition est due, du 1ᵉʳ octobre de chaque année au 15 janvier de l'année suivante, une déclaration indiquant le nombre de leurs chiens et les usages auxquels ils sont destinés. Les déclarations n'ont pas besoin d'être renouvelées tant qu'il ne survient pas de changements dans les bases d'imposition. Si elles sont omises, les taxes sont triplées ; si elles sont inexactes ou incomplètes, les taxes sont doublées en ce qui concerne les éléments soustraits à l'impôt.

Lieu de l'imposition. — On conçoit facilement que l'impôt sur les chiens étant perçu au profit des localités, il y ait intérêt à déterminer les communes où les déclarations doivent être faites et où, par suite, les taxes sont dues. A défaut de dispositions légales, la jurisprudence paraît s'être formée dans le sens suivant : la taxe est régulièrement établie dans la commune où les chiens restent presque constamment, alors même que le domicile réel de leur propriétaire serait dans une autre commune. Mais si les chiens suivent leur maître dans ses déplacements, c'est à

---

(1) A défaut de présentation de tarifs par la commune ou d'avis émis par le conseil général, il est statué d'office sur la proposition du préfet.

la résidence principale, au domicile réel des propriétaires, que la taxe est due.

Annualité de l'impôt. — L'impôt est établi pour toute l'année, d'après les faits existant au 1ᵉʳ janvier, sans qu'il y ait jamais lieu de tenir compte des événements survenus postérieurement. Ils ne sauraient pas plus amener une décharge ou une réduction que motiver une imposition supplémentaire. Le principe de l'annualité de l'impôt serait donc absolu en matière de taxe sur les chiens, si l'administration était autorisée à réparer par voie de rôles supplémentaires toutes les omissions aux rôles primitifs. Mais il semble résulter du texte de la loi du 2 mai 1855 et du décret du 4 août suivant qu'il ne peut être dressé de rôles supplémentaires qu'au cas où des faits, donnant lieu à des augmentations de taxes, n'auraient pas été constatés en temps utile pour entrer dans la formation des rôles primitifs. Une omission commise, malgré l'existence d'une déclaration régulière, par le fait d'une erreur matérielle, ne peut, par suite, être reprise par rôle supplémentaire.

IV. — Contribution pour les frais d'entretien des bourses et chambres de commerce.

La contribution spéciale destinée à subvenir aux dépenses des bourses et chambres de commerce est une taxe additionnelle à la contribution des patentes, dont la perception a été autorisée par la loi du 23 juillet 1820.

Assiette. — Jusqu'en 1909 la taxe n'était supportée que par les patentables des trois premières classes du tableau A, annexé à la loi du 15 juillet 1880 et par ceux des tableaux B et C, pour lesquels le droit fixe, réglé d'après ces tableaux, est égal ou supérieur au droit fixe dont sont passibles les patentables de la troisième classe du tableau A. Depuis le vote de la loi du 19 février 1908, la contribution est répartie entre tous les patentables sans distinction, à l'exclusion, toutefois, de ceux qui figurent au tableau D (professions libérales).

Dans un département où il n'y a qu'une chambre de commerce, l'imposition établie à son profit est due par tous les patentables du département qui se trouvent dans les conditions désignées ci-dessus. S'il y a dans le département plusieurs chambres de commerce, la contribution spéciale à chacune d'elles est exigible seulement des patentables susceptibles d'y être assujettis et faisant partie de sa circonscription (1). En ce qui concerne les dépenses des bourses de commerce, la taxe destinée à y subvenir ne porte jamais que sur ceux des contribuables ci-dessus désignés qui figurent au rôle des patentes de la ville où cette bourse est établie.

Les sommes à imposer pour frais d'entretien et de réparation des bourses et chambres de commerce sont fixées chaque année par décret. Le montant en est réparti au centime le franc du principal des droits de patente (droit fixe et droit proportionnel) de chaque assujetti. L'administration des contributions directes rédige les rôles, au vu des matrices de patentes, d'après les principes qui viennent d'être exposés.

Annualité de l'impôt. — Cette contribution spéciale, étant une taxe accessoire à l'impôt des patentes, est soumise, en principe, aux mêmes règles que cet impôt au point de vue de l'annualité de la contribution. C'est ainsi que toutes les exceptions au principe de l'annualité de la patente, qui peuvent motiver un dégrèvement en faveur du contribuable, dans les cas que nous avons indiqués, 'appliquent également à la contribution pour frais des

(1) Les circonscriptions des chambres de commerce sont fixées par décret.

bourses et chambres de commerce. Par contre, cette contribution étant un impôt de répartition, la nécessité de calculer un centime le franc au moment de la confection du rôle oblige à négliger les faits qui donnent lieu à la formation de rôles supplémentaires de patentes postérieurement à cette date. La répartition est donc établie d'une manière définitive, en tenant compte seulement des bases les plus exactes et les plus complètes pouvant être connues au moment où la confection des rôles est entreprise, c'est-à-dire qu'elle comprend tous les patentables, inscrits dans le rôle primitif ou dans les rôles supplémentaires de patentes émis à cette date, mais qu'il n'est pas rédigé de rôles supplémentaires pour les individus passibles de la taxe, qui sont postérieurement assujettis à la patente.

V. — Taxes de remplacement des droits d'octroi.

La loi du 29 décembre 1897 a obligé les communes ayant un octroi à abaisser, dans une proportion déterminée, les droits d'octroi portant sur les boissons hygiéniques (vins, cidres, poirés, hydromels, bières et eaux minérales) ; elle leur a permis en outre de supprimer complètement ces droits et même de dégrever d'autres objets soumis à l'octroi.

En remplacement des ressources ainsi abandonnées, les communes ont la faculté de percevoir des taxes dont une partie a le caractère de contributions directes. Nous n'avons à nous occuper ici que de ces dernières.

Lorsqu'il ne s'agit que de pourvoir au déficit résultant de la réduction obligatoire des droits d'octroi sur les boissons hygiéniques, les communes sont autorisées, sous la seule réserve de l'approbation préfectorale, à établir une licence municipale à la charge des débitants de boissons, à créer des taxes égales, au maximum, aux taxes en principal établies sur les voitures (1), chevaux, etc.., sur les billards, sur les cercles et sur les chiens, enfin à percevoir des centimes additionnels, jusqu'à concurrence de 20, au principal des contributions directes. Elles peuvent également recourir aux mêmes taxes pour achever le dégrèvement des boissons hygiéniques, et même pour dégrever d'autres objets soumis à l'octroi, mais alors l'intervention du Parlement est nécessaire.

La licence municipale nécessitera des explications spéciales qui trouveront leur place naturelle dans la partie de l'ouvrage relative aux contributions indirectes ; quant aux autres taxes, il nous suffit de dire qu'elles sont assises et recouvrées d'après les mêmes règles que les contributions auxquelles elles sont liées et dont il a été précédemment question.

Si les taxes dont il s'agit sont insuffisantes ou si même les communes ne veulent pas en faire usage, il peut être fait appel à d'autres taxes directes ou indirectes. Dans ce cas l'approbation législative est toujours nécessaire. Les taxes dont l'établissement est ainsi demandé ne peuvent être prélevées que sur des propriétés ou objets situés dans la commune ; elles doivent s'appliquer à toutes les propriétés et à tous les objets de même nature et être proportionnelles.

(1) Toutefois, en ce qui concerne les voitures automobiles la taxe de remplacement ne peut dépasser 50 p. 100 du principal de l'impôt d'Etat (Loi du 8 avril 1910, art. 6).

CHAPITRE IX

RÉCLAMATIONS RELATIVES A L'ASSIETTE
DES CONTRIBUTIONS DIRECTES ET DES TAXES ASSIMILÉES

Tous les contribuables sont autorisés à former des réclamations concernant l'assiette des contributions directes et des taxes assimilées, aux rôles desquelles ils sont inscrits. Leurs demandes ne sont recevables que dans certains cas, quand elles sont présentées en des formes déterminées et dans certains délais; elles sont de la compétence des tribunaux administratifs, la formation des rôles étant un acte administratif.

Des différentes natures de réclamations. — A divers points de vue et notamment au point de vue de l'autorité chargée de les juger, les réclamations se divisent en deux catégories, selon qu'elles sont fondées sur un *droit* ou qu'elles reposent sur un *intérêt*.

I. — Les demandes présentées par les contribuables qui estiment que leurs droits ont été méconnus ou sont compromis composent la première catégorie.

Le plus habituellement ces réclamations sont formées par les contribuables qui se croient imposés à tort ou surtaxés. Ce sont les demandes en *décharge* ou *réduction* d'impôt. Elles peuvent s'appliquer à une contribution quelconque.

D'autres demandes, également fondées sur un droit, ne s'appliquent qu'à certaines contributions; elles consistent à réclamer le bénéfice de dispositions légales limitées à des cas déterminés. C'est ainsi que la cession d'un établissement commercial ou industriel dans le cours de l'année autorise le cédant et le cessionnaire à réclamer le transfert de la portion de la patente restant à courir. De même, lorsqu'une propriété a été cotisée à la contribution foncière ou des portes et fenêtres sous un nom autre que celui du véritable propriétaire, ce dernier, ou le contribuable imposé, peut réclamer la mutation de la cote, etc.

Enfin les contribuables omis aux rôles des contributions personnelle-mobilière ou des portes et fenêtres et de la taxe des prestations sont autorisés à demander leur *inscription* sur ces rôles.

11. — La deuxième catégorie de réclamations comprend toutes les demandes des contribuables qui, reconnaissant qu'ils n'ont aucun droit à faire valoir, sollicitent néanmoins, à titre gracieux, la *remise* ou la *modération* des taxes mises à leur charge.

Pour tous les impôts, les contribuables sont admis à demander un dégrèvement de cette nature pour cause de gêne ou d'indigence.

En dehors de ce cas général, la perte totale ou partielle du revenu des propriétés foncières peut motiver parfois une demande en remise ou modération d'impôt foncier. Par exemple, la perte totale ou partielle du revenu des propriétés non bâties par suite d'événements extraordinaires autorise les propriétaires à demander, soit personnellement, soit par l'intermédiaire du maire lorsqu'une partie notable de la commune a été éprouvée, la suppression ou la réduction de l'impôt foncier de l'année.

Les contribuables peuvent encore se pourvoir en remise quand ils ont subi une perte sur le revenu de leurs propriétés bâties par suite de vacances de maisons ou de chômages d'usines, dans les conditions indiquées par la loi.

Forme des réclamations. — Toutes les réclamations doivent, en principe, être rédigées sur papier timbré, à moins qu'elles n'aient pour objet une cote inférieure à trente francs (1). Cette règle comporte toutefois d'assez nombreuses exceptions. Les demandes en remise et modération autres que les réclamations pour vacances de maisons, les demandes relatives à la taxe des prestations, etc., peuvent être présentées sur papier libre, quel que soit le chiffre de la cote. Depuis la loi du 29 mars 1897, les frais de timbre sont remboursés aux réclamants dont les demandes ont été admises.

Aux termes de l'article 17 de la loi du 13 juillet 1903, la demande doit mentionner, à peine de non-recevabilité, la contribution à laquelle elle s'applique, et à défaut de la production de l'avertissement, le numéro de l'article du rôle, sous lequel figure cette contribution ; elle doit contenir, indépendamment de l'indication de son objet, l'exposé sommaire des moyens par lesquels son auteur prétend la justifier. Il doit être formé une demande distincte pour chaque commune.

Les réclamations sont adressées au préfet pour l'arrondissement chef-lieu, et au sous-préfet pour les autres arrondissements.

Antérieurement à la loi du 6 décembre 1897, les réclamations qui avaient pour but une décharge ou une réduction devaient être accompagnées de la quittance des termes échus ; cette formalité a été supprimée par ladite loi.

La loi du 13 juillet 1903 dispose que lorsqu'une réclamation n'aura pas été jugée dans les six mois qui suivront sa présentation le contribuable aura la faculté, *dans la limite du dégrèvement sollicité par lui,* de différer le payement des termes qui viendraient à échoir sur la contribution contestée, à la condition d'avoir, préalablement, dans sa demande, manifesté cette intention et fixé le montant ou les bases du dégrèvement auquel il prétend.

---

(1) On entend par cote la part de chaque impôt afférente à un immeuble déterminé, à une profession spéciale, à un commerce distinct.

Délais de réclamation. — En principe et sauf des exceptions particulières (voir notamment cadastre, propriétés bâties, etc.), les réclamations de la première catégorie, c'est-à-dire celles qui sont fondées sur un droit, doivent être déposées dans le délai de trois mois. Ce délai court à partir de la publication des rôles, ou, si les réclamations sont motivées par des événements survenus postérieurement à la formation des rôles, à partir de ces événements. — Ainsi, lorsqu'un établissement a été fermé par suite de décès, de liquidation judiciaire, etc., la réclamation doit être présentée dans les trois mois de la fermeture définitive de l'établissement. Toutefois, lorsqu'il s'agit de cotes imposées par faux ou double emploi, le délai de réclamation ne prend fin que trois mois après le jour où l'imposé a eu connaissance officielle des premières poursuites avec frais dirigées contre lui. — De même, dans le cas de rectifications d'erreurs commises dans l'expédition des rôles et des avertissements, le délai court seulement du jour de la remise aux intéressés des avertissements rectifiés (Loi du 6 décembre 1897, art. 14).

Les demandes présentées par les contribuables qui réclament une faveur à titre gracieux doivent, en principe également, être produites dans les quinze jours qui suivent les événements légitimant l'obtention d'une remise. Il va sans dire que celles de ces demandes qui ne reposent pas sur un fait déterminé comportant une date précise, notamment les demandes pour cause de gêne ou d'indigence, peuvent être formées à toute époque.

D'ailleurs, pour la seconde catégorie de réclamations, les délais de présentation, ayant été fixés par de simples décisions ministérielles, ne sont pas des délais de rigueur. Tandis qu'une demande en décharge ou en réduction n'est pas recevable après expiration des trois mois réglementaires, il est toujours loisible au ministre de relever de la déchéance les demandes en remise formées en dehors des délais.

Réception des réclamations. — Les demandes de toute nature sont enregistrées dans les bureaux de la sous-préfecture ou de la préfecture dès leur réception. C'est cette date qui sert à fixer les cas de déchéance pour réclamations tardives. Les bureaux de la préfecture centralisent les réclamations de tout le département et les font parvenir au directeur des contributions directes, qui les examine au fur et à mesure. Il fait déposer à la préfecture ou à la sous-préfecture celles qui sont irrégulières et avise les intéressés qu'ils sont admis à les régulariser dans le délai de dix jours. Il soumet immédiatement les demandes reçues après l'expiration des délais à l'autorité compétente qui a seule qualité pour prononcer la déchéance. Toutes les autres affaires sont transmises par la direction à l'agent auquel incombe le soin de procéder à l'instruction sur place.

Instruction des réclamations. — *Instruction dans la commune.* — Cet agent est presque toujours le contrôleur des contributions directes. Cependant, pour les taxes assimilées dont l'assiette est confiée à des fonctionnaires étrangers à l'administration des contributions directes, ce sont ces fonctionnaires qui sont chargés de l'instruction au lieu et place du contrôleur.

Le contrôleur commence par prendre l'avis du maire et des répartiteurs ou du maire seul, selon le cas. Le maire est seul consulté sur les demandes à titre gracieux et sur les demandes en décharge ou réduction concernant la contribution des patentes ou quelques taxes assimilées.

A moins que le fait allégué ne soit indiscutable, le contrôleur vérifie chaque réclamation dans la commune même, en profitant de son premier passage. En cas de demandes collectives pour pertes, il est assisté de deux commissaires nommés par le préfet ou le sous-préfet.

Instruction par le directeur. — Le directeur procède à l'examen de toutes les réclamations, quel que soit le fonctionnaire qui les ait instruites sur place, dès que les dossiers sont rentrés dans ses bureaux. Il rédige son rapport quand l'instruction, qu'il peut faire compléter au besoin, lui paraît suffisamment approfondie.

Pour toutes les demandes en remise ou modération, les dossiers sont transmis à l'autorité chargée de statuer dès que le directeur en a terminé l'instruction.

A l'égard des réclamations de la première catégorie, une distinction doit être établie.

Toutes les fois que les répartiteurs ou le maire, suivant le cas, concluent à l'admission pure et simple et que le directeur partage cet avis, ce chef de service statue immédiatement sur les réclamations dont il s'agit en prononçant les dégrèvements auxquels les contribuables ont droit (loi du 6 décembre 1897).

Si au contraire le directeur propose de rejeter les demandes ou de ne les admettre qu'en partie, il envoie le dossier au préfet ou au sous-préfet. Il informe en même temps le réclamant qu'un délai de dix jours lui est accordé pour présenter ses observations après avoir pris connaissance du dossier déposé et pour déclarer s'il entend recourir à l'expertise. Les dossiers séjournent quinze jours à la sous-préfecture. Ils sont ensuite renvoyés au directeur avec les observations des réclamants, s'ils en ont formé, ou l'attestation par le sous-préfet qu'ils n'en ont pas produit. Dans ce dernier cas, les dossiers sont aussitôt remis à l'autorité chargée de juger (le conseil de préfecture, comme il sera dit plus loin).

Dans le cas contraire, le directeur rédige un second rapport après avoir, au besoin, demandé au contrôleur un nouvel avis. Il adresse enfin le dossier au conseil de préfecture, à moins que les contribuables n'aient réclamé l'expertise, auquel cas il le retourne au contrôleur chargé de présider à cette opération.

Expertise. — L'expertise peut être demandée quel que soit l'objet du litige, sauf cependant dans le cas où la réclamation est entachée d'un vice de forme ou soulève uniquement une question de droit. Aux termes de l'article 16 de la loi du 17 juillet 1895, elle est conduite par trois experts, à moins que les parties (c'est-à-dire l'administration et le réclamant) ne consentent à ce qu'il y soit procédé par un seul. L'unique expert est alors nommé par le conseil de préfecture. Si l'expertise est confiée par trois experts, l'un seulement est nommé par le conseil de préfecture ; chacune des parties en désigne un autre.

Le contrôleur fixe la date de l'expertise, convoque dix jours au moins à l'avance l'unique expert, ou les trois experts, le réclamant, le maire, en l'invitant, si la réclamation a été soumise aux répartiteurs, à leur faire désigner deux d'entre eux pour assister à l'expertise.

L'expertise a lieu au jour et à l'heure indiqués. Le contrôleur en résume les résultats dans un procès-verbal soumis à la signature des parties présentes et notamment des experts, qui peuvent d'ailleurs fournir des rapports séparés. Les pièces sont transmises, avec l'avis personnel du contrôleur, au directeur, qui fait son rapport ; le conseil de préfecture est enfin saisi de l'affaire (1).

Jugement des réclamations. — Les réclamations de la première catégorie, c'est-à-dire celles présentées par les contribuables qui prétendent que leurs droits ont été méconnus, sont jugées, soit, comme on l'a dit plus haut, par le directeur, lorsqu'elles sont reconnues entièrement fondées, soit, dans les autres cas, par le conseil de préfecture, et au second degré par le Conseil d'Etat (2).

---

(1) Les frais d'expertise sont supportés par la partie qui succombe, suivant l'appréciation du juge ; ils peuvent, en raison des circonstances de l'affaire être compensé en tout ou en partie.

(2) Cependant certaines réclamations fondées sur un droit, telles que

Au contraire, les contribuables qui sollicitent simplement une remise ou une modération doivent s'adresser par la voie gracieuse au préfet et en appel au ministre des finances.

Quoi qu'il en soit, le juge n'est lié par aucun des avis donnés dans l'instruction. Il prend la décision que le litige lui paraît comporter. Avant de statuer, les conseils de préfecture doivent faire comparaître les parties qui ont demandé à présenter des observations orales. Le commissaire du gouvernement auprès du même tribunal donne ses conclusions sur toutes les affaires.

Pourvois. — Les arrêtés des conseils de préfecture peuvent être attaqués par voie d'opposition devant le même tribunal s'ils ont été rendus par défaut (1). Le délai d'opposition est d'un mois à dater de la notification.

Dans les deux mois de la notification, les arrêtés des conseils de préfecture peuvent faire l'objet d'un recours devant le Conseil d'Etat, formé soit par le réclamant, soit par l'administration. Les pourvois sont déposés sans frais et sans l'intervention d'un avocat au Conseil d'Etat, soit au secrétariat du contentieux de ce conseil, soit à la préfecture, soit à la sous-préfecture. Ils doivent être rédigés sur papier timbré, à moins qu'ils n'aient pour objet des cotes inférieures à trente francs ou qu'ils ne s'appliquent à la taxe des prestations. C'est encore au directeur départemental qu'incombe le soin de préparer le dossier complet, de prescrire au besoin un supplément d'instruction sur place, de rédiger un rapport d'ensemble complet et détaillé.

---

les demandes en transfert de patente ou de taxe sur les billards, sont jugées par le préfet lorsque l'admission en est proposée et que les parties sont d'accord.

(1) Ce serait le cas si, en matière de mutation de cote ou de transfert de patente, le nouveau propriétaire ou le cessionnaire, mis en cause dans l'instruction, n'avait pas produit d'observations écrites.

Les arrêts du Conseil d'Etat sont notifiés à l'administration et au réclamant. Quand ils sont rendus par défaut, ils peuvent être attaqués par voie d'opposition dans le délai de deux mois à partir de la notification. Les arrêts contradictoires peuvent être l'objet d'un recours en revision dans les mêmes délais s'ils ont été rendus sur pièces fausses, ou si la partie a été condamnée faute de représenter une pièce décisive retenue par son adversaire, ou encore si les formalités prescrites par la loi n'ont pas été observées.

Les arrêtés préfectoraux relatifs aux demandes en remise ou modération peuvent, de leur côté, faire l'objet de recours devant le ministre. Aucun délai n'est fixé pour le dépôt de ces pourvois.

Suite donnée aux décisions des tribunaux administratifs. — Aussitôt que le conseil de préfecture ou le préfet a statué, les dossiers, accompagnés des décisions rendues, sont retournés au directeur, qui notifie sur-le-champ aux intéressés le résultat de leurs réclamations. Le directeur n'attend donc pas que les pourvois qui peuvent être formés, soit par les contribuables, soit par l'administration, soient jugés. Ces pourvois n'étant pas suspensifs, en principe du moins, les arrêtés des conseils de préfecture ou des préfets sont immédiatement suivis d'exécution (1).

Si les réclamations sont rejetées, les contribuables sont naturellement tenus de se libérer vis-à-vis du Trésor dans les conditions ordinaires.

Si elles sont admises, les intéressés sont dégagés de tout ou partie de leur dette, et on leur restitue, le cas échéant, ce qu'ils ont payé en trop.

Pour permettre aux agents du recouvrement d'effectuer ces opérations et de les traduire dans leur comptabilité, les directeurs des contributions directes établissent des *ordon-*

---

(1) Toutefois, si le préfet a pris une décision contraire aux propositions du directeur, le directeur sursoit à l'exécution de l'arrêté jusqu'après décision du ministre ou avis de l'administration.

nances de dégrèvement dont la nature, la forme, le mode d'emploi, varient selon qu'elles s'appliquent soit aux contributions directes, ou aux taxes assimilées perçues pour le compte de l'Etat, soit aux taxes assimilées communales.

Dans le premier cas, les ordonnances de dégrèvement sont de véritables pièces de dépenses publiques signées par les directeurs des contributions directes, imputées sur des crédits ouverts à des chapitres du budget des dépenses de l'Etat.

Les agents du recouvrement reçoivent ces pièces de dépense et en portent le montant à la fois en dépense au compte des dépenses budgétaires et en recette au titre des contributions directes ou des taxes assimilées (1).

Pour les dégrèvements en matière de taxes perçues pour le compte des communes, associations syndicales, etc., qui ne sont naturellement pas imputables sur des crédits prévus au budget de l'Etat, on procède de façon toute différente. Les sommes accordées soit en décharge ou réduction, soit en remise ou modération, sont constatées par voie de réduction de rôle ; le montant des ordonnances de dégrèvement établies à la suite des décisions du préfet, du conseil de préfecture, ou du directeur des contributions directes, est déduit du total des rôles que les agents de perception ont charge de recouvrer.

Réimpositions. — Le contingent assigné chaque année aux diverses circonscriptions administratives, en matière d'impôts de répartition, doit rentrer intégralement dans les caisses du Trésor sous la seule déduction des remises ou modérations accordées à titre gracieux. Il constitue en

---

(1) Avant la loi du 18 juillet 1892, les dégrèvements en matière de contributions directes et de quelques taxes assimilées s'imputaient sur des fonds spéciaux dont le principal était le fonds de non-valeurs. Ces fonds, qui étaient alimentés par certains centimes additionnels, ne formaient ni recette ni dépense au budget général de l'Etat. Ils étaient compris dans ce qu'on appelait le budget sur les ressources spéciales, supprimé par la loi de 1892.

quelque sorte une dette indivise dont chaque contribuable doit payer une part proportionnelle. Si donc, dans la répartition, une surtaxe comparative, une erreur de calcul, un double emploi, un faux emploi, sont commis, le contribuable lésé peut réclamer une décharge ou une réduction ; mais, comme la somme dont il est dégrevé compose une partie de la dette de ses codébiteurs, l'Etat a contre eux le droit de répétition.

Il en résulte qu'en principe, toutes les fois que des dégrèvements sont alloués à la suite de demandes en décharge ou réduction ne provoquant pas une diminution ultérieure des contingents, ces dégrèvements sont réimposables, c'est-à-dire que leur montant est ajouté au contingent fixé pour l'année qui suit celle où ils ont été prononcés.

Simplifications de procédure. — Pour faciliter aux contribuables l'exercice de leurs droits, le législateur a simplifié, dans quelques cas, la procédure des réclamations.

Il a décidé notamment (loi du 21 juillet 1887) que les demandes des contribuables à fin de décharge ou de réduction pourraient être faites sous forme de déclarations reçues à la mairie du lieu d'imposition et inscrites, sans frais d'aucune sorte, sur des registres spéciaux ouverts à cet effet.

Ces déclarations ne peuvent s'appliquer qu'aux impositions comprises dans les rôles généraux des quatre contributions directes et dans les rôles de la taxe des prestations. Elles doivent être faites dans le mois qui suit la publication des rôles.

Lors de son premier passage dans les communes, le contrôleur examine les déclarations. Il prend l'avis du maire et des répartiteurs ou du maire seul, selon les cas. Celles de ces déclarations dont un examen sommaire permet de reconnaître immédiatement le bien-fondé, sont seules retenues et font l'objet d'un état de dégrèvement adressé à la direction. Le directeur, après avoir à son tour rayé les articles douteux, accorde les dégrèvements qui lui paraissent justifiés.

Les contribuables dont les demandes sont éliminées soit par le contrôleur, soit par le directeur, en sont avisés par des lettres spéciales. Ils disposent d'un mois à partir de cette notification pour présenter une réclamation dans la forme ordinaire, sans préjudice des délais généraux qui leur sont impartis.

La même procédure a été étendue avec quelques modifications aux demandes à fin d'exemption temporaire pour plantations ou replantation de vignes dans les arrondissements déclarés phylloxérés (voir le décret du 2 mai 1888).

Pour simplifier davantage encore la procédure, pour éviter aux contribuables des réclamations, les règlements ont permis, dans certains cas, à l'administration chargée de l'assiette, de réparer des erreurs manifestes, en prenant elle-même l'initiative de certains redressements et en établissant des états particuliers de *cotes indûment imposées*.

Ces états, qui comprennent les cotes ou portions de cotes qui sont reconnues former double emploi ou avoir été mal établies par suite d'erreurs matérielles d'écriture ou de taxation, sont rédigés à toute époque par les directeurs, qui prononcent eux-mêmes les dégrèvements.

Les contrôleurs peuvent, à toute époque également, proposer d'office, sur des états spéciaux, des *transferts de patente*, en cas de cessions d'établissements dans le cours de l'année.

Ajoutons qu'une procédure spéciale a été adoptée pour l'application de la loi du 21 juillet 1897 (art. 1er) qui a accordé des remises sur les cotes foncières de 25 francs et au-dessous (part de l'Etat).

CHAPITRE X

ORGANISATION ET ATTRIBUTIONS DE L'ADMINISTRATION DES CONTRIBUTIONS DIRECTES

L'administration chargée de l'assiette des impôts directs est placée sous l'autorité d'un directeur général nommé par décret. Il a sous ses ordres deux administrateurs, nommés également par décret, et un personnel de chefs et sous-chefs de bureau, rédacteurs principaux et ordinaires, nommés soit par le ministre des Finances, soit par le directeur général.

Le personnel de chaque département comprend : un directeur, un ou plusieurs inspecteurs et controleurs-rédacteurs et un certain nombre de contrôleurs principaux ordinaires, adjoints et surnuméraires.

Les directeurs sont nommés par le Président de la République, les inspecteurs par le ministre des Finances ; tous les autres agents par le directeur général, y compris les surnuméraires contrôleurs, qui étaient nommés par les préfets avant le décret d'organisation du 2 février 1907.

I. — Attributions du contrôleur

La division des contrôleurs en contrôleurs principaux et contrôleurs ordinaires ne correspond qu'à des différences de grade et de résidence, mais les attributions de ces agents sont identiques.

Le contrôleur est chargé, en principe, de toutes les opérations ayant pour but de déterminer la matière imposable, dont la taxation est réservée à la direction. Il effectue son travail soit chez lui, soit au cours de tournées périodiques dans les communes de sa circonscription. Ces tournées sont, en général, au nombre de trois : la première, dite tournée des *taxes assimilées*, a lieu aux mois de février et de mars ; la seconde, dite *tournée générale* ou *tournée des mutations*, commence au mois de mai ; la troisième, communément désignée sous le nom de *tournée des patentes*, s'effectue au mois d'octobre.

Tournée des taxes assimilées. — La tournée des mois de février et de mars est destinée à l'assiette de la plupart des taxes assimilées ; elle est effectuée suivant un itinéraire fixé par le directeur. Le contrôleur recueille, d'après des déclarations faites dans les mairies, les éléments nécessaires pour l'assiette des taxes sur les chevaux et voitures, sur les billards, les cercles, les chiens, et de la taxe des prestations (rôles supplémentaires) ; au vu des déclarations, il rédige les états-matrices en faisant appel au concours du maire et des répartiteurs. L'état-matrice de la taxe militaire était rédigé au cours de la même tournée par le contrôleur assisté du maire. Cette taxe était assise au moyen de renseignements recueillis dans les préfectures ou transmis directement par l'autorité militaire à la direction départementale, qui les faisait parvenir au contrôleur.

Tournée générale. — La tournée générale, appelée encore tournée des mutations, commence le 1er mai de chaque année. L'itinéraire en est arrêté par le directeur après entente avec le trésorier général. Il est communiqué aux percepteurs et aux maires, qui sont convoqués, ainsi que les répartiteurs et les propriétaires intéressés.

Cette tournée permet au contrôleur de recueillir les renseignements nécessaires à la formation ou à la modification des matrices des quatre contributions directes, sauf les patentes dans les communes *réservées* et la personnelle-mobilière dans les communes *recensées* (1). Au cours de la même tournée, le contrôleur s'occupe également de l'assiette des taxes des biens de mainmorte et des prestations.

Les modifications à apporter annuellement dans l'assiette de ces impôts sont de deux sortes : 1° les mutations dans la personne même du redevable de l'impôt ; 2° les mouvements de la matière imposable. Le contrôleur, au cours de la tournée des mutations et au moyen de travaux préliminaires, recherche et constate ces deux catégories de faits de la manière suivante pour chacun des impôts dont il doit préparer l'assiette.

Impôt foncier. Portes et fenêtres. Biens de mainmorte. — Les mutations dans la personne des redevables sont constatées à l'aide de feuilles dites *feuilles de mutations*, qui sont établies soit par les percepteurs, soit par le contrôleur.

Les actes portant translation ou attribution de propriété mobilière font l'objet d'extraits sommaires qui sont dressés, suivant les cas par les notaires, les greffiers de tribunaux ou les receveurs d'enregistrement. Ces extraits ne permettent pas à eux seuls d'effectuer les mutations sur les matrices, soit parce qu'ils s'appliquent à des domaines situés sur plusieurs communes, soit parce qu'ils ne renferment pas des renseignements suffisamment complets au point de vue du cadastre. C'est pour cela que le contrôleur, dans la commune de sa résidence, les percepteurs (2), dans

---

(1) On entend par communes réservées celles qui comptent plus de 400 patentables. Les communes recensées sont celles qui sont soumises à un recensement annuel, dirigé par le contrôleur, de toutes les personnes imposables soit à la contribution personnelle-mobilière, soit à celle des patentes. En principe, toutes les communes de plus de 5.000 habitants sont recensées ; toutefois elles ne peuvent être assujetties à cette formalité qu'en vertu d'un vote formel du conseil municipal.

(2) Les percepteurs font à cet effet deux tournées : la première a lieu immédiatement après que les mutations de l'année précédente

les autres communes, dépouillent les extraits d'actes translatifs sur des feuilles de mutations distinctes par commune et par propriétaire, qui indiquent les parcelles à muter, avec leur désignation cadastrale.

Au point de vue des mutations de personnes, le contrôleur se borne donc, au cours de la tournée, à vérifier, dans chaque commune, les feuilles de mutations, en faisant appel aux déclarations des propriétaires intéressés. Quant aux substitutions de noms sur les matrices elles-mêmes, elles sont effectuées, au vu des feuilles de mutations, dans les bureaux de la direction sur les matrices qui y sont conservées, et par les soins du contrôleur, après la tournée générale, sur les matrices déposées dans les mairies.

Cette première partie du travail effectuée, il reste à constater les mouvements de la matière imposable. Ils sont résumés sur des états de changement dressés par le contrôleur. Pour les rédiger, il utilise les relevés faits dans les bureaux d'enregistrement, les renseignements qui lui sont fournis par les maires, les percepteurs et les répartiteurs; il doit encore parcourir la commune en recherchant sur place les augmentations et les diminutions de la matière imposable, notamment les constructions nouvelles et les démolitions (1).

Personnelle-mobilière et prestations. — Les changements à apporter dans l'assiette de l'impôt personnel mobilier au point de vue des personnes sont appliqués sur les

ont été appliquées sur les matrices des communes; la seconde est fixée de manière à précéder de quinze jours au moins l'époque du passage du contrôleur pour la tournée générale.

(1) Les renseignements nécessaires pour les modifications à apporter à l'assiette de la taxe des biens de mainmorte sont fournis au contrôleur, non seulement par les feuilles de mutations et par ses recherches personnelles, mais encore par les extraits d'actes constitutifs d'acquisitions ou d'aliénations immobilières, à titre gratuit ou onéreux, faites par des établissements mainmortables. Ces extraits proviennent des préfectures; ils sont transmis aux contrôleurs par la direction.

matrices de la direction et sur celles des communes au vu d'un document qui contient la liste de tous les contribuables imposés à la personnelle-mobilière et leurs bases de cotisation. Cet état est mis au courant chaque année, au moyen d'un appel des articles, fait en présence des répartiteurs, et des renseignements recueillis sur place. Des renseignements, également recueillis sur place, permettent au contrôleur d'indiquer à la direction, sur ces états de changements, les modifications qu'il y a lieu d'apporter aux contingents.

L'état-matrice de la contribution personnelle-mobilière renfermant d'autre part des bases d'imposition à la taxe des prestations, le contrôleur recherche en même temps et par les mêmes moyens (appel des articles de concert avec les répartiteurs et le percepteur) les modifications à apporter à l'assiette de cette taxe.

Patente. — La mobilité de la matière imposable n'a pas permis de procéder pour la patente comme pour les autres contributions, dont on se borne à modifier chaque année les matrices, qui ne sont entièrement refondues que tous les quatre ans. Une nouvelle matrice est au contraire rédigée chaque année pour la contribution des patentes. La formation de cette matrice est préparée par des recherches effectuées en dehors de la tournée (généralement en avril et en septembre) dans les bureaux de diverses administrations publiques ou mêmes privées, telles que bureaux des contributions indirectes, des douanes, de l'octroi, recettes municipales, greffes, ponts et chaussées, gares de chemin de fer, etc. Les plus importantes de ces recherches ont lieu dans les bureaux d'enregistrement, où le contrôleur relève notamment les baux et déclarations de locations verbales, qui lui fournissent les éléments nécessaires à l'assiette du droit proportionnel (1).

(1) Ces relevés de baux servent également à l'assiette de la contribution personnelle-mobilière.

Ces travaux préparatoires sont complétés par le recensement des patentables, auquel le contrôleur doit procéder tous les ans pendant la tournée des mutations dans les communes non réservées. Le maire peut y assister ou se faire représenter par un délégué. Cet ensemble d'opérations conduit à la rédaction de la matrice, qui, dressée par le contrôleur, est déposée pendant dix jours au secrétariat de la mairie, afin que les intéressés puissent en prendre connaissance et remettre au maire leurs observations. A l'expiration d'un second délai de dix jours, le maire, après avoir consigné ces observations sur la matrice, la transmet au directeur des contributions directes.

Tournée des patentes. — Dans les communes réservées, le recensement des patentables et la formation de la matrice ont lieu au cours d'une tournée spéciale, généralement en octobre. Dans les villes recensées, la contribution personnelle-mobilière est réunie à celle des patentes sur une même matrice refondue annuellement, et le contrôleur procède, durant la tournée spéciale d'octobre, au recensement de tous les imposables à ces deux contributions.

Matrices supplémentaires et réclamations. — Au cours de ces différentes tournées et, en général, toutes les fois que l'occasion s'en présente, le contrôleur doit, en outre, rechercher les faits de nature à motiver la rédaction de matrices supplémentaires; il doit également profiter de son passage dans chaque commune pour instruire, le plus promptement possible, les réclamations dont il a reçu les dossiers.

II. — Attributions de l'inspecteur.

L'inspecteur est un agent de contrôle qui, en se conformant aux instructions du directeur, doit vérifier sur place ou dans ses bureaux le travail des contrôleurs. Il peut en outre être chargé d'instruire, avec l'aide des contrôleurs, les réclamations qui présentent une importance ou des difficultés particulières.

III. — Attributions du directeur.

Le directeur est le chef du service des contributions directes dans le département ; il est chargé, en outre, d'attributions importantes au point de vue de l'assiette de l'impôt.

En sa qualité de chef de service, il surveille son personnel, fixe les itinéraires des contrôleurs et inspecteurs et se fait rendre compte périodiquement de leurs travaux. Il correspond avec l'administration centrale, est en relation avec la préfecture, avec le conseil général et avec ses collègues des autres administrations. Comme tous les directeurs départementaux, il est ordonnateur secondaire pour les dépenses de son service.

En tant qu'agent de l'assiette, le directeur participe à la formation des rôles et à l'instruction des réclamations.

Formation des rôles. La formation des rôles comprend l'achèvement des matrices, préparées par le contrôleur, et la confection des rôles au vu de ces matrices.

Il existe, en général, pour chaque commune, une matrice, dite matrice générale, qui comprend les contributions foncière (propriétés non bâties et propriétés bâties), personnelle-mobilière et des portes et fenêtres, une matrice pour la contribution des patentes et des matrices spéciales pour chaque taxe assimilée (1). La matrice générale est un état alphabétique des personnes imposables à une ou à plusieurs des contributions auxquelles elle s'applique ; elle présente pour chaque contribuable le revenu cadastral des propriétés non bâties et le revenu net imposable des propriétés bâties, la taxe personnelle et le loyer d'habitation, le nombre et la nature des ouvertures imposables, les cotisations (2). Elle est refondue tous les quatre ans par les soins de la direction ; entre temps elle est tenue au courant à l'aide des documents transmis par le contrôleur. Les feuilles de mutations et les états de changements servent d'abord à modifier les matrices cadastrales, ensuite les matrices générales ; les cotisations personnelles-mobilières sont, à leur tour, modifiées à l'aide de l'état-matrice. Il ne reste alors qu'à fixer la cotisation de chaque contribuable. Pour y parvenir, le directeur calcule les centimes le franc, en principal et centimes additionnels, applicables à chacun des impôts, et les cotes individuelles s'obtiennent ensuite par une simple multiplication.

En ce qui concerne la contribution des patentes, le directeur reçoit des maires les matrices avec les observations formulées dans les conditions que nous avons indiquées. Toutes les fois que le directeur ne croit pas devoir donner suite aux observations consignées sur la matrice par le maire ou par ses administrés, il soumet les contestations au préfet avec son avis motivé. Si le préfet n'adopte pas les propositions du directeur, il en est référé au ministre

(1) Depuis 1897, la contribution sur les voitures, chevaux, etc., et la taxe sur les billards sont comprises dans un même état-matrice.
(2) Il existe dans chaque commune une copie de la matrice générale, qui ne comprend pas les cotisations.

des finances. Les bases d'assiette de la patente étant ainsi définitivement établies, il ne reste, pour compléter la matrice, qu'à procéder à la taxation, c'est-à-dire à faire dans chaque cas particulier l'application du tarif.

En ce qui concerne les matrices des taxes assimilées, le travail du directeur consiste exclusivement à appliquer le tarif légal aux bases de cotisations préalablement arrêtées. Encore convient-il de remarquer que, pour la plupart des taxes assimilées dont l'assiette n'est pas confiée aux contrôleurs des contributions directes, la taxation est effectuée directement par les agents chargés de l'assiette.

Les matrices supplémentaires, transmises par les contrôleurs, sont complétées par le directeur dans les mêmes conditions que les matrices primitives.

La rédaction définitive de la matrice conduit immédiatement à la formation du rôle, qui en reproduit toutes les indications. Le directeur établit en même temps, pour chaque article, une formule d'avertissement. Les *avertissements* comportent les mêmes indications que le rôle, ils doivent énoncer la loi ou le décret en vertu duquel la contribution est établie, le montant détaillé de ce que chaque contribuable doit payer, la part revenant soit à l'Etat, soit au département et à la commune dans le produit de chaque imposition, la date de la publication du rôle, enfin les formes dans lesquelles le payement doit avoir lieu.

Concurremment avec la formule d'avertissement, le directeur établissait précédemment, quand il y avait lieu, une *formule de patente*. Cette dernière formule était une sorte de certificat administratif, établi sur papier libre, au nom de chaque contribuable et énonçant les différentes professions pour lesquelles il était assujetti à la contribution des patentes, soit sur le rôle primitif, soit sur les rôles supplémentaires de l'année courante. Cette formule spéciale a été supprimée et réunie à la formule d'avertissement (**1**) qui a été modifiée en conséquence.

Les rôles, une fois formés, sont transmis au préfet pour être rendus exécutoires.

Instruction des réclamations. — Les attributions du directeur, en cette matière, ont été exposées dans le paragraphe consacré aux réclamations (Voir page **113**.)

---

(1) Toutefois, en ce qui concerne les marchands forains et autres patentables non sédentaires, la distinction entre la formule et l'avertissement a été maintenue : la formule établie sur papier rose, doit être revêtue du visa du maire de la commune qu'elle concerne et contenir le signalement de l'imposé.

TITRE II

RECOUVREMENT DES CONTRIBUTIONS DIRECTES

1. — Organisation de l'administration chargée du recouvrement.

L'administration chargée du recouvrement des contributions directes et taxes assimilées relève de la direction générale de la comptabilité publique au ministère des Finances.

Elle se compose, dans chaque département, d'un trésorier-payeur général, chef de service, de receveurs particuliers des finances (il en existe un dans chaque arrondissement de sous-préfecture) et de percepteurs ayant chacun dans sa circonscription un certain nombre de communes. Le percepteur est, sous l'autorité, la surveillance et la responsabilité du receveur des finances et du trésorier général, l'agent immédiat du recouvrement de l'impôt, qu'il effectue selon les règles que nous allons exposer. Les trésoriers-payeurs généraux et les receveurs particuliers des finances sont nommés par décret; les percepteurs sont à la nomination du ministre des finances ; toutefois, pour un tiers des percepteurs de la dernière classe, la nomination est réservée au préfet dans chaque département.

Les trésoriers généraux, avec le concours des receveurs des finances et, dans certains cas, des percepteurs, exécutent, en dehors du recouvrement des impôts directs, beaucoup d'autres services financiers, tels que la centralisation de toutes les recettes appartenant au Trésor, le payement des dépenses publiques et les opérations de trésorerie, soit pour le compte des correspondants du Trésor, soit pour le compte des correspondants administratifs de la trésorerie générale (1). Les percepteurs, de leur côté, réunissent la plupart du temps à leur fonction essentielle la charge de receveur des communes et établissements publics de leur réunion. Nous laisserons de côté tout ce qui, dans les attributions des comptables directs du Trésor, n'a pas trait au recouvrement de l'impôt, pour nous occuper exclusivement des règles particulières à ce service.

Il va sans dire, d'ailleurs, que, dans les communes qui ont un receveur spécial, le recouvrement des taxes assimilées, perçues au profit de la commune, est effectué par ce comptable et non par le percepteur.

II. — Formalités préalables à la mise en recouvrement des rôles.

Les rôles, dressés par le directeur et rendus exécutoires par le préfet, sont transmis directement aux percepteurs, ainsi que les avertissements, par les soins de la direction. Le préfet doit, en même temps, ordonner la publication des rôles et prendre un arrêté spécial, inséré dans le recueil des actes administratifs de la préfecture et affiché dans chaque commune, pour annoncer la mise en recouvrement et indiquer le délai dans lequel doivent être présentées les réclamations. Les percepteurs, dès qu'ils ont reçu les rôles, en avisent les maires,

(1) La surveillance de ces opérations multiples est exercée au ministère des Finances par la direction du mouvement général des fonds, de concert avec la direction générale de la comptabilité publique.

qui sont tenus d'en faire la *publication* le dimanche suivant. Cette formalité consiste dans l'apposition d'une affiche sur papier non timbré à la porte principale de la mairie et aux endroits accoutumés, à l'effet de faire connaître que le rôle, revêtu des formalités prescrites, est entre les mains du percepteur et que chaque contribuable doit verser la somme qui lui est imposée, dans les délais fixés par la loi, sous peine d'y être contraint.

Le percepteur doit alors faire remettre sans retard à chaque contribuable les avertissements (**1**) qui le concernent. Cette distribution est faite gratuitement, les frais d'avertissement étant compris, comme nous l'avons vu, à raison de cinq centimes par article, dans le montant des rôles.

III. — Formes ordinaires du recouvrement.

Les contributions directes et les taxes assimilées sont *quérables* dans la commune d'habitation, mais non au domicile de chaque contribuable. Le percepteur doit donc se rendre périodiquement dans les communes de sa circonscription à des jours déterminés à l'avance par le sous-préfet, sur l'avis du receveur des finances. Les avertissements délivrés aux contribuables font mention des lieux, jours et heures où le bureau de recette est ouvert dans la commune de résidence. Tout payement donne lieu à la délivrance immédiate d'une quittance extraite d'un registre à souche et exempte du timbre. Le comptable doit en même temps émarger l'article du rôle de la date et du montant du payement effectué. Lorsque plusieurs articles du même rôle ou de rôles différents concernent un même

---

(1) Tout contribuable a le droit de se faire délivrer, moyennant 0 fr. 25 par extrait, un extrait des articles des rôles qui le concernent

contribuable, le percepteur est tenu de se conformer, pour l'imputation des sommes versées à titre d'acomptes, aux indications qui lui sont fournies par le redevable.

Chaque cote est, en principe, exigibles par douzième et à terme échu, c'est-à-dire que le contribuable peut être contraint au payement à partir du 1er de chaque mois pour le douzième échu pendant le mois qui précède. Cette règle, qui souffre de nombreux tempéraments dans la pratique, comporte, en outre, quelques exceptions légales.

La première exception s'applique au cas où le rôle des patentes (ou, dans les communes recensées, le rôle des patentes et de la personnelle-mobilière) est publié postérieurement au 1er mars. Le montant des cotes inscrites dans ce rôle est alors divisé, pour le payement, en autant de fractions égales qu'il reste de mois à courir, y compris celui de l'émission. La même règle s'applique aux rôles primitifs et supplémentaires des chevaux et voitures et des billards ainsi qu'aux rôles supplémentaires concernant la contribution des patentes.

Une seconde catégorie d'exceptions au principe de l'exigibilité par douzièmes a trait à certaines taxes assimilées, pour lesquelles le législateur a fixé une échéance spéciale. Sont exigibles intégralement, dans la quinzaine qui suit la publication des rôles, les droits de vérification des poids et mesures, les droits de vérification des alcoomètres et densimètres, les droits de visite des pharmacies et magasins de droguerie, les redevances pour la rétribution des délégués mineurs, et les droits d'épreuve des appareils à vapeur. La taxe sur les cercles, sociétés et lieux de réunion est payable en une seule fois, dans le mois qui suit la publication du rôle. Enfin, les droits d'inspection des fabriques et dépôts d'eaux minérales sont exigibles par quart à la fin de chaque trimestre.

Une troisième catégorie d'exceptions a été prévue par la loi, dans le but de sauvegarder les intérêts du Trésor en présence de certaines éventualités. Les circonstances accidentelles qui rendent immédiatement exigible la totalité de certains impôts, en principe payables par douzièmes, sont : le déménagement hors du ressort de la perception, la vente volontaire ou forcée, le décès, la faillite déclarée ou la liquidation judiciaire. En cas de déménagement du contribuable hors du ressort de la perception, l'impôt personnel-mobilier, l'impôt des patentes, l'impôt des billards et la taxe militaire deviennent immédiatement exigibles. La vente de meubles volontaire ou forcée produit les mêmes effets à l'égard de la contribution personnelle-mobilière et de la patente. Enfin, la totalité de la contribution personnelle-mobilière est exigible immédiatement en cas de décès, de faillite déclarée ou de liquidation judiciaire (1). S'il arrivait qu'un cercle vînt à fermer avant l'expiration du délai d'un mois fixé pour le recouvrement de la taxe, l'intégralité de cette taxe pourrait être immédiatement réclamée.

En vertu d'une disposition expresse de la loi, les marchands forains, les colporteurs, les directeurs de troupes ambulantes, les entrepreneurs d'amusements et jeux publics non sédentaires, et tous autres patentables dont la profession n'est pas exercée à demeure fixe, sont aussi tenus d'acquitter le montant total de leur cote au moment où la patente leur est délivrée (2).

(1) Nous avons vu que, dans ces derniers cas, la contribution des patentes n'est due que pour le mois courant et pour les mois écoulés.

(2) Les contrôleurs des contributions directes peuvent, sur la demande qui leur en est faite, délivrer à ces individus des formules de patente avant l'émission du rôle, après toutefois que les requérants ont acquitté entre les mains du percepteur la totalité des droits; c'est ce qu'on appelle des *patentes par anticipation*. La même procédure peut d'ailleurs être étendue à tous les patentables autres que ceux ci-dessus désignés, à charge par les requérants d'acquitter au préalable entre les mains du percepteur les douzièmes échus, s'il s'agit d'individus domiciliés dans le ressort de la perception, ou la totalité des droits, s'il s'agit d'individus étrangers au ressort de la perception. Dans certains cas, les percepteurs et les receveurs des douanes peuvent déli-

Une dernière exception au principe de l'exigibilité par douzièmes a été établie en faveur des contribuables qui ont formé une demande en décharge ou réduction, et dont la réclamation n'a pas été jugée dans les six mois de sa présentation. Les réclamants peuvent, dans ce cas, surseoir, jusqu'à la décision des tribunaux administratifs, au payement des termes qui viennent à échoir après ces six mois. (Voir page 111).

IV. — Privilège du Trésor pour le recouvrement des impôts directs

Pour garantir plus efficacement la rentrée de l'impôt, la loi du 12 novembre 1808 a établi, au profit du Trésor public, un droit de préférence sur les autres créanciers du redevable.

Caractères du privilège. — L'étendue de ce privilège n'est pas la même pour toutes les contributions directes; il faut distinguer, à cet égard, entre l'impôt foncier et les autres contributions directes générales et spéciales. En ce qui concerne l'impôt foncier, le Trésor a privilège, pour les contributions afférentes à l'année échue et à l'année courante, sur les récoltes, fruits, loyers et revenus des biens-immeubles sujets à la contribution. S'il s'agit des autres impôts directs ou des taxes assimilées, le privilège du Trésor est également limité aux sommes dues pour l'année échue et pour l'année courante ; mais il porte sur tous les meubles et effets mobiliers du redevable, en

---

vrer, eux aussi, en dehors de toute intervention du contrôleur, des patentes par anticipation. Ces patentes sont comprises dans le premier rôle supplémentaire qui suit, et le percepteur, au reçu de ce rôle, émarge immédiatement chaque article des sommes payées entre ses mains avant l'émission.

quelque lieu qu'ils se trouvent. Les frais dûment taxés participent au bénéfice de ce second privilège, sans qu'il y ait lieu de rechercher s'ils ont été faits pour le recouvrement de l'impôt foncier ou de toute autre contribution.

Ces deux privilèges se distinguent ainsi l'un de l'autre en ce que le premier, au lieu de porter sur la généralité des meubles, est restreint aux fruits naturels, industriels ou civils du fonds imposé à la contribution foncière. Il est même spécial aux contributions dues pour chaque fonds en particulier, c'est-à-dire que la créance du Trésor pour la cote afférente à un immeuble déterminé n'est privilégiée que sur les fruits de cet immeuble, et non sur les fruits de tous les immeubles appartenant au même contribuable.

Mais les deux privilèges ont ce caractère commun qu'ils ne s'étendent pas aux immeubles, à l'égard desquels le Trésor est dans la situation d'un créancier ordinaire. Ils ont cet autre caractère commun que le bénéfice en est limité aux contributions de l'année échue et de l'année courante.

Le privilège pour le recouvrement de la contribution foncière confère au Trésor un droit de suite, non sur le prix de l'immeuble lui-même, qui n'est pas soumis au privilège, mais sur les fruits et revenus de cet immeuble, dans le cas où il est vendu à un tiers ne figurant pas au rôle. En conséquence, l'acquéreur d'une propriété est tenu de s'assurer que les contributions imposées sur cette propriété ont été payées jusqu'au jour de la vente. Le privilège pour le recouvrement de la contribution personnelle-mobilière et des autres contributions directes générales et spéciales s'étend aussi sur les meubles en quelque lieu qu'ils se trouvent, à la condition toutefois que le gage du Trésor n'ait pas cessé légalement d'appartenir au redevable de l'impôt. Il peut donc s'exercer vis-à-vis d'un tiers chez qui le contribuable aurait mis ses meubles en dépôt ou en gage, à qui il les aurait prêtés ou même vendus, si, toutefois, dans ce dernier cas, le percepteur intervient avant que la vente soit parfaite, c'est-à-dire avant que l'acquéreur ait rempli la double condition d'avoir pris possession des meubles et d'en avoir payé le prix.

Ordre dans lequel s'exerce le privilège du Trésor. — Aux termes de la loi du 12 novembre 1808, le privilège du Trésor public pour le recouvrement des contributions directes s'exerce avant tout autre. Cependant, il a été décidé que le privilège des frais de justice, c'est-à-dire des frais exposés pour mettre sous la main de la justice le gage commun des créanciers, primait celui du Trésor, parce que ces frais sont nécessaires pour procurer aux privilégiés la jouissance de leurs droits. De même encore, le privilège pour faits de charge, affectant exclusivement les fonds déposés en cautionnement, est absolu dans sa portée et prime celui des contributions directes. Mais, en dehors de ces deux cas exceptionnels, le privilège du Trésor public pour le recouvrement des impôts directs s'exerce avant tous les autres, notamment avant ceux énumérés aux articles 2101 et 2102 du Code civil, et même de préférence à ceux accordés à l'Etat pour le recouvrement d'autres créances. Seul, le privilège des droits et amendes de timbre, établi par la loi du 28 avril 1816, vient au même rang et s'exerce concurremment, au prorata du montant de chacune des créances.

V. — Droits du Trésor à l'égard des tiers.

En principe, l'impôt direct est une dette personnelle du contribuable nominativement désigné sur le rôle. Cependant le percepteur peut ou doit, dans certains cas, s'adresser à des tiers pour en obtenir le payement.

Héritiers et légataires. — En premier lieu, les héritiers et légataires d'un contribuable décédé peuvent être actionnés personnellement, comme le redevable lui-même, pour le payement des contributions restant dues au jour du décès. La créance du Trésor se trouve alors transportée, avec les privilèges qui lui sont conférés par la loi, sur la tête des héritiers et légataires dans la limite où ils succèdent aux droits et obligations de leur auteur.

Fermiers ou locataires. — Les fermiers ou locataires sont aussi tenus, dans certains cas, de payer, en l'acquit du propriétaire, et sur la simple demande qui leur en est faite par le percepteur, les contributions dues pour les biens dont ils ont la jouissance jusqu'à concurrence du montant des fermages ou loyers dont ils sont débiteurs. Les propriétaires ou usufruitiers sont alors obligés d'accepter en compte les quittances du percepteur sur les sommes qui leur sont dues, à moins, bien entendu, que le bail ne mette expressément l'impôt à la charge du preneur (1).

Le droit qu'a le percepteur de se faire remettre le prix des fermages et loyers sans autre formalité qu'une simple demande ne s'étend qu'aux contributions de l'année échue et de l'année courante, pour lesquelles le Trésor a un privilège. S'il s'agit de contributions dues pour des années antérieures, le percepteur, n'ayant plus de privilège, ne peut agir que par voie de saisie-arrêt dans les formes prévues par le Code de procédure civile et dans les mêmes conditions que tout créancier ordinaire à l'égard d'un tiers

---

(1) Le propriétaire ayant plusieurs fermiers dans la même commune et qui veut les charger de payer en son acquit la contribution foncière, doit remettre au percepteur une déclaration indiquant sommairement la division de son revenu imposable entre lui et ses fermiers. — Si le nombre des fermiers est de plus de trois la déclaration est transmise au directeur des contributions directes, qui opère la division de la contribution et porte dans un *rôle auxiliaire* la somme à payer par chaque fermier; il est délivré un avertissement à chacun des locataires ou fermiers compris dans le rôle auxiliaire.

détenteur de deniers appartenant à son débiteur. L'action exceptionnelle du percepteur contre les fermiers et locataires ne porte, d'ailleurs, en principe, que sur les sommes que ceux-ci restent devoir à leur propriétaire. Cependant, par exception, le fermier peut être contraint personnellement, au fur et à mesure de l'échéance des douzièmes, au payement de la contribution de l'année courante, seulement pour la terre qu'il tient à ferme, alors même qu'il aurait payé régulièrement au propriétaire les termes échus de ses fermages antérieurement à la demande du percepteur, et même dans le cas où ces fermages auraient été payés par anticipation en exécution d'une clause d'un bail authentique. La même disposition n'est pas applicable au locataire d'une maison, qui ne peut jamais être poursuivi au lieu et place de son propriétaire, lorsqu'il s'est valablement libéré envers lui, fut-ce même par anticipation.

Dépositaires de deniers provenant du chef du redevable. — Le percepteur est autorisé à se faire remettre, dans les formes que nous venons de décrire, les sommes dues par tous receveurs, économes, notaires, commissaires-priseurs et autres dépositaires et débiteurs de deniers provenant du chef du redevable, à la condition que ces deniers soient affectés au privilège du Trésor. Mais cette disposition ne s'applique qu'aux deniers comptants ; le percepteur ne pourrait se faire remettre, par la voie exceptionnelle d'une simple demande, les objets mobiliers non convertis en argent, alors même que ces meubles seraient affectés au privilège du Trésor. Il ne pourrait, dans ce cas, que poursuivre le tiers détenteur en observant les règles ordinaires de la procédure du recouvrement que nous exposerons plus loin. En ce qui concerne les deniers non affectés au privilège du Trésor, la voie de la saisie-arrêt ordinaire est seule ouverte au percepteur.

Receveurs des communes et établissements publics. — Les receveurs des communes, hospices et autres établissements publics sont tenus au payement des contributions dues par ces communes ou établissements et sont autorisés à les acquitter à leur échéance, même en l'absence de crédit ouvert à cet effet au budget, et nonobstant le défaut de présentation d'un mandat à l'appui de la quittance du percepteur.

Responsabilité des propriétaires et des principaux locataires. — Des dispositions particulières de la loi fiscale permettent enfin d'actionner personnellement, dans certain cas, les propriétaires et, en leur place, les principaux locataires pour le recouvrement des impôts directs dus par leurs locataires ou sous-locataires. La responsabilité des propriétaires et des principaux locataires, en matière de contribution personnelle-mobilière, est différente suivant que leurs locataires ou sous-locataires déménagent dans le ressort ou hors du ressort de la perception. Si le locataire déménage sans quitter la perception, le propriétaire n'est responsable que des termes échus ; dans le cas contraire, la responsabilité s'étend à la cotisation toute entière.

Les propriétaires peuvent d'ailleurs s'affranchir de leur responsabilité en déclarant ce déménagement un mois à l'avance au bureau du percepteur. En cas de déménagement furtif, ils devaient aux termes de la loi du 21 avril 1832, le faire constater dans les trois jours par le commissaire de police, le juge de paix ou le maire. A défaut de cette formalité, ils répondaient des douzièmes échus. L'article 4 de la loi du 19 juillet 1906 a modifié ces dispositions. Les propriétaires ou principaux locataires n'ont plus à faire constater les déménagements furtifs de leurs locataires ; ils doivent simplement en donner avis au percepteur dans un délai de huit jours à compter du jour du déménagement. Ils ne sont jamais responsables, en matière de patente, que du douzième échu et du douzième courant.

Dans tous les cas, et nonobstant toute déclaration de leur part, les propriétaires ou principaux locataires demeurent responsables de la contribution personnelle-mobilière des personnes logées par eux en garni.

VI. — Poursuites pour le recouvrement des contributions directes

Le contribuable qui tarde à se libérer peut y être contraint par des actes de poursuites (1).

Envoi préalable d'une sommation gratis. — L'avertissement resté sans effet ne peut toutefois être suivi immédiatement de poursuites proprement dites. Le percepteur doit les faire précéder d'un second avertissement, qui porte le nom de *sommation sans frais*. La sommation sans frais consiste en un bulletin, sur papier libre, portant invitation au contribuable d'avoir à se libérer des termes échus de ses contributions dans le délai de huit jours, sous peine d'y être contraint par les voies de droit. En principe la sommation sans frais est unique pour l'année ; elle n'a besoin d'être renouvelée que, si par suite de l'émission d'un rôle nouveau en cours d'année le montant des impôts du contribuable à poursuivre vient à être augmenté.

Cette sommation est faite au domicile du redevable, s'il réside dans la commune ; s'il n'y réside pas, elle est remise à son principal fermier, locataire ou régisseur, et, à défaut, à la personne qui le représente.

---

(1) Les contribuables ont la faculté de s'affranchir du payement de la contribution foncière de leur propriété en faisant, par un acte spécial, abandon de cette propriété au profit de la commune. Cet abandon n'est d'ailleurs prévu que pour certaines catégories de propriétés et doit être fait avant l'émission du rôle.

Différentes natures de poursuites. — Le contribuable qui n'a répondu ni à l'avertissement ni à la sommation gratis est dans le cas d'être poursuivi. Les moyens de coercition dont le percepteur dispose pour assurer le recouvrement des rôles sont de deux sortes : les poursuites administratives et les poursuites judiciaires. Les poursuites administratives sont celles qui, s'exerçant en dehors des règles ordinaires de la procédure, consistent en un acte administratif auquel peut recourir l'autorité pour contraindre le redevable avant qu'il soit procédé par les moyens de droit commun. Elles ont bien nettement le caractère d'actes administratifs, et, par conséquent, c'est aux tribunaux administratifs qu'il appartient de connaître de toutes les contestations relatives à leur validité.

Les poursuites judiciaires, au contraire, ont lieu, à quelques détails près, dans les conditions et suivant les règles applicables aux voies d'exécution ordinaires, mises à la disposition de tout créancier pour contraindre son débiteur. Elles rentrent dans la catégorie des actes de droit commun, et toutes les contestations relatives à leur régularité (1) sont de la compétence des tribunaux ordinaires. Toutefois, ces contestations doivent faire l'objet d'un mémoire préalable, adressé au sous-préfet, afin que ce dernier puisse apprécier le bien-fondé des réclamations et y faire droit, s'il y a lieu, sans qu'il soit nécessaire de recourir aux tribunaux.

Il n'existe qu'un seul degré de poursuites administratives : la sommation avec frais. Les poursuites judiciaires sont : le commandement, la saisie et la vente.

Dispositions communes à tous les actes de poursuites. — Quelques dispositions générales s'appliquent à tous les degrés de poursuites, administratives ou judiciaires. Par

---

(1) Cependant, si c'est la régularité du titre lui-même qui fait l'objet de la contestation, ce sont les tribunaux administratifs qui sont compétents, les titres émanant de l'autorité administrative.

application de deux articles de loi (art. 53 de la loi du 13 avril 1898, art. 49 de la loi du 25 février 1901), l'administration a reçu la faculté d'user de la poste pour notifier les sommations avec frais et les commandements. L'exercice de ce droit, qui a été réglé par un décret du 24 avril 1902, a permis de supprimer une grande partie des porteurs de contraintes.

En principe les sommations avec frais et les commandements sont donc notifiés par la poste et les ventes sont effectuées par ministère d'huissier. Toutefois, dans les départements de la Seine et de la Corse, dans les grands centres et dans certaines régions où le recouvrement de l'impôt présente des difficultés particulières les poursuites, tant administratives que judiciaires, sont exercées par des agents spéciaux, appelés porteurs de contraintes, nommés et commissionnés par le préfet, sur la proposition du trésorier général ; ils sont assujettis, au point de vue de l'enregistrement des actes de leur ministère et de la tenue du répertoire, aux mêmes obligations que les huissiers ordinaires.

Le mode et la forme des poursuites, ainsi que le tarif des frais varient selon qu'il s'agit de poursuites exercées par la poste et par les huissiers ou de poursuites par porteurs de contraintes. Dans le premier cas les règles sont uniformes pour la France ; dans le second cas elle sont déterminées dans chaque département par un arrêté du préfet, approuvé par décret. Mais quel que soit le système de poursuites adopté, les états de frais, calculés, soit d'après le tarif général, soit d'après le tarif annexé à l'arrêté préfectoral, sont définitivement arrêtés par le sous-préfet, et les frais ainsi taxés s'ajoutent de plein droit au montant de chaque article de rôle et sont recouvrables dans les mêmes formes et conditions.

A peine de nullité, les poursuites doivent être exercées dans l'ordre indiqué plus haut et dans les délais suivants :

le commandement, trois jours au plus tôt après la sommation avec frais ; la saisie, trois jours au plus tôt après le commandement, et la vente, huit jours au plus tôt après la saisie. Elles ne peuvent être commencées que huit jours après la remise de la sommation sans frais et dix jours après l'échéance du douzième. Tous ces délais sont francs, c'est-à-dire qu'ils ne comprennent pas le jour de la remise ou de la signification de l'acte précédent.

Les poursuites sont spéciales aux contributions de chaque exercice ; mais les actes signifiés antérieurement ne doivent pas être répétés pour les douzièmes qui viennent ultérieurement à échoir avant que le contribuable se soit libéré intégralement. En d'autres termes, lorsqu'un contribuable, qui a déjà reçu un ou plusieurs des actes ayant pour objet de lui notifier les premiers degrés de poursuites, devient débiteur de nouveaux douzièmes sans avoir, depuis la date de la dernière poursuite, payé intégralement la somme qui était alors exigible, il doit être procédé pour la totalité de la dette à l'aide des degrés de poursuites subséquents. Mais il en serait autrement s'il s'agissait d'un contribuable poursuivi antérieurement pour des contributions d'anciens exercices et devenu débiteur de douzièmes appartenant à l'exercice suivant.

Les rôles, bien que revêtus de la formule exécutoire par l'autorité administrative, ne donnent pas aux percepteurs le droit de procéder de leur propre autorité par voie d'exécution forcée contre les retardataires. Le chef des poursuites dans chaque arrondissement est le receveur des finances, qui reste seul juge de leur opportunité, et qui peut d'ailleurs les ordonner directement, sans la demande préalable du percepteur, lorsque la situation des recouvrements lui paraît comporter cette mesure. En conséquence, aucun acte de poursuite administrative ou judiciaire ne peut être exercé qu'en vertu d'une *contrainte* décernée par le receveur particulier de l'arrondissement et visée par le sous-préfet. Ces contraintes sont de deux sortes. Celle qui doit précéder l'exécution des poursuites administratives, c'est-à-dire l'envoi de la sommation avec frais, est décernée *collectivement* pour chaque arrondissement de perception, au pied d'un état contenant les noms des retardataires. La contrainte en vertu de laquelle sont exercées les poursuites judiciaires doit, au contraire, désigner nominativement les contribuables à poursuivre. Elle précède le commandement ; mais elle contient l'autorisation de procéder aux actes de poursuites subséquents, si le contribuable ne se libère pas à la suite du commandement.

Dispositions spéciales à chacun des actes de poursuites. — Ces règles générales exposées, il nous reste à examiner brièvement les dispositions particulières à chacun des actes de poursuites.

Sommation avec frais. — Le percepteur, après avoir dressé la liste des contribuables qui lui paraissent devoir être l'objet d'une sommation avec frais, la transmet au receveur des finances, pour qu'il soit décerné contrainte. L'état, revêtu de la contrainte, est retourné au comptable, qui le remet soit au bureau de poste, soit à l'agent de poursuites en vue de la signification de la sommation avec frais à chacun des retardataires désignés dans l'état. La signification consiste dans la remise d'un bulletin rédigé par le percepteur, s'il s'agit de poursuites par la poste, ou par l'agent de poursuites, dans le cas contraire, et portant invitation au contribuable d'avoir à se libérer des termes échus sur ses contributions, dans le délai de trois jours, sous peine d'y être contraint par la voie des poursuites judiciaires. Ces bulletins ne sont assujettis ni au timbre, ni à l'enregistrement. La remise en est faite au domicile du redevable lui-même ou à son principal fermier, locataire ou régisseur, ou encore à la personne qui le représente.

Commandement. — La liste des contribuables à poursuivre par voie de commandement est également dressée par le percepteur. La contrainte décernée par le receveur des finances désigne nominativement les contribuables à poursuivre, et comporte, comme nous l'avons vu, l'ordre de procéder à la saisie, si le redevable ne se libère pas dans le délai de trois jours à compter de la signification du commandement. En vertu de cette contrainte, un bulletin de commandement est rédigé soit par le percepteur, soit par l'agent de poursuites selon la distinction indiquée plus haut. Il peut n'être fait qu'un seul original collectif pour plusieurs contribuables poursuivis le même jour. Le commandement est un acte de poursuite analogue à l'exploit d'ajournement, délivré par les huissiers ordinaires dans les formes prévues aux articles 61 et suivants du Code de procédure civile. Mais les indications qu'il doit contenir, à peine de nullité, ne sont pas les mêmes s'il s'agit d'un commandement notifié par un agent de poursuites ou par un facteur des postes. Dans le premier cas il doit énoncer : la date des jour, mois et an, les noms, profession et domicile du percepteur poursuivant, les noms, demeure et immatricule du porteur de contraintes, les noms et demeure du redevable poursuivi, la mention de la personne à laquelle copie en est laissée. Il doit énoncer, en outre, le titre en vertu duquel la poursuite est exercée et contenir élection de domicile dans la commune où doit avoir lieu l'exécution, si le percepteur n'y demeure pas. Le coût de l'acte, y compris les droits de timbre et d'enregistrement, doit être également inscrit sur le commandement ; mais cette dernière formalité n'est pas prescrite à peine de nullité, l'omission n'entraînant qu'une amende à la charge de l'agent de poursuites. En matière de poursuites par la poste les indications sont extrêmement simplifiées, surtout en ce qui concerne la copie à laisser au contribuable poursuivi. La date ne ressort que du cachet de distribution de la poste ; le percepteur et le facteur n'ont qu'à apposer leur signature sans autre indication les concernant ; la mention de la personne à laquelle la copie a été remise n'est portée qu'à l'original collectif ; l'élection de domicile du percepteur est toujours son propre bureau ; enfin, si le coût de l'acte, fixé uniformément à 1 fr. 50, y compris les droits de timbre, est mentionné sur la copie ; il est fait simplement allusion aux droits d'enregistrement éventuels, mais sans autre indication de chiffre.

La signification du commandement, c'est-à-dire la remise d'un extrait de l'original, n'est pas faite de la même manière dans les deux systèmes de poursuites. Les porteurs de contraintes doivent se conformer exactement aux règles prévues par le Code de procédure pour les exploits ordinaires, qu'ils remettent à la personne du redevable ou à son domicile. Mais pour les concilier avec les nécessités du service postal, ces règles ont dû être modifiées dans une certaine mesure lorsqu'il s'agit de significations à faire par les facteurs. Dans tous les cas l'original et les copies du commandement doivent être sur timbre. L'enregistrement est obligatoire dans les quatre jours de la signification ; mais la formalité est donnée gratis pour tous les contribuables dont la cote (et non le montant des douzièmes échus) n'excède pas 100 francs (1), et pour tous ceux qui se libèrent avant l'enregistrement de l'exploit.

Saisie. — Si le contribuable ne se libère pas dans les trois jours qui suivent le commandement, il peut être procédé, en vertu de la même contrainte par un huissier ou

---

(1) Cette disposition doit être entendue en ce sens que le droit est dû lorsque les contributions d'un même exercice dans une même commune s'élèvent à plus de 100 francs, et qu'il ne l'est pas quand la somme de 100 francs n'est dépassée que par la réunion, soit des contributions de plusieurs exercices, soit des cotes inscrites aux rôles de plusieurs communes.

par un porteur de contraintes, selon que le commandement a été signifié par la poste ou par porteur, à la saisie de ses meubles et effets (*saisie-exécution*) ou à celle des fruits pendants par racines ou par branches (*saisie-brandon*).

La saisie-exécution est faite hors la présence du percepteur, par l'agent de poursuites, assisté de deux témoins, dans les conditions prévues par le titre VIII, livre V, du Code de procédure civile. Il en est rédigé procès-verbal en la forme ordinaire des exploits. Ce procès-verbal doit donc contenir les indications essentielles que nous avons énumérées à propos du commandement. Il doit, en outre, et toujours à peine de nullité, faire mention des noms, professions et demeures des témoins, contenir itératif commandement, si la saisie est faite en la demeure du saisi, et renfermer la désignation détaillée des objets saisis. Le procès-verbal de saisie-exécution doit encore indiquer le jour de la vente.

Le redevable saisi est mis en demeure de présenter une personne solvable qui consent à se charger, jusqu'au jour de la vente, de la garde des meubles et effets mobiliers saisis (1). S'il n'est pas présenté de gardien solvable, l'agent de poursuites en établit un d'office, en observant les prohibitions de l'article 598 du Code de procédure civile.

Le procès-verbal est signé par le gardien sur l'original et sur les copies ; s'il ne sait signer, il en est fait mention et il lui en est laissé copie. Le gardien reste responsable, jusqu'au jour de la vente, des objets qui lui sont confiés, dans les conditions fixées par les articles 603, 604 et 605 du Code de procédure.

Si la saisie est faite au domicile du contribuable, copie du procès-verbal lui est laissée sur-le-champ. En son

---

(1) La partie saisie peut être constituée gardienne de ses meubles et effets.

absence, cette copie est remise au maire ou au magistrat dont l'agent de poursuites a requis l'assistance pour faire ouvrir les portes en cas de fermeture ; le maire ou le magistrat vise alors l'original. Si la saisie est faite hors du domicile du contribuable et en son absence, copie du procès-verbal lui est notifiée dans le jour, à moins que le contribuable ne réside à plus de trois myriamètres, auquel cas le délai est augmenté d'un jour par trois myriamètres (1).

La saisie-brandon a lieu dans les mêmes formes que la saisie-exécution. La présence des témoins n'est cependant pas exigée.

La saisie est exécutée nonobstant toute opposition, sauf à l'opposant à se pourvoir par les voies de droit ; mais la saisie commencée peut être interrompue, si la partie saisie demande à se libérer. L'agent de poursuites suspend alors ses opérations et clôt son procès-verbal, en mentionnant la date de la quittance du percepteur rapportée par le contribuable et la somme pour laquelle elle a été délivrée.

Les procès-verbaux de saisie sont soumis au timbre et à l'enregistrement dans les mêmes conditions que les exploits ordinaires des huissiers. Toutefois, la formalité est donnée gratis lorsque la cote n'excède pas 100 francs, ou lorsque les contribuables se sont libérés avant la présentation de l'acte à l'enregistrement.

Il peut arriver que l'agent de poursuites ne trouve au domicile du contribuable, poursuivi par voie de saisie, que des objets non saisissables. Il se contente alors de rédiger un procès-verbal dit de *carence*, en présence de deux témoins. Le percepteur ne doit pas du reste attendre l'exécution de la saisie pour arrêter les poursuites à l'égard

---

(1) A défaut de cette formalité dans les délais prescrits, les frais de garde et les délais pour la vente ne courrent que du jour où la notification est effectuée.

des contribuables dont l'insolvabilité est notoire. Afin d'éviter des frais qui tombent nécessairement en non-valeurs, il doit surseoir aux poursuites dès qu'il a acquis la certitude qu'il n'existe aucun moyen d'obtenir payement. L'insolvabilité des contribuables est alors constatée par des certificats d'indigence délivrés par les maires ou adjoints des communes de leur résidence ou de leur dernier domicile connu. Les procès-verbaux de carence et les certificats d'indigence sont rédigés sur papier libre et exempts de la formalité de l'enregistrement.

Vente. — La vente des objets saisis ne peut avoir lieu que huit jours au plus tôt après la clôture du procès-verbal de saisie (1) et en vertu d'une autorisation spéciale du sous-préfet.

Elle est annoncée, conformément aux dispositions du Code de procédure, un jour auparavant par quatre placards au moins, affichés l'un au lieu où sont les objets saisis, le second à la porte de la maison commune, le troisième au marché de la localité et, s'il n'y en a pas, au marché voisin, le quatrième à la porte de l'auditoire de la justice de paix. Si la vente se fait dans un lieu autre que le marché ou l'endroit où se trouvent les objets saisis, un cinquième placard doit être affiché au lieu de la vente. La vente doit, en outre, être annoncée dans les journaux locaux, s'il en existe, et déclarée au bureau de l'enregistrement dans les conditions ordinaires, s'il s'agit d'une vente de meubles.

Elle est faite, dans les formes prescrites par le Code de procédure, par les huissiers ou les porteurs de contraintes, sauf dans les villes où il existe des commissaires-priseurs. Elle doit avoir lieu, en principe, dans la commune où se trouvent les objets saisis, aux jours et heures

---

(1) Néanmoins, ce délai peut être abrégé avec l'autorisation du sous-préfet, lorsqu'il y a lieu de craindre le dépérissement des objets.

ordinaires des marchés ou un dimanche. Les huissiers, les porteurs de contraintes et les commissaires-priseurs sont tenus, sous leur responsabilité, de discontinuer la vente aussitôt que le produit en est suffisant pour solder le montant des contributions et les frais de poursuites.

Il est rédigé un procès-verbal distinct pour chacune des vacations employées à la vente, en la forme ordinaire des exploits. Tous les actes rédigés pour parvenir à la vente sont assujettis au timbre et à l'enregistrement dans les mêmes conditions que les procès-verbaux de saisie. Toutefois, la formalité de l'enregistrement n'est jamais donnée gratis en ce qui concerne les procès-verbaux des vacations de la vente.

Cas particuliers. — Dans quelques cas particuliers, le percepteur est exceptionnellement autorisé, dans l'intérêt du Trésor, à agir contre les contribuables retardataires, sans se conformer rigoureusement aux règles de procédure qui viennent d'être exposées.

Lorsqu'il est averti d'un commencement d'enlèvement furtif de meubles ou de fruits, il a le droit, s'il y a déjà eu commandement, de faire procéder immédiatement, sans attendre le délai de trois jours, à la saisie-exécution par un huissier ou par un porteur de contraintes. Si le commandement n'a pas été fait, le percepteur établit d'office, soit au domicile du contribuable, soit dans le lieu où existe le gage de l'impôt, un gardien chargé de surveiller, sans toutefois pouvoir s'y opposer, l'enlèvement des meubles et de lui faire connaître le lieu où ils ont été déposés ; les poursuites doivent alors commencer sous trois jours au plus tard.

Des circonstances particulières peuvent même, accidentellement, donner au percepteur le droit de faire pratiquer, sans commandement préalable, afin d'empêcher la disparition du gage du Trésor, une saisie-exécution, dite alors *saisie foraine*, par exemple, lorsqu'un colporteur est sur le point de quitter une commune sans avoir payé sa patente. Mais, à défaut de commandement préalable, la saisie foraine ne peut être exécutée qu'en vertu d'une permission du président du tribunal ou du juge de paix, et il ne peut être ensuite procédé à la vente qu'après que la saisie a été déclarée valable par le tribunal.

Le contribuable domicilié hors du ressort de la perception où il est imposé et qui n'y a pas de représentant peut être poursuivi par le percepteur de la commune de son domicile. Le receveur des finances de l'arrondissement où le contribuable est imposé délivre alors une contrainte, dite *contrainte extérieure*, qu'il transmet par la voie hiérarchique au percepteur de la commune du domicile, pour qu'il en fasse opérer le recouvrement dans les formes ordinaires.

VII. — Apurement définitif des rôles et prescriptions

L'apurement définitif des rôles dont les percepteurs ont pris charge doit avoir lieu dans le délai de trois ans à compter du 1er janvier de l'année pour laquelle ils ont été émis. En d'autres termes, avant le 31 décembre de la troisième année à partir de l'ouverture de l'exercice, les percepteurs doivent avoir versé intégralement dans les caisses du Trésor, soit en argent, soit en ordonnances de décharge, le montant des rôles dont le recouvrement leur a été confié. S'il subsiste à cette date un arriéré, ils sont tenus d'en couvrir le Trésor de leurs deniers personnels. Les règlements imposent même aux receveurs des finances, dans les arrondissements de sous-préfectures et au trésorier général, pour l'arrondissement chef-lieu, de faire au Trésor l'avance des cotes ou portions de cotes restant à recouvrer au 30 novembre de la deuxième année de l'exercice, sauf à ces comptables supérieurs à se rembourser de cette avance, au moyen des versements faits par les percepteurs dans la période comprise entre le 30 novembre de la deuxième année et le 31 décembre de la troisième année de l'exercice. Les percepteurs peuvent, après le 31 décembre de la troisième année, poursuivre pour leur compte le recouvrement des cotes arriérées qu'ils ont dû couvrir de leurs deniers personnels, mais, sous la condition expresse qu'ils n'aient pas laissé passer sans faire de poursuites contre le contribuable retardataire trois ans à compter du jour où les rôles ont été émis, ou, s'ils ont commencé les poursuites, qu'ils ne les aient pas abandonnées pendant le même laps de temps. Passé ce délai, la prescription est définitivement acquise au redevable.

Mais il eût été contraire à l'équité d'obliger un comptable à payer, au lieu et place des contribuables, les cotes indûment imposées ou irrécouvrables qu'il lui est impossible de faire rentrer. Les percepteurs sont donc autorisés à présenter, pour en obtenir la décharge ou la remise par les voies de droit, des *états de cotes indûment imposées* et des *états de cotes irrécouvrables*.

Les états de cotes indûment imposées comprennent toutes les cotes qui paraissent au percepteur constituer un faux ou un double emploi, mais seulement lorsqu'il s'agit de contribuables qui ne pourraient réclamer eux-mêmes. Ces états constituent donc de véritables demandes en décharge ou réduction, et ils doivent être présentés dans les trois mois de la publication du rôle ; ils sont instruits dans les mêmes formes que ces demandes (1) et jugés par le même tribunal (conseil de préfecture).

---

(1) Il convient simplement de remarquer que les états de cotes indûment imposées ne peuvent jamais donner lieu à la formalité du dépôt à la préfecture ou à la sous-préfecture, ni faire l'objet d'une expertise.

Quant aux états de cotes irrécouvrables, les percepteurs y portent toutes les cotes ou portions de cotes dont le payement n'a pu être obtenu par suite de l'insolvabilité du redevable; ils sont donc analogues aux demandes en remise ou modération. Ces états doivent être déposés à la préfecture ou à la sous-préfecture, avant le 1er avril de l'année qui suit celle à laquelle ils se rapportent. En cas de présentation hors délai, le ministre et, dans certains cas, le préfet peut relever les percepteurs de la déchéance encourue. De même que les demandes en remise, les états de cotes irrécouvrables sont instruits par le contrôleur, examinés par le directeur et jugés par le préfet, sauf recours au ministre.

DEUXIÈME PARTIE

ENREGISTREMENT, DOMAINE ET TIMBRE

Les impôts, dont l'administration de l'enregistrement, des domaines et du timbre est chargée d'assurer l'assiette et le recouvrement, sont :

Les droits d'enregistrement proprement dits ;
Les droits de timbre ;
Les taxes sur les contrats d'assurance, sur les valeurs mobilières françaises et étrangères, sur les congrégations religieuses, l'impôt sur les opérations de Bourse ;
Les droits de greffe ;
Les droits d'hypothèque ;
Enfin la même administration est chargée de percevoir les produits du domaine de l'Etat.

Le produit de l'ensemble de ces impôts est évalué, dans le budget de 1911, à la somme totale de 1.152.672.000 francs, dont 773 millions environ proviennent des droits d'enregistrement à proprement parler, 253 millions des droits de timbre, 4 millions et demi des taxes sur les capitaux assurés, 102 millions et demi des impôts sur les valeurs mobilières, 12.500.000 francs de l'impôt sur les opérations de Bourse et 12.600.000 francs des droits d'hypothèque.

Quant au domaine, il procurera à l'Etat 68 millions et demi de ressources en 1911. Les forêts rapporteront

33 millions et demi, les revenus du surplus du domaine, les produits des recouvrements de rentes et de créances, des aliénations d'immeubles, des successions en déshérence sont évalués à 35 millions.

En résumé l'administration de l'enregistrement fait rentrer dans la caisse du Trésor une somme de plus d'un milliard; elle recouvre environ le quart des ressources normales de l'Etat.

TITRE PREMIER

ENREGISTREMENT

CHAPITRE PREMIER

ASSIETTE DES DROITS

1. — Généralités

Définition de l'enregistrement. — L'enregistrement consiste à analyser ou à reproduire sur un registre tenu par un fonctionnaire de l'Etat, soit des actes, soit des déclarations, et à percevoir, à cette occasion, quand il y a lieu, les droits fixés par la loi.

La formalité de l'enregistrement a un double objet : donner aux actes date certaine ou en assurer la conservation suivant les cas, et percevoir un impôt.

Les règles fondamentales en matière d'enregistrement se trouvent contenues dans la loi du 22 frimaire an VII, qui a été successivement modifiée par un grand nombre de lois (1), mais dont les principes généraux sont encore en vigueur (2).

---

(1) Les principales de ces lois sont : les lois du 6 prairial an VII, 27 ventôse an IX, 28 avril 1816, 15 mai 1818, 16 juin 1824, 21 avril 1832, 24 mai 1834, 25 juin 1841, 18 mai 1850, 8 juillet 1852, 23 juin 1857, 11 juin 1859, 13 mai 1863, 27 juillet 1870, 23 août 1871, 16 septembre 1871, 28 février 1872, 30 décembre 1873, 19 février 1874, 21 juin 1875, 28 décembre 1880, 23 octobre 1884, 3 novembre 1884, 28 décembre 1884, 26 décembre 1890, 26 janvier 1892, 28 avril 1893, 25 février 1901, 26 décembre 1908, 8 avril 1910.

(2) Les droits d'enregistrement ont été établis par la loi des

Ces diverses lois fixent la quotité des droits exigibles. Mais le tarif ne comprend que le principal de l'impôt. Certains suppléments de taxe sont perçus, au profit de l'Etat, sous la forme de décimes additionnels. — Les décimes, en matière d'enregistrement, sont aujourd'hui au nombre de deux et demi. Toutefois, la loi du 25 février 1901 a remanié les tarifs applicables aux mutations par décès et aux donations entre vifs de telle façon que les décimes sont actuellement incorporés au principal en ce qui concerne les actes ou les déclarations de l'espèce.

L'enregistrement est obligatoire pour certains actes ; en outre, certaines mutations sont assujetties à l'impôt même à défaut d'actes et font l'objet de déclarations.

Naturellement, les conditions dans lesquelles l'enregistrement est effectué diffèrent suivant qu'il s'agit d'actes ou de mutations imposables sans acte.

I. — **Enregistrement des actes.** — Les actes présentés à l'enregistrement ne sont pas transcrits littéralement, mais simplement analysés sur les registres. Le receveur s'assure que les prescriptions de la loi relatives à la forme des actes sont minutieusement observées ; il cote et parafe chacun d'entre eux et, au pied, fait mention de l'enregistrement. On dit que *la formalité est donnée* à un acte lorsque le receveur s'est conformé à ces diverses règles.

5-19 décembre 1790 ; ils ont succédé à diverses taxes perçues sous l'ancien régime, dont les principales étaient les droits de contrôle, d'insinuation et de centième denier. Le contrôle consistait dans la relation, sur un registre, des actes et contrats. Limité d'abord à un certain nombre d'actes, il fut étendu successivement à tous les actes authentiques ou sous seing privé. L'insinuation correspondait à peu près à notre transcription hypothécaire actuelle. Quant au droit de centième denier, il s'appliquait à toutes les mutations d'immeubles à titre gratuit ou onéreux, avec ou sans titre, à l'exception des successions ou donations en ligne directe. En dehors de ces impôts perçus au profit du Trésor royal, il existait de nombreux droits féodaux, qui ont été purement et simplement abrogés par la Convention.

L'enregistrement n'est pas obligatoire pour tous les actes indistinctement. Il convient, à cet égard, de les diviser en deux grandes catégories : d'une part, les actes civils publics, judiciaires et extrajudiciaires ; d'autre part, tous les autres actes, c'est-à-dire les actes de l'état civil, administratifs et sous seing privé.

Actes civils publics, judiciaires et extrajudiciaires. — Tous les actes civils publics, judiciaires et extrajudiciaires sont, à moins d'exemption formelle, soumis à l'enregistrement.

L'acte civil public est celui qui est rédigé par un notaire dans les formes requises par la loi. Le ministère du notaire est obligatoire dans un certain nombre de cas, notamment pour les contrats d'adoption, de donation entre vifs, de mariage, d'hypothèque. Même sans la formalité de l'enregistrement, l'acte civil public est authentique, c'est-à-dire qu'il a date certaine et qu'il fait foi non seulement entre les parties, mais à l'égard des tiers. En dehors de la perception de l'impôt, l'enregistrement de ces actes a donc simplement pour but d'en assurer plus complètement la conservation en permettant de se servir au besoin de la relation de l'acte sur le registre comme d'un commencement de preuve par écrit.

Les actes judiciaires sont des actes émanant de l'autorité judiciaire ou des greffes des tribunaux. Ils ont par eux-mêmes le caractère d'authenticité, et, comme dans le cas précédent, l'enregistrement n'a guère d'autre objet que la perception d'un impôt.

Les actes extrajudiciaires, qu'il n'est pas possible de définir et dont on trouve l'énumération dans l'instruction n° 2433 (1), comprennent notamment les exploits, significations, saisies, procès-verbaux, protêts, etc. L'objet de

---

(1) Dans le langage courant, on entend par actes extrajudiciaires les actes des huissiers et autres officiers publics ayant le pouvoir de rapporter des procès-verbaux ou de faire des exploits.

l'enregistrement, à leur égard, est, dans tous les cas, de leur donner date certaine. Par exception aux règles générables en matière d'enregistrement, les exploits et les procès-verbaux entre particuliers (1) non enregistrés sont, en vertu d'une disposition expresse de la loi, déclarés nuls, et les contrevenants sont responsables de cette nullité envers les parties.

Tous ces actes reçoivent la formalité sur les minutes, brevets ou originaux.

Actes administratifs et sousseing privé. — En dehors des actes ci-dessus énumérés, *tous les autres actes, les actes administratifs et les actes sous seing privé ne sont assujettis à l'enregistrement que dans les cas spécifiés par la loi.*

Les actes administratifs sont ceux qui émanent d'une autorité administrative et qui ont pour objet un acte d'administration. Ne sont soumis obligatoirement à l'enregistrement que ceux de ces actes qui sont énumérés à l'article 78 de la loi du 15 mai 1818, c'est-à-dire les actes portant transmission de propriété, d'usufruit et de jouissance, les adjudications ou marchés de toute nature, les cautionnements relatifs à ces actes. Les actes administratifs sont enregistrés sur les minutes comme les actes civils publics et les actes judiciaires. L'objet de la formalité est d'ailleurs le même.

Les actes sous seing privé sont des actes signés des parties seulement (2). Ils ne doivent être obligatoirement présentés à la formalité que : 1° lorsqu'ils constatent des

---

(1) Par ce terme de *procès-verbaux entre particuliers*, il faut entendre tous les procès-verbaux qui n'ont pas pour effet de mettre en jeu l'action publique. En règle générale, le défaut d'enregistrement n'est pas une cause de nullité pour un procès-verbal dont l'objet est de constater un délit ou une contravention.

(2) Les actes passés à l'étranger ou dans les colonies où l'enregistrement n'est pas établi sont, au point de vue fiscal, assimilés aux actes sous seing privé.

mutations imposables sans acte ; 2° lorsqu'ils sont produits en justice ou mentionnés dans un acte public ; 3° lorsqu'ils ont pour objet des transmissions d'offices.

Une loi spéciale a, en effet, expressément stipulé que les actes sous seing privé de cette nature devaient être soumis à l'enregistrement (1). — L'enregistrement des actes sous seing privé a pour effet de leur donner date certaine (2). — La formalité est donnée sur l'acte même. Lorsque, conformément aux dispositions de l'article 1325 du Code civil, il est fait plusieurs originaux d'un acte sous seing privé, les parties peuvent exiger que la mention de l'enregistrement soit inscrite sur chacun des originaux. Il va sans dire que le droit afférent au contrat n'est jamais payé qu'une fois.

Application des droits. — Les droits applicables aux actes présentés à la formalité sont réglés *d'après la nature des conventions* qui y sont contenues. Les préposés de l'enregistrement n'ont pas à se préoccuper des vices de forme ni des causes de nullité que les actes peuvent renfermer.

Pour déterminer la nature des conventions, ils ne doivent pas s'en rapporter à la qualification donnée à l'acte par les parties, mais ils ne doivent pas non plus présumer, par des interprétations abusives, l'existence de stipulations qui ne ressortiraient pas des termes du contrat. Ils sont tenus d'apprécier le *contenu réel* des actes. C'est la partie la plus délicate de leur tâche, et on ne saurait énoncer à ce sujet de règles absolues permettant la solution de tou-

---

(1) La loi du 25 juin 1841, relative aux transmissions d'offices, a même spécifié que ces conventions devaient toujours faire l'objet d'un acte. La règle ci-dessus énoncée rendant obligatoire l'enregistrement de ces actes, il en résulte que les mutations de l'espèce ne peuvent jamais échapper à l'impôt.

(2) Les trois moyens pour un acte sous seing privé d'acquérir date certaine sont : l'enregistrement, le décès de l'une des parties et la relation dans un autre acte ayant lui-même date certaine.

tes les difficultés particulières. Nous ne parlerons donc que des cas qui se présentent le plus fréquemment, en indiquant les principes généraux qui peuvent servir de guide aux agents.

Pluralité des dispositions. — Lorsque, dans un acte quelconque, il y a plusieurs dispositions indépendantes ou ne dérivant pas nécessairement les unes des autres, il est dû pour chacune d'elles et selon sa nature un droit particulier. Il n'a été dérogé à ce principe, posé dans la loi de frimaire, que par la loi du 26 janvier 1892 pour les jugements et arrêts, comme nous le verrons en parlant du droit fixe.

Effets des conditions. — Les conditions qui peuvent modifier la perception des droits sont : la condition suspensive et la condition résolutoire (1).

L'obligation contractée sous condition suspensive est celle qui dépend, soit d'un événement futur ou incertain, soit d'un événement actuellement arrivé mais encore inconnu des parties. Le droit auquel la convention se trouve tarifée n'est perçu que si l'événement auquel est subordonné l'effet du contrat se réalise. Le salaire de la formalité, sous la forme d'un droit fixe, est en principe seul exigible au moment de la présentation de l'acte à l'enregistrement (2).

La condition résolutoire est celle qui, lorsqu'elle s'accomplit, opère la révocation de l'obligation et remet les choses au même état que si l'obligation n'avait pas existé.

---

(1) La stipulation d'un terme, qu'on trouve dans beaucoup d'obligations, n'est pas une condition. Le terme ne suspend point l'engagement; il en retarde seulement l'exécution et, par conséquent, n'a pas d'effet sur l'assiette des droits.

(2) L'exception la plus remarquable qui ait été apportée à cette règle concerne les *ouvertures de crédit*. Lorsque ces actes, qui représentent des obligations sous condition suspensive, sont soumis à l'enregistrement, il est perçu un droit spécial. Lors de la réalisation du crédit, on exige simplement un complément d'impôt (Voir loi du 23 août 1871.)

Elle ne suspend donc point l'exécution du contrat et, par suite, les droits sont exigibles sur un acte qui contient une condition résolutoire, selon les règles ordinaires. La seule question qui se pose est de savoir si, lors de l'échéance de la condition, il peut y avoir lieu à restitution ou à perception d'un nouveau droit.

La restitution paraîtrait conforme à l'équité, le contrat primitif se trouvant annulé. Mais la loi de frimaire a posé ce principe que tout droit d'enregistrement perçu régulièrement ne peut être restitué, quels que soient les événements ultérieurs, sauf les exceptions prévues par la loi. En règle générale, il n'y a donc pas lieu à restitution.

En ce qui concerne la perception d'un nouveau droit, il faut distinguer selon que la résolution est volontaire ou forcée. Toutes les fois que la résolution est volontaire, on doit percevoir un nouveau droit. Lorsque, au contraire, elle est forcée, il faut examiner si elle résulte d'une clause expresse du contrat, ou si elle est simplement motivée par l'inexécution des conditions. Dans le premier cas la résolution est un des effets du contrat primitif et, par suite, ne donne pas ouverture à un nouveau droit. Dans le deuxième cas, il est de règle qu'un second droit n'est exigible que lorsque l'acquéreur est entré en jouissance.

11. — **Mutations imposables sans acte.** — Ainsi que nous l'avons vu, certaines mutations doivent, lorsqu'elles ne sont pas constatées par un acte, faire l'objet de déclarations, qui sont reçues dans les bureaux d'enregistrement et résumées sur des registres.

Il ne saurait être question, dans ce cas, de *donner la formalité*, puisque l'acte même fait défaut.

Les mutations imposables sans acte sont :

1° Les transmissions par décès de biens meubles et immeubles ;

2° Les transmissions entre vifs, en propriété, usufruit

ou jouissance de biens immeubles. Toutefois, la loi exempte de la déclaration les locations verbales ne dépassant pas trois ans et dont le prix annuel n'excède pas 100 francs, à moins que le même bailleur n'ait consenti plusieurs locations verbales de cette catégorie dont le prix cumulé excède 100 francs annuellement (1) ;

3° Les cessions de fonds de commerce ou de clientèle.

Application des droits. — Les receveurs de l'enregistrement appliquent les droits *d'après la nature des mutations* en tenant compte, s'il y a lieu, des conditions suspensives ou résolutoires qui peuvent en modifier les effets.

II. — Division des droits d'enregistrement

Droits d'acte et droits de mutation. — On voit par ce qui précède que l'enregistrement peut être obligatoire, soit en raison de la forme de l'acte, soit en raison de la nature du contrat. C'est ce qui explique la division fréquemment adoptée des droits d'enregistrement en droits d'actes et droits de mutation. Le droit de mutation est le droit exigible sur toutes les transmissions, imposables même à défaut d'acte ; le droit d'acte est celui qui porte sur tous les actes contenant autre chose que des mutations assujetties à une déclaration.

Droits fixes et proportionnels. — Mais nous ne nous arrêterons pas, pour le moment, à cette division qui, fondée sur le caractère des conventions soumises aux droits et sur les formes qu'elles revêtent, ne tient pas compte de la nature même de l'impôt et de son mode d'assiette.

---

(1) Les locations d'appartement meublés sont également exemptées de la déclaration.

Nous aurons simplement l'occasion de la rappeler au cours des développements qui vont suivre.

Pour différencier les droits d'enregistrement, nous utiliserons la distinction contenue dans la loi de frimaire et qui est la base de la législation.

« Les droits d'enregistrement, dit la loi, sont *fixes* ou *proportionnels*, suivant la nature des actes et mutations qui y sont assujettis » (Article 2).

« Le droit fixe s'applique aux actes qui ne contiennent ni obligation, ni libération, ni condamnation, ni collocation ou liquidation de sommes et valeurs, ni transmission de propriété, usufruit ou jouissance de biens meubles ou immeubles » (Article 3).

« Le droit proportionnel est établi pour les obligations, libérations, condamnations, collocations ou liquidations de sommes et valeurs et pour toute transmission de propriété, d'usufruit et de jouissance de biens meubles et immeubles, soit entre vifs, soit par décès » (Article 4).

A l'origine, quand la loi de frimaire a été promulguée, ces définitions étaient rigoureusement exactes, en ce sens qu'il n'y avait d'autres droits d'enregistrement que les droits fixe et proportionnel, que le droit fixe était exigible sur tous les actes énumérés à l'article 3, que le droit proportionnel était perçu dans tous les cas prévus à l'article 4. Mais les lois intervenues depuis l'an VII, en modifiant successivement les dispositions de la loi organique, en ont, par le fait même, altéré l'économie.

D'une part, certains actes qui, par la nature des conventions qu'ils renferment, devraient supporter le droit proportionnel ont été, comme nous le verrons plus loin, assujettis au droit fixe par mesure d'exception (résiliement pur et simple dans les vingt-quatre heures d'une vente d'immeubles ; marchés et traités réputés actes de commerce, etc.).

D'autre part, des modifications plus profondes ont été

apportées à la division des droits, telle que nous venons de l'exposer, par la loi du 28 février 1872, remaniée elle-même par la loi du 28 avril 1893, et par la loi du 26 janvier 1892. — La loi du 28 février 1872 a créé un droit nouveau, appelé droit fixe gradué, applicable à toute catégorie d'actes qui étaient antérieurement soumis au droit fixe. Les droits gradués ont été supprimés par la loi du 28 avril 1893, et remplacés par des droits proportionnels dont le taux est réduit et qui, assis selon des règles spéciales, se distinguent nettement des anciens droits proportionnels. — La loi du 26 janvier 1892, relative à la réforme des frais de justice, a superposé aux anciens droits de condamnation, collocation et liquidation, qu'elle a conservés en les modifiant, une nouvelle taxe proportionnelle de 25 centimes pour cent. Cette taxe s'applique aux adjudications de meubles et d'immeubles prononcées par jugement ou renvoyées devant notaire commis, et à tout jugement ou arrêt homologuant un partage ou un état liquidatif. Elle est perçue indépendamment des droits existants, quelle qu'en soit la nature. Elle vient donc s'ajouter parfois à des droits proportionnels, exigibles par exemple dans le cas d'adjudication, parfois aux droits réduits qui sont dus à raison du partage, jadis soumis au droit fixe sous l'empire de la loi organique.

On voit donc que, si l'on veut exposer dans son ensemble la législation actuelle de l'enregistrement, il ne faut pas s'en tenir à la classification de la loi de frimaire, qui est devenue aujourd'hui incomplète et même inexacte. On doit distinguer les droits d'enregistrement en trois classes, savoir :

1° Les droits fixes ;

2° Les droits proportionnels, qui, depuis la loi du 26 janvier 1892, comprennent la taxe additionnelle de 25 centimes pour cent dont il vient d'être question :

3° Les droits proportionnels réduits.

Nous étudierons successivement l'assiette de ces trois catégories de droits.

III. — Droit fixe.

Définition, quotité. — On entend par droit fixe le droit dont la quotité établie par la loi est invariable, quelle que soit l'importance des intérêts que les actes aient pour objet de régler, et se détermine d'après la nature de ces actes.

Le taux des droits fixe varie suivant le degré d'utilité des conventions. Le tarif a été fixé pour la première fois par la loi de frimaire, mais il a été depuis modifié par quelques-unes des lois dont nous avons donné l'énumération et dont il suffit de consulter le texte. Nous ne saurions, sans sortir du cadre de notre travail, entrer dans de plus amples détails à ce sujet.

Actes soumis au droit fixe. — *En principe*, les droits fixes s'appliquent aux actes dénommés dans l'article 3 de la loi du 22 frimaire an VII. On en commente habituellement les termes en disant que le législateur a entendu soumettre au droit fixe les actes qui ne peuvent donner lieu au droit proportionnel parce qu'ils ne contiennent aucun mouvement de valeurs. On ajoute qu'en règle générale tous les actes qui ont un caractère *déclaratif* de droits ou de propriété sont assujettis au droit fixe, qu'inversement tout acte contenant mutation de valeurs, tout acte *attributif* de propriété est passible du droit proportionnel. On arrive ainsi à établir une règle dont la précision, la simplicité, la logique même, sont indiscutables, mais qui a le grand défaut de ne pas répondre à la réalité des choses.

Qu'entend-on, en effet, par « actes qui ne contiennent aucun mouvement de valeurs », par « actes déclaratifs », et, d'autre part, qu'entend-on par « actes attributifs » ? Si les mêmes faits, en droit fiscal comme en droit civil, déterminaient les mutations de valeur et si, de la sorte, toutes les fois qu'un acte est, au regard du droit civil, soit déclaratif, soit attributif de propriété, il devait être soumis au droit fixe ou proportionnel d'enregistrement selon les cas, la distinction serait parfaite.

Mais il faut remarquer que les règles du Code civil, établies postérieurement à la loi du 22 frimaire an VII, ne concordent pas toujours avec les principes en vigueur au moment de la rédaction de cette loi. Il en résulte que des faits qui, au point de vue du droit civil, sont considérés comme déclaratifs de droits ou de propriété sont, au point de vue du droit fiscal, attributifs de propriété et réciproquement. On peut citer des exemples multiples. Ainsi, les actes de partage sont toujours envisagés par le Code civil comme déclaratifs, quand bien même il y a soulte ; au contraire, d'après la loi du 22 frimaire an VII, l'allocation d'une soulte constitue une mutation passible du droit proportionnel. Les collocations ou liquidations qui sont expressément tarifées au droit proportionnel sont le plus souvent, en droit civil, des actes déclaratifs, etc. En un mot, il existe des contradictions assez fréquentes entre le Code civil et la législation de l'enregistrement.

Ainsi, déjà sous l'empire de la loi de frimaire, avant même que la classification établie par les articles précités eût été modifiée, alors qu'il n'existait ni droit fixe gradué, ni droit proportionnel réduit, la distinction que l'on avait voulu établir était quelque peu factice. On comprend sans peine que les lois postérieures à la loi organique, et dont nous avons précédemment parlé, soient venues affaiblir encore la portée de la prétendue règle générale. Aussi, en présence des divergences entre notre droit civil et les principes de la loi de frimaire d'une part, en présence des exceptions nombreuses apportées à ces mêmes principes par les lois fiscales successivement intervenues d'autre part, doit-on renoncer à établir une distinction aussi simple et absolue entre les droits fixes et proportionnels.

Forcément, on doit se contenter de dire que *sont soumis au droit fixe les actes qui y sont tarifés par la loi de frimaire et par les lois subséquentes*, sans qu'on puisse chercher à les définir en une formule précise.

Nous nous bornerons à renvoyer le lecteur au texte de ces lois en faisant simplement remarquer que tous les actes, soit civils, soit judiciaires ou extrajudiciaires qui ne s'y trouvent pas dénommés et qui ne peuvent donner lieu au droit proportionnel sont soumis au droit fixe minimum.

Exigibilité du droit fixe. — *Les droits fixes sont toujours des droits d'actes.* Si l'on se reporte en effet aux divers textes de loi et notamment à l'article 3 de la loi de frimaire, on voit que le droit fixe s'applique aux *actes* ne contenant ni obligations, ni libérations, etc. Il ne saurait par conséquent être perçu quand les conventions qui y sont tarifées n'ont pas été constatées par écrit.

En un mot, les droits fixes ne sont dus que pour la formalité de l'enregistrement à donner aux actes. Ils ne sont perçus que si les actes sont, en raison de leur forme, obligatoirement soumis à l'enregistrement, ou si, de leur plein gré, les parties les font enregistrer.

Quand les actes sont présentés à la formalité, les receveurs, pour fixer les droits exigibles, doivent se conformer aux règles générales, dont les principales ont été indiquées plus haut. Ils doivent notamment percevoir autant de droits fixes distincts qu'il y a de dispositions indépendantes ou ne dérivant pas nécessairement les unes des autres.

Toutefois, l'article 11 de la loi du 26 janvier 1892 a abrogé ce principe en ce qui concerne les dispositions indépendantes des jugements et arrêts non sujettes au droit proportionnel. Il a en même temps spécifié qu'aucun droit fixe ne pourrait jamais être perçu sur un jugement ou un arrêt renfermant une ou plusieurs dispositions passibles du droit proportionnel.

Cet article de la loi de 1892 doit être interprété de la manière suivante :

Lorsqu'un jugement ou un arrêt contient une disposition donnant ouverture au droit proportionnel et, en outre, une ou plusieurs dispositions indépendantes qui eussent été passibles du droit fixe sous l'empire de la loi organique, ces dernières sont exemptes d'impôt.

Quand un jugement ou un arrêt ne contient aucune disposition sujette au droit proportionnel, il n'est dû qu'un seul droit fixe, quel que soit le nombre des dispositions indépendantes qu'il renferme ; c'est, le cas échéant, la disposition passible du droit le plus élevé qui doit être frappée, à l'exclusion de celles qui comportent un moindre tarif.

Il importe de remarquer que, si l'article 11 de la loi du 26 janvier 1892 s'applique à tous les jugements et arrêts, le bénéfice ne saurait en être étendu aux actes judiciaires qui n'ont pas le caractère de jugements, et notamment aux procès-verbaux d'enquête, d'interrogatoire, à la plupart des ordonnances des magistrats, etc.

IV. — Droit proportionnel

Définition, quotité, mode de calcul. — On entend par droit proportionnel le droit assis sur les sommes ou valeurs que les contrats ont pour objet.

Le taux des droits proportionnels varie suivant la nature des conventions. La quotité en a été fixée par l'article 69 de la loi du 22 frimaire an VII, modifié ou complété par les lois subséquentes (1), notamment par la loi du 25 février 1901.

La loi du 25 février 1901, qui comporte des réformes considérables, comptant parmi les plus importantes qui aient été introduites depuis le début du siècle dernier dans notre système fiscal, a profondément remanié la tarification applicable aux donations entre vifs et surtout aux mutations par décès. En ce qui concerne les donations entre vifs, le taux des droits a été notablement élevé et, comme nous l'avons indiqué, les décimes ont été supprimés ou pour mieux dire incorporés au principal. Les tarifs des mutations par décès ont été transformés dans un sens tout à fait nouveau, dans le sens de la progression. Afin de procurer au Trésor le supplément de ressources qui était nécessaire pour autoriser la déduction des dettes dans les successions et réaliser d'autres réformes dont nous parlerons, le gouvernement a proposé, le Parlement a adopté un tarif qui charge, dans une certaine mesure, les mutations par décès de quelque importance. Au lieu de maintenir des droits rigoureusement proportionnels pour toutes les successions, le législateur de 1901 a divisé l'échelle des fortunes en un certain nombre de tranches à chacune

(1) Voir en note, page 159, l'énumération de ces lois.

desquelles correspond un tarif particulier qui s'applique toujours quelle que soit la valeur totale des biens transmis. Ce n'est plus la proportionnalité mathématique, puisque le rapport entre l'ensemble des droits perçus et le montant de la succession n'est pas le même pour deux successions d'importance inégale. Ce n'est pas davantage la progression dans le véritable sens du mot, telle qu'elle existe dans certains pays étrangers, puisque l'impôt reste toujours proportionnel au sein d'une même tranche. C'est un système mixte, d'une modération et d'une équité indiscutables, que l'on peut appeler le système de la progression par tranches ou de la proportionnalité graduée (1) et qui apparaît comme un correctif tout juste suffisant aux charges que les droits fixes, les frais d'actes et de notaire font peser sur les petites successions.

Naturellement, en ce qui concerne le tarif même des droits fixés aussi bien par la loi de frimaire que par la loi de 1901 ou les lois intermédiaires, nous ne saurions entrer dans les détails et nous ne pouvons que renvoyer au texte de ces lois. Nous ajouterons seulement que le droit proportionnel suit les sommes et valeurs de vingt francs en

---

(1) Supposons le tarif suivant : de 1 à 10.000 francs 1 0/0 ; de 10.000 francs à 100.000 francs 2 0/0 ; de 100.000 francs à un million 3 0/0 ; au-dessus d'un million 4 0/0 :
Avec le système de la progression intégrale un contribuable aurait payé :
Pour un million à 3 0/0. . . . 30.000 fr. » d'impôt
Pour un million + 20 fr. à 4 0/0 . 40.000 fr. 80 —
Avec le système de la progression par tranches, il paierait :
Pour un million — 10.000 fr. à 1 0/0 . 100 fr. »
      90.000 fr. à 2 0/0 . 1.800 »
      900.000 fr. à 3 0/0 . 27.000 »
      Total . . . . 28.900 »
Pour un million + 20 fr. 10.000 fr. à 1 0/0. 100 »
      90.000 fr. à 2 0/0. 1.800 »
      900.000 fr. à 3 0/0. 27 000 »
      20 fr. à 4 0/0 . 0 80
      Total 28.900 80

vingt francs, inclusivement et sans fraction, c'est-à-dire que le calcul a toujours lieu sur le multiple de vingt francs égal ou immédiatement supérieur à la valeur imposable (1).

Le droit est calculé en forçant au centime au profit de l'Etat, et il ne peut être perçu moins de vingt-cinq centimes pour l'enregistrement des actes et mutations dont les sommes ou valeurs produiraient un droit moindre. Cette dernière règle doit être entendue en ce sens que le total des droits à percevoir sur l'ensemble des dispositions d'un même acte, et non sur chaque disposition indépendante, ne peut s'élever à moins de vingt-cinq centimes. Elle ne s'applique pas à certains actes particuliers pour lesquels le législateur a fixé des *minima* spéciaux. Tels sont notamment les jugements et arrêts, sur lesquels il doit être perçu, si le droit proportionnel produit une somme moindre, les *minima* fixés par l'article 17 de la loi du 26 janvier 1892. Telles sont encore les transmissions d'offices, pour lesquelles la loi du 25 janvier 1841 a spécifié que le droit ne pourrait dans aucun cas être inférieur au dixième du cautionnement.

Actes et mutations soumis au droit proportionnel. — Comme le droit fixe, le droit proportionnel est, *en principe*, perçu dans les cas prévus par la loi de frimaire. Pour les raisons que nous avons fait valoir en parlant du droit fixe, on ne saurait enfermer en une formule plus précise les actes et mutations soumis au droit proportionnel. Il serait en particulier tout à fait inexact de dire que ce droit s'applique aux *mutations de valeurs*, puisque le

---

(1) Afin de prévenir des excès de perception à l'occasion des petites successions, la loi du 30 mars 1902 (art. 11) dispose que le droit de mutation par décès suivra les sommes de franc en franc et non de 20 francs en 20 francs, lorsqu'il s'agira de parts nettes successorales ne dépassant pas 500 francs. Il en est de même pour les droits à percevoir sur les ventes et les échanges d'immeubles quand les sommes et valeurs imposables ne dépassent pas 500 francs (loi du 22 avril 1905, art. 4).

terme n'a pas le même sens en droit fiscal qu'en droit civil et que, d'autre part, des lois postérieures à la loi de frimaire ont expressément tarifé au droit fixe ou au droit réduit des contrats commutatifs, passibles du droit proportionnel d'après la loi organique.

Nous ne pouvons donc que compléter la définition que nous venons d'indiquer en disant que *sont assujettis au droit proportionnel les actes et mutations qui, soit par la nature des conventions qu'ils renferment, soit par leur objet, rentrent dans l'énumération de l'article 4 de la loi de frimaire et de l'article 16 de la loi du 26 janvier 1892 (droit proportionnel spécial), sauf les exceptions qui y ont été apportées* et dont nous citerons les principales : les résiliements purs et simples faits par actes authentiques dans les vingt-quatre heures des contrats résiliés, les ventes de navires, les marchés ayant pour objet la construction, la réparation et l'entretien des chemins vicinaux et ruraux, les marchés et traités réputés actes de commerce par les articles 632, 633 et 634 du Code de commerce, faits ou passés sous signature privée (1), sont enregistrés moyennant le payement d'un droit fixe ; les marchés dont le prix est payé directement par le Trésor sont soumis au droit réduit. Tous ces actes, contenant obligation ou transmission de valeurs, seraient cependant, d'après la loi de frimaire, passibles du droit proportionnel.

Nous ajouterons que ces exceptions sont de droit étroit. Il en résulte que tout acte qui, contenant mutation de valeurs *dans le sens du droit fiscal*, n'a pas été, en vertu d'une disposition expresse de la loi, soumis au droit fixe, et

---

(1) Les droits proportionnels, applicables en vertu de la loi de frimaire, doivent être perçus lorsqu'un jugement portant condamnation, collocation, liquidation ou reconnaissance, intervient sur ces marchés ou traités, ou qu'un acte public est fait ou rédigé en conséquence, mais seulement sur la partie du prix ou des sommes faisant l'objet soit du jugement, soit des dispositions de l'acte public (loi du 11 juin 1859).

qui, cependant, n'est pas atteint par un article spécial du tarif des droits proportionnels, est néanmoins assujetti au droit proportionnel, dont le taux est alors déterminé par analogie.

Exigibilité du droit proportionnel. — L'article 4 de la loi de frimaire, qui, sous les réserves mentionnées ci-dessus, règle les cas d'exigibilité du droit proportionnel, dispose que « le droit proportionnel est établi pour les obligations, libérations, etc. ».

Contrairement à ce qui est dit pour le droit fixe à l'article 3 de la même loi, le mot *acte* n'est pas prononcé dans cette définition. Il semblerait en résulter que le droit proportionnel serait dû, même à défaut d'acte, sur toutes les conventions dénommées à l'article 4. Mais nous avons donné d'autre part l'énumération *limitative* des mutations imposables, sans actes, qui sont : les transmissions par décès de biens meubles et immeubles, les mutations entre vifs de propriété, d'usufruit ou de jouissance de biens immeubles, les mutations de fonds de commerce. Dès lors, toutes les autres conventions, n'étant pas assujetties à une déclaration obligatoire, échappent à l'impôt tant qu'elles ne sont pas constatées par un acte qui, en raison de sa forme, soit soumis obligatoirement à l'enregistrement ou que les parties présentent volontairement à la formalité.

En résumé, suivant les cas, les droits proportionnels sont tantôt des droits d'actes, tantôt des droits de mutation.

Détermination des sommes ou valeurs imposables dans les actes ou mutations. — Les sommes ou valeurs imposables au droit proportionnel sont déterminées, en raison de la nature des actes ou mutations, d'après les considérations qui vont suivre. Nous parlerons d'abord des règles particulières applicables à certaines catégories d'obligations (créances à termes et autres actes obligatoires de même nature, contrats de rente viagère ou perpétuelle, marchés ou traités), — aux quittances et autres actes de libération, — aux actes judiciaires portant condamnation, collocation, liquidation ou transmission, — et aux cessions de fonds de commerce ou de clientèle. Nous exposerons ensuite les règles générales qui s'appliquent à toutes les transmissions de propriété, d'usufruit ou de jouissance de biens meubles et immeubles, à titre onéreux ou à titre gratuit, soit entre vifs, soit par décès.

I. — **Obligations.** — 1° Pour les créances à terme, leurs cessions et transports et autres actes obligatoires de même nature, le droit proportionnel est liquidé sur le capital exprimé dans l'acte et qui en fait l'objet. Il n'y a donc pas à tenir compte du prix de la cession ou du transport, qui peut être très différent du capital de l'obligation (1).

2° Pour les rentes perpétuelles ou viagères, il faut distinguer suivant que le contrat est passé *à titre onéreux* ou que la transmission a lieu *à titre gratuit*. — Dans le premier cas, les créations de rentes soit perpétuelles, soit viagères, ou de pensions, sont assujetties au droit proportionnel sur le capital constitué et aliéné, et il en est de même pour les cessions ou transports desdites rentes ou pensions et pour leur amortissement ou rachat, quel que soit le prix stipulé pour le transport ou l'amortissement. — Dans le second cas, les rentes et pensions et leurs transports ou amortissements sont imposés sur un capital formé de vingt fois la rente perpétuelle ou de dix fois la rente viagère ou la pension, sans qu'il y ait lieu de rechercher si la rente viagère ou la pension est créée sur un

---

(1) Cependant, pour les cessions et transports de créances qui ont lieu par voie d'adjudication judiciaire, soit devant un tribunal, soit devant un notaire commis, le droit proportionnel est liquidé sur le prix exprimé dans le procès-verbal d'adjudication.
La même règle est applicable aux cessions et transports de rentes et pensions par voie d'adjudication judiciaire.

ou plusieurs têtes. Une difficulté peut se présenter pour la détermination du capital, si la rente, au lieu d'être payable en deniers, est stipulée payable en nature. Les rentes et pensions sont alors évaluées de la même manière, estimation préalablement faite des objets dont elles se composent, soit d'après les mercuriales du marché le plus voisin, soit, à leur défaut, d'après la déclaration estimative des parties.

3° Pour les marchés ou traités passibles du droit proportionnel, le droit est assis sur le prix exprimé ou sur l'évaluation à faire par les parties des travaux ou fournitures qui font l'objet du contrat. Il porte non seulement sur le prix principal du marché, exprimé ou non en deniers, mais encore sur tous les avantages ou profits, susceptibles d'être évalués en argent, accordés par le contrat à l'adjudicataire, au soumissionnaire ou à l'entrepreneur (1).

II. — **Libérations.** — Pour les quittances et tous autres actes de libération, la valeur imposable au droit proportionnel est déterminée par le total des sommes ou capitaux dont le débiteur se trouve libéré.

III. — **Actes judiciaires portant condamnation, collocation, liquidation ou transmission.** — La loi du 22 frimaire an VII avait établi des droits proportionnels de condamnation, collocation et liquidation applicables aux actes judiciaires. La loi du 26 janvier 1892 a conservé ces impôts, dont elle a modifié le taux ; elle a créé, en outre, un nouveau droit proportionnel de 25 centimes pour 100 dont il a

---

(1) Il a été décidé dans ce sens que le prix d'un marché passé par une commune avec un entrepreneur de distribution d'eau, et ayant pour objet à la fois les travaux que l'entrepreneur s'obligeait à effectuer et la fourniture d'une certaine quantité d'eau à la ville pendant la durée de la concession, consistait non seulement dans la redevance payable par la ville pour fourniture d'eau, mais encore dans l'octroi du privilège accordé à l'entrepreneur, à l'exclusion de tout autre, de conduire et de distribuer les eaux au moyen de conduites placées sous le sol des voies publiques communales. (Cass. civ. 5 février 1889 et 20 mai 1892).

déjà été question, et qui frappe certains actes nommément désignés.

Les droits de condamnation, collocation et liquidation, dont la quotité est fixée par la loi de 1892, sont liquidés de la manière suivante :

1° Pour les jugements, sentences d'arbitres et arrêts des cours d'appel, d'après le montant des condamnations ou liquidations prononcées, et des intérêts, abstraction faite, par conséquent, des dépens liquidés ou non.

Le droit n'atteint que les condamnations ou liquidations de sommes ou valeurs mobilières. Il n'est pas dû pour les condamnations d'amendes au profit de l'Etat, ni pour les confiscations prononcées sur les poursuites des préposés des douanes.

Lorsque le droit a été acquitté sur un jugement rendu par défaut, la perception sur le jugement contradictoire qui peut intervenir n'a lieu que sur le supplément des condamnations, collocations ou liquidations. Il en est de même pour les jugements et arrêts rendus sur appel. Mais ces derniers jugements et arrêts, indépendamment du droit proportionnel, applicable à ce supplément, s'il y a lieu, sont frappées d'une taxe additionnelle de 0 fr. 50 pour 100, d'une part, en cas de sentence confirmative, sur le montant des condamnations, collocations ou liquidations *confirmées*, d'autre part, en cas de sentence infirmative, sur le total des condamnations, collocations ou liquidations *prononcées*.

2° Pour les ordres et contributions, faillites et liquidations judiciaires, d'après le montant des sommes *mises en distribution*, à l'exclusion, par conséquent, de celles qui peuvent être réservées pour désintéresser les créanciers contestés et sur lesquelles l'impôt ne doit être perçu qu'au moment de leur distribution effective.

La taxe additionnelle créée par la loi du 26 janvier 1892

n'est assise que sur les actes énumérés ci-dessous et dans les conditions suivantes :

1° Sur les jugements ou procès-verbaux judiciaires portant adjudication de meubles ou d'immeubles, d'après le prix augmenté de toutes les charges, dans lesquelles on ne doit pas comprendre les droits sur le jugement d'adjudication.

Cette taxe spéciale est indépendante, comme nous l'avons dit, des droits de toute nature auxquels le procès-verbal ou le jugement d'adjudication peut donner ouverture à raison de la mutation qu'il constate, et dont nous verrons l'économie en parlant des transmissions de biens meubles et immeubles (1). Elle ne porte que sur les ventes qui ont lieu à la barre ou devant un notaire commis et délégué par le tribunal. Les ventes au-dessous de deux mille francs, c'est-à-dire les ventes pour lesquelles, en cas d'adjudication par lots, le prix cumulé des lots n'atteint pas deux mille francs, en sont affranchies.

2° Sur les jugements et arrêts prononçant l'homologation d'un partage ou d'un état liquidatif, d'après l'actif net partagé ou liquidé. Toutefois, si les états liquidatifs ou partages homologués comprennent le prix de meubles ou d'immeubles ayant supporté le droit proportionnel établi sur les adjudications à la barre ou devant un notaire commis (voir paragraphe précédent), ces prix doivent être déduits de l'actif net pour le calcul de la taxe de **0 fr. 25 pour 100**.

Cette taxe est indépendante des droits de toute nature auxquels l'état liquidatif ou le partage peut donner ouverture en exécution des lois en vigueur, tels que le droit

---

(1) Nous verrons que le droit de mutation n'est exigible, dans les adjudications prononcées au profit d'un colicitant, que sur la partie du prix représentant les parts acquises par l'adjudicataire. Il n'en est pas de même pour le droit proportionnel établi par la loi du 26 janvier 1892 ; ce droit porte, dans tous les cas, sur la totalité du prix, sans qu'il y ait lieu d'en déduire la part revenant au colicitant.

proportionnel sur les soultes, le droit proportionnel réduit, substitué au droit fixe gradué, etc.

Droit de titre. — Indépendamment des droits proportionnels dont il est question ci-dessus, les actes et jugements qui viennent d'être énumérés peuvent motiver la perception d'un droit particulier appelé *droit de titre*, toutes les fois que la décision rendue est fondée sur une demande établie par un titre non enregistré et susceptible de l'être, ou sur une convention verbale dont elle reconnaît l'existence et ordonne l'exécution. Ce droit est le même que celui auquel l'objet de la demande aurait donné lieu, s'il avait été convenu par acte public (1).

IV. — **Cessions à titre onéreux de fonds de commerce ou de clientèle.** — Aux termes de l'article 7 de la loi du 28 février 1872, le droit proportionnel sur les mutations de propriétés à titre onéreux de fonds de commerce ou de clientèle doit être liquidé sur le prix de la vente de l'achalandage, de la cession du droit au bail et des objets mobiliers ou autres servant à l'exploitation du fonds. Toutefois, les marchandises neuves garnissant le fonds ne sont assujetties qu'à un droit proportionnel réduit (0 fr. 50 pour 100 au lieu de 2 pour 100), à la condition qu'il soit stipulé pour elles un prix particulier et qu'elles soient désignées et estimées, article par article, dans le contrat ou dans la déclaration.

Les prix qui servent de base à la perception du droit proportionnel sont les prix énoncés dans l'acte, s'il en existe un, et, en l'absence d'acte, les prix résultant des déclarations détaillées et estimatives auxquelles les parties sont tenues.

---

(1) Par exemple, un jugement qui condamne un particulier à payer à un entrepreneur le prix de travaux exécutés pour son compte en vertu d'une convention verbale, donne ouverture non seulement au droit de condamnation, mais encore au droit de marché, qui doit être perçu comme si le traité passé entre les intéressés était relaté dans un acte soumis à l'enregistrement. — C'est ce second droit qui est qualifié droit de titre.

V. — **Transmissions de propriété**. — Il y a lieu de distinguer suivant que la transmission est opérée à titre onéreux ou à titre gratuit.

1° *Transmissions à titre onéreux*. — Les ventes et autres transmissions de propriétés de biens meubles ou immeubles à titre onéreux sont imposées au droit proportionnel sur le prix exprimé et le capital des charges qui peuvent s'ajouter au prix; ces charges doivent, à défaut d'autre indication, faire l'objet d'une déclaration estimative des parties.

Par exception, lorsqu'il s'agit d'une licitation, soit d'immeubles, soit d'objets mobiliers, et que les biens sont adjugés à l'un des copropriétaires indivis, le droit proportionnel n'est perçu que sur la *partie du prix* représentant les parts acquises par le colicitant. De même, les adjudications à la folle enchère ou à la suite d'une surenchère de biens meubles ou immeubles, ne sont assujetties au droit proportionnel que sur la *partie du prix* qui excède celui de la précédente adjudication, à la condition toutefois que l'impôt ait été perçu sur l'adjudication primitive (1).

2° *Echange*. — Au cas où la transmission a lieu par voie d'échange, le droit proportionnel est assis dans des conditions différentes.

Si l'échange ne porte que sur des biens meubles, l'impôt est liquidé, au taux fixé pour les ventes d'objets mobiliers, sur la valeur, déclarée par les parties, du plus fort des lots échangés. L'échange d'un immeuble contre des meubles est également considéré comme une vente, et le droit est assis de la même manière; mais il est perçu d'après le taux applicable aux transmissions immobilières.

---

(1) Lorsqu'une adjudication déjà frappée de surenchère est présentée à l'enregistrement, on ne perçoit que le droit fixe représentant le salaire de la formalité. Le droit proportionnel n'est exigible que sur l'adjudication après surenchère; mais il porte alors, bien entendu, sur l'intégralité du prix.

Lorsque les biens échangés ont, de part et d'autre, le caractère de biens immeubles il faut distinguer suivant qu'il y a ou non *soulte* ou *retour exprimé* :

Si l'acte ou la déclaration d'échange ne comporte aucune stipulation de somme à titre de soulte ou retour, la valeur de chaque part est d'abord calculée en multipliant son revenu annuel, par vingt-cinq pour les immeubles ruraux, et par vingt pour les autres immeubles, sans distraction des charges. Lorsque les parts, évaluées de la sorte, représentent le même capital, le droit proportionnel d'échange, qui est inférieur au droit de vente, est assis sur le capital ainsi déterminé. Lorsque, au contraire, il ressort de cette évaluation une différence à l'avantage de l'un des coéchangistes, le droit d'échange n'est assis que sur le revenu capitalisé de la moindre part, et le droit de vente est exigible sur le montant de la plus-value du lot le plus fort.

S'il y a soulte ou retour exprimé, le droit de vente est toujours perçu sur cette somme, indépendamment du droit d'échange sur le revenu capitalisé de la moindre part, même dans le cas où l'évaluation des immeubles échangés ne ferait pas apparaître de plus-value. Par contre, s'il ressort de cette évaluation une plus-value supérieure à la somme stipulée à titre de soulte ou de retour, c'est sur cette plus-value et non sur le montant de la soulte ou du retour que le droit de vente doit être perçu.

Il importe de remarquer que les lois des 27 juillet 1870 et 3 novembre 1884, sans modifier les règles de l'assiette en matière d'échange, ont réduit la quotité du droit d'échange pour des immeubles ruraux situés dans la même commune ou dans des communes limitrophes. Cette modération de droit s'applique encore au cas où, en dehors de ces limites, l'un des immeubles échangés est contigu aux propriétés de celui des échangistes qui le reçoit, et à la condition que les immeubles aient été acquis par les contractants suivant acte enregistré depuis plus de deux ans, ou recueillis à titre héréditaire. Pour bénéficier du tarif de faveur, le contrat doit renfermer la désignation cadastrale des immeubles échangés, et les parties doivent déposer au bureau, lors de l'enregistrement, un extrait de la matrice cadastrale.

3° *Transmission à titre gratuit.* — Pour les transmissions de propriété à titre gratuit, *soit entre vifs*, *soit par décès*, la loi du 22 frimaire an VII avait établi le principe que le droit proportionnel devrait être liquidé sur la valeur des biens, d'après la déclaration estimative, sans distraction des charges.

La règle de la non-déduction des dettes ou charges a été abrogée, pour *les mutations par décès*, par la loi de finances du 25 février 1901, qui contient tout un ensemble de dispositions combinées en vue de limiter la perception à la valeur nette des biens transmis, sous réserve des précautions indispensables pour garantir le Trésor contre des déductions frauduleuses (art. 2 à 10). Il n'y a aucune distinction à faire entre le passif civil et le passif commercial : l'un et l'autre sont admis à la distraction pourvu que l'existence, au jour de l'ouverture de la succession, en soit justifiée par des titres susceptibles de faire preuve en justice contre le défunt.

Quant à la règle que le droit proportionnel se perçoit d'après la déclaration estimative des parties, elle n'est pas appliquée, d'abord, toutes les fois qu'il existe des baux courants dont le prix sert, alors, de base à la liquidation. En outre, elle a été singulièrement restreinte par la disposition de l'article 7 de la loi du 26 décembre 1908, laquelle, dans le but d'obtenir une évaluation plus exacte du revenu, et pour éviter d'avoir recours à l'expertise, stipule que lorsqu'il s'agira d'immeubles bâtis non loués, autres que les usines, le revenu annuel en sera déterminé par la valeur locative réelle, telle qu'elle est établie pour l'assiette de la contribution foncière de l'année de la donation ou du décès.

Pour les cas où elle a été maintenue, la déclaration estimative des parties demande à être entendue avec certains tempéraments.

Il faut remarquer tout d'abord que cette déclaration porte sur des valeurs différentes, suivant qu'il s'agit de biens meubles ou immeubles. Dans le premier cas, les parties doivent fournir l'évaluation en capital des objets transmis. Dans le second cas, c'est-à-dire pour les immeubles, c'est le revenu qui doit être déclaré s'il s'agit d'usines ou d'immeubles non bâtis. Enfin c'est la déclaration de la valeur vénale qui doit être fournie, toutes les fois que la mutation s'applique à un immeuble dont la destination actuelle n'est pas de produire un revenu, tel qu'un parc, un château, un terrain à bâtir. — Il y a plus : dans un certain nombre de cas que nous allons énumérer, la règle en question cesse de s'appliquer ; ce n'est pas sur l'estimation fournie par les parties que l'impôt est assis.

En ce qui concerne les meubles, il y a exception lorsqu'il s'agit de la transmission d'effets publics, d'actions ou d'obligations cotées à la Bourse ; ces valeurs sont alors imposables sur le cours moyen de la Bourse au jour de la transmission. — De même, la liquidation du droit proportionnel sur les rentes et créances transmises à titre gratuit est faite suivant les règles que nous avons exposées, c'est-à-dire qu'elle a lieu sur le montant de la créance ou sur le capital de la rente. Toutefois, l'administration tolère que les créances irrécouvrables ou d'un recouvrement douteux ne soient comprises que pour mémoire ou pour une partie de leur valeur dans les déclarations de succession. — Enfin, en cas de transmission par décès, la perception n'est généralement pas basée, en ce qui concerne les meubles meublants, sur la déclaration des parties, mais sur l'estimation contenue dans les inventaires et autres actes passés dans les deux années du décès, ou encore sur le prix exprimé dans les actes de vente publique intervenus dans le même délai. S'il y a, à la fois, vente publique de meubles et inventaire, l'impôt n'est assis sur le prix de la vente qu'autant qu'il excède les évaluations de l'inventaire. A défaut d'inventaire, d'actes ou de vente, la base légale est fixée, depuis la loi du 25 février 1901, à 33 0/0 de l'évaluation faite dans les polices d'assurance en cours au jour du décès et souscrite par le défunt ou ses auteurs moins de cinq ans avant l'ouverture de la succession; sauf preuve contraire : toutefois, cette disposition ne s'applique pas aux polices d'assurances concernant les récoltes, les bestiaux et les marchandises.

VI. — **Transmissions d'usufruit.** — Toutes les règles que nous venons d'exposer s'appliquent aux mutations d'usufruit à titre onéreux ou à titre gratuit. Cependant, lorsque les parties sont tenues de procéder à une déclaration estimative, c'est-à-dire pour les échanges et pour les transmissions à titre gratuit entre vifs ou par décès, elles n'ont pas la faculté d'apprécier comme elles l'entendent la valeur de l'usufruit. Sous le régime de la loi de frimaire, elles devaient l'estimer à la moitié de la valeur entière, mais la loi du 25 février 1901 a substitué à ce mode d'assiette, qui ne se justifiait en rien, une autre méthode fondée sur l'idée que la valeur de l'usufruit est en raison inverse de celle de la nue propriété. Voici le barème qui sert maintenant de base à la perception :

AGE DE L'USUFRUITIER	VALEUR DE L'USUFRUIT
Moins de 20 ans révolus	7/10 de la propriété entière
— 30 —	6/10 —
— 40 —	5/10 —

Moins de 50 ans révolus	4/10	de la propriété entière
— 60 —	3/10	—
— 70 —	2/10	—
Plus de 70 —	1/10	—

Ce procédé d'évaluation, qui a sa raison d'être pour les usufruits viagers, ne peut être évidemment appliqué aux usufruits constitués pour une durée fixe ; dans cette hypothèse, il faut prendre pour base les deux dixièmes de la valeur de la propriété entière pour chaque période de dix ans de la durée de l'usufruit, sans fraction et sans égard à l'âge de l'usufruitier.

VII. — **Transmissions de jouissance.** — En principe, les mutations de jouissance sont soumises au droit proportionnel sur la base du prix cumulé de toutes les années pour lesquelles la cession de jouissance est consentie, en y ajoutant le total des charges imposées au preneur. Il en est ainsi pour tous les baux à ferme ou à loyer de biens meubles ou immeubles, pour tous les sous-baux, cessions et subrogations de baux, le droit n'étant liquidé dans ces derniers cas que sur le prix cumulé des années restant à courir augmenté du total des charges restant à acquitter. Si le bail est stipulé payable en nature, le calcul du droit a lieu de la même manière, évaluation faite, au préalable, du prix du bail, soit d'après les mercuriales du marché le plus voisin, soit, à leur défaut, d'après la déclaration estimative des parties. De même, pour les baux à colonat partiaire ou à portion de fruits, l'impôt est assis sur la valeur de la part revenant au bailleur, qui doit être déclarée par les parties.

Exceptions. — 1° La règle de la perception du droit sur le prix cumulé de toutes les années augmenté des charges ne peut s'appliquer, ni au cas où l'acte ou la déclaration ne comporte aucune stipulation de redevance annuelle en argent ou en nature, ni au cas où la durée du bail n'est pas limitée à un nombre d'années déterminé.

Le premier cas se présente pour les baux à cheptel; qui ne contiennent aucune stipulation de prix annuel ; la loi a décidé que le droit serait alors perçu d'après l'évaluation du bétail donné à cheptel.

Le second cas comprend les baux à vie et les baux à durée illimitée. Pour les baux à vie, sans distinction de ceux faits sur une ou plusieurs têtes, le droit proportionnel est assis sur un capital formé de dix fois le prix et les charges annuelles en y ajoutant le montant des deniers d'entrée et des autres charges, s'il en est exprimé. Pour les baux à rente perpétuelle et ceux dont la durée est illimitée, le droit est perçu sur un capital formé de vingt fois la rente annuelle et les charges également annuelles, en ajoutant au total obtenu les autres charges en capital et les deniers d'entrée, s'il en est stipulé.

2° Une seconde catégorie d'exceptions à la règle générale de l'assiette du droit de bail a été prévue par la loi pour les baux d'immeubles à périodes ou d'une durée de plus de trois ans et pour les locations faites suivant l'usage des lieux. — Pour les baux à périodes, c'est-à-dire faits pour trois, six ou neuf ans, quatre, huit ou douze ans, etc., au gré des parties, les droits afférents à la première période sont seuls exigibles et seuls perçus lors de l'enregistrement de l'acte. Pour les périodes subséquentes, les droits sont réclamés dans le premier mois qui commence chacune d'elles. De même, lorsqu'un bail est de plus de trois années sans qu'il ait été stipulé de périodes, le montant du droit peut, à la condition que les parties le requièrent, être fractionné en autant de payements égaux qu'il y a de périodes triennales dans la durée du bail. — Enfin, pour les locations faites suivant l'usage des lieux, c'est-à-dire celles qui comportent la clause de tacite reconduction, les droits d'enregistrement ne sont primitivement perçus que sur le prix stipulé pour le premier terme, augmenté, s'il y a lieu, des charges imposées au preneur ; les droits dus pour les autres périodes sont exigibles dans les vingt jours qui suivent l'échéance de chaque terme, et la perception en est continuée jusqu'à ce qu'il ait été déclaré que le bail a cessé ou qu'il a été résilié.

VIII. — **Antichrèses ou engagements d'immeubles.** — Le droit proportionnel sur les antichrèses ou engagements d'immeubles est liquidé sur les prix et sommes pour lesquels ils sont faits.

IX. — **Transmissions de nue propriété**. — Les règles que nous avons exposées en parlant des transmissions de propriétés de biens meubles et immeubles ne s'appliquent, d'une manière générale, qu'au cas où la propriété transmise est pourvue de ses attributs essentiels : l'*abusus* ou *dominium*, qui est le droit de disposer de la chose, et l'*ususfructus*, qui est le droit d'en jouir. La liquidation du droit proportionnel sur les mutations de nue propriété, c'est-à-dire de la propriété démembrée par la séparation de l'usufruit, comporte des règles spéciales (1).

Ces règles sont différentes suivant qu'il s'agit d'un démembrement de la pleine propriété, ou au contraire d'une réunion de la nue propriété à l'usufruit.

1° *Démembrement de la propriété.* — Lorsque la nue propriété prend naissance au moment même où elle est transmise, il y a lieu d'examiner si le démembrement s'opère par une vente, ou par un échange, ou à titre gratuit.

Si la nue propriété de biens meubles ou immeubles est vendue à une personne, alors que l'usufruit est vendu

---

(1) Une des réformes les plus notables accomplies par la loi du 25 février 1901 a été de mettre un terme aux complications, aux excès de perception, à l'arbitraire qui caractérisaient le régime fiscal des transmissions de nue-propriété. Pour connaître ces illogismes et ces abus aujourd'hui disparus, il suffira de se reporter à la première édition de cet ouvrage, pages 177 et suivantes.

par le même acte à une autre personne, ou conservé par le vendeur, la valeur imposable au droit proportionnel est, en règle générale, comme pour les transmissions de propriété entière, le prix exprimé en y ajoutant les charges en capital. Cette règle souffre exception lorsque la transmission a pour objet des créances à terme, rentes ou pensions : la valeur de la pleine propriété ayant été déterminée soit par le capital de la créance, soit par celui de la rente, la valeur imposable de la nue propriété est ensuite fixée d'après l'âge de l'usufruitier ou la durée de l'usufruit comme en matière de transmission à titre gratuit.

Si la séparation de la nue propriété et de l'usufruit s'opère par voie d'échange ou à titre gratuit il n'y a pas lieu davantage de distinguer les meubles des immeubles. — Dans le système de la loi de l'an VII, la nue propriété était taxée, au moment du démembrement, comme l'eût été la pleine propriété. La loi du 25 février 1901 a réformé cette règle : de même que l'usufruit, la nue propriété ne doit plus subir le droit proportionnel que *sur sa valeur au moment de la mutation*, et cette valeur se détermine en déduisant de la valeur totale la valeur de l'usufruit calculée d'après les règles exposées plus haut (p. 187). On voit ainsi que si l'on cumule les taxes frappant d'une part la transmission d'usufruit, d'autre part la transmission de nue propriété, on trouve un total correspondant à la valeur de la pleine propriété alors que, sous l'empire de la loi de frimaire an VII, le droit d'enregistrement se liquidait sur une valeur représentant une fois et demie la pleine propriété.

2° *Réunion de la nue propriété à l'usufruit.* — La nue propriété ayant été assujettie à l'impôt, lors du démembrement, sur la valeur présumée que lui assigne la durée probable de l'usufruit, aucun droit proportionnel n'est exigible quand la réunion de la nue propriété à cet usufruit s'opère par le décès de l'usufruitier ou l'expiration du terme prévu. Mais si la consolidation s'accomplit auparavant par l'effet, soit d'une renonciation de l'usufruitier, soit de toute autre convention, il va de soi que cette réunion anticipée constitue une mutation passible du droit proportionnel.

Dans l'hypothèse inverse, lorsque c'est l'usufruitier qui consolide à son profit la nue propriété, il doit toujours un droit de mutation sur la valeur de la nue propriété. Cette valeur est déterminée, soit par le prix exprimé, soit, en cas de transmission à titre gratuit, conformément à la méthode tracée par la loi du 25 février 1901.

Observations générales. — Si les sommes et valeurs ne sont pas déterminées dans un acte ou un jugement donnant lieu au droit proportionnel, les parties sont tenues d'y suppléer, avant l'enregistrement, par une déclaration estimative certifiée et signée au pied de l'acte.

Lorsqu'un acte translatif de propriété ou d'usufruit comprend des meubles et des immeubles, le droit d'enregistrement est perçu sur la totalité du prix au taux réglé pour les immeubles, à moins qu'il ne soit stipulé un prix particulier pour les objets mobiliers et qu'ils ne soient désignés et estimés, article par article, dans le contrat.

V. — Droit proportionnel réduit.

Origine. — Dès 1864, l'administration songea à remanier la classification établie par la loi de frimaire et à distraire des actes soumis au droit fixe quelques actes qui avaient, au regard du droit civil, le caractère de contrats commutatifs. Elle pensa en même temps que, pour d'autres actes que le Code civil, d'accord avec la législation fiscale, considérait comme purement déclaratifs de propriété, il était avantageux de substituer au droit fixe un droit dont le taux fut réglé en tenant compte, et de l'importance réelle de ces contrats, et de l'intérêt pécuniaire qui s'y attachait.

C'est cette double idée qui prit corps dans la loi du 28 février 1872 et donna naissance au droit fixe gradué c'est-à-dire à un droit assis sur les valeurs, mais qui, au lieu d'être rigoureusement proportionné au montant des sommes énoncées dans les actes, variait selon de grandes divisions à chacune desquelles correspondait un droit invariable.

La loi du 28 avril 1893 supprima le droit fixe gradué et le remplaça par un droit proportionnel dont le taux est réduit et qui, à raison même de son origine, se différencie des droits proportionnels ordinaires.

Définition, quotité, mode de calcul. — *Le droit proportionnel réduit est un impôt liquidé et perçu en raison des sommes et valeurs énoncées dans certains actes nommément désignés par la loi.*

La quotité en est fixée à 0 fr. 20 pour 100 pour tous les actes.

Les règles générales concernant le mode de calcul des droits proportionnels s'appliquent à la taxe réduite. La perception suit les sommes et valeurs de 20 francs en 20 francs inclusivement et sans fraction, et il ne peut être perçu moins de 0 fr. 25 pour l'enregistrement d'un acte.

Actes soumis au droit réduit. — Les actes soumis au droit réduit sont *limitativement énumérés* à l'article 1er de la loi du 28 février 1872, dont on ne saurait étendre la tarification par analogie à des actes autres que ceux qui y sont désignés.

Nous allons donner la liste de ces contrats, en indiquant les bases d'assiette de l'impôt.

Sont passibles du droit réduit :

1° Les actes translatifs de propriété, d'usufruit ou de jouissance des biens immeubles situés en pays étranger ou dans les colonies françaises dans lesquelles le droit d'enregistrement n'est pas établi.

2° Les actes ou procès-verbaux de vente de marchandises avariées par suite d'événements de mer, et de débris de navires naufragés.

Pour ces deux catégories d'actes qui impliquent des mutations, le droit est liquidé comme le droit proportionnel ordinaire sur les ventes d'après le prix exprimé, augmenté de toutes les charges en capital.

3° Les actes de formation et de prorogation de société qui ne contiennent ni obligation, ni libération, ni transmission de biens meubles ou immeubles entre les associés ou autres personnes. Le droit est assis sur le montant total des apports mobiliers et immobiliers, déduction faite du passif.

4° Les contrats de mariage. Le montant *net* des apports personnels des futurs époux constitue la base du droit proportionnel réduit. Ce droit est indépendant de tous autres droits fixes ou proportionnels auxquels peuvent donner lieu les stipulations d'un contrat. Si les actes ne contiennent que la déclaration du régime adopté par les futurs, sans constater de leur part aucun apport, un droit minimum de 5 francs est exigible.

5° Les partages de biens meubles et immeubles entre copropriétaires, cohéritiers et coassociés à quelque titre que ce soit. Le droit est liquidé d'après le montant de l'actif net partagé, sans préjudice des droits de soulte et autres.

6° Les délivrances de legs. Le droit est assis sur le montant des sommes ou la valeur des objets légués.

7° Les consentements à mainlevées totales ou partielles d'hypothèque. C'est le montant des sommes faisant l'objet de la mainlevée qui détermine le droit. Si les mainlevées portent sur le gage et non sur la somme due, autrement dit, si ces actes, sans réduire le chiffre de l'inscription, dégagent simplement une partie des immeubles affectés, le droit à percevoir est un droit fixe de 5 francs. Toutefois l'article 20 de la loi du 28 avril 1893 spécifie que le droit sur les réductions d'hypothèque ne peut excéder celui qui aurait été dû si la mainlevée avait été complète, au lieu d'être limitée à certains immeubles.

8° Les prorogations de délai pures et simples. Le droit est assis sur le montant de la créance dont le terme d'exigibilité est prorogé.

9° Les adjudications et marchés pour constructions, réparations, entretien, approvisionnements et fournitures dont le prix doit être payé directement par le Trésor public et les cautionnements relatifs à ces adjudications et marchés. Le droit réduit est calculé, comme le droit proportionnel ordinaire qui atteint les autres marchés, sur le prix exprimé ou sur l'évaluation des travaux ou fournitures.

10° Les titres nouvels et reconnaissances de rentes dont les actes constitutifs ont été enregistrés. Le droit est liquidé sur le capital des rentes tel que ce capital a été fixé pour l'assiette du droit proportionnel perçu lors de la constitution de rente.

Observation générale. — Toutes les fois que les sommes ou valeurs soumises à la taxe ne sont pas exprimées dans les actes présentés à la formalité, les parties doivent y suppléer, avant l'enregistrement, par une déclaration estimative souscrite comme s'il s'agissait d'un droit proportionnel ordinaire, conformément à l'article 16 de la loi du 22 frimaire an VII.

Exigibilité du droit réduit. — **Différences avec le droit proportionnel.** — Le droit réduit est *toujours* un droit d'acte. Il n'est perçu que lorsque les contrats mentionnés ci-dessus ont fait l'objet d'actes et que ces actes sont présentés à la formalité.

C'est là une première différence entre le droit réduit et le droit proportionnel ordinaire, qui, comme nous l'avons vu, est tantôt un droit d'acte, tantôt un droit de mutation.

Entre ces deux classes de droits il existe d'ailleurs d'autres différences dont nous signalerons les plus caractéristiques ;

1° Le droit réduit est, sans doute, assis sur les valeurs comme le droit proportionnel ordinaire, mais, tandis que, pour ce dernier, les sommes imposables sont déterminées soit d'après le revenu, soit d'après le capital déclaré, selon les cas, le droit réduit est toujours calculé sur les valeurs en capital énoncées dans les actes ou estimées par les redevables.

2° En matière de droit proportionnel, la loi oblige, dans quelques cas, les parties à conformer à certains faits les déclarations auxquelles elles sont tenues. Ainsi, quand des valeurs cotées à la Bourse sont comprises dans une déclaration de succession, le capital des titres soumis au droit proportionnel est évalué d'après les cours moyens de la Bourse au jour du décès du *de cujus*, quelle que soit la déclaration des redevables, etc. Il n'existe aucune disposition analogue en matière de droit réduit. L'impôt est *toujours* liquidé sur les prix énoncés ou sur les valeurs déclarées par les parties.

3° Tandis que, pour l'assiette du droit proportionnel ordinaire, il n'est jamais tenu compte des dettes, abstraction faite, bien entendu, des règles nouvelles applicables aux mutations par décès, le droit réduit est calculé sur les valeurs nettes, déduction faite du passif. Cette règle essentielle a été formulée expressément dans la loi pour les sociétés, les contrats de mariage et les partages ; elle a été étendue par l'administration à la plupart des contrats tarifés par les lois de 1872 et de 1893. Seuls les actes de vente de biens étrangers et coloniaux, de marchandises avariées, de débris de navires, en un mot les contrats commutatifs, ne bénéficient pas de cette jurisprudence administrative.

4° Enfin, nous verrons dans le chapitre suivant que l'administration ne dispose pas des mêmes moyens pour établir les dissimulations et les insuffisances en matière de droit proportionnel et en matière de droit réduit. Nous verrons également que les pénalités diffèrent selon que les dissimulations ou les insuffisances portent sur les conventions soumises au droit proportionnel ou sur des actes passibles du droit réduit.

VI. — Des fraudes dans les énonciations des actes et dans les déclarations des parties.

Le droit proportionnel ordinaire ou réduit est, en principe, assis sur le montant des valeurs tel qu'il résulte des énonciations des actes ou des déclarations des parties, autrement dit, l'impôt est, d'une manière générale, liquidé d'après les évaluations données par les redevables.

Ces évaluations peuvent être plus ou moins sincères. Pour en assurer l'exactitude, le législateur a été conduit à prendre des garanties, à édicter des pénalités de nature et d'importance variables selon le caractère des contrats et mutations, et selon les fraudes qui peuvent être commises.

Ces fraudes rentrent dans l'une des catégories suivantes :

Les unes consistent à estimer, dans les actes ou dans les déclarations, la valeur des objets transmis à une somme inférieure à leur valeur réelle. On dit alors qu'il y a *insuffisance*.

Dans les contrats à titre onéreux, le prix exprimé peut n'être pas le prix réellement payé. Il y a, dans ce cas, *dissimulation*.

Les parties peuvent laisser de côté, dans les déclarations de succession, des valeurs mobilières ou immobilières qui doivent y être comprises. Cette fraude est qualifiée d'*omission*.

Les mêmes déclarations peuvent, depuis le régime de la déduction du passif, être entachées d'inexactitudes ayant pour objet d'atténuer l'actif imposable au moyen de déclarations de dettes fictives : c'est la *simulation de dettes*.

Enfin, dans tous les cas où l'administration a la faculté d'exiger de l'héritier qui demande la distraction du passif, la production de l'attestation du créancier certifiant l'existence de la dette à l'époque de l'ouverture de la succession, il peut y avoir, soit par suite de collusion, soit pour tout autre motif, *inexactitude de l'attestation*.

I. — **Insuffisances**. — Pour exposer avec quelque netteté les règles complexes relatives aux insuffisances, il est nécessaire d'établir une première distinction entre les mutations d'immeubles et les mutations de meubles.

Mutations d'immeubles. — 1° *Transmissions à titre gratuit*. — On sait que c'est d'après le revenu que se détermine la valeur en capital des immeubles transmis à titre gratuit, sauf pour les immeubles dont la destination actuelle n'est pas de produire un revenu. Toutes les fois qu'à l'époque de la mutation il n'y a pas de baux courants, qui servent alors *exclusivement* à déterminer le revenu des immeubles, la base légale d'évaluation, en pareille matière, était, avant 1909, la déclaration des parties ; il appartenait à l'administration d'en contrôler l'exactitude.

Ce contrôle s'exerçait en premier lieu au moyen d'actes qui pouvaient faire connaître le véritable revenu des biens ; en second lieu et, à défaut de ces actes, par la voie de l'expertise, à laquelle l'administration pouvait recourir quand elle estimait que le revenu déclaré ne correspondait pas au revenu réel.

La loi du 26 décembre 1908 a apporté une heureuse modification à ces méthodes. L'article 7 de cette loi dispose, en ce qui concerne les mutations à titre gratuit d'immeubles bâtis non loués, autres que les usines, que le revenu annuel est déterminé par la valeur locative réelle, telle qu'elle est établie pour l'assiette de la contribution foncière de l'année de la donation ou du décès.

Bien entendu, le revenu constaté par un bail courant demeure la base légale d'évaluation.

La disposition de la loi du 26 décembre 1908 s'applique à tous les immeubles bâtis urbains ou ruraux. Elle n'a rien changé à la législation antérieure en ce qui concerne l'évaluation du revenu des usines déterminé, à défaut de baux courants, par la déclaration des parties, sauf à l'administration à recourir à la procédure de l'expertise pour contrôler la déclaration.

Pour tous les autres immeubles bâtis la procédure longue et onéreuse de l'expertise se trouve supprimée.

2° *Transmission à titre onéreux, autres que par voie d'échange et transmissions à titre gratuit d'immeubles dont la destination n'est pas de produire un revenu.* — Le droit proportionnel est, comme nous l'avons dit, assis sur le prix énoncé dans les actes et déclarations ou sur la valeur indiquée par les parties. Lorsque ce prix ou cette déclaration paraît inférieur à la valeur vénale des biens à l'époque de la transmission, par comparaison avec les fonds voisins de même nature, l'administration peut requérir l'expertise. Cette faculté est générale et absolue ; la jurisprudence en a maintenu l'application en toutes circonstances, sauf une seule exception : l'expertise n'est point autorisée pour les adjudications soit devant un tribunal, soit devant un notaire commis par la justice.

Expertise. — Ainsi, la voie de l'expertise est ouverte pour les mutations à titre onéreux aussi bien que pour les mutations à titre gratuit d'usines ou d'immeubles dont la destination n'est pas de produire un revenu.

L'expertise n'a pas toujours le même objet.

Tantôt elle tend à établir la valeur vénale de l'immeuble et tantôt à en déterminer le véritable revenu. — Selon que l'expertise porte sur le revenu ou sur le capital, la loi a établi des règles différentes quant au délai dans lequel l'action doit être introduite et quant aux conséquences pénales. Mais, quel que soit le but de l'expertise, la procédure est toujours la même.

Pour les expertises tendant à déterminer la valeur vénale, la demande de l'administration doit être présentée dans l'année, à compter du jour de l'enregistrement du contrat. Quant il s'agit d'expertiser le revenu, le délai est de deux ans. Il court du jour de l'enregistrement de l'acte ou de la déclaration.

La demande est faite au tribunal de première instance de l'arrondissement où les biens sont situés. Elle consiste dans la présentation d'une requête signée par le directeur départemental ou, en cas d'urgence, par le receveur, et portant désignation de l'expert de l'administration. La requête est notifiée à la partie adverse, qui doit désigner son expert dans le délai de trois jours. Si elle néglige de le faire, le tribunal y procède d'office et ordonne en même temps l'expertise dans les dix jours de la demande.

Les experts, après avoir prêté serment devant le juge de paix du canton de la situation des biens, remplissent leur mission. En cas de partage, ils choisissent un tiers expert. S'ils ne peuvent s'entendre sur sa désignation, c'est le même juge de paix qui le nomme.

Le procès-verbal d'expertise doit être déposé au greffe dans le mois qui suit la remise faite aux experts de l'ordonnance du tribunal ou dans le mois de la nomination du tiers expert. Il est soumis à l'homologation du tribunal.

Lorsqu'il y a lieu à expertise de biens situés dans le ressort de plusieurs tribunaux, la demande doit être formée devant le tribunal dans le ressort duquel se trouve le chef-lieu de l'exploitation ou, à défaut de chef-lieu, la partie des biens qui présente le revenu le plus considérable (1). La prestation de serment a lieu devant le juge de paix du canton où se trouve le chef-lieu de l'exploitation ou, à défaut, l'immeuble qui a le revenu matriciel le plus élevé.

La procédure est simplifiée lorsque le prix exprimé ou la valeur déclarée soit en capital, soit en revenu capitalisé, n'excède pas 2.000 francs. L'expertise est faite par un seul expert nommé par toutes les parties ou, en cas de désaccord, par le président du tribunal et sur simple requête.

Les frais de l'expertise sont à la charge des parties lorsque l'estimation, faite par les experts, excède d'un huitième le prix exprimé dans l'acte ou énoncé dans la déclaration, s'il s'agit d'une expertise de valeur vénale. Au contraire, toute insuffisance, quelle qu'en soit l'importance, constatée dans une mutation imposable d'après le revenu capitalisé, a pour résultat de faire payer les frais d'expertise aux parties.

Pénalités. — De quelque façon qu'une insuffisance soit dégagée, qu'elle résulte d'une expertise ou que l'administration l'établisse à l'aide d'actes faisant connaître le véritable revenu ou la véritable valeur en capital des biens, les parties sont tenues d'acquitter le droit exigible sur le

---

(1) Ces règles ne s'appliquaient pas aux biens transmis par décès dont la déclaration se faisait, sous le régime de l'an VII, au bureau dans l'arrondissement duquel ils étaient situés. La loi du 25 février 1901 qui a institué, en matière de mutations par décès, le système de la déclaration unique au bureau du domicile du défunt, a modifié sur ce point la législation antérieure.

montant de l'insuffisance et de payer un droit en sus à titre d'amende. Elles sont cependant exonérées de toute pénalité et du paiement des frais en matière d'insuffisance de valeur vénale, quand cette insuffisance n'excède pas de plus d'un huitième la valeur déclarée.

3° *Echange.* — La loi ne contient aucune disposition précise relativement à l'expertise des biens échangés. L'échange est d'ailleurs un contrat à titre onéreux, et cependant l'impôt est assis, non sur la valeur vénale, mais d'après le revenu des biens échangés, comme s'il s'agissait d'une transmission à titre gratuit. Les incertitudes qui résultent de cette contradiction n'ont pu être résolues que par la jurisprudence ; les tribunaux ont été appelés à suppléer à la loi au moins autant qu'à l'interpréter.

Il a été décidé que l'expertise pouvait avoir lieu, même s'il existait des baux courants, qui ne constituent pas, ainsi que nous l'avons vu, une base légale d'évaluation du revenu des immeubles échangés ; que la demande en expertise pouvait être présentée dans les deux ans à partir de l'enregistrement ; qu'il devait être procédé à la désignation des experts dans les formes habituelles.

La loi du 26 décembre 1908 a substitué à ce formalisme compliqué et coûteux une règle simple et précise. L'article 7 de cette loi, que nous avons déjà cité et dont le but a été de supprimer dans tous les cas l'évaluation des parties et, par voie de conséquence, l'expertise pour la détermination de la valeur des immeubles bâtis, dispose que le revenu des immeubles de cette nature compris dans un échange sera déterminé par le prix des baux courants et, à défaut de baux courants, par la valeur locative réelle telle qu'elle est calculée pour l'assiette de la contribution foncière.

Enfin, en matière d'échange d'immeubles contigus, le recours à l'expertise dans les deux ans est encore autorisé, en vertu d'une disposition formelle de la loi de 1870, pour rechercher si les conditions auxquelles est subordonnée l'application du tarif réduit sont remplies. S'il est constaté que les échangistes ne pouvaient réclamer le bénéfice des lois de 1870 et de 1884, les droits sont dus au taux ordinaire ; il est perçu à titre d'amende, un droit en sus.

4° *Mutations de jouissance.* — La loi organique n'admet pas l'expertise en cas de mutations de jouissance. La loi du 23 août 1871 a étendu ce moyen de contrôle aux seules locations verbales. Il en résulte qu'on peut prouver une insuffisance dans une mutation de jouissance, si elle est verbalement déclarée, tandis que, du moment où il y a bail écrit, l'administration reste désarmée.

L'expertise en matière de location verbale n'a, d'ailleurs aucun caractère particulier. Elle a lieu suivant les formes ordinaires. Les délais sont fixés, les frais mis à la charge des parties, les pénalités déterminées selon les règles applicables aux mutations à titre gratuit.

Mutations de meubles. — Comme le Code civil, la loi fiscale paraît avoir été rédigée sous l'empire de l'axiome : *Res mobilis, res vilis.* On s'est, en tout cas, bien plus attaché à réprimer les insuffisances dans les mutations d'immeubles que les mêmes fraudes dans les transmissions de biens mobiliers. En effet, bien que la loi confère à l'administration le droit de recourir à l'expertise pour établir l'insuffisance du prix ou de l'évaluation en ce qui concerne les fonds de commerce et dans un autre cas exceptionnel (1), en fait, elle n'a guère la possibilité d'user de ce moyen pour faire constater les insuffisances en matière de biens meubles. Bien plus, il est des circonstances où les agents de l'enregistrement, tout en

---

(1) Voir au titre III les « Impôts qui pèsent sur les congrégations religieuses et sur les sociétés similaires ».

constatant une fraude indéniable, ne peuvent réclamer aucune amende. — En un mot, la législation fiscale est, sur ce point, singulièrement incomplète.

Pour exposer les principales règles que le législateur a établies, nous distinguerons les mutations de biens meubles entre vifs, les mutations par décès et quelques contrats qui ont fait l'objet de dispositions spéciales.

1° *Mutations entre vifs.* — La loi de l'an VII, de même que les lois subséquentes, n'a ni prévu ni réprimé les insuffisances dans les actes de transmission entre vifs de biens meubles *à titre gratuit ou à titre onéreux*. Il en résulte que, si les valeurs servant de base à la perception ont été insuffisamment évaluées dans ces actes, c'est simplement en invoquant le droit commun que l'administration peut poursuivre la réparation du préjudice causé au Trésor par des déclarations frauduleuses ou inexactes. Il en résulte que ces insuffisances ne peuvent être établies que par les moyens de preuve ordinaires qui ne sont pas inconciliables avec les principes de la législation fiscale, c'est-à-dire par des actes, par des présomptions, jamais au moyen du serment ni de la preuve testimoniale. En outre, en l'absence de toute disposition légale, il n'y a pas lieu de frapper la fraude d'une pénalité qui ne pourrait résulter que d'un texte précis. On ne peut exiger qu'un supplément de droit simple, jamais une amende. Le même défaut de texte conduirait, ce semble, à décider que la prescription applicable est la prescription de droit commun. Effectivement, il est admis qu'on peut prouver de telles insuffisances pendant trente ans à partir de l'enregistrement des actes. Cependant, la jurisprudence a estimé que la prescription biennale courait contre le Trésor à dater du jour où un acte présenté à l'enregistrement établissait l'insuffisance de la déclaration estimative.

2° *Mutations par décès.* — Les insuffisances dans les transmissions mobilières par décès ont, elles du moins, fait l'objet d'un article de la loi organique. Cet article dispose qu'elles peuvent être établies dans les deux années qui suivent les déclarations de succession, et qu'elles sont passibles du double droit. La loi du 21 juin 1875, tout en modifiant quelque peu la loi de frimaire, a étendu et précisé les moyens de contrôle accordés à l'administration. Elle a été encore complétée par la loi du 25 février 1901 (art. 11) ; dans l'état actuel de la législation, les agents de l'enregistrement peuvent démontrer les insuffisances au moyen de tous les actes passés dans les deux années du décès, y compris les actes de ventes publiques et, à défaut d'actes, à l'aide des polices d'assurances en cours au jour du décès, et souscrites moins de cinq ans avant l'ouverture de la succession. Mais l'évaluation des polices doit être réduite à 33 pour 100, et encore convient-il de remarquer qu'elle ne constitue qu'une présomption *juris tantum* susceptible d'être détruite par la preuve contraire, tandis que les actes de ventes publiques et autres passés dans les deux années constituent des présomptions *juris et de jure*, échappant à toute discussion.

L'insuffisance dans l'estimation des biens déclarés est punie d'un droit en sus, si elle résulte d'un acte antérieur à la déclaration. Si, au contraire, l'acte est postérieur, il n'est perçu qu'un droit simple sur la différence entre l'estimation des parties et l'évaluation contenue dans les actes. Mais la pénalité n'est exigible, en tout cas, que lorsque l'insuffisance est égale ou supérieure au dixième de la valeur déclarée.

L'article 12 de la loi du 8 avril 1910 prévoit, en outre, le cas où l'insuffisance présente le caractère d'une dissimulation frauduleuse. Dans ce cas la pénalité est du double droit en sus de celui dû pour les objets insuffisamment évalués.

3° *Cas exceptionnels.* — Les contrats qui ont fait l'objet

de dispositions spéciales sont : les transmissions d'offices ministériels à titre gratuit et les cessions de fonds de commerce.

En cas de transmission d'office, que la mutation ait lieu entre vifs ou par décès, du moment où elle est à titre gratuit, l'insuffisance dans l'évaluation motive toujours la perception, à titre d'amende, d'un droit en sus, pénalité qui n'est pas applicable, comme nous l'avons vu, aux insuffisances dans les transmissions entre vifs de biens meubles ordinaires. Cette insuffisance ne peut être établie que par des actes émanés des parties ou de l'autorité administrative ou judiciaire, dans un délai de deux ans à partir du jour où ces actes ont révélé avec certitude l'existence de la fraude. Au contraire, si la cession a lieu à titre onéreux, les règles générales relatives aux insuffisances de biens meubles entre vifs s'appliquent de tout point. Il n'y a jamais lieu d'infliger une pénalité, à moins qu'on ne se trouve en présence d'une dissimulation, c'est-à-dire de l'énonciation frauduleuse d'un prix d'achat fictif (Voir plus loin).

L'insuffisance de prix dans les cessions de fonds de commerce ou de clientèle peut être constatée par la voie de l'expertise, à laquelle il est procédé dans les formes habituelles. Seulement, elle doit être requise dans les trois mois de l'enregistrement de la mutation. Lorsqu'il est reconnu que la valeur réelle du fonds de commerce excède d'un huitième le prix déclaré, les frais de l'expertise sont mis à la charge des parties également tenues de payer un droit en sus (loi du 28 février 1872, art. 8).

Ces dispositions ont été étendues aux mutations par décès des fonds de commerce par la loi du 25 février 1901.

II.— **Dissimulation**.— Dans les contrats à titre onéreux, le prix énoncé peut être inférieur à la valeur vénale ; il y a alors insuffisance. Mais si ce prix énoncé est différent prix réellement payé, il y a, outre l'insuffisance, une *dissimulation*.

Le législateur, dans la loi de frimaire, n'a pris qu'une seule mesure générale pour prévenir les dissimulations dans les actes à titre onéreux de toute nature. Il a simplement décidé que les *contre-lettres* sous signatures privées (1) ayant pour objet une augmentation du prix stipulé dans un acte public ou dans un acte privé précédemment enregistré, donneraient ouverture au triple droit à titre d'amende, qu'en outre elles ne pourraient avoir leur effet qu'entre les parties contractantes et qu'elles seraient nulles à l'égard des tiers. L'existence de tels écrits peut être établie par tous les moyens de droit commun « qui ne sont pas incompatibles avec les règles de procédure spéciales en matière d'enregistrement ».

Ainsi, sous l'empire de la loi organique, la dissimulation n'est frappée d'une pénalité qu'autant qu'il y a contre-lettre. C'est la contre-lettre et non l'acte primitif qui est atteint par la loi. Il semble, il est vrai, résulter de la jurisprudence que, même en l'absence de contre-lettres, les dissimulations dans les contrats peuvent encore être prouvées pendant trente ans, lorsque des actes soumis à la formalité en établissent ultérieurement l'existence, mais il est en tout cas certain que le droit simple de mutation sur la somme dissimulée est, à l'occasion, seul exigible.

Exceptions. — Ces règles subsistent toujours pour la généralité des contrats à titre onéreux. Mais elles ont cessé d'être applicables à quelques actes. Deux lois, l'une en date du 25 juin 1841, l'autre du 23 août 1871, ont, en effet, réglementé les dissimulations dans certains cas particuliers ; elles ont en même temps modifié les pénalités en vigueur. — La loi du 25 juin 1841, spéciale aux transmis-

---

(1) On entend par *contre-lettre* un acte secret par lequel on déroge à un autre acte, pour en expliquer, en étendre ou en restreindre les conventions.

sions d'offices, décide que toute dissimulation du prix exprimé dans un acte de cession d'office à titre onéreux peut être établie d'après des actes émanés des parties ou de l'autorité administrative ou judiciaire. L'amende est d'un droit en sus sur la différence de prix. — La loi du 23 août 1871 n'atteint que les dissimulations existant dans un certain nombre de contrats qu'elle énumère limitativement : ventes d'immeubles, soultes d'échanges ou de partages immobiliers et, depuis la loi du 28 février 1872, ventes de fonds de commerce. La pénalité consiste en une amende égale au quart de la somme dissimulée. La dissimulation peut être établie par tous les genres de preuve admis par le droit commun. Toutefois, l'administration ne peut jamais déférer le serment décisoire, et elle ne peut user de la preuve testimoniale que pendant dix ans à partir de l'enregistrement des actes. Tous les autres moyens de preuve peuvent être employés pendant trente ans.

L'amende du quart de la somme dissimulée est due par le vendeur et l'acquéreur solidairement. Mais ce n'est pas toujours la seule pénalité exigible. L'administration considère, en effet, en vertu d'une doctrine qui ne fait pas, il est vrai, jurisprudence, que, toute dissimulation impliquant une insuffisance, il y a lieu de réclamer non seulement les peines afférentes à la dissimulation, mais encore les droits simples et en sus exigibles à raison de l'insuffisance. Comme d'autre part, les délais pour prouver l'insuffisance ne sont pas les mêmes qu'en matière de dissimulation, l'administration a été conduite à formuler les règles suivantes :

Si la dissimulation est découverte dans les trois mois de la date de la mutation, les parties étant encore à même de faire disparaître l'insuffisance au moyen d'une déclaration supplémentaire qui serait recevable, puisque les délais impartis pour déclarer la transmission ne sont pas expirés, il n'est dû que le droit simple et l'amende du quart.

Après l'expiration de ce délai, mais avant la fin de l'année qui suit l'enregistrement du contrat, la dissimulation constatée rend son auteur passible non seulement de l'amende spéciale, mais encore du droit simple et du droit en sus. Dans cet intervalle de temps, l'administration pourrait, en effet, prouver l'insuffisance par la voie d'expertise.

Lorsqu'il s'est écoulé une année entière, la seule pénalité est l'amende édictée par la loi du 23 août 1871.

Insuffisances et dissimulations en matière de droit réduit. — L'article 21 de la loi du 28 avril 1893, qui ne fait que reproduire l'article 3 de la loi du 28 février 1892, est ainsi libellé : « Si, dans le délai de deux années, à partir de l'enregistrement des actes soumis au droit réduit, la dissimulation des sommes ou valeurs ayant servi de base à la perception est établie par des actes ou écrits émanés des parties ou par des jugements, il sera perçu, indépendamment des droits simples supplémentaires, un droit en sus, lequel ne peut être inférieur à 50 francs. »

A première vue, il semble ressortir des termes de cet article, qui seul prévoit et punit les fraudes commises dans de tels contrats, que la loi ne frappe pas les insuffisances, qu'elle n'atteint que les dissimulations constatées, dans un certain délai, à l'aide de moyens de preuve limités. Mais il faut bien remarquer que le mot « dissimulation » n'a pas, dans le texte que nous venons de citer, le sens qu'on lui attribue d'ordinaire en enregistrement. Tandis qu'en matière de droit proportionnel ordinaire, il faut entendre par « dissimulation » l'énonciation frauduleuse d'un prix d'achat fictif dans un contrat à titre onéreux, en matière de droit réduit, il faut comprendre dans le même terme toute réticence intentionnelle dans un acte, tout défaut de sincérité dans les évaluations servant de base à l'impôt.

On conçoit donc que l'administration, interprétant l'article 21 de la loi de 1893, ait établi les règles suivantes, que la jurisprudence paraît avoir confirmées : les déclarations fausses ou les évaluations insuffisantes faites par les parties rendent leurs auteurs passibles du double droit, au minimum de 50 francs, quand elles sont prouvées dans les conditions indiquées par la loi et pourvu qu'il y ait *intention de fraude*. Quand, au contraire, les évaluations insuffisantes ont été fournies de bonne foi, quand leur inexactitude provient d'erreurs d'appréciation, il n'est dû qu'un supplément de droit simple. — L'intention délictueuse ressort des circonstances spéciales à chaque affaire. Elle peut notamment résulter de ce fait que les actes à l'aide desquels l'administration établit le préjudice causé au Trésor sont antérieurs au contrat soumis au droit réduit.

Soumissions. — Afin d'éviter les actions en justice nécessaires pour établir les insuffisances, l'administration de l'enregistrement est autorisée à conclure des transactions. Les agents qui soupçonnent l'existence d'une fraude de cette nature peuvent, sous la réserve expresse de l'approbation du directeur départemental ou de l'administration centrale, selon les cas, faire souscrire aux parties une *soumission*. Par cet acte, l'intéressé reconnaît en tout ou en partie l'insuffisance et offre le payement d'un supplément de droit. De son côté, en acceptant la soumission, l'administration s'engage à se contenter de ce versement supplémentaire et à ne pas réclamer, quoi qu'il arrive, une somme plus élevée.

Le même procédé peut être employé dans le cas de dissimulation en matière de droit ordinaire ou de droit réduit, mais de telles soumissions, quoique acceptées par l'administration, ne mettent pas les parties à l'abri de toute réclamation ultérieure. L'administration ne transige que sous réserve de prouver ultérieurement, si elle est en mesure de le faire, des dissimulations plus considérables. Le seul intérêt qu'en pareil cas les parties puissent avoir à entrer dans les voies amiables est donc d'éviter les frais et le retentissement d'un procès.

III. — **Omissions**. — Le législateur ne s'est pas seulement attaché à réprimer les insuffisances ou les dissimulations qui peuvent être commises dans les évaluations fournies par les redevables. Il a encore prévu le cas où une partie des biens composant une hérédité ne seraient pas compris dans la déclaration de succession. Il y a alors omission. D'après les termes de l'article 11 de la loi du 18 mai 1850 et l'article 61 n° 2 de la loi du 22 frimaire an VII, la preuve des omissions pouvait être établie durant cinq années à partir de la déclaration de succession, suivant celles des règles du droit commun qui ne sont pas incompatibles avec l'économie de la législation fiscale, c'est-à-dire au moyen d'actes ou de présomptions. Il a paru que ce délai n'était pas suffisant pour garantir le Trésor contre la fraude. Pour assurer plus efficacement le recouvrement de l'impôt, le législateur, par l'article 4 de la loi du 30 janvier 1907, a porté le délai de la prescription de cinq ans à dix ans. La peine est en principe d'un droit en sus du droit simple sur la valeur des biens mobiliers ou immobiliers omis. Toutefois, si l'omission présente le caractère d'une dissimulation frauduleuse, la peine est du double droit en sus du droit simple.

IV. — **Simulation de dettes dans les déclarations de successions**. — Nous avons expliqué plus haut que les héritiers peuvent, dans le but de diminuer frauduleusement la matière imposable, atténuer l'actif héréditaire dans les déclarations de successions par l'énonciation de dettes fictives. Ce genre de fraude peut être démontré par toutes les preuves de droit commun, sauf le serment, pendant dix ans, à compter du jour de la déclaration ; sauf en ce qui concerne le délai, le Trésor est donc investi de pouvoirs analogués à ceux dont il jouit en matière de dissimulation de prix dans les ventes d'immeubles. — La pénalité consiste dans une amende égale au triple du supplément de droit exigible, sans que cette amende puisse être inférieure à 500 francs (sans décimes).

V. — **Attestations inexactes fournies par les créanciers à l'appui de déclarations de dettes héréditaires.** — L'inexactitude des attestations fournies par les créanciers peut être prouvée comme celle des déclarations de dettes elles-mêmes. Le prétendu créancier qui s'est rendu coupable de cette collusion est tenu solidairement avec le déclarant au paiement de l'amende et doit en supporter définitivement le tiers.

VII. — Exemptions

Certains actes sont dispensés de la formalité de l'enregistrement et de l'impôt. D'autres, sans être affranchis de la formalité, sont exonérés du payement des droits, soit définitivement, soit à titre temporaire. On distingue ainsi : les actes exempts d'enregistrement, les actes enregistrés gratis, les actes enregistrés en débet.

Actes enregistrés en débet. — Les actes enregistrés en débet sont soumis à la formalité. Le recouvrement de l'impôt est simplement suspendu, soit en raison de l'indigence des parties appelées à en faire l'avance, soit parce que les droits peuvent, en dernière analyse, retomber à la charge de l'État. Dans la première catégorie rentrent notamment les actes, jugements et procédures relatifs à l'assistance judiciaire (1); dans la seconde catégorie, les procès-verbaux de simple police, tous les actes faits à la requête du ministère public, etc. Le recouvrement des droits est poursuivi ultérieurement contre les débiteurs définitifs, s'ils sont en situation de les payer.

Actes enregistrés gratis. — Les actes enregistrés gratis sont soumis à la formalité, mais affranchis de l'impôt. L'énumération en est donnée par l'article 70, § 2, de la loi organique et par les lois subséquentes. Tels sont : les actes de poursuite en matière de contributions directes dans certains cas, les certificats de propriété concernant des livrets de caisse d'épargne, les actes judiciaires en matière électorale, les acquisitions, échanges, et partages faits par l'État, les notifications de mariage, les actes exclusivement relatifs au service des enfants assistés, les actes, décisions et formalités auxquels donne lieu l'exécution de la loi du 12 janvier 1895 relative à la saisie-arrêt sur les salaires et petits traitements, les certificats, jugements, quittances, etc., concernant le service de l'assistance obligatoire aux vieillards, les actes intéressant les caisses d'assurance en cas de décès ou d'accidents, la caisse nationale des retraites pour la vieillesse, la caisse de secours et de retraite des ouvriers mineurs... tous les actes relatifs à l'exécution de la loi du 9 avril 1898 sur les accidents du travail, etc.

Actes exempts d'enregistrement. — Le paragraphe 3 de l'article précité et les lois ultérieures énumèrent les actes exempts à la fois de la formalité et de l'impôt. Nous cite-

---

(1) L'assistance judiciaire est la faculté accordée aux indigents de plaider devant les tribunaux, tant en demande qu'en défense, sans être tenus de faire l'avance des frais *de toute nature* auxquels l'instruction et le jugement du procès peuvent donner lieu. Elle est accordée, sur une demande, exempte de timbre, adressée au procureur de la République avec les justifications de droit, par un bureau spécial établi au chef-lieu judiciaire de chaque arrondissement. La composition de ce bureau est déterminée par la loi. Il comprend toujours un agent de l'enregistrement.

rons, à titre d'exemples : les inscriptions sur le grand-livre de la dette publique, leurs transferts et mutations à titre onéreux, les actes intéressant les sociétés de secours mutuels, les endossements et acquits sur les effets négociables, les procès-verbaux de cote et parafe des livres de commerce, quelle qu'en soit la forme, les actes nécessaires pour le service de la caisse nationale d'épargne ou des caisses d'épargne privées, les actes de procédure d'avoué à avoué devant les cours et tribunaux, les actes rédigés en exécution des lois relatives aux faillites et liquidations judiciaires, les actes concernant la caisse de prévoyance des marins français, les actes et documents rédigés en exécution de la loi du 18 juillet 1898, sur les warrants agricoles, etc.

CHAPITRE II

PERCEPTION DES DROITS

Afin d'assurer la perception des droits d'enregistrement, le législateur a fixé certains délais pour la présentation des actes à la formalité et pour la déclaration des mutations imposables sans actes, et indiqué en même temps les bureaux dans lesquels les actes doivent être enregistrés et les déclarations reçues. Il a en outre défini la responsabilité et les obligations, tant des fonctionnaires de l'ordre administratif et judiciaire que des officiers publics et des parties.

Nous allons examiner séparément chacun de ces points.

1. — Des délais pour l'enregistrement des actes et des déclarations

Actes civils publics. — Les actes rédigés par les notaires doivent être présentés à la formalité dans le délai de dix jours pour les actes des notaires résidant dans la commune où le bureau d'enregistrement est établi, et de quinze jours pour ceux des notaires qui n'y résident pas. Toutefois, lorsque ces officiers publics rédigent un protêt dans les conditions prévues par l'article 23 de la loi du 24 mai 1834, ces actes doivent être enregistrés dans les quatre jours de leur date, sans qu'il y ait lieu d'établir de distinction eu égard à la résidence.

On peut citer encore, comme exception au délai habituel, les testaments authentiques et les actes de suscription des testaments mystiques, qui ne doivent être enregistrés que dans les trois mois du décès du testateur.

Les notaires qui ne font pas enregistrer leurs actes dans les délais prescrits sont tenus de payer *personnellement*, à titre d'amende et pour chaque contravention, une somme de 10 francs, s'il s'agit d'un acte sujet au droit fixe, ou une somme égale au montant du droit, s'il s'agit d'un acte sujet au droit proportionnel, sans que, dans ce dernier cas, la peine puisse être au-dessous de 10 francs. — En ce qui concerne les protêts, les notaires ne sont passibles que d'une amende de 5 francs pour retard dans la présentation de ces actes à la formalité. — Les testaments notariés non enregistrés dans le délai prescrit sont soumis au double droit.

Actes judiciaires. — Tous les actes judiciaires doivent être enregistrés dans le délai de vingt jours.

Les pénalités pour l'inobservation du délai varient suivant la nature des actes. Nous verrons qu'on peut les diviser en trois catégories : ceux pour lesquels les greffiers sont tenus de faire l'avance des droits, ceux pour lesquels les droits doivent être payés par les greffiers, mais consignés par les parties, et ceux pour lesquels les parties sont directement tenues au payement.

Dans le premier cas, à défaut d'enregistrement dans le délai, les greffiers sont obligés de payer personnellement à titre d'amende et pour chaque contravention une peine égale au montant du droit. — Dans le second cas, la peine du droit en sus est supportée par les parties, si elles n'ont pas consigné les droits dans le délai entre les mains du greffier. Nous verrons plus loin que les greffiers peuvent cependant être personnellement contraints au paiement des doubles droits si, à défaut de consignation, ils n'ont pas remis au receveur de l'enregistrement, dans les dix jours qui suivent l'expiration du délai, un extrait des actes ou jugements. — Dans le troisième cas, la loi ne prononce aucune peine contre les parties pour défaut d'enregistrement dans les délais.

Actes extrajudiciaires. — Le délai est de quatre jours pour les actes des huissiers et généralement pour les actes de tous les officiers ministériels, agents et employés ayant pouvoir de faire des exploits ou procès-verbaux. Le délai ne court que du jour de l'affirmation, à l'égard des procès-verbaux de délit ou de contravention assujettis à cette formalité. Par exception, les procès-verbaux des vérificateurs des poids et mesures doivent être enregistrés dans les quinze jours à partir de leur affirmation. De même, le délai est de dix jours pour les actes et procès-verbaux des courtiers de commerce et pour les ventes publiques de marchandises que peuvent faire les officiers publics ou ministériels désignés pour remplacer les courtiers de commerce. On peut noter encore le délai de trois jours pour les contraventions à la police du roulage, et quelques délais particuliers pour certains actes des agents forestiers.

La peine contre un huissier ou autre ayant pouvoir de faire des exploits ou procès-verbaux est, pour tout exploit ou procès-verbal non présenté à l'enregistrement dans le délai, d'une somme de 5 francs, plus une somme équivalente au montant du droit de l'acte non enregistré. L'exploit ou procès-verbal non enregistré dans le délai est déclaré nul sous les réserves que nous avons formulées précédemment (voir page 160), et le contrevenant est responsable de cette nullité envers les parties. Ces dispositions ne s'étendent pas aux procès-verbaux de vente de meubles, ni à tout autre acte du ministère des huissiers sujet au droit proportionnel. La peine, pour ceux-ci, est d'une somme égale au montant du droit, sans qu'elle puisse être inférieure à 10 francs.

Actes administratifs. — Le délai est de vingt jours

pour les actes des autorités administratives assujettis à l'enregistrement. Mais ce délai ne court que du jour de la réception de l'approbation, lorsque les conventions soumises à l'enregistrement ne deviennent définitives qu'après approbation de l'autorité supérieure.

L'inobservation du délai entraîne la pénalité d'un droit en sus. Cette amende n'est à la charge des secrétaires des administrations centrales et municipales qu'autant que les parties ont consigné entre leurs mains le montant des droits ou, qu'à défaut de consignation, ils ont négligé de fournir au bureau de l'enregistrement un extrait qu'ils sont tenus de produire dans les mêmes conditions que les greffiers.

Actes sous seing privé. — En principe, ces actes ne sont soumis à la formalité dans aucun délai de rigueur. Il faut faire exception, toutefois, pour ceux qui constatent des mutations imposables sans actes et pour les testaments.

Les actes de la première catégorie doivent être enregistrés dans les trois mois de leur date s'ils sont faits en France, dans le délai d'une année s'ils sont faits en Amérique et de deux années s'ils sont faits en Asie ou en Afrique. Il est accordé un délai supplémentaire d'un mois aux bailleurs et aux anciens possesseurs pour présenter les actes à l'enregistrement, quand la formalité n'a pas été requise dans le délai normal par le preneur ou par le nouveau possesseur.

En ce qui concerne les testaments déposés chez les notaires, le délai est de trois mois à dater du décès du testateur.

A défaut d'enregistrement dans le délai de trois mois des actes sous seing privé contenant des mutations imposables sans actes, l'ancien et le nouveau possesseur, le bailleur et le preneur sont tenus chacun, personnellement et sans recours, d'un droit en sus qui ne peut être inférieur à 50 francs. Il est bien entendu que l'ancien possesseur et le bailleur peuvent s'affranchir de la pénalité en faisant enregistrer l'acte dans le délai supplémentaire qui leur est imparti. — Pour les testaments déposés chez les notaires, la peine est d'un droit en sus lorsqu'ils ne sont pas enregistrés dans les délais.

Mutations imposables sans actes. — Les mutations entre vifs, imposables sans actes, doivent, lorsqu'elles ne sont pas constatées par écrit, être déclarées dans les trois mois de l'entrée en possession ou de l'entrée en jouissance. Les anciens possesseurs bénéficient du délai supplémentaire d'un mois dont il a été question. En matière de locations verbales, le bailleur, seul tenu de faire les déclarations, doit y procéder dans les trois mois, sans aucun délai supplémentaire.

Les délais pour l'enregistrement des déclarations de mutation par décès sont de :

Six mois à compter du jour du décès, si l'auteur de la succession est décédé en France ;

Huit mois, s'il est décédé en Europe ;

Une année, s'il est décédé en Amérique.

Deux années, si le décès a eu lieu en Afrique ou en Asie.

Le point de départ de ces derniers délais peut exceptionnellement n'être pas le jour de décès du *de cujus*. Ainsi, ils courent du jour de l'envoi en possession provisoire pour la succession d'un absent. De même, les legs faits aux communes et établissements publics, qui ne peuvent être acceptés qu'après l'approbation de l'autorité supérieure, doivent être déclarés seulement dans les six mois à dater du jour de la réception de cette approbation, sauf le cas où il y aurait prise de possession antérieure. Lorsque des biens qui n'existaient pas dans l'hérédité au moment de la déclaration de succession viennent à y faire retour par suite de renonciation, jugement, etc., le point de départ du délai pour la déclaration supplémentaire est la date de l'acte ou de l'événement qui opère cette réintégration.

Pour les personnes décédées hors de France, les délais fixés par la loi peuvent être réduits ; s'il y a eu prise de possession des biens par les héritiers ou inscription du décès sur les registres de l'état civil plus de six mois avant l'expiration du délai imparti, la déclaration doit intervenir dans les six mois du jour de la prise de possession ou de l'inscription.

Le défaut de déclaration des mutations verbales entre vifs, imposables sans actes, est passible des mêmes peines que le défaut d'enregistrement des actes sous seing privé constatant des mutations de cette nature. Il faut remarquer, toutefois, qu'en matière de mutation verbale de jouissance le bailleur encourt seul l'amende du droit en sus, au minimum de 50 francs.

En ce qui concerne les mutations par décès, l'article 12 de la loi du 8 avril 1910 frappe le défaut de déclaration d'une succession dans le délai légal d'une pénalité de 1 fr. 50 pour 100 du droit simple, par mois ou fraction de mois de retard. Mais cette amende est réduite à 0,50 pour 100 pour le premier mois et à 1 pour 100 pour chacun des cinq mois suivants ; enfin, elle ne peut excéder en totalité, la moitié du droit simple c'est-à-dire que le demi-droit en sus constitue dans tous les cas le maximum de la pénalité ; elle est à la charge des héritiers ou légataires, tuteurs ou curateurs.

Observations générales. — Dans les délais fixés pour l'enregistrement des actes et des déclarations, le jour de la date de l'acte ou de la mutation n'est pas compté. Il en est de même pour le dernier jour du délai, lorsqu'il se trouve être un dimanche ou un jour de fête légale.

11. — Des bureaux où les actes et mutations doivent être enregistrés

Actes civils publics. — Les notaires ne peuvent faire enregistrer leurs actes qu'au bureau dans l'arrondissement duquel ils résident. Toutefois, il est permis, par exception, aux notaires des chefs-lieux de cours d'appel, qui ont la faculté d'instrumenter dans tout le ressort, de présenter à la formalité les inventaires dressés par eux au bureau du lieu où ils les ont rédigés, à condition que le procès-verbal de la dernière vacation soit enregistré au bureau de leur résidence dans les quinze jours de sa date.

Actes judiciaires. — Les greffiers doivent faire enregistrer leurs actes au bureau dans l'arrondissement duquel ils exercent leurs fonctions.

Actes extrajudiciaires. — Les huissiers et tous autres ayant pouvoir de faire des exploits, procès-verbaux ou rapports font enregistrer leurs actes soit au bureau de leur résidence, soit au bureau du lieu où ils les ont rédigés.

Par exception, les procès-verbaux de vente de meubles ne peuvent être enregistrés qu'au bureau où les déclarations préalables (1) ont été faites, c'est-à-dire au bureau dans l'arrondissement duquel la vente a eu lieu. D'autre part, les agents et gardes forestiers, les gardes champêtres, les vérificateurs des poids et mesures, les préposés à la police de la pêche et les gendarmes peuvent faire enregistrer ceux de leurs procès-verbaux qui sont de nature à donner lieu à des poursuites judiciaires, au bureau

---

(1) Aux termes de la loi du 22 pluviôse an VII, il ne peut être procédé à une vente publique et par enchère d'objets mobiliers sans qu'il en ait été fait préalablement la déclaration au bureau de l'enregistrement dans l'arrondissement duquel la vente a lieu.

le plus rapproché de leur résidence. — La règle générale comporte encore quelques autres exceptions sans grand intérêt (procès-verbaux rédigés, dans certains cas, par les agents des postes et par les receveurs des douanes).

Actes administratifs. — Les actes administratifs sont enregistrés aux bureaux dans la circonscription desquels résident les fonctionnaires dont ils émanent.

Actes sous-seing privé. — Les actes sous-seing privé peuvent être enregistrés dans tous les bureaux indistinctement (1).

Mutations imposables sans actes. — Les mutations par décès de propriété ou d'usufruit de biens meubles ou immeubles sont enregistrées au bureau du domicile du décédé, quelle que soit la situation des valeurs. A défaut de domicile en France, la déclaration est passée au bureau du lieu du décès, ou, si le décès n'est pas survenu en France, à ceux des bureaux qui sont désignés par l'Administration.

Les cessions de fonds de commerce doivent être déclarées dans le bureau de la situation du fonds de commerce ou de la clientèle.

Les mutations entre vifs d'immeubles en propriété ou en usufruit peuvent être déclarées dans tous les bureaux indistinctement.

Les déclarations de locations verbales d'immeubles peuvent également être reçues dans tous les bureaux et en outre chez les percepteurs, dans les communes où il n'existe pas de bureau d'enregistrement.

---

(1) L'article 1000 du Code civil contient une exception relative aux testaments faits en pays étranger et ayant pour objet des biens situés en France.

111. — Du paiement des droits et des amendes.
De ceux qui doivent les acquitter.

Pour mieux assurer la rentrée de l'impôt, le législateur a expressément stipulé que les droits devaient être payés avant l'enregistrement des actes et déclarations, nul ne pouvant en atténuer ni différer le payement sous le prétexte de contestation sur la quotité ni pour quelque autre motif que ce soit, sauf à se pourvoir en restitution, s'il y a lieu. Il a même imposé l'obligation de faire l'avance des droits à certaines personnes qui se trouvent substituées, en raison de leur qualité, au redevable définitif de l'impôt, tout en leur réservant la faculté de poursuivre, suivant des formes spéciales, le recouvrement de cette avance (1). Le débiteur direct des droits, au regard du Trésor, ne se confond donc pas toujours avec le débiteur définitif.

Nous allons examiner d'abord à qui incombe le payement immédiat de l'impôt, dans chaque cas particulier ; nous dirons ensuite quel est, aux termes de la loi, le débiteur définitif.

Débiteurs directs. — *Actes civils publics*. — L'avance des droits dus sur les actes notariés est toujours à la charge des notaires rédacteurs, sans que ceux-ci puissent exciper de l'absence de consignation par les parties. Toutefois les droits des testaments, même notariés, et des autres actes de libéralité à cause de mort sont acquittés par les héri-

---

(1) Les officiers publics peuvent, dans ce cas, prendre exécutoire du juge de paix, et l'opposition qui serait formée contre cet exécutoire ainsi que toutes les contestations qui s'élèveraient à cet égard sont jugées comme l'opposition à la contrainte décernée au nom de l'État.

tiers, légataires ou donataires, leurs tuteurs ou curateurs et les exécuteurs testamentaires.

Actes judiciaires. — En ce qui concerne les actes judiciaires, il faut distinguer suivant qu'il s'agit d'un jugement, d'un acte au greffe rédigé par le greffier sans le concours du juge, ou enfin d'un acte judiciaire dans la confection duquel le greffier n'intervient pas :

1° Pour les jugements, les greffiers ne sont tenus personnellement au payement des droits que si les parties leur en ont consigné le montant. A défaut de cette consignation en temps utile, les greffiers sont seulement obligés de fournir au receveur de l'enregistrement, dans les dix jours qui suivent l'expiration du délai, un extrait certifié du jugement, à peine d'une amende de dix francs ; ils sont en outre, dans ce cas, personnellement contraints au payement des doubles droits. Moyennant la remise de cet extrait, les greffiers sont, au contraire, déchargés de toute responsabilité, et le recouvrement des droits est poursuivi directement contre les parties.

2° Pour les actes au greffe, tels que procès-verbaux d'apposition, de reconnaissance et de levée de scellés, de nomination de tuteurs et curateurs, avis de parents, actes de notoriété, déclarations de surenchère, etc., l'avance des droits incombe aux greffiers, qu'ils aient ou non reçu provision.

3° Pour les actes judiciaires dans la confection desquels le greffier n'intervient pas, tels que les ordonnances sur requête et mémoires, les certificats délivrés immédiatement par les juges ou encore les actes et décisions d'arbitres, les greffiers n'ont aucune obligation, et le payement des droits incombe aux parties seulement.

Actes extrajudiciaires. — Les huissiers et autres ayant pouvoir de faire des exploits ou procès-verbaux sont tenus de faire l'avance des droits pour tous les actes de leur ministère.

Actes administratifs. — Les obligations des secrétaires des administrations centrales et municipales sont de tous points les mêmes que celles imposées aux greffiers pour les jugements et les arrêts.

Actes sous seing privé et mutations imposables sans actes. — Les droits des actes sous seing privé, lorsqu'ils ne sont pas annexés à des actes notariés, et ceux des mutations imposables sans actes doivent être acquittés par les parties, par les anciens et nouveaux possesseurs, par les héritiers, légataires et donataires, leurs tuteurs ou curateurs et les exécuteurs testamentaires.

Solidarité des parties. — Toutes les personnes qui sont parties dans un contrat ou dans une mutation sont solidairement responsables du payement de l'impôt, et le recouvrement peut être poursuivi directement contre elles, alors même qu'en raison de la forme de l'acte la loi aurait désigné un débiteur direct chargé de l'avance des droits. Cette solidarité ne s'étend pas aux légataires, qui ne peuvent être recherchés que pour le montant de leurs legs, l'héritier ou le colégataire n'étant pas tenu d'ailleurs de faire figurer dans sa déclaration les objets légués à d'autres personnes.

Débiteurs définitifs. — Bien que le Trésor puisse ainsi mettre en cause toutes les parties solidairement, la loi organique a néanmoins désigné le débiteur définitif de l'impôt.

Aux termes de l'article 31, les droits des actes civils ou judiciaires emportant obligation, libération ou translation de propriété ou usufruit de biens meubles ou immeubles sont supportés par les débiteurs ou nouveaux possesseurs, et ceux de tous les autres actes le sont par les parties *auxquelles ces actes profitent,* lorsque, dans ces divers cas, il n'a pas été stipulé de dispositions contraires dans les actes.

Amendes. — La loi n'a pas, en matière d'amendes,

constitué de débiteurs directs distincts des débiteurs définitifs. C'est, en effet, un principe constant de droit pénal que le châtiment atteint l'auteur seul du délit et cela s'entend aussi bien des peines pécuniaires que des autres. Il en résulte qu'en règle générale les contrevenants sont seuls responsables, vis-à-vis du Trésor, des amendes ou des droits en sus qui ont pu être mis à leur charge. Il en résulte encore que les pénalités ne peuvent pas être réclamées aux héritiers des contrevenants, à moins toutefois que ceux-ci, avant leur décès, ne se soient obligés à les payer, ou qu'un jugement de condamnation ne soit intervenu contre eux, car l'obligation ou le jugement constitue alors un titre ordinaire de créance.

IV. — Privilège du Trésor.

L'administration, indépendamment de l'action *personnelle* qu'elle peut exercer contre les débiteurs directs ou les débiteurs définitifs de l'impôt, a, dans certains cas, une action *réelle* sur les biens des redevables.

L'article 32 *in fine* de la loi organique porte en effet : « La nation aura action sur le revenu des biens à déclarer, en quelques mains qu'ils se trouvent, pour le payement des droits de mutation par décès dont il faudrait poursuivre le recouvrement ».

Ainsi le Trésor est investi, en ce qui concerne le payement des droits de succession, d'un véritable privilège, impliquant un droit de suite et un droit de préférence, s'exerçant dans certaines conditions.

Droit de suite. — Malgré les termes formels de la loi, qui déclare que le Trésor est privilégié sur le revenu des biens, *en quelques mains qu'ils se trouvent*, le droit de suite a subi une restriction importante. D'après une décision du Conseil d'Etat des 4-21 septembre 1810 ayant force de loi, l'action du Trésor ne peut s'exercer au préjudice des tiers acquéreurs. Le privilège ne peut donc atteindre les revenus des biens dès que ces biens se trouvent hors des mains des héritiers, donataires ou légataires.

Il a été également décidé que, du jour où les fruits, revenus et intérêts d'un immeuble sont *immobilisés*, c'est-à-dire sont ajoutés au prix de l'immeuble pour être distribués avec lui aux créanciers hypothécaires, par ordre d'hypothèque, ils échappent à l'action privilégiée de l'administration. L'immobilisation date : pour les ventes forcées, de la transcription de la saisie ; pour les ventes volontaires, de l'accomplissement des formalités prescrites par les articles 2173, 2183 et 2184 du Code civil et, si ces formalités n'ont pas été remplies, de la sommation de produire à l'ordre judiciaire.

Droit de préférence. — Si des tempéraments ont été apportés, dans l'intérêt des tiers, à l'exercice du droit de suite, le droit de préférence est resté absolu dans sa portée. Le privilège de l'administration n'est primé ni par les créances hypothécaires qui ne portent que sur la valeur en capital des immeubles, tant que l'immobilisation des fruits n'a pas eu lieu, ni par les privilèges généraux et spéciaux inscrits aux articles 2101, etc., du Code civil. Il ne vient cependant qu'au second rang, lorsque l'administration des contributions directes fait valoir son privilège, auquel le législateur a visiblement manifesté l'intention d'attribuer l'antériorité sur tous autres, ou encore lorsqu'il y a lieu de revendiquer des droits et amendes de timbres dont le recouvrement est, comme nous le verrons plus loin, privilégié dans les mêmes conditions que les contributions directes. Enfin, il est de jurisprudence que tout privilège doit être primé par les créances pour frais de justice, si les frais ont été faits dans l'intérêt de tous les créanciers.

Mode d'exercice. — Le privilège porte, d'après la loi, « sur le revenu des biens à déclarer ». Cette expression doit s'entendre en ce sens que l'action de l'administration s'exerce sur les revenus échus *postérieurement* au décès, ceux qui sont échus *précédemment* se confondant dans la masse du patrimoine du défunt.

Ce privilège s'applique à *tous* les revenus des biens à déclarer et garantit le recouvrement de l'intégralité de l'impôt. La jurisprudence paraît même disposée à admettre, bien qu'elle ne se soit pas prononcée formellement à cet égard, qu'il assure le recouvrement des droits et demi-droits en sus qui peuvent être réclamés à titre de pénalité.

Aucune condition spéciale de publicité n'est exigée par la loi ; l'inscription du privilège n'est nullement obligatoire.

V. — Obligations des officiers publics et des détenteurs de biens héréditaires

La loi astreint les notaires, huissiers, greffiers et les secrétaires des administrations centrales et municipales à certaines obligations qui peuvent se résumer ainsi qu'il suit :

1° Ne faire aucun acte en vertu d'un acte non enregistré et rapporter, dans tout acte public fait en vertu d'un acte sous seing privé, la mention littérale de la quittance des droits payés sur ce dernier acte.

2° Ne pas délivrer d'expéditions d'un acte non enregistré, et répéter, sur chaque expédition d'un acte enregistré, la mention littérale de la quittance des droits.

3° Ne recevoir aucun acte en dépôt, sans dresser acte du dépôt. Il résulte de cette règle, combinée avec les précédentes, qu'aucun acte en dépôt chez un officier public ne peut échapper à la formalité.

L'inobservation de ces prescriptions entraîne, à la charge des officiers publics, une amende de 10 francs, outre le payement des droits, pour chaque contravention. Toutefois, en cas d'omission de la mention littérale de la quittance des droits sur l'expédition d'un acte enregistré, l'amende n'est que de 5 francs.

Quelques dérogations ont été apportées à ces règles générales. En ce qui concerne la première règle, un acte non enregistré peut être énoncé dans un acte postérieur, à la condition que tous deux soient présentés simultanément à la formalité, et que le délai d'enregistrement relatif au premier ne soit pas encore expiré. Cette faculté, d'abord spéciale aux notaires, a été étendue aux huissiers, greffiers, secrétaires et autres officiers publics par l'article 10 de la loi du 22 avril 1905. De même, les billets et effets négociables peuvent n'être enregistrés qu'avec les protêts.

La seconde règle ne souffre qu'une seule exception. Il peut être délivré copie d'un exploit ou de tout autre acte de même nature se signifiant à partie ou par affiche et proclamation, avant que l'original ait été enregistré.

Enfin, les dispositions testamentaires ne sont assujetties aux règles précédentes qu'après le décès du testateur.

Tout notaire qui reçoit un acte de vente, d'échange ou de partage immobilier, est tenu de donner lecture aux parties des articles 12 et 13 de la loi du 23 août 1871 relatifs à la dissimulation, et mention de cette lecture doit être faite dans l'acte à peine d'une amende de 10 francs. Toutefois, les adjudications publiques sont dispensées de cette formalité.

La loi du 26 janvier 1892 a imposé aux avoués, huissiers, greffiers et notaires une obligation nouvelle, dans le but de permettre aux parties de se rendre compte de la somme pour laquelle l'impôt figure dans le total des frais. Les officiers ministériels doivent faire ressortir distinctement, au bas de leur état de frais, le montant des droits de toute nature payés au Trésor, à peine d'une amende de **10 francs** pour chaque contravention.

Le législateur a complété l'ensemble de ces dispositions et en a assuré l'exécution, d'une part, en imposant à certains officiers publics la tenue d'un répertoire, d'autre part, en conférant aux agents de l'enregistrement le droit de prendre communication des actes et pièces déposés chez les officiers publics, dans certaines archives ou au siège des sociétés.

Répertoire. — Les notaires, huissiers, greffiers, commissaires-priseurs, courtiers de commerce, secrétaires et huissiers des conseils de prud'hommes, porteurs de contraintes, secrétaires généraux de préfecture, sous-préfets et maires sont obligés de tenir des répertoires et d'y inscrire, jour par jour, sans blanc ni interligne et par ordre de numéros, à peine de 5 francs d'amende pour chaque omission, tous les actes de leur ministère ou certains actes selon les cas. L'obligation d'y porter tous les actes sans exception s'applique aux notaires et aux huissiers; quant aux autres officiers publics ou fonctionnaires désignés ci-dessus, ils ne sont tenus de mentionner que les actes assujettis à l'enregistrement.

Les répertoires doivent présenter les indications nécessaires pour que chaque acte y soit désigné d'une manière suffisante. Ils sont cotés et parafés, soit par le juge de paix, soit par le président du tribunal de première instance ou de la Cour d'appel, soit par les préfets, sous-préfets et maires. Ils doivent, dans les dix premiers jours qui suivent l'expiration de chaque trimestre et sous peine d'une amende de 10 francs, quelle que soit la durée du retard, être présentés au receveur de l'enregistrement, qui y appose un visa, énonce le nombre des actes inscrits et fait mention du dépôt de chaque répertoire sur son registre de formalité.

La loi du 26 janvier 1892 ayant exempté de l'enregistrement un certain nombre d'actes, le législateur a pris diverses mesures propres à empêcher les fraudes qui pouvaient être la conséquence de cette faveur légale. Ces mesures consistent dans l'obligation imposée aux huissiers de tenir un répertoire spécial, indépendant de leur répertoire général sur lequel ils inscrivent les exploits de leur ministère portant signification d'actes d'avoué à avoué. Ce répertoire doit être présenté au visa du receveur tous les cinq jours, à peine d'une amende de 10 francs. La même obligation a été imposée aux greffiers en ce qui concerne les actes et procès-verbaux en matière de faillite et de liquidation judiciaire, que la loi du 26 janvier 1892 a exemptés de la formalité. Toutefois, le visa du receveur n'y est apposé que deux fois par mois.

Obligations des sociétés, agents de change, banquiers, officiers ministériels, agents d'affaires et compagnies d'assurances sur la vie, en matière de mutations par décès. — Pour garantir le recouvrement des droits de mutation par décès, l'article 15 de la loi du 25 février 1901 oblige les sociétés ou compagnies, agents de change, changeurs, banquiers, escompteurs, officiers publics ou ministériels ou agents d'affaires qui seraient *dépositaires, détenteurs* ou *débiteurs*, de titres, sommes ou valeurs dépendant d'une succession qu'ils sauraient ouverte, à adresser, soit avant le paiement, la remise ou le transfert, soit dans la quinzaine qui suivra ces opérations, au directeur de l'enregistrement du département de leur résidence la liste de ces titres, sommes ou valeurs.

Dans le but d'éluder les prescriptions de la loi de 1901

on a eu recours à l'emploi, dans les établissements de crédit, de comptes collectifs avec solidarité entre les titulaires. La caractéristique de ces comptes (comptes joints ou comptes conjoints) est la faculté pour chacun des titulaires de retirer seul la totalité des sommes portées au compte. En cas de décès de l'un des déposants, l'établissement ou la personne dépositaire pouvait ainsi se dispenser de notifier à l'administration la nature et l'importance des valeurs inscrites au nom du défunt, puisque les déposants survivants conservaient la faculté de retirer ces valeurs.

L'article 7 de la loi du 31 mars 1903 a édicté certaines mesures en vue de prévenir ces fraudes. Cet article dispose que tous les titres, sommes ou valeurs existant chez les dépositaires désignés au troisième paragraphe de l'article 15 de la loi du 25 février 1901, et faisant l'objet de comptes indivis seront considérés pour la perception des droits de mutation par décès comme appartenant conjointement aux déposants et dépendant de la succession de chacun d'eux pour une part virile, sauf preuve contraire.

En outre, le même article impose aux dépositaires l'obligation de faire connaître au directeur de l'enregistrement de leur résidence, dans les trois mois au plus tard de l'ouverture d'un compte indivis, les noms, prénoms et domicile de chacun des déposants, ainsi que la date de l'ouverture du compte, sous peine d'une amende de 500 à 5.000 francs.

Lors du décès du titulaire d'un compte joint, l'Administration des Domaines avertit le dépositaire. Celui-ci doit, dans la quinzaine de la notification, adresser au directeur de l'enregistrement la liste des titres sommes ou valeurs existants au jour du décès, au crédit des cotitulaires du compte.

D'autre part, l'expérience avait montré que les dispositions de la loi de 1901 ne garantissaient pas d'une manière suffisante, le recouvrement des droits lorsque les héritiers ou légataires étaient domiciliés à l'étranger.

L'article 3 de la loi du 30 décembre 1903 a donc décidé que les prescriptions de la loi du 25 février 1901 seraient applicables aux sociétés, compagnies ou personnes dépositaires, détentrices ou débitrices de titres, sommes ou valeurs, dépendant d'une succession qu'elles sauraient ouverte et dévolue à un ou plusieurs héritiers ou légataires ayant à l'étranger leur domicile de fait ou de droit.

— Les compagnies françaises d'assurances sur la vie et les succursales établies en France de compagnies étrangères ne peuvent se libérer des sommes, rentes ou émoluments dus par elles à raison du décès de l'assuré, à des bénéficiaires autres que le conjoint survivant ou les héritiers en ligne directe, si ce n'est sur la présentation d'un certificat constatant le payement ou la non-exigibilité du droit. Elles peuvent, si elles le préfèrent, retenir une somme égale au montant de l'impôt calculé sur les sommes par elles dues. Cette prescription doit être observée, même lorsque les bénéficiaires sont le conjoint survivant ou les héritiers en ligne directe de l'assuré, si ces ayants droits ont à l'étranger leur domicile de fait ou de droit.

Droits de recherche des agents de l'enregistrement. — Tous les officiers ministériels ou fonctionnaires chargés des archives et dépôts de titres publics sont tenus de les communiquer sans déplacement aux préposés de l'administration de l'enregistrement, à toute réquisition, et de leur laisser prendre sans frais les renseignements, extraits ou copies qui leur sont nécessaires, à peine de 10 francs d'amende en cas de refus. Il est même enjoint aux maires d'adresser, dans le premier mois de chaque trimestre, au receveur de l'enregistrement le relevé ou *notice* des décès survenus pendant le trimestre précédent.

Le droit de communication conféré aux agents de l'enregistrement a été généralisé par les articles 22 de la loi du 23 août 1871 et 7 de la loi du 21 juin 1875, portant que les sociétés, compagnies, assureurs, entrepreneurs de transports et autres assujettis aux vérifications de l'administration sont tenus de communiquer aux agents leurs livres, registres, titres, polices, pièces de comptabilité, pour être examinés au point de vue de l'exécution des lois sur l'enregistrement. Tout refus de communication, constaté par procès-verbal, est puni d'une amende de 1.000 francs à 10.000 francs, outre une astreinte par jour de retard dans les conditions prévues par l'article 5 de la loi du 17 avril 1906.

Obligations des juges et arbitres. — Les juges et arbitres sont tenus, dans l'exercice de leurs fonctions, à des obligations analogues à celles qui sont imposées aux officiers publics. Il leur est défendu de rendre aucun jugement sur des actes non enregistrés, à peine d'être personnellement responsables des droits. En fait, l'administration n'a jamais mis en cause la responsabilité des juges, et, pour suppléer à l'insuffisance de cette garantie, la loi du 23 août 1871 a prescrit au ministère public d'ordonner le dépôt au greffe et l'enregistrement des actes non enregistrés produits devant les tribunaux.

Enfin, tout jugement rendu sur un acte enregistré doit énoncer le montant du droit payé, la date du payement et le nom du bureau où la formalité a été donnée.

VI. — Droits et obligations des receveurs.

Les receveurs de l'enregistrement disposent, pour assurer le recouvrement de l'impôt, de moyens d'investigation dont quelques-uns ont été déjà énumérés; ils sont en outre astreints, dans l'intérêt des parties, à certaines obligations.

Nous avons vu qu'ils avaient le droit de prendre communication des actes déposés chez les officiers publics et dans certaines archives, que les répertoires devaient être soumis périodiquement à leur visa, et qu'enfin ils étaient investis de droits de recherche plus étendus vis-à-vis des sociétés, de certaines entreprises et des administrations publiques.

La loi a donné ainsi aux préposés les moyens de découvrir les actes non enregistrés et de recueillir des renseignements utiles pour la recherche des droits fraudés. Mais, à l'égard des mutations imposables sans actes, les receveurs se trouveraient désarmés pour en constater l'existence, s'ils ne pouvaient invoquer des présomptions légales.

Ces présomptions sont les suivantes :

— La mutation d'un immeuble, en propriété ou usufruit, est suffisamment établie, pour la demande du droit d'enregistrement, soit par l'inscription du nouveau possesseur au rôle de la propriété foncière, soit par des baux par lui passés, soit enfin par des transactions ou autres actes constatant son droit de propriété ou d'usufruit.

— La jouissance à titre de ferme, de location ou d'engagement d'un immeuble est également établie par les actes qni la font connaître ou par des payements de contributions imposées aux fermiers, locataires ou détenteurs temporaires.

— Enfin les mutations de propriété des fonds de commerce ou de clientèle sont suffisamment prouvées par les actes ou écrits qui révèlent l'existence des mutations ou qui sont destinés à les rendre publiques, ainsi que par l'inscription aux rôles des contributions du nom du nouveau possesseur.

Les parties ne peuvent opposer à ces présomptions légales que des actes authentiques ou des actes sous seing privé ayant date certaine.

— Quant aux obligations des receveurs, elles sont énumérées par les articles 56, 57 et 58 de la loi de frimaire.

Les receveurs ne peuvent sous aucun prétexte, lors même qu'il y aurait lieu à expertise, différer l'enregistrement des actes et mutations dont les droits ont été payés au taux fixé par la loi. Ils ne peuvent, en principe, retenir les actes qui leur sont présentés et qui ont reçu la formalité. Si ces actes leur paraissent contenir des renseignements utiles pour la découverte des droits celés, ils ont la faculté d'en tirer copie et de la faire certifier conforme à l'original par l'officier public ou ministériel ou par la partie qui les a présentés. En cas de refus, le receveur peut retenir l'acte pendant vingt-quatre heures pour s'en procurer une collation en forme, à ses frais, sauf répétition s'il y a lieu.

La quitance des droits est mise sur l'acte enregistré ou sur l'extrait de la déclaration du nouveau possesseur. Le receveur y énonce en toutes lettres la date de l'enregistrement, le folio du registre, le numéro de la case et le montant des droits perçus. Il désigne sommairement les dispositions indépendantes opérant chacune un droit particulier et indique distinctement la quotité de chaque droit perçu.

— Pour les mutations par décès, une quittance, extraite d'un registre à souche, est remise aux parties.

Les receveurs de l'enregistrement ne peuvent délivrer d'extraits de leurs registres que sur une ordonnance du juge de paix, à moins que les extraits ne soient demandés par quelqu'une des parties contractantes ou par leurs ayants cause. Il leur est payé un franc pour recherche de chaque année indiquée et cinquante centimes par extrait, outre le prix du papier timbré.

VII. — Des droits acquis et des prescriptions.

Droits acquis. — Comme nous l'avons dit incidemment, tout droit d'enregistrement régulièrement perçu ne peut être restitué, quels que soient les événements ultérieurs, sauf dans les cas prévus par la loi.

Peuvent être restitués :

1° Le droit de titre perçu lors de la présentation à la formalité d'un acte judiciaire, s'il est démontré ultérieurement que la convention qui y donnait ouverture avait été préalablement enregistrée ;

2° Le droit perçu sur une délégation de prix stipulée dans un contrat pour acquitter des créances à terme envers un tiers, s'il est justifié d'un titre précédemment enregistré ;

3° Le droit perçu sur une adjudication en justice annulée par les voies légales ;

4° En matière d'expropriation pour cause d'utilité publique, les droits perçus sur les acquisitions amiables, lorsque, dans les deux ans de la perception, les immeubles acquis sont compris dans les décrets d'expropriation ;

5° Les droits perçus sur les transmissions d'offices non suivies d'effet, ou, en cas de réduction de prix, la somme perçue sur l'excédent ;

6° Les droits perçus sur un contrat de mariage, lorsque la célébration du mariage n'a pas eu lieu ;

7° Les droits perçus par suite d'erreurs de fait dans les déclarations de succession (1) ;

8° Les droits applicables aux actes rédigés en exécution de la loi pour parvenir à la vente judiciaire d'un immeu-

---

(1. Toutefois, si l'erreur de fait résulte d'une déclaration souscrite par les parties, la restitution ne constitue pas un droit, elle revêt un caractère purement gracieux et l'administration apprécie, suivant le cas, si elle doit l'autoriser.

ble, lorsque le prix d'adjudication ne dépasse pas deux mille francs (1) ;

9° En cas de mutation par décès, le droit qui peut avoir été perçu en trop par suite de la non-déduction des dettes établies par des opérations de faillite ou de liquidation judiciaire ou par le règlement définitif de la distribution par contribution postérieure à la déclaration ;

10° En cas d'usufruits successifs, le droit qui, l'usufruit éventuel venant à s'ouvrir, se trouve avoir été perçu au delà de ce que le nu-propriétaire aurait payé, s'il avait acquitté l'impôt d'après l'âge de l'usufruitier éventuel ;

11° Lorsqu'il n'a pas été justifié de l'âge d'un usufruitier né hors de France ou d'Algérie, la différence entre le droit maximum imposé d'office et le droit réellement dû d'après la représentation de l'acte de naissance de l'usufruitier ;

12° Lorsque le lieu de naissance d'un usufruitier a été inexactement indiqué, la différence entre le droit maximum exigible d'office et le droit réellement dû d'après la justification de l'âge de l'usufruitier, si la date de naissance est reconnue exacte.

En dehors de ces cas, aucune autorité publique, ni l'administration, ni ses préposés, ne peuvent accorder de remise ou modération des droits d'enregistrement régulièrement perçus. Il va sans dire que, si une irrégularité matérielle, par exemple une erreur de calcul, a été commise, elle peut être réparée par voie de restitution.

Si l'on s'en tenait strictement aux termes de la loi, l'administration n'aurait même pas le droit de consentir des remises ou modérations sur le montant des peines encourues. Cependant, malgré ces termes formels, le ministre des finances, exerçant le droit de grâce par délégation du chef de l'État, a la faculté de remettre en totalité ou en

---

(1) Cette restitution porte également sur les droits de timbre et d'hypothèque. En outre, lorsque le prix de l'adjudication ne dépasse pas mille francs, les divers agents de la loi subissent une réduction d'un quart sur leurs émoluments.

partie les amendes et droits en sus, à moins qu'ils ne soient encaissés et que la prescription ne soit acquise au Trésor. Toutefois, cette faculté ne peut s'exercer quand il s'agit d'omission ayant le caractère de dissimulation frauduleuse ou d'omission d'espèces ou de valeurs mobilières dans une déclaration de succession.

Prescription. — La prescription peut être envisagée à deux points de vue différents ; elle peut être invoquée par le Trésor contre les parties, ou contre le Trésor par les redevables.

La prescription est acquise à l'État contre toute demande en restitution de droits simples, de droits en sus ou d'amendes après deux années à compter du jour de l'enregistrement ou de la perception.

La prescription est acquise aux redevables contre l'État :

1° Après trois mois à compter de l'enregistrement de l'acte ou de la déclaration, pour la demande d'expertise en matière de fonds de commerce ou de clientèle ;

2° Après un an, à partir de l'enregistrement du contrat ou de la déclaration, pour la demande en expertise des biens immeubles imposables à raison de leur valeur vénale (d'une part, immeubles transmis à titre onéreux ; d'autre part, immeubles improductifs de revenu transmis à titre gratuit) ;

3° Après deux ans à dater du jour de l'enregistrement, dans les cas suivants : pour un droit non perçu sur une disposition particulière d'un acte : pour un supplément de droit, en cas de perception insuffisamment faite ; pour une fausse évaluation ou une estimation insuffisante dans une donation ou une déclaration de succession, sauf l'exception prévue pour les immeubles improductifs de revenu ; pour la demande en expertise d'immeubles loués verbalement ou transmis par échange, par donation ou par décès ; pour la demande des droits supplémentaires, en cas d'énonciation inexacte ou d'insuffisance de soulte dans un échange d'immeubles contigus ; pour les droits exigibles par suite de dissimulation ou d'insuffisance dans un acte soumis au droit réduit. La prescription de deux ans s'applique encore aux droits en sus et amendes de contravention. Mais elle ne commence à courir que du jour où les préposés ont été mis à même de constater la contravention ;

4° Après dix ans à compter du jour de la déclaration, pour les omissions dans les déclarations de mutations par décès, sauf lorsque l'omission porte sur des inscriptions de rentes sur l'État ; dans ce cas, la prescription est de trente ans ; après dix ans également, pour les simulations ou attestations inexactes de dettes dans les déclarations de successions ;

5° Après dix ans à partir du jour du décès, pour les droits sur les successions non déclarées.

La prescription trentenaire, c'est-à-dire la prescription de droit commun, s'applique dans tous les cas pour lesquels une prescription plus courte n'a pas été établie. Cette prescription court, en ce qui concerne les actes sous-seing privé, du jour où ils ont acquis date certaine et, pour les mutations verbales entre vifs, du jour où l'administration a été légalement mise à même d'en constater l'existence.

Les prescriptions ci-dessus énumérées sont suspendues par des demandes signifiées et enregistrées avant l'expiration des délais ; mais elles sont acquises irrévocablement si les poursuites commencées sont interrompues pendant une année, sans qu'il y ait d'instance devant les juges compétents, quand bien même le premier délai pour la prescription ne serait pas expiré. Toutefois, cette dernière règle, édictée spécialement en matière d'enregistrement, ne s'applique pas à la prescription de droit commun.

Le jour du point de départ de la prescription n'est pas compris dans les divers délais ; mais le dernier jour compte dans ces délais, et l'acte interruptif de prescription doit se produire au plus tard à cette date ou la veille, si le dernier jour est férié.

TITRE II

TIMBRE

1. — Généralités

Définition des droits de timbre. — La contribution du timbre (1) est établie sur tous les papiers destinés aux actes civils et judiciaires et aux écritures qui peuvent être produites en justice et y faire foi. Il n'y a d'autres exceptions que celles nommément exprimées dans la loi (art. 1er de la loi du 13 brumaire an VII).

L'impôt résulte donc de l'obligation d'employer, pour les actes et écrits qui y sont soumis, du papier revêtu d'une empreinte dont la forme est déterminée par la loi. Le prix de cette empreinte varie, tantôt suivant la dimension du papier, tantôt suivant les sommes ou valeurs exprimées dans les actes, tantôt, enfin, selon la nature des actes. On distingue ainsi trois catégories de droits de timbre : le timbre de dimension, le timbre proportionnel et les timbres spéciaux.

Certains droits de timbre sont majorés, en vertu de diverses dispositions législatives, de deux décimes additionnels, qui sont perçus dans les cas que nous indique-

---

(1) Les principales lois qui régissent les droits de timbre sont celles des 13 brumaire an VII, 28 avril 1816, 16 juin 1824, 24 mai 1834, 11 juin 1842, 5 juin 1850, 8 juillet 1852, 28 mai 1858, 11 juin 1859, 2 juillet 1862, 14 mai 1863, 14 juin 1865, 23 août 1871, 30 mars 1872, 25 mai 1872, 19 février 1874, 22 décembre 1878, 30 mars 1880, 24-25 juillet 1881, 29 juillet 1881, 16 juin 1888, 26 décembre 1890, 26 janvier 1892, 28 décembre 1895, 2 juillet 1900, 22 avril 1905, etc.

rous. Quant aux amendes de timbre, elles sont, comme toutes les amendes fiscales en général, augmentées de deux décimes et demi.

Pour nous conformer à notre plan habituel, nous devrions exposer en premier lieu les règles de l'assiette et décrire en second lieu le mode de percepti n. Mais la nature de l'impôt se prête mal à une semblable division, et il nous paraît préférable de donner, dès le début, quelques notions générales sur le mode de perception des droits de timbre. Nous étudierons ensuite chaque catégorie de droits, au double point de vue de l'assiette et du recouvrement.

Modes de perception. — Les trois modes principaux de perception de l'impôt sont : la *débite*, le *timbrage à l'extraordinaire* et le *visa pour timbre*.

La débite consiste dans la vente soit de papiers revêtus à l'avance de l'empreinte légale, soit de figurines détachées, appelées *timbres mobiles*, que les proposés ou les particuliers ont la faculté d'apposer sur du papier libre, dans des cas déterminés, et à charge de les *oblitérer* immédiatement.

Les particuliers peuvent encore rédiger certains actes sur du papier libre à condition de le faire frapper, à l'avance, de l'empreinte légale ; c'est ce qu'on appelle le timbrage à l'extraordinaire.

Le visa pour timbre est une formalité tenant lieu de l'apposition de l'empreinte et donnée par le receveur de l'enregistrement, moyennant le payement des droits qui est constaté sur la pièce par une simple mention.

Enfin, dans quelques cas très particuliers (actions et obligations, assurances, récépissés de chemins de fer, droit d'affichage), la loi prescrit des modes de perception spéciaux que nous décrirons en étudiant chacun de ces droits.

Débite. — Les papiers destinés au timbre sont fabriqués par l'industrie privée, suivant des dimensions déterminées par la loi. Ils portent un filigrane particulier imprimé dans la pâte et indiquant le millésime de la fabrication.

Le timbrage a lieu à Paris, à l'*atelier général* dirigé par le directeur des domaines de la Seine. Chaque feuille est revêtue de deux timbres; l'un à l'encre grasse indiquant la quotité du droit, l'autre sec portant un emblème ou les attributs du gouvernement.

Les timbres mobiles sont imprimés exclusivement à l'atelier général de Paris.

L'approvisionnement des bureaux d'enregistrement se fait par l'intermédiaire des directions départementales; dans chaque direction il existe un entrepôt de papiers timbrés et de timbres mobiles, qui est géré par un *garde-magasin*. Cet agent prend charge des papiers qui lui sont expédiés par l'atelier général et, sous la surveillance du directeur, pourvoit aux besoins des receveurs.

Les particuliers peuvent acheter le papier timbré et les timbres mobiles qui leur sont nécessaires, soit chez les receveurs d'enregistrement, soit chez certains débitants distributeurs. Mais les officiers ministériels, tels que les notaires, avoués, greffiers, huissiers, commissaires-priseurs, etc., ne peuvent s'approvisionner que dans les bureaux d'enregistrement. C'est pour assurer l'exécution de cette prescription que les papiers timbrés de dimension livrés aux débitants distributeurs sont revêtus de l'empreinte d'une griffe portant un numéro spécial à chaque débit.

Aucune personne ne peut vendre ou distribuer de papier timbré qu'en vertu d'une commission de la Régie; à peine d'une amende de 20 francs pour la première fois et de 300 francs en cas de récidive. Toutefois, la vente des timbres quittances à 10 centimes constitue une charge d'emploi pour tous les débitants de tabac sans distinction.

Toute personne qui, dans une intention frauduleuse, altère, emploie, vend ou tente de vendre des papiers timbrés ou des timbres mobiles ayant déjà servi, est poursuivie devant le tribunal correctionnel et punie d'une amende de 50 francs à 1.000 francs. En cas de récidive, la peine est d'un emprisonnement de cinq jours à un mois, et l'amende est doublée. Il peut être fait application de l'article 463 du Code pénal (circonstances atténuantes).

La peine contre ceux qui abusent des timbres pour timbrer et vendre frauduleusement du papier timbré, est la même que celle prononcée par le Code pénal contre les contrefacteurs de timbres (travaux forcés à temps et reclusion, art. 140 et 141 du Code pénal).

Timbrage à l'extraordinaire. — Ce mode de perception, tel que nous l'avons défini, peut s'appliquer, en règle générale, dans tous les cas. Cependant la faculté accordée aux particuliers d'employer d'autre papier que celui fourni par l'administration est refusée aux notaires, greffiers, avoués et à tous autres officiers publics, sauf les huissiers; ils peuvent simplement faire timbrer à l'extraordinaire du parchemin lorsqu'ils sont dans le cas d'en faire usage.

La formalité du timbrage à l'extraordinaire ne peut être donnée qu'au chef-lieu de chaque département; certaines catégories d'écrits doivent même être timbrées à Paris, notamment les coupons pour effets de commerce. Lorsque le timbrage se fait dans les départements, les droits sont perçus par le receveur d'enregistrement du chef-lieu, chargé de la recette des droits de timbre; lorsque le timbrage a lieu à Paris, les parties sont autorisées à faire le dépôt des pièces et à payer les droits au bureau le plus rapproché de leur résidence. Après encaissement de l'impôt, les papiers à timbrer sont transmis, soit au garde-magasin du département, soit à l'atelier général du timbre, suivant les cas, pour être revêtus de l'empreinte.

Visa pour timbre. — L'impôt ne peut être perçu au moyen du visa pour timbre, que dans un nombre de cas très restreint : actes ou écrits en contravention aux lois sur le timbre ; actes passés à l'étranger ; enfin toutes écritures et pièces qui, sans être nommément assujetties au timbre, doivent acquitter l'impôt avant toute production en justice.

L'usage des timbres mobiles ayant été autorisé dans la plupart des cas que nous venons de citer, on n'a plus guère recours aujourd'hui au visa pour timbre. L'emploi en est à peu près limité aux écrits qui, sans être affranchis de la formalité, sont exonérés de l'impôt ou dispensés du payement immédiat ; c'est ce qu'on appelle le *visa pour timbre gratis* et le *visa en débet* (Voir : V. *Exemptions*, p. 268).

II. — Timbre de dimension.

Actes soumis au timbre de dimension. — On comprend souvent dans cette catégorie les polices d'assurance, les affiches et les lettres de voiture. Nous estimons que les modifications apportées à l'assiette du droit de timbre sur les polices d'assurance en font un impôt spécial dont nous exposerons les règles en traitant de toutes les taxes qui pèsent sur les contrats d'assurance. Nous pensons également qu'il est plus rationnel aujourd'hui de classer l'impôt sur les affiches dans la catégorie des droits de timbre spéciaux. Il en est de même, à notre avis, du timbre des lettres de voiture, que nous étudierons avec les timbres spéciaux qui frappent les écrits constatant l'expédition et le transport des marchandises.

Nous ne considérons donc, comme assujettis au timbre de dimension, que :

1° Les actes civils publics, les actes judiciaires et extra-judiciaires, les actes administratifs qui sont assujettis à l'enregistrement ou qui se délivrent aux citoyens, les pétitions et mémoires, même en forme de lettres, adressés à toutes les autorités constituées, les actes entre particuliers sous signature privée, et généralement tous actes et écritures, extraits, copies et expéditions, soit publics, soit privés, devant ou pouvant faire titre ou être produits pour obligation, décharge, justification, demande ou défense ;

2° Les registres de l'autorité judiciaire où s'écrivent des actes sujets à l'enregistrement et les répertoires des greffiers, les répertoires des préfectures, sous-préfectures et mairies, ceux des notaires, huissiers et autres officiers publics, les registres des receveurs municipaux et des établissements publics, et généralement tous livres, registres et minutes de lettres qui sont de nature à être produits en justice et dans le cas d'y faire foi, ainsi que les extraits, copies ou expéditions desdits livres et registres.

En résumé, le droit de timbre de dimension frappe, sauf les exceptions nommément exprimées dans la loi, *tous les actes et écrits* qui ne sont assujettis ni au droit de timbre proportionnel, ni à des timbres spéciaux. Seules les *simples écritures* n'y sont, en principe, soumises que s'il en est fait usage en justice.

Quotités du droit. — Il existe cinq dimensions de papier timbré, savoir :

La feuille de grand registre, du prix de . . .	3 fr.	»
— de grand papier — . . .	2 fr.	»
— de moyen papier — . . .	1 fr.	50
— de petit papier — . . .	1 fr.	»
La demi-feuille de petit papier — . . .	0 fr.	50

Les droits de timbre de dimension sont majorés de

deux décimes; les tarifs indiqués ci-dessus s'élèvent donc à 3 fr. 60, 2 fr. 40, 1 fr. 80, 1 fr. 20 et 0 fr. 60.

Pénalités. — La loi prononce une amende de 20 francs pour tout acte public ou expédition écrit sur papier non timbré; de 50 francs pour tout acte ou écrit sous signature privée, sujet au timbre de dimension et rédigé sur papier libre; de 5 francs pour les écritures privées non assujetties au timbre, mais produites en justice avant d'avoir été soumises à la formalité.

Règles générales sur l'usage du papier timbré. — L'empreinte du timbre ne peut être couverte d'écriture ni altérée à peine d'une amende de 5 francs.

Le papier timbré qui a été employé à un acte quelconque ne peut plus servir pour un autre acte, quand même le premier n'aurait pas été achevé, à peine d'une amende de 5 francs contre les particuliers et de 20 francs contre les officiers et fonctionnaires publics. Cette règle comporte, toutefois, d'assez nombreuses exceptions, dont les principales sont les suivantes :

Les ratifications des actes passés en l'absence des parties peuvent être rédigées sur l'acte même. Il en est de même des quittances de prix de vente et des quittances de remboursement de contrats de constitution ou obligation (1). Les inventaires, procès-verbaux et autres actes qui ne peuvent être consommés dans le même jour et dans la même vacation, sont considérés comme ne faisant qu'un seul acte et peuvent être rédigés sur la même feuille de papier timbré. Les procès-verbaux de reconnaissance et de levée de scellés peuvent être faits à la

---

(1) La loi de 1871, qui a soumis à un droit de timbre de 10 centimes les quittances entre particuliers, étant conçue en termes généraux et ne reproduisant pas la disposition de la loi de brumaire, on en a conclu que les quittances sous seing privé qui interviennent à la suite d'un acte ne sauraient être exemptes du droit spécial de 10 centimes. Ce droit est généralement perçu au moyen de l'apposition d'un timbre mobile.

suite du procès-verbal d'apposition. Les significations des huissiers sont valablement écrites à la suite des jugements. Il peut être donné quittance, sur une même feuille de papier timbré, des acomptes successifs versés sur une même créance (1). etc.

Certains officiers ministériels sont tenus de ne pas écrire plus d'un nombre déterminé de lignes à la page et de syllabes à la ligne : ces nombres varient suivant les cas (loi du 13 brumaire an VII, art. 20 et 26 ; décret du 16 février 1807, art. 174 ; loi du 16 juin 1824, art. 10 ; décret du 24 mai 1854, art. 8 et 10; loi du 2 juillet 1862, art. 20 ; loi du 26 janvier 1892, art. 13 et 14).

La loi interdit en outre aux notaires, greffiers, arbitres et secrétaires des administrations, d'employer, pour les expéditions qu'ils délivrent, du papier timbré d'un format inférieur à celui du moyen papier.

Modes de perception. — Les trois modes de perception dont nous avons parlé s'appliquent au timbre de dimension. La débite constitue cependant le mode le plus ordinaire ; encore faut-il remarquer que c'est au moyen de la vente du papier timbré, à l'exclusion des timbres mobiles, que l'impôt est généralement perçu.

Les timbres mobiles de dimension ne peuvent, en effet, être apposés, en règle générale du moins, que sur les actes et papiers pour lesquels le visa pour timbre est autorisé, c'est-à-dire, ainsi que nous l'avons vu plus haut, dans un nombre de cas très limité. L'usage en a été toutefois étendu à quelques autres écrits, par exemple aux formules en blanc d'actes administratifs ou sous seing privé, aux registres des communes et établissements publics, etc. Les timbres mobiles doivent dans tous les

---

(1) Cette dernière disposition a été également abrogée par la loi du 23 août 1871, en ce qui concerne les quittances sous seing privé ; il est dû un droit particulier de 10 centimes pour chacune des quittances partielles.

cas être apposés et oblitérés immédiatement, au moyen d'une griffe, par les préposés chargés de la recette.

Pour mettre fin à certains abus, la loi du 29 décembre 1873 avait prescrit un mode particulier de perception pour les exploits et significations de tous jugements, actes ou pièces : les copies d'exploits ne pouvaient être rédigées que sur un papier spécial fourni gratuitement par l'administration. Mais une circulaire du garde des sceaux du 29 février 1908 ayant autorisé l'emploi de formules imprimées pour la rédaction des exploits, l'article 9 de la loi du 26 décembre 1908 a supprimé les prohibitions établies antérieurement.

Les huissiers ont, en conséquence, la faculté de faire timbrer avant tout usage, soit à l'extraordinaire, soit au moyen de timbres mobiles de dimension, les formules imprimées à leurs frais qu'ils destinent à la rédaction des *originaux* de leurs exploits. Quand au droit de timbre des copies de ces exploits il continue à être acquitté au moyen de timbres mobiles spéciaux apposés sur l'original, mais les huissiers peuvent rédiger les copies sur des formules fournies par eux.

Toute contravention aux dispositions de la loi de 1873 est passible d'une amende de 50 francs en principal.

III. — Timbre proportionnel

On entend par timbre porportionnel le droit de timbre qui varie en raison des sommes ou valeurs exprimées dans les actes, sans égard à la dimension du papier.

On peut classer en deux catégories les actes ou écrits soumis au timbre proportionnel :

1° Les effets de commerce négociables ou non, les billets de la Banque de France, les mandats de trésorerie délivrés par les comptables du Trésor ;

2° Les actions et obligations françaises et étrangères,

les fonds d'Etat étrangers, les lettres de gage et obligations du Crédit foncier.

Les règles concernant le timbre des actions, obligations et fonds d'Etat seront exposées dans le chapitre spécial que nous consacrerons à l'étude des impôts sur les valeurs mobilières. Nous ne parlerons donc ici que des droits de timbre compris dans la première catégorie.

Timbre des effets de commerce. — Sont assujettis au droit de timbre proportionnel : les lettres de change, les billets à ordre ou au porteur, les mandats et traites, et généralement tous les effets négociables ; les billets simples et reconnaissances de dettes ; les warrants endossés séparément des récépissés (1).

Le tarif est actuellement de 0 fr. 05 par 100 francs ou fraction de 100 francs (loi du 29 juillet 1881) ; ce droit n'est pas sujet aux décimes.

Celui qui reçoit du souscripteur un effet non timbré ou insuffisamment timbré est tenu de le faire viser pour timbre dans les quinze jours de sa date, ou avant l'échéance si l'effet est à moins de quinze jours, et, dans tous les cas, avant toute négociation. Le droit est alors triplé, c'est-à-dire porté à 0 fr. 15 pour 100 ; il s'ajoute au montant de l'effet, nonobstant toute stipulation contraire (2).

---

(1) Tout dépôt de marchandises dans un magasin général donne lieu à la délivrance d'un récépissé ; à chaque récépissé est annexé, sous la dénomination de *warrant*, un bulletin de gage.
Les récépissés et les warrants peuvent être transférés, par voie d'endossement, ensemble ou séparément. L'endossement du warrant séparé du récépissé vaut nantissement de la marchandise au profit du cessionnaire de warrant. Le premier cessionnaire du warrant doit immédiatement faire transcrire l'endossement sur les registres du magasin.
(2) L'application de ces règles ne souffre aucune difficulté, lorsqu'il s'agit d'un effet non timbré. Mais il n'en est plus de même s'il s'agit d'un effet insuffisamment timbré, c'est-à-dire écrit sur du papier d'un timbre inférieur à celui qui aurait dû être employé. Il résulte d'une décision ministérielle que, dans ce cas, le triple droit doit être calculé sur le montant total de l'effet, sauf imputation du prix du timbre employé.

Les effets souscrits soit à l'étranger, soit dans les colonies où le timbre n'a pas été établi, et payables en France, ne peuvent y être négociés, acceptés ou acquités qu'après avoir été soumis à la formalité du timbre. Le droit est payé au taux fixé pour les effets souscrits en France, sans qu'il y ait lieu de percevoir jamais le triple droit, quelle que soit l'époque de la présentation de l'effet.

La règle est la même pour les effets tirés de l'étranger sur l'étranger et circulant en France, mais ils ne sont assujettis qu'à un droit de timbre réduit fixé à 0 fr. 50 par 2.000 francs ou fraction de 2.000 francs.

En cas de contravention aux dispositions qui précèdent, le souscripteur, l'accepteur, le bénéficiaire ou premier endosseur d'un effet non timbré sont passibles chacun d'une amende de 6 pour 100 du montant total de l'effet. S'il s'agit d'un effet insuffisamment timbré, la même amende est applicable, mais elle ne porte que sur la somme pour laquelle le droit de timbre n'a pas été payé.

A l'égard des effets venant de l'étranger, outre l'application, s'il y a lieu, de ces pénalités, le premier des endosseurs résidant en France, et, à défaut d'endossement en France, le porteur est passible de l'amende de 6 pour 100.

Les contrevenants sont soumis solidairement au payement du droit de timbre et des amendes. Le porteur est tenu d'en faire l'avance, sauf son recours contre ceux qui en sont passibles.

Il est en outre interdit à toutes personnes, à toutes sociétés, à tous établissements publics d'encaisser ou de faire encaisser, pour leur compte ou pour le compte d'autrui, même sans leur acquit, des effets de commerce non timbrés, sous peine d'une amende de 6 pour 100 du montant des effets encaissés. — De même l'endossement d'un warrant séparé du récépissé et non timbré ne peut être transcrit sur les registres du magasin, sous peine, contre l'administration du magasin, d'une amende égale au montant du droit auquel le warrant est soumis (loi du 28 mai 1858, art. 13).

La loi du 5 juin 1850 ne s'est pas contentée d'édicter ces pénalités fiscales; elle a en outre limité les droits accordés par le Code de commerce au porteur d'un effet, lorsque cet effet n'est pas timbré. Le porteur d'une lettre de change non timbrée n'a d'action, en cas de non-acceptation, que contre le tireur ; en cas d'acceptation, il ne peut mettre en cause que l'accepteur et le tireur, à moins que celui-ci ne justifie qu'il y avait provision à l'échéance. Le porteur de tout autre effet non timbré n'a d'action que contre le souscripteur.

Toute mention ou convention de retour sans frais, soit sur le titre, soit en dehors du titre, est nulle, si elle est relative à un effet non timbré.

Les mandats de trésorerie délivrés par les comptables du Trésor sont assujettis au timbre proportionnel des effets de commerce, s'ils s'appliquent au service privé ou si, concernant le service public, ils sont négociables.

En principe, les billets de la Banque de France devraient être soumis aux mêmes droits que les effets de commerce ordinaires. Mais une loi du 13 juin 1878 a décidé que les droits de timbre à 0 fr. 05 pour 100 ne porteraient à l'avenir que sur la quotité moyenne des billets correspondant aux opérations productives et commerciales, telles que l'escompte, les prêts ou les avances. La quotité des billets au porteur ou à ordre, formant le complément de la circulation moyenne, est passible d'un droit de timbre de 0 fr. 20 par 1.000 francs, sans décimes.

Modes de perception. — Le droit de timbre proportionnel sur les effets de commerce est perçu, comme le timbre de dimension, au moyen, soit de la débite, soit du visa pour timbre, soit du timbrage à l'extraordinaire.

Le visa pour timbre ne s'applique qu'aux effets non timbrés ou insuffisamment timbrés.

Les particuliers peuvent, à leur gré, faire timbrer à l'extraordinaire tous les papiers qui doivent servir à l'émission de traites, mandats ou effets de commerce.

La débite comprend la vente de coupons timbrés à l'avance et de timbres mobiles, qui sont apposés sur les effets rédigés sur papier libre. Contrairement à ce qui a lieu en matière de timbre de dimension, les droits de timbre proportionnels auxquels sont assujettis les effets de commerce peuvent toujours être acquittés au moyen de timbres mobiles. Ces timbres doivent être apposés au moment même de la rédaction de l'effet, ou avant tout usage en France. Ils sont oblitérés, lors de leur apposition par les souscripteurs, accepteurs ou premiers endosseurs, au moyen de l'inscription sur le timbre même, à l'encre noire usuelle, du lieu où l'oblitération est opérée, de la date et de la signature ; les sociétés, compagnies, maisons de banque ou de commerce peuvent faire usage d'une griffe à l'encre grasse.

En ce qui concerne les mandats de trésorerie, la perception du droit de timbre a toujours lieu au moyen de timbres mobiles.

Les billets de la Banque de France ne sont revêtus d'aucune empreinte ; le droit est liquidé et perçu annuellement, au vu de relevés fournis par la Banque.

IV. — Timbres spéciaux

Les droits de timbres spéciaux sont ceux dont le tarif dépend de la nature des actes, sans tenir compte, en règle générale, ni de la dimension du papier, ni des sommes ou valeurs exprimées dans ces actes.

Ils s'appliquent aux écrits suivants :

1° Les quittances, reçus ou décharges donnés sous signature privée ou délivrés par les comptables de deniers publics ;

2° Les chèques ;

3° Les affiches ;

4° Les lettres de voiture, connaissements, récépissés de chemins de fer ; les cartes, bons et permis de circulation gratuits ou à prix réduits délivrés par les compagnies de chemins de fer subventionnées et par l'administration des chemins de fer de l'Etat ;

5° Les passeports et permis de chasse ;

6° Les marques de commerce ou de fabrique.

Quittances, reçus et décharges. — Il faut distinguer suivant qu'il s'agit d'une quittance délivrée par un comptable de deniers publics ou d'une quittance sous signature privée.

Comptables publics. — En principe, les quittances de produits et revenus de toute nature, délivrées par les comptables de deniers publics, sont assujetties à un droit de timbre de 0 fr. 25 (sans décimes), lorsque la créance est supérieure à 10 francs. La délivrance de ces quittances est obligatoire ; le prix du timbre s'ajoute de plein droit au montant de la somme due ; il est soumis au même mode de recouvrement.

Cette règle générale comporte toutefois quelques exceptions :

1° Les quittances constatant le payement des contributions directes et des taxes assimilées perçues au profit de l'État, les quittances des sommes encaissées par l'administration des postes au titre du service des articles d'argent et de la Caisse nationale d'épargne sont affranchies de tout droit de timbre.

2° Les quittances délivrées par les agents des contributions indirectes et des douanes sont soumises à une législation spéciale.

Les fonctionnaires qui auraient délivré une quittance de deniers publics sur papier libre sont passibles d'une amende de 20 francs en principal, qui est portée à 50 francs pour les receveurs municipaux et les receveurs des établissements publics.

Le mode d'acquittement du droit consiste soit dans l'emploi de timbres mobiles, soit dans celui de formules timbrées à l'extraordinaire. Les timbres doivent être apposés par les comptables, au moment de la délivrance des quittances, et annulés au moyen d'une griffe.

Particuliers — Sont soumis à un droit de timbre de 10 centimes (*sans décimes*) : les quittances ou acquits donnés au pied des factures et mémoires, les quittances pures et simples, reçus ou décharges de sommes, titres, valeurs ou objets, et généralement tous les titres, de quelque nature qu'ils soient, signés ou non signés, qui emportent libération, reçu ou décharge.

Il y a exemption pour :

1° Les acquits inscrits sur les chèques ou effets de commerce ;

2° Les quittances de 10 francs et au-dessous, quand il ne s'agit pas d'un acompte ou d'une quittance finale sur une plus forte somme ;

3° Les reconnaissances et reçus donnés soit par lettre, soit autrement, pour constater la cession d'effets de commerce à négocier, à accepter ou à encaisser ;

4° Les quittances de prêt, fournitures, émoluments concernant les militaires et marins ;

5° Les quittances des secours payés aux indigents et des indemnités pour incendies, inondations, etc. ;

6° Les récépissés comptables délivrés aux collecteurs et receveurs de deniers publics.

7° Les écrits ayant pour objet exclusif la reprise de

marchandises livrées à condition et celle des enveloppes ou récipients ayant servi à des livraisons, soit que cette reprise fasse l'objet de pièces distinctes, soit qu'on la mentionne sur les factures.

Toute contravention est punie d'une amende de 50 francs en principal. Le droit de timbre est à la charge du débiteur (1); néanmoins le créancier qui a donné quittance, reçu ou décharge en contravention aux dispositions de la loi est tenu personnellement et sans recours, nonobstant toute stipulation contraire, au payement du montant des droits, frais et amendes. Les contraventions sont suffisamment établies par les procès-verbaux que les employés de l'enregistrement, les officiers de police judiciaire, les agents de la force publique, les préposés des douanes, des contributions indirectes et ceux des octrois sont autorisés à dresser et auxquels doivent être annexées les pièces non timbrées. Il est attribué aux verbalisants un quart des amendes recouvrées.

En règle générale, le droit est perçu au moyen de timbres mobiles. L'oblitération doit être faite soit à l'aide d'une griffe, soit par l'inscription, à l'encre noire, de la date et de la signature du créancier. — Les particuliers sont admis à faire timbrer à l'extraordinaire les formules de quittances, reçus ou décharges dont ils font usage ; il leur est accordé, dans ce cas, une remise de 2 p. 100.

Les billets de place délivrés par les compagnies et entreprises de transport et dont le prix excède 10 francs peuvent, si la demande en est faite, n'être revêtus d'aucun timbre ; mais ces compagnies et entrepreneurs sont tenus de se conformer aux modes de justification et aux époques de payement déterminés par l'administration. Les directeurs de théâtres peuvent, sous certaines conditions, user de la même faculté pour les billets de place.

---

(1) Par exception, lorsque le débiteur est l'Etat, le droit de timbre est à la charge des particuliers qui sont ses créanciers.

Chèques. — Les chèques, tels qu'ils sont définis par les lois des 14 juin 1865 et 19 février 1874, sont soumis à une législation de faveur. Au lieu d'être frappés du timbre proportionnel qui s'applique à tous les effets de commerce, billets, traites et mandats, ils ne sont passibles que d'un droit fixe, qui est de 10 centimes pour les chèques sur place, et de 20 centimes pour les chèques de place à place ; ces droits ne supportent pas de décimes.

La pénalité, pour tout chèque sur place non timbré, consiste en une amende de 50 francs en principal. Les dispositions pénales applicables aux effets de commerce non timbrés ont été étendues aux chèques de place à place, même quand ces chèques sont tirés hors de France, pourvu qu'ils soient payables en France.

Ces mesures de répression ont été complétées par un ensemble de prescriptions conçues dans le but de limiter le bénéfice du droit fixe aux écrits qui ont véritablement le caractère de chèques. Ainsi, pour ne citer qu'un exemple, le tireur qui émet un chèque sans provision préalable et disponible est passible d'une amende de 6 pour 100 de la somme pour laquelle le chèque est tiré, sans préjudice des peines correctionnelles, s'il y a lieu.

Les chèques ne peuvent être remis à celui qui doit en faire usage sans qu'ils aient été préalablement revêtus de l'empreinte du timbre à l'extraordinaire. Toutefois la taxe additionnelle applicable aux chèques de place à place peut être acquittée au moyen d'un timbre mobile de 10 centimes.

Affiches. — Le timbre applicable aux affiches pourrait être considéré comme un timbre de dimension, la dimension de l'affiche intervenant toujours dans la fixation du droit ; mais, comme on tient souvent compte d'autres éléments et que le tarif est différent de celui des papiers timbrés ordinaires, nous avons préféré le classer parmi les droits de timbres spéciaux.

Au point de vue de l'assiette du droit, les affiches peuvent être divisées en trois catégories : les affiches judiciaires, les affiches manuscrites ou imprimées placardées sur les murs et les affiches peintes ou lumineuses.

Affiches judiciaires. — Les affiches judiciaires sont les affiches apposées aux lieux indiqués par la loi pour assurer la publicité de certains actes. Elles doivent être rédigées sur papier du timbre de dimension ; mais, s'il en est placardé un plus grand nombre que ne l'exige la loi, les exemplaires en surnombre sont considérés comme des affiches ordinaires et soumis aux droits dont nous allons parler.

Affiches ordinaires. — Les affiches manuscrites ou imprimées, placardées sur les murs dans un lieu public, sont assujetties à un droit de timbre réglé d'après la dimension du papier, savoir :

Pour les feuilles de 12 déc. carrés et 1/2 et au-dessous . . . . 5 cent.
— d'une dimension supérieure jusqu'à 25 déc. . . . 10 cent.
— de 25 déc. à 50 déc. . . 15 cent.
— au-dessus de 50 déc. jusqu'à 2 mètres carrés . 20 cent.

Au delà de cette dimension, 10 centimes en plus par mètre carré ou fraction de mètre carré.

Ces droits sont soumis au double décime.

Affiches sur papier ayant subi une préparation quelconque en vue d'en assurer la durée. — Ces affiches sont soumises à un droit de timbre égal à deux fois celui fixé pour les affiches sur papier ordinaire.

L'impôt est réglé à raison de la dimension totale de l'affiche, sans qu'il y ait lieu de rechercher si une même affiche se compose de divers fragments réunis ensemble. Toutefois, lorsqu'une affiche contient plusieurs annonce distinctes, le maximum ci-dessus fixé est toujours exigible ; il est doublé si l'affiche renferme plus de cinq annonces.

Les règles applicables à la perception des droits sur les affiches ordinaires ont été modifiées par la loi du 28 décembre 1895. Dans l'état actuel de la législation, les affiches doivent être soumises au timbre *avant l'affichage.* Le droit est perçu soit au moyen du timbrage à l'extraordinaire, soit par l'apposition de timbres mobiles ; ceux-ci sont collés et oblitérés, dans des conditions déterminées, par les imprimeurs ou, après l'impression, par les particuliers auxquels les affiches non timbrées ont été livrées (1).

Toute personne convaincue d'avoir fait placarder des affiches sur papier non timbrées est passible d'une amende de 5 francs par exemplaire, qu'il s'agisse d'affiches imprimées ou d'affiches manuscrites. Dans le cas où les imprimeurs ont eux-mêmes contrevenu à la loi, par exemple en n'oblitérant pas les timbres mobiles dans les conditions réglementaires, ils sont *personnellement* passibles d'une amende de 50 francs : ils sont en outre, dans ce cas, tenus solidairement au payement de l'amende prononcée contre l'auteur de l'affiche. — Enfin les afficheurs peuvent être condamnés aux peines de simple police déterminées par l'article 474 du Code pénal.

Pour distinguer les affiches émanant des autorités publiques de celles apposées par les particuliers, la loi interdit à ces derniers de se servir de la couleur blanche. L'imprimeur est encore tenu d'indiquer, sur toute affiche, son nom et son domicile. En cas de contraventions aux dispositions qui précèdent, il est passible d'une amende de 5 francs à 15 francs, et la peine de l'emprisonnement

---

(1) Avant la loi de 1895, l'emploi des timbres mobiles était réservé aux imprimeurs. Les particuliers, auxquels des affiches non timbrées étaient livrées, devaient donc les soumettre au timbrage à l'extraordinaire, ce qui entraînait des retards et des frais.

peut même être prononcée si, dans les douze mois antérieurs, il a été condamné pour une contravention de même nature.

Affiches peintes. — Aux termes de l'article 18 de la loi du 8 avril 1910, on doit entendre par affiche peinte toute affiche inscrite dans un lieu public, quand bien même ce ne serait ni sur un mur, ni sur une construction, autrement dit les affiches autres que celles qui sont imprimées ou manuscrites sur papier ordinaire ou préparé.

Ce mode de publicité est frappé depuis 1852 d'un droit spécial d'affichage qui n'est pas un droit de timbre à proprement parler, puisqu'il ne représente pas le prix d'une empreinte, et dont l'assiette a été successivement modifiée par les lois des 26 décembre 1890, 26 juillet 1893 et 8 avril 1910.

Actuellement, la quotité de la taxe varie exclusivement suivant la dimension de l'affiche. L'impôt est fixé uniformément quelle que soit la population de la commune où l'affiche est inscrite, à 1 franc par mètre carré ou fraction de mètre carré (1).

Ce droit n'est pas sujet aux décimes. — Pour la liquidation de l'impôt, toute fraction de mètre carré est comptée pour un mètre carré.

Affiches lumineuses. — La loi du 8 avril 1910 a soumis à une taxe de 10 francs par mètre carré ou fraction de mètre carré, pour la première année, et de 5 francs pour chaque année suivante les affiches lumineuses. Ces droits ne sont pas sujets aux décimes.

Lorsque l'affiche contient plus de cinq annonces distinctes, le droit est doublé.

---

(1) La loi du 26 décembre 1890 avait soumis les affiches peintes à une taxe annuelle, qui a été supprimée par la loi du 26 juillet 1893 et remplacée, comme nous venons de le voir, par un droit payé lors de l'apposition de l'affiche et pour toute sa durée, mais qui variait suivant la dimension de l'affiche et le chiffre de la population de la commune où elle était inscrite.

Le droit annuel est porté à 100 francs par mètre carré ou fraction de mètre carré, sans addition de décimes, et quel que soit le nombre des annonces, pour les affiches lumineuses obtenues au moyen de projections intermittentes ou successives sur un transparent ou un écran, soit par la combinaison de points lumineux susceptibles de former successivement les différentes lettres de l'alphabet dans le même espace, soit au moyen de tout procédé analogue.

La perception du droit d'affichage, pour les affiches peintes comme pour les affiches lumineuses, est soumise à des règles toutes spéciales. La première formalité que doivent remplir les afficheurs consiste à déposer au bureau de l'enregistrement une déclaration en double minute, datée et signée. Cette déclaration indique le texte de l'affiche, sa dimension, le nombre des exemplaires, la désignation des rues et places où chaque exemplaire doit être inscrit, enfin les noms, prénoms, professions et domiciles de ceux dans l'intérêt desquels l'affiche doit être apposée et de l'entrepreneur de l'affichage. Un double de la déclaration reste au bureau d'enregistrement pour servir de contrôle à la perception; l'autre est, après paiement des droits, revêtu de la quittance du receveur et rendu à la partie. Au vu de la quittance, l'autorité municipale ou, à Paris, le préfet de police délivrent le permis d'affichage. Chaque exemplaire de l'affiche doit reproduire le numéro de ce permis et porter, en outre, un numéro d'ordre.

Ces mesures sont complétées par l'obligation imposée aux entrepreneurs d'affichage de faire au bureau d'enregistrement une déclaration faisant connaître la nature de leur industrie, et de tenir un répertoire, coté, parafé et visé par le juge de paix, sur lequel ils portent, par ordre de date, les affiches inscrites par leur intermédiaire. Ces répertoires doivent être soumis périodiquement au visa des préposés de l'enregistrement.

Les contraventions aux dispositions qui précèdent sont punies d'une amende de 100 francs en principal. Elles sont constatées par des procès-verbaux rapportés soit par les préposés de l'administration de l'enregistrement, soit par les commissaires de police, gendarmes, gardes champêtres et tous autres agents de la force publique. Un quart de l'amende est attribué aux verbalisants, à l'exclusion des agents de l'enregistrement et des commissaires de police.

Exceptions. — Les principales exemptions du droit de timbre sur les affiches concernent :

1° Les affiches des actes émanés de l'autorité publique ;

2° Les enseignes de toute nature et les annonces de location placardées sur la maison même ;

3° Les affiches imprimées ou manuscrites concernant exclusivement des demandes et des offres d'emploi ;

4° Les affiches *électorales* (1) d'un candidat, contenant sa profession de foi, une circulaire signée de lui ou seulement son nom.

5° Les tableaux-annonces lorsqu'ils ont exclusivement pour objet d'indiquer un produit vendu dans l'établissement où ils sont apposés.

Ecrits constatant les expéditions et transports de marchandises et valeurs. — *Lettres de voiture.* — La lettre de voiture est un contrat qui intervient entre l'expéditeur et le voiturier, ou entre l'expéditeur, le commissionnaire et le voiturier ; la forme en est réglée par l'article 102 du Code de commerce.

La rédaction de la lettre de voiture n'est pas obligatoire ; mais lorsque la convention de transport fait l'objet d'un acte écrit, cet acte doit être établi sur papier d'un timbre de dimension, à peine d'une amende de 50 francs en prin-

---

(1) Par affiches électorales on entend les affiches ayant pour objet une élection et apposées durant la *période électorale.*

cipal payable solidairement par l'expéditeur et le voiturier. Aux termes de la loi du 28 février 1872, le droit de décharge de 10 centimes, pour constater la remise des objets, s'ajoute au droit de timbre de dimension ; il est généralement perçu au moyen de l'apposition d'un timbre mobile de 10 centimes (timbre de quittance).

Récépissés de chemin de fer. — Le récépissé de chemin de fer est l'écrit servant à constater la remise et l'expédition des marchandises. La délivrance en est obligatoire, toutes les fois que l'expéditeur ne demande pas une lettre de voiture. Le droit de timbre auquel les récépissés sont soumis est fixé, *décimes compris*, à 70 centimes pour chacun des transports effectués autrement qu'en grande vitesse, et à 35 centimes pour ces derniers transports. Cette taxe comprend le droit dû pour la décharge donnée par le destinataire.

De même que les compagnies de chemins de fer, les concessionnaires de tramways sont tenus de délivrer des récépissés à tous les expéditeurs. Mais, en vertu de la loi du 28 avril 1893, le droit de timbre applicable à ces récépissés est réduit à 10 centimes pour les transports en petite vitesse aussi bien que pour les transports en grande vitesse. La taxe de dix centimes comprend le droit de décharge donnée par le destinataire ; elle n'est pas sujette aux décimes.

Les entrepreneurs de messageries et autres entrepreneurs de transports réunissent parfois en une seule expédition des colis ou paquets adressés à des destinataires différents. Cette manière d'opérer, connue sous le nom de *groupage*, a pour effet de priver le Trésor d'une partie des droits de timbre qui seraient exigibles s'il était créé autant de récépissés qu'il y a de destinataires. Dans le but de prévenir ces abus, la loi du 30 mars 1872 oblige les entrepreneurs de transports à remettre aux gares expéditrices un bordereau détaillé et certifié, sur papier libre, faisant connaître le nom et l'adresse de chacun des destinataires réels. Il n'est délivré par la compagnie de chemin de fer qu'un récépissé collectif pour l'ensemble du transport, mais les intermédiaires sont tenus de rédiger un récépissé spécial par destinataire sur des formules timbrées mises à leur disposition moyennant le payement préalable des droits.

La perception du droit de timbre sur les récépissés s'effectuait autrefois exclusivement à l'aide du timbrage à l'extraordinaire. Il peut être remplacé pour les compagnies qui en font la demande, par un régime exceptionnel institué par un arrêté du 9 juin 1892 (1). Les récépissés sont, dans ce cas, dispensés de l'apposition matérielle du timbre; les compagnies perçoivent les droits, sous leur responsabilité et à leurs risques et périls, et en tiennent compte au Trésor. Un payement provisionnel des droits est effectué par anticipation le 1er de chaque mois; il est calculé à raison de 85 pour 100 de la recette totale du mois correspondant de l'année précédente. Le règlement définitif a lieu ultérieurement, au vu d'états fournis par les compagnies et soumis au contrôle de l'administration.

Transports de valeurs. — Aux termes de l'article 10 de la loi du 19 février 1874, les recouvrements effectués par les entrepreneurs de transports à titre de remboursement des objets transportés, quel que soit d'ailleurs le mode employé pour la remise des fonds au créancier, ainsi que tous autres transports fictifs ou réels de monnaies ou de valeurs, sont assujettis à la délivrance d'un récépissé ou d'une lettre de voiture dûment timbrée. Le droit de timbre du récépissé ou celui de la lettre de voiture est fixé, dans ce cas, à 35 centimes, y compris le droit de décharge (2).

---

(1) Ce régime présente pour les compagnies l'avantage de les exonérer d'une avance de droits que, précédemment, elles étaient tenues de faire, lorsque les récépissés étaient timbrés à l'extraordinaire.

(2) Ce droit ne supporte pas de décimes.

Il en résulte que les expéditions contre remboursement donnent toujours lieu à la perception simultanée du droit de timbre applicable à l'expédition des objets et du droit de 35 centimes pour le retour des fonds, même en l'absence de transport matériel d'espèces.

Connaissements. — Tout transport par mer et sur les fleuves, rivières et canaux dans le rayon de l'inscription maritime, doit être accompagné d'une lettre de voiture appelé *connaissement*. Chaque connaissement est fait en quatre originaux au moins : un pour le chargeur, un pour le destinataire, un pour le capitaine et un pour l'armateur. Ces quatre originaux sont soumis à la formalité du timbre. Celui qui est destiné à être remis au capitaine est assujetti à un droit de 2 francs, décimes non compris, qui est perçu au moyen de l'apposition de timbres mobiles; les autres sont timbrés gratis et revêtus d'une estampille sans indication de prix.

S'il est créé plus de quatre originaux, chacun des exemplaires en sus est soumis à un droit de 50 centimes en principal, perçu au moyen de timbres mobiles apposés sur le connaissement du capitaine (1).

Le droit de 2 francs est réduit à 1 franc pour les expéditions par le petit cabotage de port français à port français.

L'oblitération des timbres mobiles dont il est fait usage est effectuée selon les cas, soit immédiatement par le chargeur ou l'expéditeur, soit, dans un délai qui ne peut excéder deux jours, au bureau des douanes, par les agents de ce service, au moyen d'une griffe.

Les connaissements venant de l'étranger sont soumis, avant tout usage en France, à des droits de timbre équivalents à ceux établis sur les connaissements créés en France.

---

(1) Conformément à l'article 1325 du Code civil, le connaissement existant entre les mains du capitaine doit mentionner le nombre des originaux rédigés, à peine du triple droit.

Il est perçu, sur l'original en la possession du capitaine, un droit minimum de 1 franc, décimes non compris, représentant le timbre applicable à ce connaissement et à celui du consignataire de la marchandise. Chaque original supplémentaire est frappé d'un droit de 50 centimes en principal. Ces droits sont perçus au moyen de timbres mobiles apposés par les agents des douanes.

Tout connaissement créé en France et non timbré donne lieu à une amende de 50 francs contre le chargeur. En outre, une amende d'égale somme est exigée personnellement et sans recours tant du capitaine que de l'armateur du navire. Les contraventions peuvent être constatées par les employés des douanes, par ceux des contributions indirectes et par tous autres agents ayant qualité pour verbaliser en matière de timbre ; il leur est alloué un quart des amendes recouvrées. Les capitaines des navires français ou étrangers doivent exhiber aux agents des douanes, soit à l'entrée, soit à la sortie, les connaissements dont ils sont porteurs.

Colis postaux. — Les récépissés qui accompagnent les colis postaux ne sont soumis qu'à un droit de timbre de 10 centimes, *sans décimes*, qui est perçu de la manière suivante : en ce qui concerne les expéditions de l'intérieur, au moyen de la délivrance obligatoire par les compagnies de bulletins timbrés à l'extraordinaire, et, pour les expéditions provenant de l'extérieur, au moyen de timbres mobiles pour quittances apposés par le service des douanes sur les déclarations collectives qui doivent lui être remises, aux gares frontières ou dans les ports, par les compagnies de transports.

L'article 10 de la loi du 26 décembre 1908 a autorisé le gouvernement à étendre le bénéfice du tarif réduit établi pour les colis postaux, aux expéditions par chemins de fer d'une catégorie de colis, dits colis agricoles, d'un poids inférieur à 50 kilogrammes.

Toutefois, la mesure ne sera mise en application que lorsque les compagnies de chemins de fer auront accordé pour ces expéditions une réduction corrélative du tarif des transports.

Cartes. bons et permis de circulation. — Un droit de timbre de quotité variable atteint les cartes, bons et permis de circulation soit entièrement gratuits, soit avec réduction du prix des places, délivrés par les compagnies de chemins de fer subventionnées et par l'administration des chemins de fer de l'État, en dehors des cas prévus par les cahiers des charges et les tarifs homologués, ou lorsque la gratuité ou la réduction du prix n'est pas le résultat d'une mesure d'ordre général préalablement approuvée par le ministre des Travaux publics.

Passeports. — Les passeports délivrés par l'autorité administrative sont soumis à un droit de timbre de 50 centimes en principal; il n'y a plus lieu, depuis la loi du 16 juin 1888, de faire de distinction entre les passeports à l'intérieur et ceux à l'étranger. Des passeports gratuits peuvent être accordés aux indigents.

Les formules de passeports à l'intérieur sont remises par les receveurs de l'enregistrement aux receveurs municipaux, toutes les fois qu'ils en font la demande, à charge d'en acquitter immédiatement le prix. C'est l'autorité municipale qui les délivre aux particuliers.

Quant aux passeports pour l'étranger, les particuliers les obtiennent de l'autorité préfectorale. Les droits sont encaissés par les receveurs d'enregistrement, lors de la remise des formules aux dépositaires, c'est-à-dire aux préfets et aux sous-préfets.

Permis de chasse. — Les permis de chasse supportent un droit de timbre de 15 francs en principal, au profit du Trésor; ils donnent lieu, en outre, à la perception d'un droit de 10 francs au profit de la commune où la demande en est faite.

Les particuliers payent les droits chez les percepteurs ; les formules leur sont délivrées, en échange des quittances, par l'autorité préfectorale. Un nombre déterminé de ces formules est remis gratuitement par les receveurs de l'enregistrement, contre récépissé, aux préfets et sous-préfets. Ceux-ci renouvellent leur approvisionnement en échangeant contre des permis de chasse, au bureau du timbre, les quittances des percepteurs, qui tiennent lieu d'argent dans la caisse des receveurs. On procède tous les ans, à la date du 31 décembre, à un règlement définitif des comptes entre les préfectures ou sous-préfectures et les bureaux d'enregistrement.

Marques de commerce et de fabrique. — Aux termes de la loi du 26 novembre 1873, tout propriétaire d'une marque de fabrique ou de commerce déposée conformément à la loi du 23 juin 1857 peut être admis, sur sa réquisition écrite, à faire apposer par l'État soit sur les étiquettes, bandes ou enveloppes en papier, soit sur les étiquettes ou estampilles en métal sur lesquelles figure sa marque, un timbre ou poinçon spécial destiné à affirmer l'authenticité de cette marque. La marque au poinçon est faite par l'administration des contributions indirectes ; c'est au contraire l'administration de l'enregistrement qui est chargée d'apposer le timbre, s'il y a lieu. Le tarif des droits à percevoir dans ce dernier cas est réglé par le décret du 25 juin 1874, d'après la valeur des objets soumis à la formalité.

V. — Exemptions

Comme en matière d'enregistrement, on distingue trois catégories d'actes exempts de l'impôt soit définitivement, soit à titre temporaire : les actes timbrés en débet, les actes timbrés gratis, les actes exempts de timbre.

Actes timbrés en débet. — Les raisons que nous avons données pour expliquer la suspension temporaire, dans certains cas, du payement des droits d'enregistrement, conservent toute leur valeur en matière de timbre. Les actes sont alors *visés pour timbre en débet*. C'est le cas notamment des actes de procédure et jugements faits à la requête du ministère public ou d'une personne qui a obtenu l'assistance judiciaire, des procès-verbaux de simple police, etc.

Actes timbrés gratis. — La faculté de faire *viser pour timbre gratis* certains actes résulte de multiples dispositions législatives, dont nous nous contenterons de citer les principales. Elles s'appliquent notamment aux actes concernant : l'expropriation pour cause d'utilité publique (loi du 3 mai 1841), les mariages d'indigents (loi du 3 juillet 1846), la Caisse des retraites pour la vieillesse (loi du 18 juin 1850), les accidents du travail (loi du 9 avril 1898), les notifications faites, en vue de leur mariage, par les intéressés à leurs père et mère en cas de non consentement de ceux-ci (loi du 21 juin 1907).

Actes exempts de timbre. — Sont exemptés du droit et de la formalité du timbre : les minutes de tous les actes, arrêtés, décisions ou délibérations de l'administration publique en général et de tous les établissements publics, dans tous les cas où aucun de ces actes n'est sujet à l'enregistrement ; — les inscriptions sur le grand-livre de la dette publique ; — les comptes rendus par les comptables publics ; — les actes concernant les sociétés de secours mutuels approuvées ; — les certificats, significations, jugements, contrats, quittances, etc., relatifs au service de l'assistance obligatoire aux vieillards, aux infirmes et aux incurables ; — les actes, décisions et formalités auxquels donne lieu l'exécution de la loi de 1895 sur la saisie-arrêt des salaires et petits traitements ; — les actes exclusivement relatifs au service des enfants assistés ; —

les actes nécessaires pour le service de la Caisse nationale d'épargne ou des caisses d'épargne privées (1) ; — les actes de procédure d'avoué à avoué devant les cours et tribunaux ; — les actes rédigés en exécution des lois relatives aux faillites et liquidations judiciaires ; — les registres de toute nature tenus dans les bureaux d'hypothèques ; — les bordereaux d'inscription de créances hypothécaires ; — les pièces produites par les requérants pour obtenir l'accomplissement de formalités hypothécaires et qui restent déposées au bureau des hypothèques, les reconnaissances de dépôts, remises aux requérants en exécution de l'article **2200** du Code civil et les états, certificats, extraits et copies dressés par les conservateurs ; — les minutes, originaux et expéditions des actes ou procès-verbaux de vente, licitation ou échange d'immeubles, ainsi que les cahiers des charges relatifs à ces mutations ; — en matière de vente et de nantissement de fonds de commerce : 1° le registre des inscriptions tenu par le greffier du tribunal de commerce ; 2° les bordereaux d'inscription dont la rédaction est exigée par la loi ; 3° les reconnaissances de dépôts qui peuvent être remises aux requérants et les états, certificats, extraits et copies dressés en exécution de la loi ; 4° les pièces produites pour l'accomplissement d'une formalité et qui restent déposées au greffe.

VI. — Obligations des officiers publics et des receveurs. — Droits des préposés de l'enregistrement et des agents des autres administrations.

Obligations des officiers publics et des receveurs. — Afin de mieux assurer la perception de l'impôt, le législa-

---

(1) Les certificats de propriété et les actes de notoriété nécessaires pour effectuer le remboursement, le transfert ou le renouvellement des livrets appartenant aux titulaires décédés, sont soumis à la formalité du visa pour timbre gratis.

teur a imposé certaines obligations aux officiers publics et aux receveurs.

La loi du **13 brumaire an VII** fait défense aux notaires, huissiers, greffiers, arbitres et experts d'agir, aux juges de prononcer aucun jugement et aux administrations publiques de rendre aucun arrêté sur un acte, registre ou effet de commerce non écrit sur papier timbré du timbre prescrit ou non visé pour timbre. Aucun juge ou officier public ne peut non plus coter ou parafer un registre assujetti au timbre, si les feuilles n'en sont timbrées. Toute infraction est punie d'une amende de **20 francs** en principal.

Ces dispositions ont été complétées par la loi du **5 juin 1850** : Lorsqu'un effet, titre, livre, bordereau ou tout autre acte sujet au timbre et non enregistré est mentionné dans un acte public et ne doit pas être représenté au receveur lors de l'enregistrement de cet acte, l'officier public est tenu de déclarer dans l'acte si le titre est revêtu du timbre prescrit et d'énoncer le montant du timbre payé, à peine d'une amende de **10 francs** pour chaque contravention.

Enfin, nous avons indiqué ailleurs (voir : *Généralités, timbre de dimension*) quelques obligations de diverses natures imposées aux officiers publics : obligation de s'approvisionner de papier timbré uniquement dans les bureaux d'enregistrement, d'employer du papier d'un certain format, etc.

— De leur côté, les receveurs de l'enregistrement ne peuvent, à peine d'une amende de **10 francs**, enregistrer aucun acte qui ne serait pas sur papier timbré du timbre prescrit ou qui n'aurait pas été visé pour timbre ; il leur est également interdit d'admettre à la formalité de l'enregistrement des protêts d'effets négociables sans se faire représenter ces effets en bonne forme.

Droits des préposés de l'enregistrement. — Pour permettre aux agents de l'enregistrement de veiller à l'exécution des lois sur le timbre, le législateur leur a accordé les mêmes droits d'investigation qu'en matière d'enregistrement ; ils peuvent, ainsi que nous l'avons vu, faire des recherches chez tous les officiers ministériels ou fonctionnaires chargés des archives et dépôts de titres publics, dans les sociétés, compagnies, assurances, entreprises de transports, etc.

Ils sont autorisés à retenir les actes, registres ou effets en contravention, et à les joindre aux procès-verbaux qu'ils rapportent, à moins que les contrevenants ne consentent à signer lesdits procès-verbaux ou à acquitter sur-le-champ l'amende encourue et le droit de timbre.

Droits des agents étrangers à l'administration de l'enregistrement. — Sous l'empire de la loi du 13 brumaire an VII, les préposés de l'enregistrement avaient seuls qualité pour constater les contraventions en matière de timbre. Diverses lois subséquentes ont, dans des cas déterminés, conféré des droits analogues à certains agents étrangers à cette administration.

Aux termes de la loi du 2 juillet 1862, les préposés des douanes, des contributions indirectes et ceux des octrois ont, pour constater les contraventions au timbre des actes ou écrits sous signature privée et pour saisir les pièces en contravention, les mêmes attributions que les préposés de l'enregistrement.

Ces droits ont été étendus aux officiers de la police judiciaire et aux agents de la force publique en ce qui concerne le timbre de quittance, le timbre des connaissements et les marques de fabrique. En matière de groupage, les commissaires de surveillance administrative peuvent également verbaliser.

Les contraventions au timbre des affiches peintes peuvent être constatées, ainsi qu'il a été dit plus haut, soit par les préposés de l'enregistrement, soit par les commissaires, gendarmes, gardes champêtres et tous autres agents de la force publique.

VII. — Du payement des droits. — Du privilège du Trésor. — Des droits acquis et des prescriptions.

Payement des droits. — Solidarité des parties. — La loi du 13 brumaire an VII n'a pas, comme la loi de frimaire en matière d'enregistrement, indiqué à quelles personnes incombait le payement des droits de timbre et des amendes exigibles sur les actes ou écrits en contravention.

La loi du 28 avril 1816 a comblé cette lacune et déclaré que les droits de timbre et les amendes étaient dus *solidairement* par : tous les signataires pour les actes synallagmatiques, les prêteurs et les emprunteurs pour les obligations, les officiers ministériels qui ont reçu ou rédigé des actes énonçant des actes ou livres non timbrés.

Ces dispositions ont été complétées par diverses lois postérieures qui ont étendu le principe de la solidarité. Ainsi, nous avons vu que, pour les lettres de voiture, l'amende de 50 francs est due *solidairement* par l'expéditeur et par le voiturier (loi du 11 juin 1842). Pour les effets de commerce et les chèques de place à place, tous les contrevenants, c'est-à-dire le souscripteur, l'accepteur, le bénéficiaire et le premier endosseur, sont soumis *solidairement* au payement des droits de timbre et des amendes (lois du 5 juin 1850 et du 19 février 1854). Pour les affiches peintes, le payement de la taxe et des amendes peut être poursuivi *solidairement* contre ceux dans l'intérêt desquels l'affiche a été apposée et contre l'entrepreneur de l'affichage (loi du 26 décembre 1890).

En ce qui concerne les amendes, il y a lieu de remarquer que le décès des contrevenants n'éteint pas l'action de l'administration. Les sommes dont ils sont redevables peuvent être réclamées à leurs successeurs. On se rappellera qu'il n'en est pas de même en matière d'enregistrement. La raison de cette différence est que les amendes d'enregistrement sont considérées comme des pénalités et, par suite, sont *personnelles*, tandis que les amendes de timbre ont le caractère de réparations civiles.

Privilège. — Tandis que, en matière d'enregistrement, la loi n'a conféré de privilège à l'administration que pour les droits exigibles à raison des mutations par décès, tous les droits et amendes de timbre, sans distinction, « jouissent, soit dans les successions, soit dans les faillites ou tous autres cas, du privilège des contributions directes ». (Loi du 28 avril 1816).

Nous renverrons donc le lecteur pour de plus amples détails au titre II, § 4, de notre première partie, où nous avons traité du privilège du Trésor pour le recouvrement des impôts directs. Nous ferons simplement remarquer que, lorsque les deux administrations ont à faire valoir des droits contre un même débiteur, leurs actions privilégiées viennent en concours.

Droits acquis. — La loi a prévu la restitution de droits de timbre perçus sur les actes nécessaires pour parvenir à une vente judiciaire d'immeubles, lorsque le prix de l'adjudication ne dépasse pas 2.000 francs (Voir : Droits d'enregistrement, page 255, note 2).

En dehors de ce cas particulier, ni la loi organique, ni les lois subséquentes ne contiennent aucune disposition relative aux restitutions en matière de timbre. On n'y rencontre notamment aucun texte analogue à la loi du 22 frimaire an VII, qui porte que « les droits d'enregistrement régulièrement perçus ne peuvent être restitués, quels que soient les événements ultérieurs ». Il faut en conclure que, en matière de timbre, les principes du droit commun doivent recevoir leur application et, par conséquent, que le droit de timbre qui a été payé sans être dû est sujet à restitution, les événements postérieurs à la perception pouvant, suivant les circonstances, être invoqués à l'appui d'une telle demande. Mais il importe d'observer que ces restitutions ne sont que tout à fait exceptionnelles : en général, il ne saurait en être question lorsque l'impôt a été perçu au moyen de la débite, puisque c'est alors un véritable impôt de consommation représentant le prix des papiers ou figurines vendus par l'administration aux particuliers.

Prescription. — De même la loi organique ne fixe aucune prescription spéciale en matière de timbre ; il en résulte que les demandes en restitution sont soumises à la prescription quinquennale, qui atteint toutes les créances des particuliers contre l'Etat, et que la prescription trentenaire est applicable à la réclamation des droits de timbre et amendes. Le point de départ de cette dernière prescription est la date de l'acte assujetti au timbre et non rédigé sur papier timbré.

Toutefois en ce qui concerne les amendes, la loi du 16 juin 1824 a réduit à deux ans la prescription, dans le cas où les préposés ont été à même de constater la contravention au vu des actes et écrits irréguliers ; elle court du jour où les pièces en question ont été découvertes par les agents (1).

(1) La prescription biennale s'applique en particulier aux actes en contravention qui sont présentés à la formalité de l'enregistrement ; elle court de la date de l'enregistrement.

TITRE III

TAXES DIVERSES

Nous comprenons sous la dénomination de « taxes diverses » des impôts dont les uns, tels que l'impôt sur le revenu des valeurs mobilières, l'impôt sur les opérations de Bourse, n'ont d'autre point commun avec les droits d'enregistrement que le fait d'être assis et recouvrés par la même administration, dont les autres, tout en représentant de véritables droits d'enregistrement ou de véritables droits de timbre, se différencient cependant, par leur mode d'assiette ou de perception, de la généralité de ces droits.

Nous étudierons dans des chapitres distincts :

1° Les impôts sur les contrats d'assurance ;

2° Les impôts sur les valeurs mobilières françaises ;

3° Les impôts sur les valeurs mobilières étrangères ;

4° Les impôts sur les congrégations religieuses et sur les sociétés similaires ;

5° L'impôt sur les opérations de Bourse.

CHAPITRE PREMIER

IMPOTS SUR LES CONTRATS D'ASSURANCE

L'assurance est un contrat synallagmatique par lequel l'un des contractants se charge des risques auxquels une chose est exposée et s'oblige, moyennant un prix convenu qualifié de prime, cotisation ou contribution, à indemniser l'autre contractant de la perte ou du dommage que des événements fortuits pourraient causer à la chose qui est l'objet de la convention.

Les opérations d'assurance étaient à peu près inconnues à l'époque de la rédaction de nos Codes. Seule, l'assurance maritime était en usage : seule, elle a été prévue et réglementée par le législateur. Les assurances terrestres et sur la vie sont restées sous l'empire des règles générales du Code de commerce.

C'est là un principe qu'il ne faut jamais perdre de vue si l'on veut saisir la raison d'être des distinctions que le droit fiscal a établies entre les différents contrats d'assurance. Il faut également observer que, de toutes les applications de l'assurance, la plus connue, celle qui a le mieux pénétré dans les mœurs, est l'assurance contre l'incendie ; le législateur a donc été conduit, pour augmenter les ressources budgétaires, à soumettre ces contrats à des taxes assez lourdes qu'il n'aurait pu étendre aux autres combinaisons d'assurance, sans en entraver le développement. On remarquera enfin, au cours de notre exposé, de nombreuses inégalités de traitement entre les entreprises d'assurance à primes fixes et les sociétés d'assurance mu tuelle, le législateur ayant plus particulièrement favorisé ces dernières associations (1).

I. — Droits d'enregistrement.

Aux termes de la loi du 22 frimaire an VII, les contrats d'assurance faits sous seing privé sont, comme tous les actes de même nature, assujettis à l'enregistrement seulement lorsqu'il en est fait usage en justice, ou encore quand ils sont énoncés dans un acte public.

Dans le cas où ils sont présentés à la formalité, les contrats d'assurance à prime sont passibles du droit proportionnel, qui est perçu au taux de 1 pour 100 et assis sur le montant total des primes à payer par l'assuré pendant la durée de l'assurance. Les contrats d'assurance mutuelle sont considérés comme des actes innomés passibles d'un simple droit fixe.

Telles sont les règles générales qui subsistent toujours et qui s'appliquent notamment aux assurances sur la vie, contre les accidents (à l'exception des polices souscrites en exécution de la loi du 9 avril 1898 sur les accidents du

---

(1) Les sociétés d'assurance mutuelle sont des associations dont les membres s'engagent à supporter en commun, au prorata des capitaux assurés, les pertes qui, dans des cas déterminés, adviennent à quelques-uns d'entre eux. Chacun paye une *cotisation* annuelle dont le produit est destiné à couvrir les frais d'administration de la société ; il est en outre tenu de verser tous les ans une *contribution* calculée de telle sorte que le montant total de ces contributions corresponde à la somme des indemnités allouées aux sinistrés. Dans les assurances à primes fixes, au contraire, une tierce personne, nommée assureur, se charge à forfait, moyennant des cotisations fixes, appelées *primes*, d'indemniser les assurés. Dans le premier cas il y a une association d'où toute idée de bénéfice est exclue ; dans le second cas l'assureur est un industriel qui entreprend, à ses risques et périls, une opération commerciale.

travail, qui bénéficient de la gratuité), contre les risques agricoles, etc.

Seuls, les contrats d'assurance maritime et contre l'incendie sont, depuis la loi du 23 août 1871, soumis à un régime particulier. Ce régime consiste dans l'obligation, imposée aux assureurs, d'acquitter un impôt spécial, moyennant le payement duquel la formalité de l'enregistrement est donnée gratis toutes les fois qu'elle est requise.

Le mode d'assiette, le mode de perception, la nature de cette taxe diffèrent profondément suivant qu'il s'agit d'assurances maritimes ou d'assurances contre l'incendie.

Assurances maritimes. — La taxe obligatoire sur les assurances maritimes est assise, calculée, liquidée, comme le droit d'enregistrement exigible à l'occasion d'un autre contrat d'assurance quelconque, tel qu'un contrat d'assurance sur la vie, présenté accidentellement à la formalité.

L'impôt est en effet fixé « par chaque contrat », dit la loi, c'est-à-dire que le droit est calculé séparément pour chaque police et assis sur le montant total des primes que chaque assuré s'engage à payer. D'un autre côté, la perception suit les sommes de 20 francs en 20 francs, inclusivement et sans fraction, et la moindre taxe perçue pour chaque contrat est de 25 centimes.

On peut donc établir une assimilation complète entre le mode d'assiette de la taxe obligatoire sur les contrats d'assurance maritime et celui du droit proportionnel d'enregistrement. Mais le tarif et le mode de perception de ces impôts diffèrent.

La taxe est fixée, pour les assurances maritimes, à raison de 52 centimes pour 100, décimes compris (1), tandis que, en règle générale, le droit proportionnel sur les contrats

---

(1) Les expressions « décimes compris », « décimes non compris », qui reviendront à plusieurs reprises dans nos développements, doivent s'entendre, soit des décimes en matière d'enregistrement, soit des décimes en matière de timbre, suivant les cas.

d'assurance est de 1 pour 100, décimes non compris.

En outre la perception des droits sur les contrats d'assurance ordinaires n'est faite que lorsque les actes sont présentés à la formalité, et s'ils y sont présentés. Au contraire, la taxe de 0 fr. 52 pour 100 est exigible au moment même de la signature de chaque police, sans autres exceptions que celles prévues par la loi (1).

Les droits ne sont pas d'ailleurs encaissés directement par les receveurs de l'enregistrement. La loi a imposé d'une part aux courtiers ou notaires qui agissent, dans le cas d'assurance maritime, en qualité d'officiers ministériels, d'autre part aux compagnies, sociétés ou tous autres assureurs, pour les contrats souscrits sans l'intervention des courtiers ou des notaires, la charge de retenir l'impôt. Le montant des taxes ainsi perçues durant un trimestre par les assureurs ou courtiers n'est versé au receveur de l'enregistrement que dans les dix premiers jours qui suivent l'expiration de ce trimestre. A l'appui de chaque versement, il est déposé un relevé des polices formées durant le trimestre précédent. Ces relevés comprennent toutes les indications nécessaires à l'assiette des droits.

Assurances contre l'incendie. — A la différence de la taxe sur les assurances maritimes, qui, par son mode

---

(1) La loi exempte de l'impôt les polices flottantes et les polices provisoires, parce que ce sont des contrats préparatoires ayant pour but d'assurer la rédaction de polices définitives soumises à la taxe obligatoire. On entend par polices flottantes les polices par lesquelles un assureur s'engage à couvrir jusqu'à concurrence d'un maximum déterminé les risques que peuvent courir toutes les marchandises expédiées par un négociant pendant un certain laps de temps. On appelle polices provisoires celles qui sont passées pour un chiffre incertain par un commerçant qui ignore la valeur précise d'une cargaison qu'on lui envoie. Les polices de réassurance par lesquelles un assureur fait réassurer par d'autres une partie de la valeur d'un objet qu'il a lui-même assuré, sont également affranchies de l'impôt, pourvu que la police primitive y ait été assujettie. Comme il n'y a jamais dans ce cas qu'un seul capital assuré, l'impôt ne doit être perçu qu'une seule fois.

d'assiette, se rapproche sensiblement du droit proportionnel d'enregistrement, l'impôt sur les assurances contre l'incendie n'a, en apparence et à considérer les choses à un point de vue général, presque aucun des caractères d'un droit d'enregistrement proprement dit.

C'est une taxe *annuelle*, assise, à raison de 8 pour 100, décimes non compris, sur l'intégralité des primes, cotisations ou contributions encaissées par les sociétés, compagnies ou assureurs (1). Au lieu d'être perçu pour chaque contrat, lors de sa formation, d'après le montant total des primes immédiatement ou ultérieurement exigibles, l'impôt est donc calculé *annuellement* sur le montant des primes que les assurés ont payées ou sont censés avoir payées aux assureurs dans le cours de l'année. C'est moins un droit d'enregistrement qu'une sorte de taxe d'abonnement dont la loi a imposé l'avance aux assureurs contre l'incendie.

Cette taxe est liquidée sans qu'il y ait lieu de suivre les sommes de 20 francs en 20 francs, sans que la règle du minimum de 25 centimes soit applicable.

Les assureurs doivent verser au bureau d'enregistrement le montant des droits exigibles pour chaque trimestre, à raison des primes constatées dans leurs écritures pendant cette période, avant le dixième jour du troisième mois du trimestre suivant. A l'appui des versements, ils remettent aux receveurs un état certifié conforme à leurs écritures, indiquant le montant net des primes, cotisations ou contributions assujetties à la taxe (2).

---

(1) Toutefois, il est fait déduction, pour l'assiette de l'impôt : 1° des primes relatives à des immeubles ou objets mobiliers situés à l'étranger ; 2° de celles perçues pour réassurances, si le contrat primitif a été assujetti à la taxe ; 3° de celles concernant des risques annulés. — Les premières sont soumises à un régime spécial ; les secondes se trouveraient imposées par double emploi ; la perception du droit sur les risques annulés n'aurait pas de raison d'être.

(2) On remarquera que le recouvrement de la taxe sur les assuran-

Ces règles de perception ne s'appliquent pas de tout point aux sociétés d'assurance mutuelle. La taxe sur les *cotisations* annuelles payables d'avance doit être versée par quarts, dans les dix jours qui suivent l'expiration de chaque trimestre. La taxe sur les *contributions* destinées à couvrir les indemnités allouées aux sinistrés, et qui ne sont fixées qu'en fin d'exercice, doit être acquittée par les mêmes sociétés avant le dixième jour du troisième mois du trimestre qui suit l'échéance.

Afin d'éviter toute erreur, chaque année, après la clôture des opérations relatives à l'exercice précédent et au plus tard le 31 mai, il est procédé, pour toutes les compagnies, sociétés ou assureurs, à une liquidation générale de l'impôt dû pour l'exercice entier. Si de cette liquidation il résulte un complément de taxe au profit du Trésor, il est immédiatement acquitté. Dans le cas contraire, l'excédent versé est imputé sur l'exercice courant.

Pour opérer la liquidation générale, les assureurs produisent la balance des comptes ouverts à leur grand-livre et un état récapitulatif de la totalité des opérations de l'année précédente.

Indépendamment de la taxe annuelle de 8 pour 100, due sur le montant des primes, les compagnies d'assurances contre l'incendie, à l'exception des caisses départementales organisées par les conseils généraux, sont assujetties à une taxe fixe annuelle calculée à raison de 6 francs par million sur le capital qu'elles assurent en France.

Les règles relatives à la liquidation, aux époques et au mode de payement de cette taxe sont les mêmes que celles que nous venons de décrire pour la taxe de 8 pour 100.

---

ces contre l'incendie n'est jamais confié aux notaires ou courtiers, qui interviennent, au contraire, dans le cas d'assurances maritimes. La raison en est que le courtage en matière d'assurances terrestres, n'ayant pas été réglementé par le Code de commerce, est une industrie purement privée.

En sus de la taxe de 6 francs par million, l'article 5 de la loi du 30 janvier 1907 a établi une taxe de **12 francs par million** sur le capital assuré par les compagnies d'assurances françaises et étrangères qui assurent des biens situés en France. Cette taxe s'ajoute à la taxe de 6 francs par million et frappe toutes les sociétés à l'exception des caisses départementales organisées par les conseils généraux et des sociétés et caisses d'assurances mutuelles agricoles constituées suivant les règles établies par la loi du 5 juillet 1900.

La quotité de la taxe additionnelle, bien que fixée, d'une manière générale à 12 francs par million, est réduite à 3 francs par million pour les compagnies ou sociétés qui justifient que l'ensemble des capitaux qu'elles assurent ne dépasse pas un milliard ; elle est réduite à 6 francs pour les compagnies dont les capitaux assurés sont, dans leur ensemble, compris entre un milliard et trois milliards.

Le législateur a formellement stipulé que ladite taxe additionnelle devait rester à la charge des assureurs, sauf en ce qui concerne les sociétés d'assurances mutuelles contre l'incendie constituées conformément aux termes du décret du 22 janvier 1868.

Assurances passées à l'étranger ou concernant des biens situés en pays étranger. — Les contrats d'assurance passés à l'étranger par des sociétés ou assureurs étrangers n'ayant pas de succursales en France et relatifs à des immeubles situés en France ou à des objets ou valeurs appartenant à des Français, ne peuvent naturellement être assujettis à une taxe obligatoire, mais ils doivent être enregistrés avant toute publicité ou usage en France. Les droits à percevoir, le cas échéant, représentent le montant total de l'impôt exigible (droit proportionnel à **1 pour 100** ou à **0,52 centimes pour 100**, ou taxe annuelle à **8 pour 100** suivant les cas), si les contrats avaient été formés en France.

Les contrats d'assurance contre l'incendie passés en France pour des immeubles ou objets mobiliers situés à l'étranger ne sont pas non plus assujettis au payement de la taxe annuelle, mais il ne peut en être fait aucun usage en France sans qu'ils aient été préalablement enregistrés. Le droit est perçu, s'il y a lieu, aux taux de 8 pour 100, décimes non compris, sur le montant des primes, mais seulement pour les années restant à courir.

II. — Droits de timbre

Les polices d'assurance de toute nature ont été spécialement assujetties au timbre de dimension par l'article 56 de la loi du 9 vendémiaire an VI, et bien qu'elles n'aient pas été expressément désignées dans la loi du 13 brumaire an VII, elles ont été implicitement comprises dans « les actes et écritures, extraits, copies et expéditions, soit publics, soit privés, devant ou pouvant faire titre », soumis à l'impôt par l'article 12 de la loi organique.

Mais, les opérations des assureurs n'étant pas surveillées par les agents de l'enregistrement, ces prescriptions furent peu à peu perdues de vue. Aussi le législateur, par la loi du 5 juin 1850, a-t-il reproduit en les précisant les dispositions de la loi du 9 vendémiaire an VI ; il a étendu en même temps les moyens d'action et le droit de contrôle de l'administration.

Actuellement, tous les contrats d'assurance quelconques, ainsi que toutes les conventions postérieures, rentrent dans la catégorie des actes passibles du timbre de dimension. Les avenants contenant prolongation de l'assurance, augmentation dans la prime ou le capital assuré, ou bien désignation d'une somme en risque ou d'une prime à payer, peuvent être inscrits à la suite d'une police d'assurance maritime, à la charge d'être visés pour timbre dans le délai de deux jours. De même, si une police d'assurance terrestre contient une clause de tacite réconduction, elle doit être soumise au visa pour timbre dans le délai de cinq jours de la date de l'acte. Le droit perçu dans ce cas correspond toujours au prix du papier timbré employé pour l'acte.

L'obligation de faire usage du papier de dimension pour la rédaction des contrats d'assurance a été modifiée, à l'égards de certains assureurs, par la loi du 29 décembre 1884. Déjà, dès le 5 juin 1850, le législateur avait admis, dans certains cas, la substitution d'un abonnement annuel au payement du droit de timbre au comptant. La loi du 29 décembre 1884, conçue et rédigée dans le même esprit que la loi du 23 août 1871 sur les taxes d'enregistrement obligatoires, a transformé, pour quelques catégories d'assureurs, cette faculté d'abonnement en une obligation.

Abonnement obligatoire. — Les sociétés, compagnies d'assurance et tous autres assureurs contre l'incendie et sur la vie sont aujourd'hui dispensés de rédiger les polices sur papier d'un timbre de dimension; mais ils doivent, par compensation, acquitter une taxe annuelle fixée, décimes compris, à 4 centimes par 1.000 francs du total des sommes assurées contre l'incendie pour les assurances à primes, à 3 centimes par 1.000 francs pour les assurances mutuelles contre l'incendie (1), à 2 fr. 40 par 1.000 du total des versements faits chaque année aux compagnies d'assurance sur la vie et des capitaux encaissés par ces compagnies comme prix de la constitution de rentes viagères.

(1) En ce qui concerne les caisses départementales administrées gratuitement, ayant pour but d'indemniser ou de secourir les incendiés au moyen de collectes, l'abonnement annuel est de 1 pour 100 du total des collectes de l'année, décimes non compris.

La perception du droit de timbre d'abonnement a lieu dans les mêmes conditions, dans les mêmes délais, dans les mêmes formes que le recouvrement de la taxe obligatoire d'enregistrement applicable aux assurances contre l'incendie. — L'avis de l'acquittement du droit inséré au *Journal officiel* équivaut à l'apposition du timbre sur les polices.

Abonnement facultatif. — Les assureurs contre la mortalité des bestiaux, la grêle, la gelée, et autres risques agricoles ont le droit d'opter entre le payement du timbre au comptant et le régime de l'abonnement annuel. Le taux de l'abonnement est de 3 centimes par 1.000 francs, décimes non compris, du total des sommes assurées (1). — Les polices sont rédigées sur papier libre et frappées d'un timbre spécial portant pour légende « Assurance-abonnement ».

Assurances passées à l'étranger. — Tous les contrats d'assurance passés en France ou à l'étranger sont, en principe, soumis au droit de timbre. En sont toutefois affranchies les polices établies en pays étranger et ayant exclusivement pour objet des immeubles, des meubles ou des valeurs situés à l'étranger. Encore doivent-elles être revêtues du timbre de dimension, et acquitter les droits au comptant, avant qu'il puisse en être fait aucun usage en France.

III. — Pénalités. — Mesures prises pour prévenir la fraude.

Toutes les fois qu'il est contrevenu aux dispositions de la loi ou des règlements concernant soit le droit d'enre-

---

(1) Les sociétés qui, après avoir contracté un abonnement, veulent y renoncer, sont tenues de payer un droit de 0 fr. 60 pour chaque police en cours d'exécution, quelle que soit la dimension du papier.

gistrement, soit le droit de timbre sur les contrats d'assurance, l'amende encourue est, en général, de 50 francs en principal. Exceptionnellement, les courtiers ou notaires qui ont rédigé une police d'assurance maritime ou qui en ont délivré une expédition sur papier non timbré sont passibles d'une amende personnelle de 500 francs en principal, et, en cas de récidive, de 1.000 francs, En outre, chaque contravention au décret du 12 juillet 1898, portant règlement d'administration publique pour la perception de la taxe de 6 francs par million sur les capitaux assurés contre l'incendie, est passible d'une amende de 100 à 1.000 francs en principal.

Mais le législateur ne s'est pas borné à édicter des pénalités ; il a encore imposé aux assureurs et courtiers un ensemble d'obligations qu'on peut ramener à trois règles principales :

1° Une déclaration préalable est exigée des assureurs ;

2° Ils sont tenus, ainsi que les notaires ou courtiers (dans le cas d'assurances maritimes), de tenir un répertoire ;

3° Les préposés de l'enregistrement ont le droit de prendre communication des polices et d'étendre parfois leurs investigations.

Déclaration préalable. — Tous les assureurs quelconques, sans distinction d'aucune sorte, sont obligés de faire au bureau d'enregistrement du lieu où ils ont le siège de leur principal établissement et, en ce qui concerne les compagnies d'assurance maritime, au bureau d'enregistrement du siège de chaque agence, une déclaration constatant la nature des opérations, le nom du directeur et, au besoin, de l'agent de la société. Toute infraction à ces dispositions est punie d'une amende de 1.000 francs. Les étrangers faisant en France des opérations d'assurance maritime ou contre l'incendie doivent, en outre, et à peine d'une amende de 50 francs en principal, faire agréer par l'administration un représentant français personnellement responsable des droits et amendes.

Répertoire. — La tenue d'un répertoire est également imposée à tous les assureurs et aux notaires et courtiers qui passent des contrats d'assurance maritime. Mais le nombre, la forme, le mode de rédaction de ces documents diffèrent selon la nature des opérations d'assurance.

Les entreprises d'assurance maritime, qu'elles soient gérées par des compagnies ou par de simples particuliers, sont tenues d'avoir, dans chaque agence, un répertoire non sujet au timbre, mais coté, parafé et visé, soit par un des juges du tribunal de commerce, soit par le juge de paix. Sur ce répertoire sont portées, dans les trois jours de leur date, par ordre de numéros, les assurances et conventions postérieures qui ont été faites dans ladite agence, sans intermédiaire de courtier ou de notaire.

Toutes les autres sociétés, compagnies ou assureurs sont également assujettis à tenir un répertoire sur papier libre qui est coté, parafé et visé dans les mêmes conditions que ceux des compagnies d'assurance maritime, mais qui est tenu au siège de l'établissement seulement et non dans chaque agence. Toutes les assurances et conventions ultérieures faites, soit directement par l'assureur, soit indirectement par l'intermédiaire de courtiers, doivent y être inscrites dans les six mois et non plus dans les trois jours de leur date (1).

Quelle que soit leur forme, les répertoires des assureurs sont soumis périodiquement, selon le mode indiqué par l'article 51 de la loi de frimaire, et à toute réquisition, au visa des préposés de l'enregistrement. Seuls, les

---

(1) Les assureurs soumis à la taxe d'enregistrement obligatoire doivent encore faire mention expresse sur leurs répertoires, pour chaque contrat, du montant des primes ou cotisations exigibles, ainsi que de la taxe payée ou à payer par les assurés. Les notaires ou courtiers qui passent des contrats d'assurance maritime sont assujettis à inscrire les mêmes indications sur leurs livres.

répertoires [des assureurs particuliers qui se consacren uniquement aux opérations d'assurance maritime ne sont représentés aux agents de l'administration qu'au commencement de chaque trimestre.

Enfin les courtiers ou notaires sont tenus d'avoir un registre spécial, *soumis au timbre*, sur lequel ils transcrivent les polices d'assurance maritime faite par leur ministère et qui est produit aux préposés de l'enregistrement toutes les fois que ces agents le requièrent.

Toute contravention aux dispositions de la loi du 5 juin 1850, concernant la tenue des répertoires, est passible d'une amende de 10 francs en principal; cette pénalité est portée à 50 francs lorsqu'elle est constatée à la charge d'un notaire ou d'un courtier.

Droits d'investigation des agents de l'enregistrement. — Dans tous les cas, les agents de l'enregistrement sont autorisés à exiger des assureurs la représentation des polices. En outre, les compagnies d'assurance en général, quelle que soit la nature de leurs opérations, et les *assureurs particuliers contre l'incendie et sur la vie*, sont obligés de communiquer, tant au siège social que dans les succursales et agences, les polices, livres, registres, titres, pièces de recette, de dépense et de comptabilité, afin que les préposés de l'administration puissent veiller, non seulement à l'application des taxes spéciales, mais encore à l'exécution des lois générales sur l'enregistrement et sur le timbre. Tout refus de communication est passible d'une amende de 1.000 à 10.000 francs en principal.

IV. — Prescriptions.

Aucune des lois intervenues en matière d'impôts sur les assurances ne contient de dispositions spéciales sur la prescription. Il faut donc appliquer aux droits d'enregistrement et aux droits de timbre sur ces contrats les règles générales relatives à la prescription, soit en matière d'enregistrement, soit en matière de timbre. On a, il est vrai, soutenu que l'action du Trésor pour le recouvrement des taxes d'abonnement au timbre s'éteignait non pas après trente ans, mais au bout de cinq ans, conformément à l'article 2277 du Code civil, qui soumet à la prescription quinquennale « les arrérages de rentes perpétuelles et viagères, etc., et *généralement tout ce qui est payable par année ou à des termes périodiques plus courts* ». Mais cette théorie a été constamment rejetée par la jurisprudence, qui, au point de vue de la prescription, assimile les taxes d'abonnement aux droits ordinaires de timbre.

CHAPITRE II

IMPÔTS SUR LES VALEURS MOBILIÈRES

Les impôts qui frappent spécialement les valeurs mobilières françaises — ou plus exactement certaines catégories de ces valeurs mobilières — et dont le recouvrement est confié à l'administration de l'enregistrement, sont au nombre de trois :

— Les droits de timbre, créés par la loi du 5 juin 1850 ;
— Les droits de transmission établis par la loi du 23 juin 1857 ;
— Et l'impôt direct sur le revenu des valeurs mobilières, établi par la loi du 29 juin 1872.

1. — Droits de timbre.

Valeurs qui y sont soumises. — Les valeurs mobilières soumises aux droits de timbre spéciaux créés par la loi du 5 juin 1850 sont, aux termes des articles 14, 25 et 27 de cette loi :

1° Les *titres ou certificats d'actions* dans toute société, compagnie ou entreprise quelconque, financière, commerciale, industrielle ou civile, que l'action soit d'une somme fixe ou d'une quotité, qu'elle soit libérée ou non libérée, émis à partir du 1er janvier 1851, à l'exception de ceux dont la cession n'est parfaite à l'égard des tiers qu'au moyen des conditions déterminées par l'article 1690 du Code civil.

2° Les *titres d'obligations* souscrits, à compter du 1ᵉʳ janvier 1851, par les départements, communes, établissements publics et compagnies, sous quelque dénomination que ce soit, dont la cession, pour être parfaite à l'égard des tiers, n'est pas soumise aux dispositions du même article.

Trois conditions sont ainsi nécessaires pour qu'une valeur mobilière soit assujettie à ces droits de timbre spéciaux. Il faut : 1° qu'il s'agisse d'une *action* ou d'une *obligation* dans le sens attribué à ces mots par la loi ; 2° que la cession du titre considéré ne soit pas soumise, pour être parfaite à l'égard des tiers, aux dispositions de l'article 1690 du Code civil ; 3° que l'action ait été émise ou l'obligation souscrite depuis le 1ᵉʳ janvier 1851.

L'ensemble de ces caractères ne constitue pas d'ailleurs une définition suffisamment précise pour qu'il soit toujours très facile de reconnaître si un titre d'action ou d'obligation rentre ou non dans la catégorie des valeurs soumises aux droits. Sans entrer dans le détail des controverses soulevées, il nous paraît essentiel d'exposer sommairement les principes généraux qui régissent la matière, en indiquant le sens et la portée de chacune des trois conditions ci-dessus spécifiées (1).

1° On entend par « actions » dans une société, les fractions du capital social distribuées entre les associés proportionnellement à leurs mises. Ce mode de division du capital social ne se rencontre pas dans toutes les sociétés.

Dans les sociétés *anonymes* autorisées ou libres, le capital social est toujours divisé en actions. Dans les sociétés *en commandite*, cette division est facultative ; on sait, en effet, que ces sociétés sont de deux sortes : en comman-

---

(1) Nous croyons d'autant plus nécessaire d'insister sur ce point que, comme nous le verrons, il y a lieu de suivre exactement les mêmes règles pour reconnaître les valeurs soumises aux droits de transmission créés par la loi du 23 juin 1857.

dite simple ou en commandite par actions. Au contraire, dans les sociétés *en non collectif*, il ne peut jamais y avoir d'actions dans le sens que nous attribuons à ce mot.

On peut donc dire que, en principe, l'application de la loi du 5 juin 1850 est limitée aux titres ou certificats d'actions dans les sociétés civiles ou commerciales constituées sous la forme de sociétés anonymes ou de sociétés en commandite par actions.

En ce qui concerne les obligations, malgré les termes très généraux de la loi de 1850, qui parle d'obligations souscrites *sous quelque dénomination que ce soit*, les décisions de la jurisprudence et les solutions de l'administration sont d'accord pour reconnaître que l'application des droits de timbre spéciaux créés par cette loi ne doit pas être étendue à tous les engagements à terme sans exception, souscrits par les départements, communes, établissements publics et compagnies. Elle est restreinte aux titres négociables réunissant les caractères d'uniformité des valeurs susceptibles d'être cotées en Bourse. En particulier, les bons à court terme de coupures variables, émis soit par une société, soit par une commune ou un établissement public, en vue de réaliser des ressources flottantes analogues à celles que procurent à l'Etat les bons du Trésor, restent assujettis au droit proportionnel qui frappe les effets de commerce ordinaires.

2° La seconde condition nécessaire pour que le droit de timbre spécial des actions et obligations soit exigible sur une valeur mobilière déterminée est que la cession de ce titre ne soit pas soumise, pour être parfaite à l'égard des tiers, aux dispositions de l'article 1690 du Code civil. Cet article est ainsi conçu : « Le cessionnaire (d'une créance)
« n'est saisi à l'égard des tiers que par la signification du
« transport faite au débiteur. — Néanmoins le cession-
« naire peut être également saisi par l'acceptation du

« transport faite par le débiteur dans un acte authen-« tique ».

En réalité, la cession-transport définie par cet article ne s'applique guère qu'à la transmission des créances ordinaires, et non pas aux actions et obligations, dont la cession s'opère généralement en vertu des statuts sociaux ou de l'acte constitutif de l'emprunt, au moyen d'endossements, de déclarations de transfert ou même par simple tradition.

3° La troisième condition nécessaire pour l'exigibilité de l'impôt est que l'action ait été émise ou l'obligation souscrite depuis le 1er janvier 1851 (1).

La détermination de la date à laquelle une action doit être considérée comme émise ou une obligation comme souscrite intervient également pour fixer, dans certains cas, le point de départ de la taxe. On admet généralement qu'une action ou une obligation doit être considérée comme émise à dater du jour où, la société se trouvant constituée dans les formes voulues par la loi, le titre a été *attribué*, encore bien qu'il n'ait pas été délivré au souscripteur. La remise des titres aux parties n'est donc pas une condition indispensable de l'exigibilité de l'impôt.

Nature et quotité des droits. — Les droits de timbre sur les actions et obligations peuvent être acquittés soit au comptant, soit au moyen d'un abonnement (2).

---

(1) Antérieurement à la loi du 5 juin 1850, de nombreuses hésitations s'étaient produites sur la nature des droits de timbre à appliquer aux actions émises par les sociétés (timbre de dimension ou timbre proportionnel des effets de commerce). La loi de 1850 (art. 20) a décidé que les actions *émises avant le 1er janvier 1851* devraient être assujetties au droit de timbre proportionnel des effets de commerce. Cette disposition n'a plus d'intérêt aujourd'hui qu'au point de vue du renouvellement des titres, dont nous traiterons plus loin.

(2) Les obligations et lettres de gage émises par le Crédit foncier de France sont soumises à un régime particulier. En vertu des articles 29 de la loi du 8 juillet 1852 et 1er de la loi du 30 mars 1872, l'impôt du timbre est perçu sur ces titres par voie d'abonnement annuel à raison de cinq centimes par mille francs (décimes en sus) du total

On entend par droit au comptant le droit de timbre perçu sur chaque titre pris individuellement, *une fois pour toutes*, au moment de sa création. La quotité est de cinquante centimes par cent francs du capital nominal de chaque action pour les sociétés, compagnies ou entreprises dont la durée n'excède pas dix ans, et de 1 pour 100 pour celles dont la durée dépasse dix ans. Dans tous les cas, le taux est de 1 pour 100 sur les obligations.

Les sociétés ont la *faculté* de s'affranchir du payement du droit au comptant en souscrivant un abonnement. L'abonnement consiste en une taxe *annuelle*, exigible par trimestres et dont la liquidation est effectuée en fin de trimestre selon les règles que nous spécifierons. La quotité en a été fixée à cinq centimes pour cent francs.

Le droit au comptant et la taxe d'abonnement sont, l'un et l'autre, majorés de deux décimes.

Liquidation de la taxe. — *Droit au comptant.* — La valeur qui sert de base à la liquidation du droit applicable à chaque titre est toujours, qu'il s'agisse d'une action ou d'une obligation, le *capital nominal*, c'est-à-dire le capital indiqué sur le titre comme devant être remboursé. A défaut de capital nominal, le droit doit être calculé sur le capital réel, dont la valeur est alors déterminée, d'après les règles établies par les lois sur l'enregistrement, au moyen d'une déclaration estimative faite par les parties.

La perception du droit au comptant suit les sommes et valeurs de vingt francs en vingt francs, inclusivement et sans fractions.

Taxe d'abonnement. — La taxe d'abonnement est, comme nous l'avons dit, une taxe annuelle qui est assise dans des conditions différentes suivant qu'il s'agit d'actions ou d'obligations. — Aux termes de la loi, l'abonnement est,

des lettres de gage en circulation durant l'année précédente. – Ce droit est payable par semestre et par moitié.

en ce qui concerne les actions, souscrit pour toute la durée de la société. Afin d'établir la liquidation trimestrielle, il suffit donc de déterminer la valeur nominale de chaque action ou à défaut sa valeur réelle, comme on le fait pour le droit au comptant, et de multiplier le chiffre ainsi obtenu, sans qu'il y ait lieu de l'arrondir à vingt francs, par le nombre des actions, *qui reste invariable*. — Au contraire, pour les obligations, l'abonnement n'est contracté que pour la durée du titre. Il en résulte que le décompte des droits, à la fin de chaque trimestre, doit être fait de la manière suivante : pour les obligations ayant subsisté pendant tout le trimestre, il faut multiplier la valeur de chacun des titres, déterminée comme pour les actions, par le nombre de ces titres ; pour les obligations qui ont été créées ou amorties au cours du trimestre, on doit proportionner l'impôt au nombre de jours pendant lequel elles ont réellement existé.

Les calculs précédents conduisent à fixer, à la fin de chaque trimestre, pour l'ensemble des titres d'une société, une valeur totale imposable, à laquelle il y a lieu d'appliquer le droit exigible, sans arrondir à vingt francs.

Mode de perception. — Le droit de timbre des actions ou obligations, qu'il soit perçu au comptant ou par abonnement, est à la charge des sociétés, départements, communes ou établissements publics.

Les titres doivent dans tous les cas, être extraits d'un registre à souche, et l'apposition du timbre a lieu à la fois sur la souche et sur le talon.

Lorsque le droit est payé au comptant, cette apposition est faite suivant les règles exposées pour le timbrage à l'extraordinaire des formules d'effets de commerce ; elle ne peut avoir lieu qu'à l'atelier général du timbre à Paris, après acquittement des droits entre les mains du receveur du timbre extraordinaire, au chef-lieu de chaque département.

Lorsque les sociétés, départements, communes ou établissements publics veulent payer le droit par abonnement, cet abonnement est contracté au bureau de l'enregistrement du lieu où se trouve le siège de la société ou de l'administration, d'après une déclaration faisant connaître tous les éléments nécessaires au calcul de l'impôt. Après la souscription de cet abonnement, des empreintes spéciales sont apposées sur la souche et sur le talon des titres. Cette formalité est donnée au chef-lieu du département où l'abonnement a été souscrit. Le payement du droit est fait à la fin de chaque trimestre au bureau de l'enregistrement où a été reçue la déclaration d'abonnement, et d'après les termes de cette déclaration, sans qu'il y ait lieu de la renouveler tant que les éléments du calcul de l'impôt restent les mêmes.

Exemptions. — En principe, toute émission ou souscription d'actions ou d'obligations donne ouverture à l'impôt sous forme d'un droit au comptant ou d'une taxe d'abonnement. Cependant il existe une exception générale contenue dans l'article 17 de la loi du 5 juin 1850, ainsi conçu : « Le titre ou certificat d'action (ou d'obligation), « délivré par suite de transfert ou de renouvellement, « sera timbré à l'extraordinaire ou visé pour timbre gra- « tis, si le titre ou certificat primitif a été timbré. » Les nouveaux titres ou certificats émis en remplacement d'anciennes coupures adirées ou devenues inutilisables, soit par suite de l'épuisement des coupons, soit par suite d'une modification à faire subir aux noms et qualités de l'ayant droit, sont donc expressément exempts de l'impôt, encore bien qu'ils restent assujettis à la formalité (1). Cette

---

(1) Cette exemption s'applique aux titres provisoires qu'une société remet aux porteurs d'actions ou d'obligations en échange de titres déposés pour conversions ou renouvellements, mais non aux formules, appelées également titres provisoires, remises aux souscripteurs au moment du versement des fonds et qui doivent être ensuite échan-

exemption a été étendue aux titres délivrés en représentation des actions de jouissance, qui remplacent des actions de capital remboursées (1).

En outre de cette exception générale, le législateur a admis deux cas particuliers d'exemption pour les actions des sociétés qui payent le droit par abonnement.

1° Les sociétés, compagnies ou entreprises abonnées qui, depuis leur abonnement, se mettent ou sont mises en liquidation volontaire ou forcée, sont dispensées du payement de la taxe à partir de l'ouverture de la liquidation.

2° Les sociétés qui, postérieurement à leur abonnement, n'ont, dans les deux dernières années, payé ni dividendes, ni intérêts, sont également exemptes de la taxe annuelle. Mais le montant de l'abonnement redevient exigible de plein droit et immédiatement lorsqu'il est fait une nouvelle répartition ou un nouveau payement, et l'exemption ne peut être ensuite invoquée qu'après deux nouvelles années infructueuses.

Ces deux cas d'exemption à la taxe d'abonnement sont strictement limités aux actions et ne peuvent être étendus aux obligations.

Mesures prises pour prévenir la fraude. — Pénalités. — Les pénalités en cas d'infraction aux dispositions de la loi de 1850 sont de deux sortes. Elles atteignent à la fois la société ou l'administration qui émettrait des titres

---

gées contre les titres souscrits : ces dernières formules sont passibles du droit de timbre de dimension.

(1) L'exemption accordée aux titres émis en renouvellement de titres anciens n'est pas applicable aux actions et obligations émises avant le 1er janvier 1851, qui, comme nous l'avons vu, ne sont pas assujetties aux nouveaux droits créés par la loi du 5 juin 1850. L'impôt du timbre reste pour ces actions et pour ces obligations le prix d'une empreinte légale au sens strict du mot, et les titres émis en renouvellement sont passibles des mêmes droits que les titres primitifs, c'est-à-dire du droit de timbre proportionnel de cinq centimes par cent francs des effets de commerce ordinaires.

non timbrés ou irrégulièrement timbrés, et l'agent de change ou le courtier qui prêterait son concours à leur transmission.

En cas d'émission de titres non timbrés ou non extraits d'un registre à souche avec apposition du timbre sur la souche et sur le talon, les départements, communes, établissements publics ou sociétés sont passibles d'une amende de 12 pour 100 du montant du titre s'il s'agit d'une action et de 10 pour 100 s'il s'agit d'une obligation.

L'agent de change ou le courtier qui prête son concours à la cession ou au transfert d'un titre ou certificat d'action ou d'obligation non timbré est puni d'une amende qui est, dans tous les cas, de 10 pour 100 du montant du titre, qu'il s'agisse d'une action ou d'une obligation.

Les mesures préventives de la fraude, en dehors de l'obligation d'extraire tous les titres d'un registre à souche et de communiquer ce registre aux préposés de l'enregistrement, consistent uniquement dans le droit d'investigation reconnu aux agents de l'enregistrement par l'article 22 de la loi du 23 août 1871 à l'égard de tous les assujettis à leurs vérifications; ceux-ci sont tenus de représenter auxdits agents leurs livres, registres, titres, pièces de recette, de dépense et de comptabilité, afin de leur permettre de s'assurer de l'exécution des lois sur le timbre. Tout refus de communication est constaté par procès-verbal et puni d'une amende de 1.000 francs à 10.000 francs en principal.

Prescriptions. — La loi du 5 juin 1850 ne contient aucune disposition particulière sur la nature des prescriptions opposables en ce qui concerne les droits spéciaux établis par cette loi pour les actions et obligations. Aucune hésitation n'est d'ailleurs possible pour les droits au comptant, qui, ayant tous les caractères d'un droit de timbre ordinaire, sont régis par les mêmes règles au point de vue de la prescription. La question, qui, pour des raison déjà indiquées (voir : Impôts sur les contrats d'assurance — Prescriptions), pouvait paraître plus douteuse en ce qui concerne la taxe d'abonnement, a été tranchée dans le même sens.

II. — Droit de transmission

Sous l'empire de la loi organique, les transmissions entre vifs, *à titre onéreux*, de valeurs mobilières, ne rentrant pas dans la catégorie des mutations imposables sans actes, échappaient à l'impôt, à moins qu'elles ne fissent l'objet d'un contrat qui, en raison de sa forme, fût obligatoirement soumis à l'enregistrement dans un délai déterminé. La loi du 23 juin 1857, successivement modifiée par les lois des 16 septembre 1871, 30 mars et 29 juin 1872, a eu pour but de frapper, en tout état de cause, les transmissions de l'espèce d'un droit particulier appelé *droit de transmission*.

Mais il faut bien entendre que les transmissions *à titre gratuit* restent en dehors de la loi de 1857 et qu'elles continuent à être soumises aux règles ordinaires en matière d'enregistrement : si des valeurs mobilières sont transmises par décès, elles doivent être comprises dans la déclaration de succession à intervenir; si la mutation a lieu entre vifs, elle doit être constatée par un acte authentique (voir page 159) nécessairement enregistré. Dans l'un et l'autre cas, les droits à percevoir sont ceux établis par les lois d'enregistrement.

La loi du 23 juin 1857 a, en outre, créé un droit spécial de même quotité que le droit précédent, qu'on peut qualifier de *droit de conversion*, sur toute conversion du porteur au nominatif et réciproquement des valeurs mobilières soumises au droit de transmission. Bien que ces transformations de titre ne constituent pas des transferts et ne représentent le plus souvent aucune mutation, il avait cependant paru nécessaire de les frapper ; sans quoi rien n'eût été plus facile que d'éluder le droit de transmission au moyen d'une double conversion. L'article 5 de la loi du 26 décembre 1908, sans porter atteinte aux principes posés par la loi de 1857, en a modifié les conditions d'application. Pour favoriser le développement des valeurs nominatives et diminuer ainsi les évasions de la matière imposable, très aisées quand il y a mutation à titre gratuit de titres au porteur, le législateur de 1908 a exempté du droit de transmission la conversion des actions et obligations au porteur en actions et obligations nominatives. Par contre, le tarif du droit pour les transferts ou conversions des titres nominatifs en titres au porteur aussi bien que le tarif du droit de transmission a été élevé. Primitivement fixé à 0,50 pour 100 il a été porté à 0,75 pour 100 sans décimes.

Valeurs soumises à l'impôt. — Le droit de transmission porte :

1° Sur toute cession à titre onéreux de titres ou promesses d'actions et d'obligations d'une société, compagnie ou entreprise quelconque, financière, industrielle, commerciale ou civile, quelle que soit la date de sa création ;

2° Sur toute transmission à titre onéreux d'obligations des départements, des communes, des établissements publics et du Crédit foncier de France.

Le droit de conversion est établi, comme nous l'avons dit, sur toute conversion du nominatif au porteur des titres ci-dessus désignés.

Les conditions nécessaires et suffisantes pour qu'une valeur mobilière déterminée rentre dans la catégorie des titres dont la cession est soumise à ces droits, sont celles mêmes que nous avons étudiées à l'occasion des droits de timbre spéciaux créés par la loi du 5 juin 1850. Il résulte, en effet, des termes formels de l'article 6 de la loi du 23 juin 1857 que les droits créés par cette loi sont ajoutés aux droits établis par le titre II de la loi du 5 juin 1850 et frappent, par conséquent, les mêmes valeurs. Nous renvoyons donc le lecteur à l'exposé des principes généraux que nous avons développés ci-dessus et qui, sauf quelques exceptions peu importantes, gouvernent le droit de transmission. Nous ferons remarquer seulement que, contrairement à ce qui a lieu pour les droits de timbre spéciaux, lesquels ne frappent que les titres émis ou souscrits depuis le 1er janvier 1851, les droits de transmission atteignent toutes les actions et obligations des sociétés, quelle que soit la date de leur création.

Nature et quotité des droits. — Les droits de transmission et de conversion sur les actions et obligations consistent soit en une taxe de 0 fr. 75 pour 100 de la valeur négociée, perçue lors de chaque transfert ou de chaque conversion au porteur, soit en une taxe annuelle et obligatoire de 0 fr. 25 pour 100 du capital des actions et obligations.

Dans l'un et l'autre cas, ces droits ne supportent pas de décime.

Le droit de 0 fr. 75 pour 100 s'applique à tous les titres nominatifs, *dont la transmission ne peut s'opérer autrement que par un transfert sur les registres de la société ou de l'administration.*

La taxe annuelle et obligatoire de 0 fr. 25 pour 100 est due pour tous les titres au porteur et pour les titres nominatifs, dont la transmission peut s'opérer sans un transfert sur les registres.

Liquidation de la taxe. — Il y a lieu de distinguer suivant qu'il s'agit du droit de 0 fr. 75 pour 100 ou de la taxe annuelle.

Droit de 0 fr. 75 pour 100. — Ce droit est perçu lors de

chaque transfert, suivant le mode que nous indiquerons plus loin, sur la *valeur négociée*. Cette valeur, autrement dit le prix de la cession, résulte, en principe, de la déclaration des parties. Toutefois, en ce qui concerne les titres cotés, qui ne peuvent légalement être transférés que par le ministère d'un agent de change, le prix déclaré ne peut pas être autre que l'un des cours inscrits à la cote officielle de la Bourse du jour de la négociation, déduction faite, s'il y a lieu, des versements restant à faire sur les titres non entièrement libérés.

S'il s'agit non d'un transfert, mais d'une conversion, la valeur imposable est, aux termes de l'article 3 du décret du 17 juillet 1857, pour les titres cotés à la Bourse, le dernier cours moyen constaté avant le jour de la conversion, et, pour les autres, la valeur déclarée par les parties, conformément à l'article 16 de la loi du 22 frimaire an VII.

Comme pour tous les droits d'enregistrement, la perception du droit de 0 fr. 75 pour 100 suit les sommes et valeurs de 20 francs en 20 francs, et la règle du minimum de 0 fr. 25 est applicable.

Taxe annuelle. — Aux termes de l'article 7 de la loi du 23 juin 1857, la taxe annuelle est payable *par trimestre*. La liquidation de la taxe exigible lors de chaque échéance trimestrielle comporte la détermination de deux éléments distincts : d'une part, la valeur qui doit être attribuée à chaque titre ; d'autre part, le nombre de titres à faire entrer en ligne de compte pour le calcul de l'impôt. La multiplication l'une par l'autre de ces deux quantités donne la valeur imposable à la taxe d'abonnement.

1° La valeur qui doit être attribuée à chaque titre est, d'après l'article 6 de la loi du 23 juin 1857, le *cours moyen* de l'action ou de l'obligation *pendant l'année précédente* et, à défaut de cours dans cette année, la somme déclarée par les parties conformément aux règles établies par les lois sur l'enregistrement.

Le cours moyen, dont il vient d'être question, se détermine de la manière suivante : on divise la somme des cours moyens de chacun des jours de l'année précédente par le nombre de ces cours, déduction faite, s'il y a lieu, sur chacun de ces cours moyens, des versements restant à effectuer pour les titres non entièrement libérés. Cette règle ne peut évidemment s'appliquer aux titres d'une société nouvellement créée, pendant la première année de sa constitution. Aux termes de l'article 8 du décret, les titres sont alors imposables, pour chacun des trimestres de cette première année, sur la valeur déclarée par les parties, alors même qu'il s'agirait de titres cotés à la Bourse dès le jour de leur émission.

2° Le nombre des titres imposables, qui forme le second élément du calcul des droits exigibles lors de chaque échéance trimestrielle, est *le nombre de titres existant au dernier jour du trimestre*. Il en résulte que les titres qui existaient au commencement d'un trimestre et qui ont été amortis ou convertis avant son expiration n'entrent pas dans le compte de la masse imposable pour ce même trimestre, et que réciproquement un titre émis à la fin d'un trimestre supporte le droit pour le trimestre entier.

Cette règle comporte, toutefois, une exception prévue à l'article 5 du décret du 17 juillet 1857, en ce qui concerne les compagnies créées après l'ouverture d'un trimestre. Le droit n'est alors liquidé, pour le premier trimestre, que proportionnellement au nombre de jours écoulés depuis la constitution de la société.

Cette exception qui, pour s'en tenir à la lettre de la loi, n'aurait été applicable qu'aux *actions* des sociétés nouvellement créées, a été étendu par identité de motifs à toute émission dans le cours d'un trimestre d'une nouvelle série de titres, actions ou obligations, mais sous réserve qu'il ne s'agisse pas d'une émission commencée antérieurement et poursuivie pendant ce trimestre.

Telles sont les règles qui servent à liquider les droits exigibles lors de chaque échéance trimestrielle sur les titres qui sont passibles de la taxe annuelle et obligatoire de 0 fr. 25 pour 100. Cette taxe, comme le droit de 0 fr. 75, suit les sommes et valeurs de 20 francs en 20 francs, et le minimum de perception est de 0 fr. 25.

Mode de perception. — Le droit de 0 fr. 75 pour 100 est perçu lors de chaque transfert, ou de chaque conversion, pour le compte du Trésor par les sociétés, départements, communes ou établissements publics, qui s'en trouvent constitués débiteurs par le seul fait de l'opération. La taxe annuelle est obligatoire, payable comme nous l'avons vu par trimestre, est avancée par les mêmes personnes morales, sauf leur recours contre les porteurs de titres. La loi distingue ainsi, comme pour certains droits d'enregistrement, un débiteur direct et un débiteur définitif de l'impôt.

Le versement des droits, retenus lors de chaque opération ou avancés pour le compte des actionnaires ou obligataires, est effectué au bureau du siège de la société ou de l'administration, dans les vingt premiers jours qui suivent l'expiration de chaque trimestre. A l'appui de ce versement, il doit être produit :

1° Un relevé des transferts et conversions passibles du droit de 0 fr. 75, accomplis dans le cours du trimestre expiré ;

2° Un état des actions et obligations passibles de la taxe annuelle, existant au dernier jour du trimestre expiré ;

3° Un relevé des transferts d'ordre ou à titre de garantie exempts d'impôts.

Pénalités. — **Mesures prises pour prévenir la fraude.** — Les mesures préventives de la fraude consistent, d'une part, dans les déclarations exigées des compagnies, départements, communes et établissements publics, d'autre part, dans le droit d'investigation reconnu aux agents de l'enregistrement.

1° Les sociétés ou entreprises dont les actions et obligations sont assujetties aux droits créés par la loi de 1857 sont tenues de faire, dans le mois de la constitution définitive de la société, au bureau de l'enregistrement du lieu où elles ont le siège de leur principal établissement, une déclaration, dite déclaration d'existence, constatant l'objet, le siège et la durée de la société ou de l'entreprise, la date de l'acte constitutif, le nombre et le montant des titres émis, etc.

2° Le droit d'investigation, reconnu aux agents de l'enregistrement à l'égard des sociétés et autres assujettis à leurs vérifications pour assurer l'exécution des lois sur le timbre et dont nous avons parlé dans le paragraphe précédent, a été étendu à la recherche de la fraude en matière de droits d'enregistrement par la loi du 21 juin 1875. Il s'applique donc, en particulier, à la recherche des contraventions aux lois qui régissent l'assiette et la perception des droits de transmission sur les valeurs mobilières.

Ces contraventions sont de deux sortes. Elles peuvent consister soit en une infraction aux dispositions spéciales à la matière, telles qu'un retard dans le dépôt des états trimestriels ou dans le payement des droits, l'absence de déclaration d'existence, etc., soit en une omission quant au nombre de titres ou une insuffisance d'évaluation du montant de ces titres dans les déclarations. Dans le premier cas, l'amende encourue est de **100** francs à **5.000** francs. Dans le second cas, la peine est d'un droit en sus.

Prescriptions. — En l'absence d'une disposition formelle de la loi, les prescriptions opposables ne peuvent être déterminées que par analogie. On décide donc que, par application des règles établies en matière d'enregistrement, la prescription biennale est acquise : 1° au Trésor, contre les réclamations des redevables pour excès de perception provenant d'une liquidation erronée de la part du receveur ; aux parties, pour les insuffisances de perception provenant soit d'une liquidation erronée, soit d'une déclaration estimative inexacte, et, en outre, pour les amendes et droits en sus exigibles indépendamment des droits simples (1).

En ce qui concerne les omissions de titres dans les déclarations, la prescription quinquennale a été également déclarée opposable par application des articles 61, numéro 2, de la loi de frimaire, et 11 de la loi du 18 mai 1850.

Enfin, à défaut de déclaration et de dépôt des états trimestriels, la prescription trentenaire est seule applicable.

III. — Impôt sur le revenu.

L'impôt sur le revenu des valeurs mobilières, créé par la loi du 29 juin 1872, n'a aucun des caractères d'un droit d'enregistrement. Comme nous l'avons dit, il n'a d'autre point commun avec ces droits que le fait d'être assis et recouvré par les soins de la même administration.

Valeurs dont le revenu est soumis à l'impôt. — Aux termes de l'article 1er de la loi du 29 juin 1872, l'impôt sur le revenu des valeurs mobilières consiste en une taxe annuelle et obligatoire établie à partir du 1er juillet 1872 :

1° Sur les intérêts, dividendes et tous autres produits des actions de toute nature des sociétés, compagnies ou entreprises quelconques, financières, industrielles, commerciales ou civiles ;

2° Sur les arrérages et intérêts annuels des emprunts et

---

(1) Comme en matière d'enregistrement, la prescription de deux ans ne commence à courir, pour les amendes, qu'à dater du jour où les préposés de l'administration ont été mis à même de constater la contravention.

obligations des départements, communes et établissements publics, ainsi que des sociétés, compagnies ou entreprises ci-dessus désignées ;

3° Sur les intérêts, produits et bénéfices annuels des parts d'intérêts et commandites dans les sociétés, compagnies et entreprises dont le capital n'est pas divisé en actions.

Il résulte clairement de cette énumération que les revenus ou produits des valeurs mobilières sont et demeurent passibles de la taxe établie par la loi du 29 juin 1872, non plus, comme pour les deux impôts que nous avons étudiés jusqu'ici, en raison de la forme des titres émis, mais bien en raison de la nature des associations ou du caractère des administrations qui distribuent ces revenus ou produits. Spécialement, les parts d'intérêt dans les sociétés en commandite simple, que nous savons être exemptées des droits de timbre et des droits de transmission, sont, au contraire, nommément assujetties à la taxe sur le revenu. De même, le mot *emprunts*, ajouté intentionnellement au mot *obligations* dans le § 2 de l'article 1ᵉʳ de la loi du 29 juin 1872, indique expressément que l'impôt s'applique non seulement aux revenus des obligations proprement dites, telles que nous les avons définies ci-dessus, mais encore aux intérêts des emprunts de toute nature contractés, sous quelque forme que ce soit (1), par une des associations ou personnes morales désignées dans la loi.

Des termes très généraux employés par le législateur de 1872 on était même en droit de conclure que l'impôt devait être perçu sur les revenus et produits des parts d'intérêt dans les sociétés commerciales en nom collectif.

---

(1) Mais encore faut-il qu'il s'agisse d'un *emprunt* au sens juridique du mot. Les intérêts des sommes, déposées en compte courant par exemple, ne sont donc pas, en général du moins, passibles de la taxe, parce que le contrat qui lie le déposant à la société dépositaire ne présente pas, dans la plupart des cas, tous les caractères juridiques du prêt.

Mais nous verrons, en traitant des exemptions, que les dispositions de la loi ont été déclarées inapplicables à ces parts d'intérêt et que, dans les sociétés en commandite, elles ne s'appliquent qu'au montant de la commandite.

Par contre, les sociétés civiles, sous quelque forme qu'elles se trouvent constituées, de droit ou même de fait, restent passibles de l'impôt à raison des revenus qu'elles distribuent. Quand à celles de ces sociétés dans lesquelles les produits ne doivent pas être distribués en tout ou en partie entre leurs membres, elles sont soumises, depuis la loi du 28 décembre 1880, à des règles spéciales que nous exposerons dans le chapitre concernant les impôts qui frappent les congrégations religieuses et les associations similaires.

Conditions d'exigibilité. — La définition des valeurs dont le revenu est imposable ne suffit pas pour préciser les conditions d'exigibilité de la taxe. La formation des bénéfices ou produits annuels, quand il ne s'agit pas d'arrérages fixes à échéances déterminées, s'effectue, en effet, avec des alternatives de gain et de perte, suivant les phases aléatoires de bonne ou de mauvaise fortune que traverse l'entreprise et sans qu'il soit possible d'affirmer, même lors de la clôture des opérations d'un exercice, que l'excédent de l'actif sur le passif représente un bénéfice certain, définitivement acquis aux participants. Il fallait donc faire choix, pour asseoir la taxe, d'un signe extérieur qui la rendît légalement exigible sans qu'il fût besoin de se préoccuper des circonstances ultérieures susceptibles de modifier la situation active ou passive de la société. Le signe extérieur qui a été choisi consiste dans la *distribution* des intérêts, dividendes ou produits de toute nature. Ces bénéfices ou revenus deviennent donc définitivement imposables, et sans recours ultérieur possible, dès lors qu'ils sont passés du patrimoine de l'être moral dans le patrimoine propre à chacun des associés ou cointéressés.

On déduit de ce principe une conséquence importante dans la pratique. L'exigibilité de la taxe résultant uniquement du fait de la distribution, il n'y a jamais lieu de se préoccuper de l'origine des revenus distribués. Ainsi, il importe peu qu'il s'agisse de bénéfices réels ou de simples prélèvements sur le capital. De même, quelle que soit l'époque à laquelle les bénéfices peuvent être considérés comme définitivement acquis à la société, ils deviennent imposables au moment seulement où la répartition en est faite entre les ayants droit et par le fait même de cette répartition.

Quotité du droit. — La quotité de la taxe, fixée d'abord à 3 pour 100 par la loi du 29 juin **1872**, a été portée à 4 pour 100 (1), à partir du 1er janvier **1891**, par la loi du 26 décembre **1890**.

Cette taxe n'est pas soumise aux décimes.

Liquidation de la taxe. — La taxe sur le revenu des valeurs mobilières, étant une taxe annuelle, est liquidée définitivement pour chaque exercice en appliquant le

---

(1) Le calcul ne s'effectue cependant pas toujours en prenant les 4/100 du revenu distribué. Lorsqu'une société prend à sa charge l'impôt de 4 pour 100 qui doit frapper, en principe, les bénéficiaires du revenu, on considère que cette stipulation équivaut pour les actionnaires à une augmentation des bénéfices effectivement distribués, augmentation passible de l'impôt au même titre que ces bénéfices eux-mêmes. Si donc, l'on désigne par X la taxe exigible à raison d'un bénéfice B distribué *net d'impôt* aux actionnaires d'une société, on devra avoir l'égalité : $X = \frac{4}{100}(B + X)$ d'où $X = \frac{4}{96} B$. La taxe est donc calculée dans ce cas spécial, assez fréquent dans la pratique, au taux de $\frac{4}{96}$ au lieu de $\frac{4}{100}$ du revenu net distribué *aux actionnaires*. Mais cette règle n'est pas applicable à la liquidation de l'impôt sur les intérêts *des obligations ou des emprunts*, lesquels ne doivent jamais être augmentés, pour le calcul des droits exigibles, des taxes que la société acquitterait à la décharge de ses obligations et sans recours contre eux.

taux de 4 pour 100 à la somme des revenus, dividendes ou produits distribués pour cet exercice.

On ne doit pas arrondir à 20 francs la somme imposable, et la règle du minimum de perception n'est pas non plus applicable, puisque, comme nous l'avons vu, cette taxe ne saurait être assimilée à un droit d'enregistrement.

La seule difficulté consiste dans la détermination de la valeur imposable, autrement dit du revenu distribué pour chaque exercice. Afin d'éviter tout arbitraire dans l'assiette des droits, le législateur a précisé en termes formels les règles à suivre pour cette détermination. Il distingue à cet égard trois catégories de valeurs : les actions proprement dites, les obligations ou emprunts dont le revenu est fixe, et les parts d'intérêt ou commandites.

1° Pour les actions proprement dites, le revenu annuel imposable est déterminé par le dividende fixé d'après les délibérations des assemblées générales d'actionnaires ou des conseils d'administration, les comptes rendus ou tous autres documents analogues.

2° Pour les obligations ou emprunts dont le revenu est fixé à un chiffre précis par l'acte même qui règle les conditions du prêt, la valeur imposable est l'intérêt ou le revenu distribué dans l'année en exécution de ce contrat.

3° Pour les commandites et les parts d'intérêt dans les sociétés dont le capital n'est pas divisé en actions, il faut distinguer suivant que l'acte de société exige ou n'exige pas qu'une délibération annuelle du conseil d'administration ou de l'assemblée des actionnaires intervienne pour fixer le dividende à distribuer aux titulaires de parts. Dans le premier cas, c'est-à-dire lorsqu'une délibération annuelle est obligatoire aux termes des statuts, l'impôt est assis sur le dividende arrêté par cette délibération. Dans le second cas, la valeur imposable est déterminée à raison de 5 p. 100, soit du prix moyen des cessions de parts d'intérêt consenties pendant l'année précédente, soit, à défaut de cessions, du montant du capital social ou de la commandite (1).

Les règles que nous venons d'exposer concernent la liquidation de la taxe annuelle exigible à raison du revenu distribué pour un exercice déterminé. Mais nous verrons, en parlant du mode de perception, que la taxe est payable par provision en quatre termes trimestriels, sauf règlement définitif après la clôture de l'exercice. Chacune des échéances trimestrielles comporte donc une liquidation provisoire qui est établie de la manière suivante :

1° S'il s'agit d'obligations, emprunts et autres valeurs dont le revenu est fixe et déterminé à l'avance, la liquidation des droits exigibles lors de chaque échéance trimestrielle s'effectue sur la base du quart des produits annuels afférents à ces valeurs d'après le nombre de titres ou de valeurs existant au dernier jour du trimestre.

2° Pour les actions, parts d'intérêt, commandites et emprunts à revenus variables, les termes exigibles trimestriellement sont déterminés d'après les résultats du dernier exercice réglé en évaluant provisoirement les bénéfices de l'exercice en cours aux 4/5 des revenus distribués pendant le dernier exercice réglé.

S'il s'agit, enfin, d'une société nouvellement créée, la liquidation provisoire est effectuée, pour les trimestres de

---

(1) Ces dernières dispositions doivent être appliquées à la lettre, en ce sens qu'il n'est pas permis de tenir compte, pour la détermination du revenu imposable, dans une société dont le capital n'est pas divisé en actions, de données étrangères à celles qui viennent d'être indiquées. C'est ainsi qu'il a été décidé que, même si l'acte constitutif d'une société en commandite stipule que les commanditaires auront droit à un intérêt de 6 pour 100, plus à une part dans les bénéfices, la taxe n'en doit pas moins être liquidée sur le pied de 5 pour 100 du prix moyen des cessions de parts pendant l'année précédente ou du montant de la commandite, ce mode de liquidation étant, à défaut de délibération obligatoire aux termes des statuts, expressément imposé par la loi.

la première année, sur le produit évalué à 5 pour 100 du capital appelé, et, pour le premier trimestre, l'impôt n'est calculé qu'au prorata du nombre de jours écoulés.

Le règlement définitif de la taxe exigible pour chaque exercice expiré a lieu tous les ans après la clôture des écritures relatives à cet exercice. Si de la comparaison entre le résultat de la liquidation définitive et la somme des quatre termes provisionnels encaissés pendant le cours de l'année résulte un complément de taxe à percevoir au profit du Trésor, il est immédiatement acquitté. Dans le cas contraire, l'excédent versé par la société est imputé sur le montant des termes trimestriels exigibles pour l'exercice courant, ou remboursé si la société est arrivée à son terme ou si elle cesse de donner des revenus.

Mode de perception. — La taxe sur le revenu des valeurs mobilières est un impôt à la charge des bénéficiaires du revenu ; mais comme pour les droits de transmission, la loi impose aux sociétés, compagnies, entreprises, villes, départements ou établissements publics, l'obligation de faire l'avance de l'impôt, sauf leur recours par les voies de droit contre les débiteurs définitifs.

Les payements provisionnels, exigibles trimestriellement, doivent être effectués au bureau du siège social ou administratif, dans les vingt premiers jours des mois de janvier, avril, juillet et octobre.

Quant au règlement définitif, il faut distinguer suivant que ce règlement est effectué au vu des comptes rendus et extraits des délibérations des conseils d'administration ou des actionnaires, ou bien que, à défaut de délibération obligatoire aux termes des statuts, il y a lieu d'appliquer le forfait de 5 pour 100 dont il a été parlé. Dans le premier cas, l'article 2 de la loi du 29 juin 1872 prescrit le dépôt au bureau de l'enregistrement du siège social des comptes rendus et extraits des délibérations dans les vingt jours de leur date, et c'est au moment de ce dépôt que le supplément de droit, s'il y a lieu, doit être acquitté. Dans le second cas, la liquidation définitive est établie, et le supplément de droit acquitté, s'il y a lieu, dans les vingt premiers jours du mois de mai qui suit la clôture de l'exercice.

A titre exceptionnel, l'article 5 du décret du 6 décembre 1872 a autorisé la Caisse des dépôts et consignations à payer directement à Paris la taxe annuelle due à raison de prêts de toute nature qu'elle fait aux départements, communes et établissements publics.

Exemptions. — C'est également à titre exceptionnel que l'exemption de l'impôt a été accordée, postérieurement à la loi du 29 juin 1872, à certaines catégories de revenus qui réunissent en principe toutes les conditions d'exigibilité de la taxe. Les principales de ces exemptions sont les suivantes :

1º En vertu de l'article 1er de la loi du 1er décembre 1875, la taxe n'est pas exigible, comme nous l'avons déjà dit, sur le revenu des parts d'intérêt dans les sociétés commerciales en nom collectif, et elle n'est due, dans les sociétés en commandite, que sur le montant de la commandite.

2º Cette exemption d'impôt, limitée au revenu des parts d'intérêt dans ces deux catégories de sociétés, a été étendue par la loi du 28 avril 1893 aux intérêts des emprunts contractés par les sociétés commerciales en nom collectif.

3º La loi précitée du 1er décembre 1875, dans son article 2, et la loi du 30 décembre 1903 (art. 21) prévoient une autre exemption en faveur des parts d'intérêt ou actions, emprunts ou obligations des sociétés de toute nature dites de coopération, formées exclusivement entre des ouvriers et artisans.

4º La loi du 5 novembre 1894 a exempté de l'impôt les sociétés de crédit agricole créées dans la forme prévue par cette loi, et cette exemption s'applique non seulement aux intérêts payés au cours de la société aux titulaires de parts, mais encore aux intérêts des emprunts contractés par ces sociétés.

5° La loi du 28 décembre 1895 déclare que la taxe de 4 pour 100 n'est pas applicable aux avances faites aux sociétés au moyen d'endossements de warrants.

6° La loi du 12 avril 1906 (art. 12) exonère de l'impôt sur le revenu les actions, parts d'intérêt et obligations des associations de construction ou de crédit ayant pour objet l'achat, l'édification ou l'assainissement des habitations à bon marché.

7° Les sociétés de crédit maritime organisées par la loi du 23 avril 1906 jouissent, en ce qui concerne l'impôt sur le revenu, des mêmes immunités que les sociétés de crédit agricole.

8° Enfin, la loi du 8 avril 1910 a exempté de l'impôt sur le revenu des valeurs mobilières les *parts d'intérêt* des collectivités réunissant toutes les conditions prescrites par la loi du 29 décembre 1906 sur les sociétés coopératives agricoles.

Pénalités. — Mesures prises pour prévenir la fraude.
— En dehors du dépôt dans les vingt jours de leur date des comptes rendus et extraits de délibérations fixant le dividende d'un exercice, la loi du 29 juin 1872 n'impose aux sociétés, départements, communes ou établissements publics, aucune formalité particulière dans le but de prévenir la fraude. La déclaration d'existence, exigée des sociétés dont les actions et obligations sont passibles des droits de transmission, n'est même pas obligatoire pour celles qui sont assujetties seulement à l'impôt sur le revenu. C'est au moyen de documents d'ordre intérieur, tels que les renvois de bureau à bureau des actes de société enregistrés ou les renseignements puisés au siège des autres administrations publiques ou communiqués par ces administrations que les agents de l'enregistrement

sont mis à même de découvrir la fraude. Il est à peine besoin d'ajouter qu'ils peuvent, en outre, et doivent user du droit d'investigation dont il a été question à propos des droits de timbre et des droits de transmission, dans les limites où cette faculté leur a été accordée par les lois des 23 août 1871 et 21 juin 1875.

Quant aux pénalités qui peuvent être encourues en matière d'impôt sur le revenu, l'article 5 de la loi du 29 juin 1872 stipule simplement que toute contravention aux dispositions de cette loi et à celles du règlement d'administration publique fait pour leur exécution, sera punie conformément à l'article 10 de la loi du 23 juin 1857. Les amendes et droits en sus sont donc exigibles dans les mêmes conditions et fixés aux mêmes chiffres que pour les droits de transmission.

Prescriptions. — La loi du 29 juin 1872 ne contenait aucune disposition spéciale concernant la prescription. On décidait donc, sous l'empire de cette loi, que l'action du Trésor était soumise à la prescription trentenaire par application de l'article 2262 du Code civil, et l'action des redevables à la déchéance quinquennale en vertu de l'article 9 de la loi du 29 janvier 1831.

Mais cet état de choses a été modifié par la loi de finances du 26 juillet 1893. Aux termes de l'article 21 de cette loi, l'action du Trésor en recouvrement de la taxe sur le revenu ou des amendes encourues est soumise à la prescription de cinq ans. Ce délai a pour point de départ la date de l'exigibilité des droits et amendes, sauf dans certains cas exceptionnels où, dans l'intérêt du Trésor, la prescription ne commence à courir qu'à dater du jour où l'administration a pu constater l'exigibilité de l'impôt.

IV. — Appendice. — Lots et primes de remboursement

Dans le but d'attirer les souscripteurs, les sociétés, villes, départements et établissements publics émettent parfois leurs emprunts au-dessous du pair, ou même attribuent des lots à un certain nombre d'obligations. Les obligataires dont les titres sortent aux tirages réalisent, dans ce cas, sous forme de *prime de remboursement* ou de *lot*, un bénéfice supplémentaire indépendant de l'intérêt qui leur a été servi jusqu'à l'époque du remboursement.

Sous l'empire de la loi de 1872, on s'était demandé si ce bénéfice était passible de la taxe sur le revenu. La question a été définitivement tranchée par la loi du 21 juin 1875, qui a assujetti à la taxe les lots et primes de remboursement payés aux créanciers et aux porteurs d'obligations, effets publics et tous autres titres d'emprunts. Actuellement, le taux de la taxe est de 4 pour 100 pour les primes de remboursement et de 8 pour 100 pour les lots. Ce dernier tarif, tout à fait exceptionnel, a été institué par la loi du 25 février 1901.

Liquidation de la taxe. — La taxe est liquidée :

1° Pour les lots, sur le montant même du lot en monnaie française. Toutefois, il y a lieu d'en déduire la somme versée par le souscripteur du titre, toutes les fois que le lot comprend le remboursement du prix de la souscription. La loi n'a voulu atteindre, en effet, que le bénéfice réel résultant de l'attribution du lot.

2° Pour les primes, sur la différence entre la somme remboursée et le taux d'émission de l'emprunt. Le décret du 15 décembre 1875 divise à cet effet les emprunts en trois catégories : ceux qui ont lieu moyennant un taux d'émission unique pour tous les titres souscrits et attribués ; ceux qui sont réalisés successivement à des cours différents, selon la date de la souscription des titres ; ceux enfin pour lesquels il n'est pas possible de déterminer le taux d'émission.

Taux d'émission unique. — Toutes les fois que l'emprunt a été fait à un taux unique, c'est ce taux qui doit servir à déterminer la prime imposable. Il n'y a pas à se préoccuper, d'ailleurs, des conventions qui peuvent être passées avec les intermédiaires pour le placement des titres ; le taux d'émission dont il s'agit est représenté par la somme que chaque souscripteur paye ou s'engage à payer pour obtenir la délivrance d'une obligation.

Taux d'émission variable. — Lorsque le taux d'émission a varié, la prime est déterminée d'après un *taux moyen* que l'on calcule en divisant par le nombre des titres émis le montant brut de l'emprunt.

Dans le cas où les emprunts sont encore en cours d'émission au moment du tirage, la moyenne est établie d'après la situation de l'emprunt au 31 décembre de l'année précédente.

Taux d'émission inconnu. — Lorsqu'on ne peut déterminer le taux d'émission d'après les règles qui viennent d'être exposées, soit parce que les emprunteurs sont dans l'impossibilité de faire connaître le produit réel des anciennes souscriptions, soit pour toute autre cause, le taux qui sert à calculer le montant de la prime imposable doit être représenté par un capital formé de vingt fois l'intérêt annuel stipulé, lors de l'émission, au profit du porteur du titre.

A défaut de stipulation d'intérêt, il est pourvu à la fixation du taux d'émission dans la forme tracée par l'article 16 de la loi du 22 frimaire an VII, c'est-à-dire au moyen d'une déclaration estimative faite par les redevables.

Mode de perception. — La taxe est avancée par les sociétés, compagnies, entreprises, départements, communes et établissements publics. Elle est acquittée, dans les vingt jours qui suivent le jour fixé pour le payement des lots et primes de remboursement, au bureau de l'enregistrement désigné pour recevoir la taxe sur le revenu.

Mesures prises pour prévenir la fraude. — Les sociétés, départements, communes et établissements publics sont tenus de déposer au bureau de l'enregistrement, dans le délai ci-dessus indiqué, une copie certifiée du procès-verbal de tirage au sort et un état présentant tous les éléments nécessaires pour la liquidation des droits.

Les agents de l'enregistrement peuvent en outre exiger, de tous les assujettis au payement de la taxe, la communication, tant au siège social que dans les succursales et agences, de tous les documents et écritures relatifs aux lots et primes de remboursement.

Pénalités. — En ce qui concerne les pénalités, la loi du 21 juin 1875 n'a édicté aucune disposition nouvelle et s'est référée simplement à la loi du 29 juin 1872. En conséquence, toute contravention aux dispositions de la loi et à celle du règlement d'administration publique est punie d'une amende de 100 francs à 5.000 francs, sans préjudice du droit en sus édicté par la loi de frimaire pour omissions ou insuffisances.

CHAPITRE III

IMPÔTS SUR LES VALEURS MOBILIÈRES ÉTRANGÈRES

Dès 1857, le législateur s'est préoccupé de frapper les valeurs étrangères qui circulent en France de droits équivalant à ceux que supportent les valeurs françaises. Mais ce résultat n'a pu être obtenu de manière complète : par suite de considérations d'ordres divers, il n'a pas paru possible d'atteindre, dans la même mesure et par des moyens identiques, toutes les valeurs étrangères (1).

Une première distinction doit être faite entre les titres des sociétés, villes ou provinces d'une part, les fonds d'État d'autre part. On n'a pas cru pouvoir assujettir les gouvernements étrangers, à raison des emprunts qu'ils émettent en France ou dont les titres circulent sur notre marché, au payement de taxes annuelles ; on s'est contenté de frapper les titres de l'espèce d'un droit de timbre au comptant, payé dans certaines conditions, par les porteurs ou par les intermédiaires, s'il s'agit d'une émission.

Les valeurs des sociétés, villes ou provinces sont elles-mêmes soumises, selon les cas, à des régimes différents. Celles des sociétés ou collectivités qui, par suite de circonstances particulières, se trouvent sous l'action directe du fisc, sont tenues d'acquitter des taxes annuelles ou taxes d'abonnement qui correspondent aux taxes perçues sur les sociétés françaises. — Les titres des autres sociétés

---

(1) Les principaux textes législatifs qui règlent le régime fiscal des valeurs étrangères sont : les lois des 23 juin 1857, 30 mars, 25 mai et 29 juin 1872, 28 décembre 1895, 13 avril 1898, et les décrets réglementaires des 17 juillet 1857 et 6 décembre 1872.

sont simplement assujettis à la formalité du timbre, dans les mêmes conditions que les fonds d'États étrangers.

Nous exposerons successivement les règles applicables :
1° Aux taxes annuelles.
2° Au droit de timbre au comptant.

I. — Taxes annuelles

Sociétés passibles de taxes annuelles. — La loi soumet, *en principe*, à l'obligation d'acquitter des taxes annuelles :

1° Toutes les sociétés, compagnies, entreprises, corporations, villes, provinces étrangères, ainsi que tous autres établissements publics étrangers, dont les actions, titres d'emprunt, quelle que soit d'ailleurs leur dénomination, sont *cotés, négociés, exposés en vente ou émis en France*. Cette énumération compréhensive embrasse tous les modes de circulation, notamment la négociation par l'émetteur des titres ou son mandataire soit en banque, soit dans la coulisse.

2° Les sociétés, compagnies et entreprises qui ont pour objet des biens mobiliers ou immobiliers situés en France, alors même que leurs titres ne sont pas cotés et ne circulent pas sur notre marché.

Taxes exigibles. — Les sociétés ou collectivités étrangères qui rentrent dans la première catégorie doivent le droit de timbre, le droit de transmission et la taxe de 4 pour 100 ; ces impôts sont perçus sur une fraction de leurs titres ou *quotité imposable* qui est déterminée de la manière indiquée ci-dessous.

Les sociétés dont les titres ne sont pas cotés et ne circulent pas en France, mais qui y exploitent des biens mobiliers ou immobiliers, sont assujetties seulement à la taxe de 4 pour 100, à raison des valeurs françaises qui en dépendent, d'après une quotité du capital social.

Détermination de la quotité imposable. — La quotité imposable est, dans tous les cas, fixée par le ministre des finances, après avis d'une commission, dite *commission des valeurs mobilières*, composée du président de la section des finances du Conseil d'État, du directeur général de l'enregistrement, du directeur du mouvement des fonds, d'un régent de la Banque de France et du syndic des agents de change de Paris.

Pour les sociétés dont les titres sont cotés ou circulent sur notre marché, la quotité est établie d'après le nombre des titres qui sont présumés circuler en France; elle ne peut être inférieure, pour les actions, à 1/10, et, pour les obligations à 2/10 du capital.

Pour les sociétés qui font des opérations en France, elle se détermine d'après une proportion entre la valeur des biens français et la valeur de l'actif total de la société ; la loi ne prévoit, dans ce cas, aucun minimum.

En ce qui concerne les sociétés dont les titres circulent en France et qui, en même temps, y font des opérations, il y a lieu de calculer, d'après les règles précédentes, deux quotités distinctes. La taxe de 4 pour 100 est établie d'après celle des deux quotités ainsi déterminées qui atteint le chiffre le plus élevé.

La quotité, arrêtée par le ministre des finances, peut être révisée tous les trois ans ; mais, pendant la durée de chaque période triennale, elle demeure invariable, quelles que soient les circonstances de nature à modifier l'importance de la circulation des titres sur le marché français.

Taux, liquidation et payement des taxes. — La quotité imposable une fois déterminée, les droits de timbre et de transmission et la taxe de 4 pour 100, exigibles sur les titres des sociétés étrangères, sont calculés aux mêmes taux, liquidés suivant les mêmes règles, payés aux mêmes époques et dans la même forme que les taxes analogues perçues sur les titres des sociétés françaises (1).

On doit noter simplement les différences suivantes :

1° Le droit de timbre est toujours perçu par abonnement.

2° Pour le droit de transmission, il n'y a pas lieu de distinguer entre les titres nominatifs et les titres au porteur ; les uns et les autres sont passibles de la taxe annuelle de 0 fr. 25 pour 100.

3° Les titres des sociétés abonnées ne sont revêtus d'aucune estampille. Un avis inséré au *Journal officiel* tient lieu de l'apposition du timbre.

Pénalités. — Tout retard dans le payement des droits ou dans le dépôt des pièces ou documents exigés par les règlements est puni, conformément à l'article 10 de la loi du 23 juin 1857, d'une amende de 100 francs à 5.000 francs (2).

Mesures prises pour assurer le payement de l'impôt. — Représentant responsable. — Afin d'assurer le payement des taxes annuelles, la loi a imposé à toutes les sociétés, villes, provinces étrangères, dont les titres sont cotés ou circulent en France, ou qui y font des opérations, l'obligation de désigner et de faire agréer par le ministre des finances un *représentant responsable*. Celui-ci prend l'en-

---

(1) Les décrets du 28 mars 1868 et du 25 janvier 1899 ont complété l'assimilation entre les titres français et les titres étrangers en étendant à ces derniers le bénéfice de l'article 24 de la loi du 5 juin 1850, qui accordait, sous certaines conditions, l'exemption du droit de timbre par abonnement aux actions des sociétés françaises mises en liquidation ou improductives. (Voir page 298.)

(2) Les sociétés étrangères sont tenues de déposer au bureau d'enregistrement :

1° Dans les vingt jours de leur date, les comptes rendus et les extraits des délibérations des conseils d'administration ou des assemblées générales fixant le dividende ;

2° Dans les vingt jours qui suivent le jour fixé pour le payement des lots et primes de remboursement, une copie certifiée du procès-verbal de tirage au sort et un état présentant tous les éléments nécessaires pour la liquidation de la taxe.

gagement, vis-à-vis du Trésor, d'acquitter *personnellement* toutes les taxes et amendes dont la société peut être redevable; c'est contre lui que l'administration doit, le cas échéant, exercer des poursuites. Pour être agréé, le représentant doit être Français et d'une solvabilité notoire.

Dans la pratique, le payement des taxes d'abonnement est absolument subordonné à la désignation du représentant responsable; on conçoit en effet que, au cas où cette désignation n'est pas faite, le fisc se trouve sans action contre la majeure partie des sociétés étrangères. Aussi, pour les obliger, autant que possible, à remplir cette formalité essentielle, la loi du 29 juin 1872 a édicté les dispositions suivantes :

1° Les chambres syndicales des agents de change, à Paris et dans les départements, ne peuvent admettre à la cote et aux négociations officielles les titres d'une société, ville ou province étrangère, qu'autant que celle-ci a justifié de l'agrément par le ministre des finances d'un représentant responsable.

2° Toute société ou collectivité étrangère qui a procédé en France à une émission, négociation ou exposition en vente de ses titres, qui y a contracté un emprunt ou qui y exploite des biens meubles ou immeubles, sans avoir, au préalable, fait agréer un représentant responsable, est passible d'une amende de 100 francs à 5.000 francs, indépendamment de celles qui peuvent être encourues pour retard dans le payement des droits.

Mais l'expérience a démontré que ces mesures n'étaient pas suffisamment efficaces pour assurer le recouvrement de l'impôt.

D'une part, l'obligation imposée aux sociétés et autres collectivités étrangères d'acquitter les taxes annuelles et de faire agréer un représentant responsable ne visait que les opérations faites par les sociétés elles-mêmes, à l'exclusion de celles qui pouvaient être effectuées par des tiers; d'autre part la loi du 29 juin 1872 passait sous silence certaines opérations qu'il a paru nécessaire d'interdire tant qu'un représentant responsable n'a pas été agréé.

En effet, tandis que les valeurs étrangères cotées à la Bourse étaient frappées de taxes annuelles, les titres non cotés qui circulaient en banque ou dans la coulisse, en dehors du marché légal, échappaient à l'impôt et bénéficiaient, *en fait*, d'une situation privilégiée, que rien ne justifiait.

La loi du 13 avril 1898 a eu pour objet de combler ces lacunes en frappant d'une amende de 5 pour 100 de la valeur nominale des titres, au minimum de 50 francs *toute personne* qui effectue en France l'émission, la mise en souscription, l'exposition en vente ou l'introduction sur le marché de titres étrangers, qui annonce au public les opérations ci-dessus, et *toute personne* qui fait le service financier de ces mêmes titres, soit en opérant leur remboursement ou leur transfert, soit en faisant le paiement des coupons, *tant qu'un représentant responsable n'aura pas été agréé*.

Les sociétés étrangères dont les titres circulent en France sont admises à s'affranchir de l'obligation de faire agréer un représentant responsable, en fournissant un *cautionnement* en numéraire au moins égal à la somme représentant approximativement le total des taxes exigibles pour une période de trois années et calculées à raison des cinq dixièmes des titres pour lesquels l'abonnement aura été demandé.

La même faculté est accordée aux sociétés et collectivités étrangères ayant pour objet des biens meubles et immeubles situés en France.

II. — Droit de timbre au comptant

Le droit de timbre au comptant est exigible sur les titres des sociétés, compagnies, entreprises, villes, provinces et corporations étrangères qui n'acquittent pas les taxes d'abonnement. Il s'applique également, *à l'exclusion de tout autre régime*, aux titres de rente, emprunts ou autres effets publics des gouvernements étrangers.

Les règles relatives à l'assiette et à la perception de ce droit sont actuellement tracées par la loi du **28 décembre 1895**.

Conditions d'exigibilité. — En ce qui concerne les titres français, le droit de timbre est exigible par le seul fait de leur existence. Il est bien évident qu'on ne pouvait appliquer le même principe aux titres étrangers. La loi ne les assujettit à la formalité du timbre qu'à raison de certains faits extérieurs qui en révèlent l'existence ou en attestent la circulation.

Les conditions d'exigibilité sont nettement définies par la loi de 1895. Les valeurs énumérées ci-dessus doivent être soumises au timbre et acquitter les droits dus en conséquence :

1° Avant toute émission ou souscription en France (1).

2° Avant toute *négociation, exposition en vente ou énonciation* dans un acte soit public, soit sous seing privé, lorsqu'elles n'ont pas été frappées du timbre lors de l'émission.

Le droit de timbre n'est d'ailleurs exigible qu'une seule fois sur un même titre, quel que soit le nombre des négo-

(1) Lorsque le droit de timbre a été acquitté sur le certificat provisoire, le titre définitif correspondant est timbré gratis sur la représentation de ce certificat.

ciations dont ce titre puisse être l'objet. La loi du 28 décembre 1895 a fait cependant une exception à cette règle, dans le cas suivant : lorsque des titres, déjà timbrés aux anciens tarifs lors de la promulgation de la loi, seront ultérieurement négociés, exposés en vente ou énoncés dans un acte, on devra les soumettre de nouveau à la formalité du timbre et acquitter un complément de droits.

D'autre part, l'énonciation des titres étrangers dans les inventaires a fait l'objet d'une règlementation spéciale établie par l'article 7 de la loi du 31 décembre 1907.

Quotité. — Liquidation. — Le droit est de 2 pour 100 pour les titres des gouvernements étrangers, sauf pour les titres timbrés antérieurement au 1er janvier 1899, au tarif de 0,50 pour 100, et pour ceux timbrés avant le 1er avril 1907 au tarif de 1 pour 100 et qui n'ont à supporter aucun supplément d'impôt.

En ce qui concerne les titres déjà timbrés antérieurement au 1er janvier 1899 à un tarif inférieur à celui de 0,50 pour 100, le droit de 2 pour 100 n'est perçu qu'imputation faite de l'impôt déjà payé.

Sont admis à bénéficier du tarif réduit de 1 pour 100 : les titres de fonds d'Etats étrangers cotés à la Bourse officielle dont le cours, au moment où le droit devient exigible, est tombé au-dessous de la moitié du pair, par suite d'une diminution d'intérêt imposée par l'Etat débiteur.

Le tarif est de 2 pour 100 pour les titres des sociétés, villes ou provinces étrangères.

Le droit de timbre au comptant n'est pas sujet aux décimes.

Il est liquidé sur la valeur nominale de chaque titre ou coupure considérée isolément, et, dans tous les cas, sur un minimum de **100** francs.

Mode de perception. — Le droit est perçu, en règle générale, au moyen du visa pour timbre. Toutefois, à Paris, la formalité peut être donnée au moyen du timbre à l'extraordinaire.

Mesures prises pour assurer le payement de l'impôt. — Les lois de 1895 et de 1907, complétant les dispositions antérieures, a, dans le but d'assurer le payement du droit de timbre au comptant, édicté les mesures suivantes :

1° Aucune émission de titres étrangers ne peut être annoncée, publiée ou effectuée en France, sans qu'il ait été fait, dix jours à l'avance, au bureau d'enregistrement dans la circonscription duquel l'émission ou la souscription a lieu, une déclaration dont la date doit être mentionnée dans les avis ou annonces (1).

2° Tout acte ou écrit soit public, soit sous seing privé, qui énonce des titres des gouvernements étrangers ou des titres des sociétés ou collectivités qui n'acquittent pas les taxes d'abonnement, doit indiquer le lieu, la date et le numéro du visa pour timbre ainsi que le montant du droit payé, ou, si la formalité a été donnée au moyen du timbrage à l'extraordinaire, les mentions contenues dans l'empreinte du timbre apposé.

Contraventions et pénalités. — Au point de vue des pénalités, il convient de diviser en deux catégories les contraventions à la loi de 1895 :

1° Il peut y avoir émission ou souscription sans déclaration préalable, remise aux preneurs ou souscripteurs de titres ou certificats provisoires non timbrés.

2° La contravention peut consister dans la négociation, l'exposition en vente, l'énonciation de titres non timbrés, ou dans l'omission, dans les actes qui énoncent des titres timbrés, de la mention prescrite par la loi.

---

(1) Il va sans dire que les prescriptions de la loi sont sans objet toutes les fois que les sociétés ou collectivités étrangères se sont soumises à l'obligation, qui leur est imposée, de faire agréer par le ministre des finances un représentant responsable avant de procéder à une émission ou souscription de leurs titres.

Dans le premier cas, la pénalité est d'une amende de 5 pour 100 en principal de la valeur nominale des titres annoncés, émis ou souscrits, sans que cette amende puisse être inférieure à 50 francs. Elle est due *personnellement et sans recours :* par celui qui annonce ou publie une émission sans déclaration préalable ; par celui qui émet des titres non timbrés ou qui sert d'intermédiaire pour cette émission ; par celui qui procède à des émissions ou souscriptions sans déclaration. Le souscripteur ou preneur qui a reçu des titres non timbrés est tenu solidairement de l'amende, sauf son recours contre celui qui a ouvert la souscription ou émis les titres.

Dans le second cas, la pénalité consiste également en une amende de 5 pour 100 en principal de la valeur nominale des titres négociés, exposés en vente ou énoncés dans des actes ; mais le minimum est de 100 francs. Cette amende est due *solidairement* par toutes les parties. En outre, tout officier public ou ministériel qui a prêté son concours à l'opération ou à la rédaction de l'acte en contravention, encourt *personnellement* une amende de **100** francs en principal.

Les contraventions, de quelque nature qu'elles soient, peuvent être constatées, dans tous les lieux ouverts au public, par les agents ayant qualité pour verbaliser en matière de timbre.

CHAPITRE IV

IMPOTS SUR LES CONGRÉGATIONS RELIGIEUSES ET SUR LES SOCIÉTÉS SIMILAIRES

Pour bien saisir l'économie des impôts qui pèsent sur les congrégations religieuses et sur les sociétés similaires, il est nécessaire de connaître les conditions dans lesquelles ont été successivement votées les lois des **28 décembre 1880, 29 décembre 1884, 16 avril 1895**, qui règlent le mode d'assiette et de perception de ces taxes.

Les associations désignées dans la loi, et particulièrement les congrégations religieuses, se distinguent de la plupart des autres sociétés en ce que, dans le but d'assurer leur perpétuité, elles ne négligent rien pour conserver et accroître indéfiniment les biens dont elles disposent. A cet effet, elles tiennent de leur nature même et de leurs conditions d'existence, ou bien elles se réservent soit par des clauses insérées dans leurs statuts, soit par des conventions occultes toujours fidèlement exécutées, la faculté d'admettre sans cesse de nouveaux membres, le droit d'attribuer la part des membres qui meurent ou se retirent à ceux qui continuent de faire partie de l'association ; elles s'obligent enfin à accumuler et à employer leurs bénéfices au profit exclusif de l'œuvre qu'elles poursuivent.

Les dangers qui peuvent résulter, au point de vue économique ou social, de l'extension excessive de ces biens qui, dans le langage courant, ont reçu le nom de biens de mainmorte, ont de tout temps préoccupé les pouvoirs publics, et c'est aussi de tout temps qu'on a cherché à maintenir ce qu'on a appelé « *le droit de l'impôt* », sur des capitaux indéfiniment soustraits à la circulation.

Sous l'ancienne monarchie, on obligeait les corps et communautés à se faire représenter par un homme « *vivant et mourant* », ainsi nommé parce que, à son décès, la communauté payait les droits de mutation, comme si elle était morte elle-même avec lui.

Une telle fiction ne pouvait se concilier avec les principes de notre droit moderne, et les lois de l'enregistrement ne l'ont pas maintenue. Mais, comme ces mêmes lois n'atteignent, en principe, que les transmissions de meubles et d'immeubles, et que les biens de mainmorte restent en dehors du mouvement des transactions, les communautés ne supportaient pour ainsi dire jamais les droits de mutation à titre gratuit qui frappent les biens des simples particuliers.

Pour apporter un remède à cet état de choses, une taxe annuelle représentative des droits de transmission fut créée par la loi du 20 février 1849 sous la forme d'un impôt direct additionnel à la contribution foncière. Mais ce n'était là qu'un palliatif insuffisant. Ainsi qu'il a été dit dans la première partie de ce volume, la taxe des biens de mainmorte ne porte que sur les immeubles dont les congrégations religieuses *reconnues* sont propriétaires. Elle ne pèse pas sur les biens meubles (valeurs corporelles ou valeurs incorporelles) appartenant aux associations religieuses de toute nature ; elle n'atteint pas non plus ce qu'on peut appeler la mainmorte occulte, c'est-à-dire les biens immobiliers possédés par les congrégations non reconnues. En un mot, elle ne frappe qu'*une partie* de la mainmorte légale.

Ainsi persistaient, même après la loi de 1849, les privilèges des congrégations religieuses, que la loi du 29 juin 1872 vint encore augmenter. Tandis que, par cette loi, les sociétés en général étaient soumises à un impôt sur le revenu, les associations religieuses en étaient affranchies par suite des conditions mêmes dans lesquelles elles employaient leurs revenus.

C'est pour faire cesser de telles inégalités fiscales que la loi du 28 décembre 1880 est intervenue. Le législateur se proposait : 1° d'assujettir les congrégations religieuses et les sociétés de même nature au payement de la taxe sur le revenu ; 2° de rendre exigibles, lors du décès ou du départ de l'un quelconque des membres de ces sociétés, les droits de mutation à titre gratuit sur les biens qui seraient censés appartenir au « de cujus ». — De la sorte, les associations religieuses devaient être traitées de la même façon, placées sur le même pied que les sociétés ordinaires, et particulièrement que les sociétés anonymes, avec lesquelles elles présentent plus d'un point d'analogie.

Mais, par suite d'incidents parlementaires, les congrégations autorisées furent affranchies, par la loi de 1880, des droits de mutation, qui, dans l'espèce, ont reçu le nom de *droits d'accroissement* et qu'il était cependant légitime de leur faire payer. En outre, le législateur, en s'attachant à définir en termes trop juridiques les associations soumises aux nouveaux impôts, permit à certaines congrégations religieuses d'éluder la loi.

Pour assurer l'application des dispositions fiscales dont on avait reconnu la nécessité, on fut donc conduit à voter, en 1884, un nouveau texte. La loi du 29 décembre 1884 eut un double objet : assimiler au point de vue fiscal les congrégations autorisées aux congrégations non autorisées et faire cesser toute ambiguïté en désignant dans la loi les congrégations par leur nom, en substituant le mot propre à une définition plus ou moins vague.

L'œuvre du législateur semblait terminée, et, de fait, aucune loi subséquente n'est intervenue en ce qui concerne l'impôt sur le revenu. Mais il n'en a pas été de même à l'égard du droit d'accroissement, dont la perception, même après la loi de 1884, donna lieu à des difficultés de toute nature. Le texte des lois en vigueur prêtait, en effet, à de nombreuses contestations. Certaines des questions soulevées par les redevables furent tranchées dans un sens par l'administration, dans un autre par les cours et tribunaux. De plus, la combinaison de ces lois spéciales avec les lois organiques de l'enregistrement amenait des excès de perception que le législateur n'avait, sans aucun doute, ni prévus, ni voulus. Enfin les congrégations autorisées, payant à la fois la taxe des biens de mainmorte et le droit d'accroissement, étaient moins favorablement traitées que les congrégations non autorisées, affranchies de la première taxe.

Le gouvernement se résolut donc à proposer le vote de nouvelles dispositions légales qui furent adoptées et promulguées le 16 avril 1895. Opérant une transformation fiscale qui, depuis quelques années, paraît de plus en plus en faveur (voir : Impôts sur les assurances, impôts sur les valeurs mobilières), le législateur convertit le droit d'accroissement en une taxe d'abonnement; il en fit une sorte de complément de l'impôt sur le revenu. Il éleva en même temps le taux du nouveau droit pour les sociétés non reconnues, exemptes de la taxe des biens de mainmorte, et rétablit ainsi l'égalité entre les deux natures d'associations.

I. — Impôt sur le revenu.

L'exigibilité de l'impôt sur les produits et bénéfices des actions, parts d'intérêt et commandites est fondée, d'après la loi du 29 juin 1872, non pas sur l'existence de produits réalisés par les sociétés, mais sur leur *distribution*. Les sociétés religieuses échappaient donc à l'application de la loi parce qu'elles accumulaient leurs produits au lieu de les distribuer entre leurs membres. Tantôt, en effet, leurs statuts prohibaient formellement la distribution des produits, tantôt l'appropriation des bénéfices par la société, au fur et à mesure de leur réalisation, résultait des conditions mêmes de l'association.

Les lois de 1880 et de 1884 ont mis un terme à cet état de choses en spécifiant que la taxe de 3 pour 100 (aujourd'hui 4 pour 100) serait étendue *aux revenus non distribués des congrégations, communautés et associations religieuses, autorisées ou non autorisées, et des sociétés civiles dans lesquelles les produits ne doivent pas être répartis en tout ou en partie entre leurs membres.*

Assiette. — Mais ces revenus, ne faisant pas l'objet de distributions périodiques, n'apparaissent en général dans aucun acte. Il eût donc été impossible d'en déterminer le montant et, par suite, d'asseoir l'impôt, si le législateur n'avait eu recours à une présomption légale.

S'inspirant d'une disposition insérée dans la loi du 29 juin 1872 (sociétés en commandite simple), il a décrété que le revenu serait fixé à raison de 5 pour 100 de la valeur brute des biens meubles et immeubles *possédés ou occupés* par ces associations.

Pour pénétrer le sens et la portée des mots « possédés » et « occupés », il faut se reporter aux travaux préparatoires de la loi du 29 décembre 1884. Dans la pensée du législateur, les biens détenus par les communautés religieuses et les associations similaires sont de deux sortes : les uns sont leur propriété personnelle, les autres appartiennent à des personnes étrangères à la communauté ou à quelques-uns de ses membres, qui lui en abandonnent la jouissance à titre gratuit ou à titre onéreux. Ces deux classes de biens étant, d'après l'auteur de la loi, une source de produits pour les congrégations religieuses et contribuant également au développement de leur patrimoine, il a semblé rationnel de les faire concourir indistinctement à l'établissement du forfait.

Ce forfait ne constitue néanmoins qu'un minimum. Toutes les fois que les agents de l'enregistrement, à l'aide des moyens d'investigation dont ils disposent, constatent un revenu supérieur, c'est le chiffre ainsi déterminé qui doit servir de base à l'impôt.

Mode de perception. — La taxe est acquittée sur la remise d'une déclaration détaillée indiquant la valeur vénale des biens possédés ou occupés. Cette déclaration est faite par les représentants de la société ou de l'association, auxquels il incombe, le cas échéant, de justifier de leur qualité. Le payement de l'impôt applicable à l'année entière a lieu en une seule fois, dans les trois premiers mois de l'année suivante, au bureau d'enregistrement du siège social, quelle que soit la situation effective des biens.

II. — Droit d'accroissement. — Taxe d'abonnement.

Assiette. — La loi du 16 avril 1895 a substitué à l'ancien droit d'accroissement une taxe d'abonnement qui est perçue *annuellement* et qui est assise sur la valeur vénale brute des biens meubles et immeubles *possédés* par les sociétés imposables. Le tarif est de 0 fr. 30 pour 100. Exceptionnellement, le taux en est porté à 0 fr. 40 pour 100, pour les immeubles possédés par les associations qui ne sont pas assujetties à la taxe des biens de mainmorte.

La taxe d'abonnement n'est pas soumise aux décimes.

Le nouvel impôt représente le droit d'accroissement dont on a simplement transformé le droit de perception. Il frappe toutes les associations, et les seules associations précédemment soumises au droit établi par les lois de 1880 et de 1884.

On conçoit donc que, pour fixer les conditions d'exigibilité de la taxe d'abonnement, il soit nécessaire de remonter à l'origine et de rechercher successivement : ce qu'était le droit d'accroissement, — quelles étaient les associations passibles de l'impôt, — pourquoi elles y étaient soumises.

On entendait et on entend encore par droits d'accroissement les droits de mutation à titre gratuit exigibles en vertu des lois de 1880 et de 1884, au taux pour les successions ou donations entre étrangers, sur la part des biens sociaux dont *s'accroît ou est censé s'accroître* l'actif de la société lors de la retraite ou du décès d'un membre d'une des associations désignées dans la loi.

Ces associations sont : *les congrégations, communautés religieuses autorisées ou non, sans distinction ni exception, et les sociétés civiles similaires*, c'est-à-dire celles dont les statuts assurent la perpétuité par la faculté indéfinie de l'adjonction de nouveaux membres et renferment en même temps une clause de réversion, au profit des autres associés, de la part revenant à l'associé sortant dans le fonds social.

Pour indiquer les considérations qui ont guidé le législateur dans une telle désignation des personnes imposables, cette désignation conservant aujourd'hui encore, nous ne saurions trop le répéter, toute sa valeur, il faut, avant tout, déterminer la nature juridique des associations dénommées dans la loi.

Ces sociétés sont de deux sortes. Les unes sont des associations reconnues, elles constituent des personnes morales distinctes des membres qui les composent, elles sont propriétaires en leur nom des biens qu'elles possèdent, de quelque façon qu'ils leur soient advenus. Telles sont les congrégations autorisées. Les autres sont de simples associations civiles non reconnues, qui ne peuvent être propriétaires dans le sens légal du mot, dont les membres mettent simplement leurs apports en commun, conservent un droit personnel sur l'ensemble des biens sociaux, mais s'engagent à ne jamais le revendiquer et à en abandonner le bénéfice à leurs coassociés lors de leur décès ou au moment de leur départ. Telles sont les congrégations religieuses non autorisées et les sociétés civiles dont les statuts contiennent la double clause d'adjonction et de réversion.

Au point de vue juridique, le départ ou le décès d'un membre d'une de ces associations a des effets opposés, selon que le défunt faisait partie d'une société reconnue ou d'une société non reconnue et, par suite, suivant les cas, l'exigibilité de l'impôt est fondée sur des principes différents.

Dans une association non reconnue, tout membre possède, à titre personnel, une partie des biens sociaux ; lorsque, par suite de son départ ou de son décès, ces biens adviennent aux survivants en vertu d'une clause de réversion expresse ou tacite, il se produit un *accroissement* au profit des membres restants, il s'opère réellement une mutation de biens qu'il est légitime de taxer. Avant 1880, ces transmissions de propriété étaient cependant, par suite d'une lacune de la loi organique, affranchies des droits de mutation à titre gratuit. On en était simplement arrivé, après divers incidents de jurisprudence, à les soumettre au droit de 0 fr. 50 pour 100, applicable aux cessions *à titre onéreux* de droits incorporels. La loi de 1880, en substituant à ce droit le droit de mutation à titre gratuit, n'a eu d'autre effet que de supprimer une exception et de soumettre les associations non reconnues aux règles du droit commun en matière d'enregistrement.

Il en est tout autrement en ce qui concerne les associations reconnues. Ces sociétés étant propriétaires des biens qui ont été mis en commun, les décès ou la retraite d'un associé n'opère et ne peut opérer aucune mutation. Au premier abord et en examinant les choses sous cet unique aspect, on serait donc conduit à décider que le droit d'accroissement ne saurait être exigible, puisqu'il n'y a pas mutation. Mais il ne faut pas oublier — et c'est un point que nous avons précédemment mis en lumière — que les faits qui, au regard du droit civil, n'impliquent pas de transmission de propriété, ne sont pas toujours envisagés de la même façon par la législation toute spéciale de l'enregistrement. On comprendra donc que le droit fiscal se soit, sur ce point comme sur beaucoup d'autres, écarté du droit civil et que le droit d'accroissement ait été étendu aux sociétés reconnues, si des considérations *de fait* ont imposé une telle mesure.

Or, on ne peut nier qu'*en fait* la situation des associations reconnues ne diffère guère de celle des associations non reconnues. Comme nous l'avons dit quelques pages plus haut, toutes ces sociétés poursuivent le même but, cherchent à conserver et à augmenter indéfiniment leur patrimoine. Si, dans les associations non reconnues, ce résultat est atteint au moyen des accroissements, des mutations de biens qui se produisent lors des décès ou des retraites, tandis que rien de tel n'a lieu dans les associations reconnues, il n'en est pas moins vrai que, de leur côté, ces sociétés *accroissent* leur avoir tant par l'apport de biens nouveaux qu'au fur et à mesure de la réalisation des bénéfices. En un mot, les moyens mis en œuvre diffèrent seuls ; le résultat obtenu est toujours le même. C'est cette identité du résultat qui a déterminé le législateur à considérer comme opérant une mutation un fait qui, en droit civil, n'en opère aucune, et à soumettre les associations reconnues au droit d'accroissement, aujourd'hui transformé en une taxe d'abonnement.

Exemption. — La rigueur de ces principes a été tempérée par une disposition de la loi du 16 avril 1895, rédigée dans le but de ménager celles des congrégations religieuses qui paraissent dignes d'un intérêt particulier. Sont exemptés de la taxe représentative du droit d'accroissement les biens acquis avec l'autorisation du gouvernement, en tant qu'ils ont été affectés et qu'ils continuent d'être réellement employés soit à des œuvres d'assistance gratuite en faveur des infirmes, des malades, des indigents, des orphelins ou des enfants abandonnés, soit aux œuvres des missions françaises à l'étranger. L'exemption est accordée ou retirée par un décret en Conseil d'Etat.

Mode de perception. — La taxe d'abonnement est payable annuellement, aux mêmes époques que l'impôt sur le revenu, dans le même bureau d'enregistrement, sur la remise d'une déclaration analogue à celle qui est exigée pour le premier impôt. Seulement cette déclaration ne comprend que la valeur vénale des biens possédés, tandis que la déclaration nécessaire pour l'assiette de l'impôt sur le revenu s'applique à la valeur vénale des biens occupés, de même qu'à celle des biens possédés.

Sauf cette différence, l'assiette des deux impôts, calculés tous deux d'après la valeur en capital des biens détenus par les associations imposables, est de tous points semblable. Le mode de perception en est identique. La taxe représentative du droit d'accroissement n'est en somme qu'un complément de l'impôt sur le revenu.

Dispositions transitoires. — Quand la loi du 16 avril 1895 a été votée, beaucoup de congrégations avaient vis-à-vis du Trésor un arriéré considérable. La loi nouvelle a eu pour objet non seulement de modifier l'impôt pour l'avenir, mais encore de régler le passé. Dans ce but, on a édicté des dispositions transitoires, on a même donné à certains articles de la loi un effet rétroactif.

Un délai de six mois, à partir de la promulgation de la loi, a été imparti aux associations débitrices de droits d'accroissement pour se libérer. Si elles ont acquitté dans ce délai les droits simples et remboursé au Trésor les frais exposés, elles ont bénéficié de la remise des pénalités encourues. Pour la liquidation des droits, elles ont eu d'ailleurs la faculté d'opter entre les anciennes règles de perception et les règles nouvelles. Autrement dit, les retardataires ont pu, soit payer les droits d'accroissement dont ils se trouvaient débiteurs en vertu des lois de 1880 et de 1884, soit acquitter la taxe annuelle calculée à compter du jour de l'ouverture de la plus ancienne créance du Trésor. La taxe a été, dans ce cas, liquidée, pour chaque année, sur la valeur vénale des biens meubles et immeubles possédés par les associations, telle que cette valeur avait été déclarée ou constatée pour le payement de l'impôt sur le revenu. Au cas où cette base aurait fait défaut, les redevables ont dû y suppléer au moyen de déclarations.

Le délai d'option expiré et par le seul fait de cette expiration, les associations qui ne se sont point libérées ont été constituées redevables de la taxe annuelle décomptée comme il vient d'être dit et des frais antérieurement exposés. Elles ont été, en outre, passibles d'une amende égale à la moitié de la taxe exigible.

III. — Pénalités. — Mesures prises pour prévenir la fraude

L'impôt sur le revenu et la taxe représentative des droits d'accroissement sont liquidés l'un et l'autre d'après les déclarations des redevables. Il était donc essentiel d'assurer le dépôt de ces déclarations et, par suite, de garantir le payement de l'impôt en temps utile. Il n'importait pas moins de donner aux agents de l'enregistrement les moyens de contrôler la sincérité des renseignements et évaluations fournis par les redevables.

I. — Pour prévenir les retards dans le payement de l'impôt, la loi a édicté des pénalités de nature et d'importance variables, suivant qu'il s'agit de la taxe d'abonnement ou de l'impôt sur le revenu : la loi du 16 avril 1895 a spécifié que le défaut de payement de la taxe d'abonnement dans le délai fixé serait puni d'un demi-droit en sus, qui ne peut être inférieur à cent francs. Les retards dans le payement de la taxe sur le revenu ou dans le dépôt des déclarations y afférentes rendent leurs auteurs passibles d'une amende qui est fixée par l'article 3 de la loi du 28 décembre 1880 à une somme variant entre cent francs et cinq mille francs. La même pénalité s'applique, d'ailleurs, à toutes les contraventions en matière d'impôt sur le revenu.

II. — Les erreurs dont peuvent être entachées les déclarations des redevables sont de deux natures différentes : il peut y avoir insuffisance dans l'évaluation des biens, ou omission.

Insuffisances. — Contrairement aux règles générales en

matière d'enregistrement, qui n'admettent en principe dans aucun cas l'expertise des biens meubles, les insuffisances dans les déclarations des sociétés soumises à l'un ou à l'autre des deux impôts peuvent être prouvées, *pour les biens meubles comme pour les biens immeubles, en ce qui concerne l'impôt sur le revenu aussi bien qu'en ce qui touche le droit d'accroissement*, au moyen de l'expertise. Il y est procédé suivant le mode et dans les formes déterminées par la loi du 22 frimaire an VII pour les expertises de *valeur vénale*.

La peine est, dans tous les cas, d'un droit en sus, quel que soit le montant de l'insuffisance constatée par les agents de l'enregistrement ou établie à la suite d'une expertise.

Omissions. — Les omissions de toute nature rendent les contrevenants passibles de la même pénalité. — Afin d'en faciliter la découverte, la loi du 29 décembre 1884 a autorisé les agents de l'administration à se faire représenter les livres, registres, titres et, d'une manière générale, tous les documents de comptabilité tenus par les associations. Les refus de communication sont constatés par procès-verbal et punis d'une amende de **1.000** francs à **10.000** francs.

Ces garanties ont été fortifiées en ce qui concerne l'impôt sur le revenu. Les inexactitudes de toute nature (insuffisances d'évaluation aussi bien qu'omissions) peuvent être établies, de même que les dissimulations dans certains contrats à titre onéreux, à l'aide de tous les genres de preuve admis par le droit commun, le serment décisoire excepté. L'administration peut ainsi provoquer la preuve testimoniale, recourir à l'interrogatoire sur faits et articles, invoquer de simples présomptions,

IV. — Prescriptions. — Privilège

A défaut de dispositions spéciales, les délais de prescription paraissent devoir être fixés par analogie.

La prescription quinquennale serait donc opposable en matière d'impôt sur le revenu, tant par l'État que par les particuliers, conformément à la loi du 26 juillet 1893.

La question est plus complexe en ce qui concerne la taxe d'abonnement. Avant la loi du 16 avril 1895, les droits d'accroissement, qui étaient perçus lors des départs ou des décès, représentant soit des droits de mutations entre vifs, soit des droits de mutation par décès, il avait été décidé que les délais de prescription relatifs aux mutations entre vifs ou aux mutations par décès seraient applicables selon les cas. Mais ces distinctions n'ont plus de raison d'être aujourd'hui que les droits d'accroissement ont été remplacés par une taxe d'abonnement. En l'absence de toute disposition légale, que conclure? Fallait-il décider que les prescriptions à invoquer sont les prescriptions de droit commun? Fallait-il, au contraire, admettre que, la taxe d'abonnement présentant avec les droits de mutation par décès des analogies dont le caractère paraît être prédominant, les prescriptions en matière de mutations par décès sont applicables à la taxe représentative des droits d'accroissement? La question, vivement discutée, qui était restée longtemps incertaine a été résolue par la jurisprudence dans le sens de la prescription de droit commun (Cass. ch. civ. 7 janvier 1908).

Mais il est en tout cas indiscutable que le privilège accordé au Trésor pour le recouvrement des droits de mutation par décès est étendu à la taxe d'abonnement et aux amendes qui peuvent être prononcées en conséquence (loi du 16 avril 1895, article 7).

CHAPITRE V

IMPÔTS SUR LES OPÉRATIONS DE BOURSE

Les bordereaux que la loi oblige les agents de change à former, et où ces officiers doivent décompter les opérations en bourse faites par leur intermédiaire, étaient d'abord soumis au timbre de dimension, en vertu des dispositions générales de la loi du 13 brumaire an VII. Ils furent ensuite frappés, à partir de 1862 (loi du 2 juillet), d'un droit de timbre proportionnel assis sur le total des sommes employées aux opérations mentionnées dans lesdits bordereaux. Le tarif était, décimes non compris, de cinquante centimes pour les sommes de 10.000 francs et au-dessous, de 1 fr. 50 pour les sommes au-dessus de 10.000 francs.

La loi du 28 avril 1893 a complètement transformé ce droit. D'une part, elle en a modifié le taux; d'autre part, elle a voulu atteindre non plus seulement les bordereaux d'agents de change, c'est-à-dire les écrits constatant certaines opérations de bourse, mais ces opérations elles-mêmes, et toutes ces opérations, dans quelques conditions qu'elles soient effectuées. Les mesures prises pour obtenir un tel résultat ont fait perdre au nouvel impôt les caractères prédominants d'un droit de timbre; il a revêtu la forme d'une taxe sur la circulation des valeurs mobilières.

Assiette. — L'impôt est assis « sur *toutes* les opérations de bourse ayant pour objet l'achat ou la vente, au comptant ou à terme, de valeurs de toute nature ».

Pour que la taxe soit exigible, deux conditions sont donc nécessaires et suffisantes. — Il faut, en premier lieu, qu'il y ait opération de bourse, c'est-à-dire négociation *réelle* de valeurs, soit en bourse, soit en banque (1), — et ainsi se trouvent affranchies de l'impôt les opérations d'ordre auxquelles peuvent procéder les agents de change ou autres intermédiaires. Il ressort en second lieu, sinon des termes mêmes de la loi, du moins des travaux préparatoires, que les opérations de bourse, pour être imposables, doivent porter sur des valeurs mobilières, le mot étant pris dans son acception courante. Les négociations de marchandises, de lettres de change et de papier de commerce en général, les ventes et achats de matières d'or et d'argent échappent donc à l'impôt.

La taxe est liquidée sur « le montant de l'opération » calculé d'après « le taux de la négociation ». Chacune des deux parties de cette phrase comporte des explications. Qu'entend-on par ce terme : « le montant de l'opération » ? Quel sens faut-il attacher à cette expression : « le taux de la négociation » ?

Toute transaction de bourse se présente sous la forme d'une vente. Mais, dans la pratique, ce contrat unique intervient entre un vendeur et un acheteur qui s'ignorent, qui ne sont rapprochés que par un intermédiaire ; il se décompose donc en deux parties, il comprend une opération d'achat et une opération de vente, et ce n'est pas l'ensemble de la transaction, comme on pourrait le croire, qui est soumis à l'impôt, mais bien l'une et l'autre de ces deux opérations prises individuellement. C'est là une première règle essentielle dont il faut bien se pénétrer. Son application n'entraîne guère de difficultés qu'en ce qui concerne les *reports* de bourse. On peut se demander quelles sont, en pareil cas, les opérations qu'il y a lieu de taxer. Le report qui consiste en un achat et en une revente simul-

---

(1) Il faut, en effet prendre l'expression « opérations de bourse » dans son sens le plus large. Il faut entendre par ce terme les opérations *de la nature* de celles qui se font dans les Bourses.

tanée de titres de même nature à des termes différents, comprend en réalité deux négociations distinctes : l'une au comptant, l'autre à terme, et par suite quatre opérations de bourse. Faut-il donc assujettir à l'impôt chacune de ces quatre opérations ? L'administration ne l'a pas pensé. Elle a estimé que les opérations au comptant n'étaient, en ce cas, que des opérations d'ordre, que seules les opérations à terme avaient pour effet de renouveler et de prolonger une spéculation de bourse et que, par conséquent, la revente et le rachat à terme étaient seuls passibles de l'impôt.

Qu'il s'agisse d'une opération ordinaire ou d'un report, la taxe doit être liquidée, pour chaque opération, d'après « le taux de la négociation ». Cela revient à dire que l'impôt est assis sur le prix réel de l'achat ou de la vente. Cette seconde règle, très simple et très précise, comporte quelques exceptions dont nous indiquerons les deux principales :

1° Il est d'usage dans les bourses françaises, de fixer les cours et, par suite, les *taux de négociation* comme si les titres étaient entièrement libérés. L'impôt n'est toutefois assis — et cela est fort logique — que sur la somme nette à payer par l'acheteur ; du taux de la négociation on déduit le montant des versements restant à effectuer.

2° Les opérations à terme se divisent en opérations *fermes*, dont aucune des parties contractantes ne peut se dégager, et en opérations à *prime*, qui comportent une faculté de dédit pour l'acheteur. L'acheteur peut, dans ce second cas, se départir du contrat en abandonnant une certaine somme qui constitue la prime. La question se posait de savoir si, au cas où cette faculté serait mise à profit, le droit serait dû sur la valeur des titres faisant l'objet de la négociation ou sur le montant de la prime abandonnée. C'est dans ce dernier sens qu'elle a été tranchée.

Tarif. — Le tarif qui avait été fixé à cinq centimes par 1.000 francs ou fraction de 1.000 francs par la loi de 1893 a été porté à dix centimes par l'article 8 de la loi du 31 décembre 1907. Toutefois, il resie fixé à 0,0125 par 1.000 francs, lorsque l'opération est relative à des rentes sur l'État français. En ce qui concerne les reports le droit demeure fixé à 0,00625 par 1.000 francs pour la rente française et à 0,025 par 1.000 francs pour toutes les autres valeurs.

Le droit sur les opérations de bourse n'est pas soumis aux décimes.

Mode de perception. — Pour assurer la perception de l'impôt, le législateur a rencontré de sérieuses difficultés qui tiennent au fonctionnement des bourses de valeurs mobilières.

Sans entrer dans des détails qui ne seraient pas à leur place dans cet ouvrage, nous rappellerons que le marché des valeurs en bourse est légalement concentré entre les mains des agents de change, mais que, en fait, une grande partie des opérations sur les valeurs ont lieu en dehors de leur intermédiaire. Les sociétés de crédit, les grandes maisons de banque, recevant de tous les points du territoire, au moyen de leurs agences, des ordres d'achat et de vente, balancent ces opérations les unes avec les autres. D'autre part, il existe, à Paris tout au moins, ce qu'on appelle la *coulisse*, c'est-à-dire un ensemble d'intermédiaires qui, sans avoir aucune qualité à cet effet, rapprochent les uns des autres les vendeurs et les acheteurs.

Dans ces conditions, le législateur a été conduit à établir deux modes de perception différents suivant que les opérations portent sur des titres cotés à la Bourse ou sur des valeurs non admises à la cote officielle.

Pour les négociations de valeurs *non cotées*, la loi du 28 avril 1893 dispose : que « tous ceux qui font métier de recueillir des offres et des demandes de valeurs de bourse » sont obligés de justifier du payement de l'impôt par un agent de change, « *ou que, faute de ce faire, ils sont tenus d'acquitter personnellement le montant des droits exigibles».*

Au contraire, pour les négociations de valeurs *cotées* la loi du 13 avril 1898 (art. 14) astreint les assujettis, dans tous les cas, soit à représenter des bordereaux d'agent de change, soit à faire connaître les numéros et les dates de ces bordereaux, ainsi que les noms des agents de change : aucun moyen de suppléer à la présentation ou à l'indication du bordereau n'est admis. Il en résulte que les personnes autres que les agents de change qui interviennent, par profession, dans les opérations sur les valeurs cotées, ne peuvent jamais être constitués personnellement débitrices du droit, qui est toujours acquitté par les agents de change.

L'harmonie se trouve ainsi établie, dans la mesure du possible, entre la législation fiscale et l'article 76 du Code de commerce, qui consacre le monopole des agents de change pour la négociation des valeurs cotées.

Les obligations imposées aux assujettis sont au nombre de trois : 1° faire une déclaration préalable ; 2° tenir un répertoire ; 3° fournir périodiquement des extraits de ce répertoire et verser en même temps les droits.

I. — Toutes les personnes qui font commerce habituel de recueillir des offres et des demandes de valeurs de bourse sont soumises à l'obligation d'une déclaration préalable (1) reçue dans un bureau d'enregistrement désigné à cet effet.

II. — Toutes ces personnes, y compris les agents de change, et même les trésoriers-payeurs généraux, au cas où ces derniers se chargent d'acheter ou de vendre pour le compte des particuliers des valeurs autres que les fonds d'État français, sont tenues d'avoir un ou plusieurs (2)

---

(1) Il va de soi que cette obligation ne s'applique pas aux agents de change qui sont nommés par le gouvernement.

(2) Les assujettis qui possèdent, outre un établissement principal, une ou plusieurs agences ou succursales doivent faire tenir, au siège de chacune de ces agences, un répertoire particulier.

répertoires sur lesquels ils doivent inscrire, jour par jour, sans blanc ni interligne, et par ordre de numéros, toute opération de bourse par eux faite, soit pour leur compte, soit pour le compte d'autrui, en qualité de mandataire, d'intermédiaire ou à tout autre titre.

Ce répertoire, établi sur papier libre, visé et parafé par le président ou par l'un des juges du tribunal de commerce doit, aux termes du règlement, présenter, pour chaque opération, toutes les indications de nature à faire connaître à l'administration les bases d'assiette du droit : nom du donneur d'ordre, nature de l'opération, date de l'échéance si elle est à terme, nombre et montant des titres, taux de la négociation. A la suite, dans une colonne spéciale, l'assujetti doit écrire, soit le nom de l'agent de change qui a fait l'opération, si, pour l'effectuer, on a eu recours au ministère d'un agent de change, soit le nom et le domicile du *mandataire substitué*, c'est-à-dire de la personne qui, tout en n'ayant pas la qualité d'agent de change, s'est néanmoins chargée d'exécuter l'ordre de bourse, soit enfin le nom et le domicile de la personne (agent de change ou coulissier) qui a fait la contre-partie. Dans une dernière colonne, on inscrit le droit afférent à l'opération. Cette colonne reste en blanc, s'il ressort des indications précédentes que l'opération a été faite par l'entremise d'un agent de change ou d'un mandataire substitué, parce qu'alors le droit doit être acquitté par cet agent de change ou par ce mandataire sur le répertoire duquel l'opération figure déjà.

On voit que, au moyen des répertoires, les agents de l'enregistrement sont à même de suivre la filière de tous les ordres de bourse, depuis le moment où ils ont été donnés jusqu'au moment où ils sont exécutés. Sur ce registre, qui est le document fondamental en matière d'impôt sur les opérations de bourse, les assujettis calculent eux-mêmes la taxe dont ils sont redevables, ou bien établissent que l'impôt n'est pas dû, ou encore qu'il a été acquitté par un autre assujetti. Les renseignements fournis par le répertoire permettent aux préposés de l'enregistrement de contrôler la liquidation ou de s'assurer du bien-fondé de l'exemption.

III. — La perception des droits a lieu au vu d'extraits des répertoires déposés périodiquement dans les bureaux désignés par l'administration (1) (article 31 de la loi du 28 avril 1893). Ces extraits établis le 10 et le 25 de chaque mois comprennent, dans l'ordre des numéros, toutes les opérations portées entre ces deux dates au répertoire dont ils reproduisent les énonciations, avec des détails plus étendus sur certains points, moindres sur d'autres. Peuvent, toutefois, n'y être mentionnées que pour mémoire les opérations au comptant ayant moins de dix jours de date et les opérations à terme dont l'échéance n'est pas survenue depuis dix jours au moins. Il était nécessaire, en effet, de laisser aux assujettis le temps de recevoir tous les renseignements à consigner sur les extraits. Les opérations inscrites pour mémoire sur un extrait sont reprises en tête de l'extrait suivant.

Droits d'investigation. — Pénalités. — Les agents de l'enregistrement peuvent naturellement se faire représenter les répertoires de tous les assujettis. Mais, en principe, leurs droits d'investigation ne s'étendent pas plus loin. Dans deux cas cependant, lorsqu'une fraude est

---

(1) Diverses décisions ministérielles ont dispensé les agents de change près les Bourses pourvues d'un parquet et les autres assujettis représentés par une chambre syndicale de tout ou partie des obligations qui leur sont imposées, en ce qui concerne le dépôt et le mode de rédaction des extraits, par la loi et le règlement d'administration publique. Notamment, les agents de change près les Bourses pourvues d'un parquet n'ont plus à fournir aucun extrait. Simplement, les chambres syndicales dressent périodiquement des états récapitulatifs faisant connaître distinctement le montant des droits dus par chaque agent de change. Ces états sont certifiés par les syndics. Leur dépôt est accompagné du versement des droits.

constatée ou lorsqu'un répertoire ne mentionne pas la contrepartie d'une opération consignée sur un autre répertoire, les agents ont le droit d'exiger la communication des écritures des redevables, à la condition de limiter leur examen à une période de deux jours au plus. Le cas échéant, ils déterminent eux-mêmes, à leur gré, la période sur laquelle ils croient plus particulièrement utile de faire porter leurs recherches. Le refus de communication du répertoire ou des écritures est constaté par procès-verbal et puni d'une amende de 1.000 francs à 10.000 francs.

Toute inexactitude ou omission, soit au répertoire, soit sur les extraits, rend son auteur passible d'une amende égale au vingtième du montant des valeurs sur lesquelles a porté l'inexactitude ou l'omission, sans que cette amende puisse être inférieure à 3.000 francs.

Toute autre infraction tant aux dispositions de la loi qu'à celles du règlement d'administration publique est punie d'une amende de 100 à 5.000 francs.

Les contraventions peuvent être constatées par tous les agents ayant qualité pour verbaliser en matière de timbre.

Prescription. — L'action de l'administration pour le recouvrement des droits et amendes est prescrite par un délai de deux ans qui a pour point de départ, en ce qui concerne la taxe, l'expiration du terme accordé au débiteur pour se libérer, et, en ce qui concerne les amendes, le jour où la contravention a été commise.

TITRE IV

DROITS DE GREFFE

La loi du 26 janvier 1892 a supprimé tous les *droits de greffe* qui étaient antérieurement perçus au profit de l'État sur les actes judiciaires et sur les actes passés, reçus ou expédiés dans les greffes des tribunaux civils et de commerce (loi du 21 ventôse an VII) et sur l'inscription au rôle des causes portées devant les juges de paix (loi du 15 novembre 1876).

Sont seuls maintenus les droits et frais de greffe perçus, en vertu de lois spéciales, au secrétariat du contentieux du Conseil d'État, et aux greffes de la Cour de cassation et de la Cour des comptes. Ces droits sont augmentés de deux décimes.

Conseil d'Etat. — Le tarif des droits de greffe auxquels sont soumises les affaires portées devant le Conseil d'État est réglé par l'ordonnance du 18 janvier 1826. Ces droits de greffe comprennent des droits fixes pour l'enregistrement des requêtes, la délivrance des ordonnances, des certificats, le retrait des pièces, etc., et pour les expéditions, de quelque nature qu'elles soient, un droit fixe et, en outre, un droit de 0 fr. 60 par rôle, décimes compris.

Cour de cassation. — La loi du 21 ventôse an VII, qui a réglementé les droits de greffe dans les tribunaux civils et de commerce, ne contenait aucune disposition relative aux droits perçus au greffe de la Cour de cassation, lesquels sont restés soumis à la législation antérieure ; c'est encore le règlement de 1738 qui en détermine le tarif.

Ce tarif comporte des droits fixes de quotités multiples, variables suivant la nature des affaires, et des droits proportionnés au nombre des rôles employés, pour les expéditions des arrêts.

Cour des comptes. — En vertu du décret du 31 mai 1862, les premières expéditions des actes et arrêts de la Cour sont délivrées gratuitement aux parties ; les autres sont soumises à un droit d'expédition de 0 fr. 75 par rôle en principal.

Mode de perception. — Les droits de greffe dont il vient d'être question sont perçus par le secrétaire du contentieux du Conseil d'État et par les greffiers de la Cour de cassation et de la Cour des comptes ; le montant en est versé, tous les mois, dans la caisse du receveur de l'enregistrement.

TITRE V

DU RÉGIME HYPOTHÉCAIRE ET DES DROITS D'HYPOTHÈQUES

Le régime hypothécaire a été organisé par les lois des 11 brumaire et 21 ventôse an VII, dont le Code civil a reproduit les principales dispositions. Ces lois ont créé, dans chaque arrondissement, un bureau de conservation d'hypothèques établi au siège du tribunal civil (1).

Les attributions des conservateurs des hypothèques consistent, d'une part, à remplir les formalités hypothécaires prescrites par la loi ; d'autre part, à percevoir certains droits au profit du Trésor.

1. — Formalités hypothécaires.

Les principales formalités hypothécaires sont l'*inscription* et la *transcription*.

L'inscription a pour objet de rendre publiques les charges qui grèvent les propriétés immobilières : elle consiste dans la mention détaillée, sur un registre ouvert dans chaque bureau de conservation, des hypothèques et privilèges des créanciers sur les biens de leurs débiteurs.

---

(1) La loi du 30 mai 1899 (article 18) a prescrit pour des raisons d'ordre administratif, la division des conservations dans les villes les plus importantes. C'est ainsi qu'il existe actuellement dix bureaux à Paris, trois à Bordeaux, deux à Lyon, etc.

La transcription est destinée à porter à la connaissance des tiers qui ont des droits sur un immeuble les actes de mutation, de saisie ou autres concernant cet immeuble, qui peuvent les intéresser : elle consiste dans la copie intégrale des actes en question sur un registre à ce destiné.

La publicité des registres d'inscription et de transcription est réalisée de la manière suivante. Les conservateurs doivent délivrer aux parties, toutes les fois qu'ils en sont *requis :* 1° la copie des actes transcrits sur leurs registres et celle des inscriptions subsistantes, ou un certificat constatant qu'il n'en existe aucune ; 2° l'état spécial ou général des transcriptions faites à leur bureau et des mentions consignées en marge de ces transcriptions (Code civil, art. 2196 ; loi du 23 mars 1855). La *réquisition* des parties doit être faite par écrit ; les conservateurs ne peuvent, sous peine de dommages-intérêts, refuser ni retarder la délivrance des copies, certificats ou états qui leur sont demandés.

Nous allons maintenant indiquer successivement les règles applicables à l'inscription et à la transcription.

Inscription. — Les hypothèques et les privilèges sur les immeubles n'ont d'effet qu'autant qu'ils sont inscrits : c'est la date de l'inscription qui détermine le rang des créanciers hypothécaires.

Par exception, les privilèges généraux énoncés à l'article **2101** du Code civil subsistent indépendamment de toute inscription ; il en est de même des hypothèques légales au profit des mineurs et interdits sur les immeubles appartenant à leurs tuteurs, et au profit des femmes sur les immeubles appartenant à leurs maris. Quant au privilège du vendeur, il se conserve par la seule transcription de l'acte translatif de propriété, mais le conservateur des hypothèques est tenu, sous sa responsabilité personnelle, d'inscrire *d'office* sur son registre la créance résultant de l'acte de mutation.

Les inscriptions ne conservent les hypothèques et privilèges que pendant dix années à compter du jour de leur date; leur effet cesse si elles n'ont pas été renouvelées avant l'expiration de ce délai (1).

Les inscriptions se font au bureau de conservation des hypothèques dans l'arrondissement duquel sont situés les biens soumis à l'hypothèque ou au privilège. Le créancier qui requiert la formalité est tenu de remettre au conservateur, d'une part, l'original en brevet ou une expédition authentique de l'acte qui établit ses droits, d'autre part, deux bordereaux présentant toutes les énonciations qui doivent figurer dans l'inscription.

Le registre des inscriptions est coté et parafé à chaque page par l'un des juges du tribunal dans le ressort duquel le bureau est établi. Les bordereaux doivent y être inscrits à la date et dans l'ordre de leur remise par les particuliers; le conservateur en copie littéralement le contenu sur son registre. Il rend ensuite à la partie, avec le titre ou l'expédition du titre, l'un des bordereaux au pied duquel il certifie avoir fait l'inscription; il conserve l'autre pour sa garantie personnelle.

Le renouvellement des inscriptions se fait dans les mêmes formes.

Les changements de domicile, les subrogations, les cessions d'antériorité, les radiations et réductions, qui ont pour effet de modifier ou d'annuler les inscriptions primitives, s'opèrent au moyen de mentions mises en marge du registre des inscriptions.

Transcription. — Il y a lieu de distinguer, d'une part, les transcriptions régies par la loi du 23 mars 1855, d'autre part, les transcriptions de saisies immobilières, qui

---

(1) Il y a exception pour les inscriptions prises au profit du Crédit foncier, qui sont dispensées du renouvellement pendant toute la durée des prêts (décret du 28 février 1852).

sont soumises à des règles spéciales et que, pour ce motif, nous étudierons dans un paragraphe distinct.

Aux termes de la loi précitée, on doit transcrire au bureau des hypothèques :

1° Les actes entre vifs, à titre onéreux ou à titre gratuit, translatifs de propriété immobilière ou de droits réels susceptibles d'hypothèques (1) ; les actes portant renonciation à ces mêmes droits ; les jugements déclarant l'existence d'une convention verbale de cette nature ;

2° Les jugements d'adjudication autres que ceux rendus sur licitation au profit d'un cohéritier ou d'un colicitant ;

3° Les dispositions à charge de rendre ou *substitutions*, qu'elles soient faites entre vifs ou par testament. La loi de 1885 n'a pas dérogé, à cet égard, aux principes du Code civil, qui assujettit à la transcription les actes de l'espèce (article 1069) ;

4° Toute une catégorie d'actes que la loi en question a soumis pour la première fois à la formalité de la transcription, à raison de l'importance des charges dont ils grèvent les propriétés :

— Les actes constitutifs d'antichrèse, de servitude, d'usage ou habitation ; — ceux qui portent renonciation à ces mêmes droits ; les jugements qui en déclarent l'existence en vertu d'une convention verbale ;

— Les baux d'une durée de plus de dix-huit ans ;

— Les actes ou jugements constatant, même pour un bail de durée moindre, quittance ou cession d'une somme équivalente à trois années de loyer ou de fermage non échues.

Enfin, il convient de remarquer que la loi de 1855 n'a pas abrogé les dispositions du Code civil, d'après lesquel-

---

(1) La loi de 1855 ne soumet à la transcription que les actes *translatifs* de propriété ; la formalité n'est donc pas obligatoire pour les actes *déclaratifs* et en particulier pour les partages.

les *la transcription est le préliminaire indispensable de la purge* des hypothèques et privilèges ; en conséquence, même lorsque des contrats translatifs ne rentrent pas dans l'énumération de la loi précitée, les parties doivent les faire transcrire toutes les fois qu'elles ont la faculté de purger les hypothèques et qu'elles veulent procéder à cette formalité (articles **2131** et suivants) (1).

Jusqu'à la transcription, les actes et jugements énumérés ci-dessus ne peuvent être opposés aux tiers qui ont des droits sur l'immeuble et qui les ont conservés en se conformant aux lois. Inversement, à dater du jour de la transcription d'un acte de mutation, aucun créancier ne peut plus prendre utilement inscription sur le précédent propriétaire ; c'est ce qu'on exprime en disant que la transcription *interrompt le cours des hypothèques*.

La formalité de la transcription doit être requise au bureau des hypothèques de la situation des immeubles. Les parties sont tenues de remettre au conservateur une expédition de l'acte authentique ou une copie de l'acte sous seing privé qui est soumis à la formalité : la transcription est attestée au pied de cet acte.

Les conservateurs n'ont pas à apprécier l'utilité des réquisitions qui leur sont faites ; les particuliers ont, en effet, le droit de présenter volontairement à la transcription tout acte concernant des valeurs immobilières, lors même qu'il n'y est pas assujetti par la loi. Le conservateur doit cependant refuser la formalité toutes les fois qu'il s'agit, soit d'actes irréguliers, soit d'actes concernant des immeubles situés hors de l'arrondissement du bureau, soit

---

(1) C'est le cas, en particulier, pour les licitations prononcées au profit de l'héritier bénéficiaire. La transcription de ces contrats, purement déclaratifs, n'est pas obligatoire ; mais l'héritier bénéficiaire, ayant la faculté de purger les immeubles acquis des hypothèques qui les grèvent du chef du défunt, doit, lorsqu'il veut y procéder, requérir la transcription.

d'acquisitions ou de ventes faites sans autorisation par des établissements publics.

Le registre des transcriptions est coté et parafé dans les mêmes conditions que celui des inscriptions. Les actes y sont transcrits à la date et dans l'ordre de la remise qui en est faite par les parties.

En marge des transcriptions doit être mentionné tout jugement prononçant la résolution, nullité ou rescision d'un acte transcrit ; l'avoué qui a obtenu le jugement est tenu, sous peine d'une amende de 100 francs, de faire opérer cette mention en remettant au conservateur un bordereau.

Transcription de saisie. — L'article 678 du Code de procédure civile assujettit à la transcription les procès-verbaux de saisie immobilière et les exploits de dénonciation ; la formalité doit être requise dans les quinze jours qui suivent le jour de la dénonciation.

A partir de la transcription, la partie saisie ne peut, à peine de nullité, aliéner les immeubles qui ont fait l'objet de la saisie ; en outre, les fruits, loyers et fermages sont, à dater de ce jour, immobilisés pour être distribués avec le prix de l'immeuble entre les créanciers.

Les actes doivent être représentés au bureau des hypothèques de la situation des biens saisis ; ils sont transcrits sur un registre distinct du registre ordinaire des transcriptions. Le conservateur doit refuser la formalité lorsqu'il s'agit d'immeubles situés hors de l'arrondissement du bureau, ou compris dans une saisie précédemment transcrite.

En marge des transcriptions, le conservateur mentionne les sommations aux saisis et aux créanciers inscrits, les jugements d'adjudication et de conversion, et les radiations de saisies ; ces mentions sont opérées à la diligence des intéressés.

Dépôts. — On a vu que les formalités devaient être données à la date et dans l'ordre de la remise des bordereaux ou des actes par les parties. Afin d'assurer l'observation de cette règle, qui est d'une importance capitale au point de vue de l'effet des transcriptions et du rang des hypothèques, le Code civil (article 2200) a prescrit aux conservateurs de tenir un registre sur lequel ils inscrivent, jour par jour et par ordre numérique, les remises qui leur sont faites : d'actes ou de saisies pour être transcrits ; de bordereaux pour être inscrits ; d'actes, expéditions ou extraits d'actes contenant subrogation ou antériorité, et de jugements portant résolution, nullité ou rescision d'actes transcrits, pour être mentionnés en marge des inscriptions et des transcriptions.

Ce registre, appelé *registre des dépôts*, est tenu en double. L'un des doubles reste au bureau de la conservation ; le second est déposé au greffe du tribunal civil d'un arrondissement autre que celui où réside le conservateur, dans les trente jours qui suivent la clôture de chaque registre.

En échange de la remise des actes et des bordereaux, les conservateurs délivrent aux parties des reconnaissances de dépôt.

Un registre spécial sert à l'enregistrement des actes qui doivent être mentionnés en marge des transcriptions de saisies.

Responsabilité civile des conservateurs des hypothèques. — Les conservateurs des hypothèques sont responsables envers les tiers du préjudice qui pourrait résulter : de l'omission, sur leurs registres, des transcriptions et inscriptions requises en leur bureau ; de la délivrance de certificats inexacts ; du défaut d'inscription d'office, lorsqu'ils sont tenus d'y procéder à la suite de la transcription d'un contrat de vente.

Le conservateur qui cesse ses fonctions demeure encore, pendant dix ans, civilement responsable des faits de sa gestion. Aussi les conservateurs des hypothèques doivent-ils, indépendamment du cautionnement en numéraire auquel ils sont astreints, en tant que comptables de deniers publics, fournir un second cautionnement, soit en immeubles, soit en rentes sur l'État, dont l'affectation subsiste dix ans après la cessation de leurs fonctions.

Pénalités. — Outre les dommages et intérêts auxquels ils peuvent être condamnés envers les tiers, les conservateurs qui ne se conformeraient pas aux obligations générales que nous venons de résumer et dont le détail est donné au chapitre X du titre XVIII du Code civil, sont passibles d'une amende de 200 à 1.000 francs pour la première contravention et de la destitution pour la seconde.

En outre, toute infraction à l'article 2203 du Code civil (obligation d'inscrire à la suite les unes des autres, sans aucun blanc ni interligne, les mentions de dépôt, les inscriptions et les transcriptions) est punie d'une amende de 1.000 à 2.000 francs.

II. — Droits au profit du Trésor.

L'accomplissement des formalités hypothécaires donne lieu à la perception, au profit du Trésor, d'une taxe proportionnelle (1).

En outre, certains actes sont assujettis à un droit pro-

---

(1) La taxe proportionnelle établie par la loi du 27 juillet 1900 a été substituée : 1° aux droits de timbre dont sont désormais affranchis les registres, bordereaux et autres documents relatifs à l'accomplissement des formalités hypothécaires ; 2° aux droits d'inscription ; 3° aux droits fixes de transcription. La loi de 1900 a eu, en somme, pour objet de remplacer tous ces droits, qui n'étaient pas en rapport avec l'importance des intérêts en jeu et qui pesaient lourdement sur les petits contrats, par un impôt proportionnel.

portionnel de transcription, qui se perçoit en sus de la taxe proportionnelle.

Taxe proportionnelle. — Cette taxe est exigible :

1° *Pour les transcriptions*, sur le prix ou la valeur des immeubles ou des droits qui font l'objet de la transcription.

2° *Pour les inscriptions*, sur le capital de la créance inscrite.

3° *Pour les mentions des subrogations et radiations*, sur la somme exprimée dans l'acte ; à défaut de somme, la taxe est perçue sur la valeur du droit hypothécaire faisant l'objet de la formalité.

En cas de *réduction de l'hypothèque*, la taxe est liquidée sur le montant de la dette ou sur la valeur de l'immeuble affranchi, si cette valeur est inférieure. Si plusieurs créanciers consentent des réductions sur le même immeuble, la perception ne peut excéder le montant de la taxe calculée sur la valeur de l'immeuble.

Si les sommes ou valeurs ne sont pas déterminées par les actes ou extraits donnant lieu à la formalité, les requérants sont tenus d'y suppléer par une déclaration estimative.

Exemptions. — Sont exempts de la taxe proportionnelle :

1° Les transcriptions des saisies et des dénonciations de saisies ;

2° Les inscriptions faites d'office conformément à l'article 2108 du Code civil ; toutefois la taxe doit être acquittée lors du renouvellement de ces inscriptions ;

3° Les inscriptions indéfinies ayant pour objet la conservation d'un simple droit éventuel, sans créance existante : telles sont les inscriptions des hypothèques légales. Mais la taxe devient exigible si, ultérieurement, le droit éventuel se convertit en créance réelle.

Quotité. — Le taux de la taxe proportionnelle est fixé à 25 centimes pour 100, sans décime. Il est réduit de moitié :

1° Pour la transcription des actes visés dans l'article 12 de la loi du 23 mars 1855 et des actes de donation contenant partage fait entre vifs, conformément aux arti-1075 et 1076 du Code civil.

2° Pour l'inscription des hypothèques prises en vertu d'actes d'ouverture de crédit non réalisé ; le complément de la taxe de 25 centimes pour 100 devient exigible lors de la réalisation ultérieure du crédit.

Enfin, le tarif est abaissé à 10 centimes pour 100 pour les mentions relatives aux subrogations, radiations et réductions d'hypothèques.

La perception suit les sommes de 20 francs en 20 francs, inclusivement et sans fraction et la règle du minimum de 25 centimes est applicable.

Pénalités. — L'insuffisance ou la dissimulation des sommes ou valeurs ayant servi de base à la perception de la taxe, est punie d'un droit en sus, au minimum de 50 fr.

Droit proportionnel de transcription. — Le droit proportionnel de transcription est de **1 fr. 50** pour **100** en principal; il supporte deux décimes et demi. Il s'applique à tous les actes de nature à être transcrits, à l'exception de ceux qui, ayant été assujettis pour la première fois à la transcription par la loi du 23 mars 1855 (art. 2), bénéficient de l'exemption édictée par l'article 12 de cette même loi.

Le tarif est réduit à 50 centimes pour 100 en principal pour les donations contenant partage, fait entre vifs, conformément aux articles 1075 et 1076 du Code civil (loi du 21 juin 1875).

Le droit est assis sur le *prix intégral* des mutations (1).

(1) Les sommes sur lesquelles est liquidé le droit proportionnel de transcription sont évaluées comme en matière d'enregistrement, mais le droit est toujours assis sur le prix intégral de la mutation. Par exemple, les adjudications sur licitation, dans le cas où elles sont soumises à la transcription (adjudications ne faisant pas cesser l'indivision ou intervenues entre communistes non pourvus d'un titre

— Il suit les sommes de 20 francs en 20 francs, inclusivement et sans fraction.

Exigibilité et caractères du droit proportionnel de transcription. — Sous l'empire de la loi de l'an VII, le droit proportionnel de 1,50 pour 100 était exigible à raison de la transcription des actes et représentait le prix de la formalité hypothécaire. Le payement de ce droit était, en quelque sorte, facultatif, et il suffisait aux redevables, pour s'y soustraire, de ne pas requérir la transcription au bureau des hypothèques.

La loi du 28 avril 1816 a mis fin à ce régime et modifié complètement les conditions d'exigibilité du droit proportionnel de transcription. Il doit, aux termes de cette loi, être perçu, dès l'enregistrement des contrats, par les soins du receveur de l'enregistrement. Moyennant ce payement, la formalité hypothécaire, lorsqu'elle est ensuite requise par les parties, ne donne plus lieu qu'à la taxe proportionnelle de 25 centimes pour 100.

Le droit est exigible, au moment de l'enregistrement, non seulement sur les actes translatifs de propriété, mais encore sur tous les actes de *nature à être transcrits*, c'est-à-dire pour lesquels la transcription peut avoir un véritable intérêt, sans qu'il y ait lieu de considérer si les parties ont ou non l'intention de requérir la formalité. Sont, par suite, passibles du droit de 1,50 pour 100 les actes qui rentrent dans l'énumération donnée par la loi du 23 mars 1855 (art. 1er) et les actes qui, sans être translatifs, comportent les formalités de la purge des hypothèques (1).

---

commun, donnent ouverture au droit de 1.50 pour 100 sur le prix total de l'adjudication, tandis que, pour la liquidation du droit proportionnel d'enregistrement, il y a lieu de déduire la part de l'adjudicataire.

(1) La jurisprudence a décidé notamment, pour les motifs que nous avons indiqués plus haut, que les adjudications prononcées au profit d'un héritier bénéficiaire sont passibles, lors de l'enregistrement, du droit proportionnel de transcription.

Pour les ventes d'immeubles, la loi de 1816 avait purement et simplement confondu le droit de transcription et le proit de mutation, que la loi de frimaire avait fixé à 4 pour 100 en principal, en un droit unique et indivisible de 5,50 pour 100, décimes non compris, soit 6 fr. 875 avec les décimes. Ce droit a été porté à 7 pour 100, sans addition d'aucun décime, par l'article 2 de la loi du 22 avril 1905. Mais en même remps qu'elle majorait le taux du droit, la loi décidait que les minutes, originaux et expéditions des actes ou procès-verbaux de ventes, licitations ou échanges d'immeubles ainsi que les cahiers des charges seraient à l'avenir affranchis de tout droit de timbre (voir *Timbre*. — Exemptions, page 270). Elle stipulait, en outre, que la formalité de la transcription ne donnerait lieu à aucun droit autre que la taxe de 25 centimes établie par la loi du 27 juillet 1900. Il en est de même pour les échanges d'immeubles soumis au droit de 4 fr. 50 pour 100 par la même loi.

— Pour les autres actes de nature à être transcrits, le droit de 1,50 pour 100 est perçu par addition au droit d'enregistrement exigible sur le contrat ; les deux droits, ainsi qu'on le verra plus loin, restent indépendants l'un de l'autre.

Ces règles, très simples en théorie, ont donné lieu, dans la pratique, à de nombreuses difficultés ; la jurisprudence a dû interpréter et compléter même la loi de 1855, qui s'était bornée à une énumération sommaire des actes sujets à la transcription. Les arrêts multiples rendus en l'espèce forment tout un ensemble de règles complexes et parfois contradictoires en apparence, qui doivent servir de guide aux agents dans l'application, toujours fort délicate, des dispositions qui précèdent. Nous ne saurions entrer dans de plus amples détails à ce sujet.

Nous ferons simplement observer que la loi de 1816, en confiant aux receveurs de l'enregistrement la perception

du droit de transcription, n'en a pas altéré le caractère.
Deux conséquences importantes résultent de ce principe :

1° Toutes les fois que le droit de 1,50 pour 100 n'a pu être payé au moment de l'enregistrement, le conservateur des hypothèques doit l'exiger lors de la transcription du contrat. Ce cas se présente notamment pour les actes qui ne sont pas de nature à être transcrits et que les parties présentent volontairement à la formalité (1) — et pour les actes de vente soumis à une condition suspensive, qui sont transcrits avant la réalisation de cette condition; lors de l'enregistrement, le receveur n'avait pu percevoir, en effet, le droit proportionnel qui comprend à la fois le droit de transcription et le droit de mutation (Voir *Enregistrement*, page 164).

2° Les textes relatifs au droit proportionnel de transcription n'ayant édicté aucune pénalité pour retard dans la présentation des actes ou insuffisance dans les évaluations, on ne saurait dans ce cas, sauf s'il s'agit de ventes immobilières, étendre par voie d'analogie, au droit de transcription la pénalité du droit en sus que la loi de frimaire a établie spécialement en matière d'enregistrement (2).

La Cour de cassation a reconnu en particulier que des testaments contenant substitution, enregistrés hors délai, ne donnaient pas ouverture au double droit de 1,50 p. 100. De même, lorsqu'une insuffisance est constatée dans une

(1) La jurisprudence a consacré, à diverses reprises, ce principe ; la Cour de cassation a décidé notamment que le droit de 1,50 pour 100 était exigible pour la transcription de partages purs et simples, de donations d'immeubles sous condition de survie, d'actes de société ou de contrats de mariage constatant des apports immobiliers, etc., bien que ces contrats ne soient ni translatifs de propriété, ni de nature à être transcrits.
(2) En matière de ventes d'immeubles, le tarif de 5,50 pour 100, établi par la loi du 28 avril 1816, est *indivisible* et ne peut être décomposé ; en conséquence, lorsqu'un droit en sus est encouru, c'est au taux de 5,50 (aujourd'hui 7 pour 100) et non de 4 pour 100 qu'il doit être calculé.

donation entre vifs, le droit en sus, exigible aux termes de la loi de frimaire, ne doit être calculé qu'au taux du droit d'enregistrement, déduction faite du droit de transcription.

Exemptions. — Sont exempts du droit de transcription : les actes passés en vertu de la loi du 3 mai 1841 sur l'expropriation ; les actes constatant des acquisitions faites pour le compte de l'État ; les échanges d'immeubles entre l'État et les particuliers ; les échanges d'immeubles ruraux, qui bénéficient du tarif réduit établi par la loi du 3 novembre 1884.

Lorsque la transcription d'un acte est requise dans plusieurs bureaux, le droit que rend exigible la formalité n'est dû qu'une seule fois.

Payement des droits d'hypothèques. — Les droits dus pour les formalités hypothécaires sont acquittés par les parties au moment du dépôt des pièces. C'est le requérant qui doit faire l'avance, sauf son recours contre le débiteur définitif de l'impôt, à savoir : pour les inscriptions, le débiteur, à moins de stipulation contraire, et pour les transcriptions, l'acquéreur (Code civil, article **2155**).

Les formalités hypothécaires peuvent être données *en débet* dans certains cas, notamment lorsqu'il s'agit d'inscriptions de créances appartenant à l'État, ou d'inscriptions requises, en cours d'instance, par une personne assistée judiciairement.

Prescriptions. — Les dispositions de la loi du 22 frimaire an VII, concernant la prescription des droits d'enregistrement, sont applicables aux droits d'inscription et de transcription (loi du 24 mars 1806).

Salaires des conservateurs. — Indépendamment des droits qu'ils recouvrent au profit du Trésor, les conservateurs des hypothèques perçoivent *pour leur propre compte des salaires*, à titre de rémunération personnelle, pour l'accomplissement des diverses formalités. Le taux de ces salaires est réglé par des lois et décrets multiples.

TITRE VI

INSTANCES ET PROCÉDURE EN MATIÈRE D'ENREGISTREMENT, TIMBRE, HYPOTHÈQUES, ETC.

On entend par instance la poursuite d'une action ou d'une demande en justice.

Les instances dans lesquelles l'administration de l'enregistrement est appelée à intervenir ont des objets multiples. On distingue :

Les instances relatives à la perception des droits et amendes de toute nature, dont le recouvrement est confié aux préposés de l'enregistrement ;

Les instances en expertise et dissimulation ;

Les instances concernant le domaine de l'État ;

Nous avons indiqué précédemment les règles applicables aux procédures en expertise et en dissimulation (voir *Enregistrement*, chapitre I). Nous traiterons dans le chapitre suivant des questions domaniales et des instances auxquelles elles peuvent donner lieu. Nous n'avons donc à nous occuper ici que des instances rentrant dans la première catégorie.

Celles-ci sont elles-mêmes engagées dans des conditions diverses ; les parties peuvent être assignées par l'administration ou poursuivies par le ministère public, afin de se voir condamner aux droits dont elles sont redevables ou aux amendes et peines qu'elles ont encourues pour des contraventions ou délits déterminés ; de leur côté, elles peuvent attaquer l'administration, soit pour demander la restitution des sommes qu'elles ont indûment payées, soit pour contester l'exigibilité des droits et amendes qui leur sont réclamés et arrêter les poursuites engagées contre elles.

Nous parlerons, en premier lieu, des instances en restitution de droits. Nous étudierons ensuite toutes les autres instances concernant le recouvrement des droits de toute nature, ou ayant pour objet la condamnation aux peines et amendes. Nous exposerons, à cette occasion, les règles suivant lesquelles sont dirigées les poursuites en matière d'enregistrement, de timbre, etc.

Mais avant d'entrer dans le détail de la procédure applicable dans les différents cas, il importe de faire remarquer que les instances que l'administration est appelée à suivre *pour toutes les perceptions qui lui sont confiées* sont, quels qu'en soient l'objet et la nature, instruites dans la même forme, suivant des règles spéciales en dérogation aux principes du Code de procédure civile ; la loi du 27 ventôse an IX a stipulé, en effet, que l'instruction de toutes les instances en question se ferait par simples mémoires respectivement signifiés, sans plaidoiries, et que les parties ne seraient pas obligées d'employer le ministère des avoués.

I. — Instances en restitution des droits.

Les parties qui sollicitent une restitution de droits peuvent, avant de procéder à une assignation et afin d'éviter les frais d'une action en justice, en appeler d'abord à l'administration supérieure.

Réclamations administratives. — Les réclamations administratives sont adressées, sous forme de pétitions sur papier timbré, au ministre des Finances ou au directeur général ; elles n'ont point pour effet d'interrompre la prescription biennale établie par la loi de frimaire en matière de restitution de droits.

Les particuliers ne sont point recevables à se pourvoir en Conseil d'État contre les décisions rendues par le ministre des finances, ces décisions n'ayant pas le caractère contentieux. Mais, s'ils n'ont pas obtenu satisfaction, ils peuvent recourir à la voie judiciaire et engager une instance.

Instances. — Les parties assignent directement l'administration ; le tribunal compétent est le tribunal civil dans le ressort duquel se trouve le bureau où les droits ont été perçus.

Les instances sont suivies selon les règles de procédure dont nous donnerons plus loin l'exposé.

II. — Poursuites et instances relatives au recouvrement des droits et amendes de toute nature.

Les conditions dans lesquelles les poursuites sont engagées et les instances introduites diffèrent suivant qu'il s'agit de droits d'enregistrement, de droits de timbre ou des amendes et peines encourues pour infractions à diverses lois qui ne sont pas, à proprement parler des lois fiscales, mais dont les préposés de l'enregistrement sont cependant chargés d'assurer l'exécution (lois sur les ventes publiques de meubles ou de marchandises neuves, lois sur le notariat, loi sur la publicité des émissions financières).

1. — **Droits d'enregistrement.** — Lorsque des droits ou amendes d'enregistrement sont reconnus exigibles, les préposés doivent adresser tout d'abord un avertissement au redevable et lui donner toutes explications verbales ou écrites qu'il demande.

Si ces démarches officieuses demeurent sans effet, il y a lieu d'engager des poursuites.

Contrainte. — Le premier acte de poursuite est une *contrainte* décernée par le receveur ou préposé de la Régie. Toutefois, un procès-verbal doit être rapporté, préalablement à la contrainte, lorsqu'il s'agit d'amendes encourues par des officiers publics ou autres assujettis aux vérifications de l'enregistrement pour refus de communication d'actes, pièces ou écrits.

Les contraintes sont rédigées sur timbre de dimension et décernées contre les véritables débiteurs des droits et amendes ou leurs représentants légaux ; elles doivent être visées et rendues exécutoires par le juge de paix du canton où le bureau est établi. Elles sont signifiées aux redevables par le ministère d'un huissier.

La contrainte est un *titre exécutoire* au même degré qu'un jugement (1) ; en conséquence, l'exécution peut en être poursuivie par toutes les voies autorisées par le droit commun, notamment par la saisie mobilière ou la saisie-arrêt.

Opposition à la contrainte. Introduction et instruction des instances. — Les redevables qui contestent l'exigibilité des droits et amendes pour lesquels ils sont poursuivis, ont la faculté de *faire opposition* à la contrainte et d'engager à cet effet une instance contre l'administration (2).

L'opposition doit être motivée et contenir assignation à jour fixe devant le tribunal compétent, c'est-à-dire devant le tribunal civil dans l'arrondissement duquel est situé le bureau d'où émane la contrainte ; l'opposant est tenu

---

(1) On doit observer, toutefois, que les contraintes n'emportent pas, par elles-mêmes, hypothèque judiciaire, aucune disposition législative ne leur ayant été attribuée à cet effet.

(2) Lorsque les redevables ne font pas opposition à la contrainte décernée contre eux, l'administration peut les assigner directement afin d'obtenir un jugement emportant hypothèque. — Cette procédure n'est employée que d'une manière exceptionnelle.

d'élire domicile dans la commune où siège le tribunal. La signification de l'opposition a pour effet de suspendre immédiatement l'exécution des poursuites.

L'instruction des instances se fait dans la forme prescrite par la loi du 27 ventôse an IX (1). La procédure écrite est donc substituée, d'une manière exclusive, à la procédure orale du droit commun.

Jugements. Voies de recours. — Les jugements doivent intervenir dans les trois mois de l'introduction de l'instance ; mais la loi n'a édictée aucune peine de déchéance dans le cas où les instances se prolongeraient au delà du terme fixé.

Les jugements sont rendus sur le rapport d'un juge fait en audience publique, et sur les conclusions du ministère public ; les plaidoiries sont rigoureusement interdites.

Les dépens sont à la charge de la partie qui succombe ; la liquidation en est faite par le jugement ou par l'un des juges qui y ont assisté. Il n'y a d'autres frais à supporter que ceux du papier timbré, des significations et du droit d'enregistrement du jugement.

Aux termes de la loi de frimaire an VII (article 65), les jugements sont *sans appel* et ne peuvent être attaqués que par voie de cassation. On doit entendre cette disposition en ce sens que les jugements en question ne comportent qu'un seul degré de juridiction, mais il ne faut pas en conclure qu'il est interdit aux redevables ou à l'administration de recourir à la voie de l'opposition contre les jugements par défaut, c'est-à-dire contre ceux rendus sur le mémoire et les pièces produites par l'une des parties, sans que l'autre ait fourni de défense.

De même les jugements en matière d'enregistrement

---

(1) La loi n'interdit pas aux parties d'employer, si elles le jugent convenable, le ministère des avoués, notamment pour la rédaction des mémoires. Mais les frais extraordinaires qui en résultent demeurent toujours à la charge de ceux qui les ont faits.

peuvent être attaqués, s'il y a lieu, par la voie de la tierce opposition et de la requête civile.

C'est seulement à défaut d'autre voie de recours que le jugement peut être déféré en cassation pour violation de la loi ou pour vice de forme. La loi de frimaire an VII ne trace aucune règle spéciale pour la procédure à suivre devant la Cour de cassation ; en conséquence, l'administration et les parties doivent se conformer à la loi commune.

Poursuites correctionnelles. — Il peut y avoir lieu à poursuites correctionnelles, lorsqu'il s'agit de fausse mention d'enregistrement soit dans une minute, soit dans une expédition, et, d'une manière générale, toutes les fois qu'il y a matière à accusation de faux. Les préposés doivent, dans ce cas, rapporter un procès-verbal qu'ils transmettent au procureur de la République, chargé de poursuivre le délinquant.

Les règles auxquelles sont soumises les poursuites et instances en matière d'enregistrement ont été étendues, par diverses dispositions législatives, à la perception des droits d'hypothèques (loi du 21 ventôse an VII) et de la taxe sur le revenu des valeurs mobilières (loi du 29 juin 1872). Il va sans dire qu'elles s'appliquent également à la taxe obligatoire sur les sociétés d'assurance maritime et contre l'incendie, au droit de transmission et au droit d'accroissement, qui sont, en principe, de véritables droits d'enregistrement.

II. — **Droits de timbre.** — Le recouvrement des droits et amendes de timbre est également poursuivi par voie de contrainte, et, en cas d'opposition, les instances sont instruites et jugées suivant les règles que nous venons d'exposer. Mais tandis que, en matière d'enregistrement, la rédaction d'un procès-verbal est exceptionnelle, les contraventions aux lois sur le timbre doivent au contraire toujours être constatées sous cette forme, à moins, toutefois, que le contrevenant ne consente à acquitter immédiatement les droits et amendes exigibles (1) ; la contrainte suit donc, en règle générale, le procès-verbal, au lieu d'être l'acte initial des poursuites.

Poursuites correctionnelles. — Les contraventions aux lois sur le timbre peuvent également donner lieu à des poursuites correctionnelles, lorsqu'elles revêtent le caractère de délits d'ordre public ; il en est ainsi, notamment, de l'altération, de l'emploi, de la vente ou tentative de vente de papiers timbrés ou de timbres mobiles ayant déjà servi (Voir *Droits de timbre,* page 244).

Les peines sont prononcées par les tribunaux correctionnels sur la poursuite du ministère public (2).

III. — Ventes publiques de meubles.

— Les préposés de l'enregistrement doivent, ainsi que nous l'avons dit, assurer l'exécution de la loi du 22 pluviôse an VII, qui a réglementé les ventes publiques de meubles. Aux termes de cette loi, les objets mobiliers ne peuvent être vendus publiquement et par enchères qu'en présence d'officiers publics ayant qualité pour procéder à ces opérations (art. 1er) et qu'autant qu'une déclaration préalable a été faite au bureau de l'enregistrement (art. 2). La loi impose, en outre, aux officiers publics qui effectuent ces ventes, diverses obligations subsidiaires relatives à la rédaction et à la forme des procès-verbaux de vente. Toute infraction à ces dispositions est punie d'une amende.

---

(1) Dans la pratique, les préposés peuvent également s'abstenir de dresser procès-verbal lorsque la pièce incriminée se trouve dans un dépôt public, ou lorsque la partie consent à la laisser au bureau de l'enregistrement.

(2) Antérieurement à la loi du 28 décembre 1890, les contraventions au timbre des affiches peintes donnaient également lieu à des poursuites correctionnelles; mais cette loi a stipulé que, à l'avenir, les instances de l'espèce seraient suivies dans la forme et d'après les règles ordinaires établies par la législation sur le timbre.

Les préposés de la régie sont autorisés à se transporter dans tous les lieux où il est procédé à des ventes de l'espèce et à s'y faire représenter les procès-verbaux de vente et les copies des déclarations préalables.

Les contraventions aux articles 1 et 2 de la loi sont constatées, soit par un procès-verbal rédigé sur les lieux mêmes et à la suite duquel une contrainte peut être décernée contre le contrevenant, soit, à défaut de procès-verbal, par une enquête qui est ordonnée par le tribunal, sur la requête de l'administration (1).

Pour les contraventions aux autres dispositions de la loi, le recouvrement des amendes est poursuivi directement par voie de contrainte, sans que la rédaction d'un procès-verbal soit nécessaire.

Ventes publiques de marchandises neuves. — En ce qui concerne les ventes publiques de marchandises neuves, les pénalités édictées par la loi du 25 juin 1841 sont prononcées par les tribunaux correctionnels; l'administration de l'enregistrement doit se borner à constater les contraventions et à les signaler au ministère public, à qui appartient l'initiative des poursuites.

Lois sur le notariat. — Les préposés de l'enregistrement sont aussi chargés de veiller à la régularité des actes des notaires et à l'accomplissement des formalités imposées par diverses lois à ces officiers ministériels.

Ils constatent par procès-verbal les contraventions aux dispositions de la loi du 25 ventôse an XI sur le notariat et des textes législatifs concernant le dépôt des répertoires au greffe, la publication des contrats de mariage des commerçants, la transcription des protêts sur un registre particulier, etc.

---

(1) La procédure de l'enquête est suivie dans les formes du droit commun ; mais l'instance qui s'engage sur les résultats de l'enquête est instruite et jugée comme en matière d'enregistrement.

Les amendes sont prononcées par jugement ; les procès-verbaux sont, à cet effet, transmis au procureur de la République, qui doit requérir les condamnations. Le tribunal compétent est le tribunal *civil* de l'arrondissement dans lequel réside le notaire ; les jugements sont susceptibles d'appel.

IV. — **Publicité des émissions financières.** — L'article 3 de la loi du 30 janvier 1907 a réglementé les mesures de publicité qui doivent être observées, dans l'intérêt du public, en matière d'émissions financières. Les agents de l'enregistrement sont chargés de veiller à l'exécution de ces dispositions.

Aux termes de la loi, préalablement à toute mesure de publicité, les émetteurs, exposants, metteurs en vente et introducteurs de titres, autres que des fonds d'Etat, doivent faire insérer dans un bulletin annexe au *Journal officiel*, dont la forme a été déterminée par un décret du 27 février 1907, une notice énonçant : 1° la dénomination de la société, 2° l'indication de la législation sous le régime de laquelle fonctionne la société, 3° le siège social, 4° l'objet de l'entreprise, 5° la durée de la société, 6° le montant du capital social, le taux de chaque catégorie d'actions et le capital non libéré, 7° le dernier bilan certifié pour copie conforme ou la mention qu'il n'en a pas été dressé encore.

La loi distingue entre les divers modes de publicité : les affiches, prospectus et circulaires, d'une part, et la publicité dans les journaux d'autre part.

Ces prescriptions et diverses dispositions complémentaires contenues dans la loi ont pour but de permettre au public, dont on sollicite le concours, d'être renseigné, dans la plus large mesure possible, sur la situation des emprunteurs.

TITRE VII

DOMAINE DE L'ÉTAT

Bien que cet ouvrage soit limité à l'étude des impôts en France et que les produits domaniaux n'aient pas le caractère de contributions, il nous a paru indispensable de donner quelques explications *sommaires* (1) sur le domaine de l'Etat. La conservation et la gestion de ce domaine sont, en effet, confiées, en principe, à l'administration de l'enregistrement, dont nous ne pouvions passer sous silence une des principales attributions.

Pour la même raison, nous traiterons également dans ce chapitre des biens de diverses natures qui, à proprement parler, ne font pas partie du domaine de l'Etat, mais sont cependant régis par les préposés de l'enregistrement.

Les biens dont l'ensemble compose le domaine national rentrent dans deux catégories principales.

Les uns, tels que les fleuves ou les routes, ne sont pas, par leur nature ou par leur destination, susceptibles d'appropriation privée. L'Etat les détient simplement en qualité de *souverain*, mais il n'exerce pas sur eux et il ne peut exercer un véritable droit de propriété. Ces biens composent ce qu'on appelle le *domaine public*.

D'autres biens, mobiliers ou immobiliers, appartiennent

---

(1) Consulter pour de plus amples détails le très intéressant article paru, sous la signature de MM. de Récy et Tisserant, dans le *Répertoire de droit administratif* de Béquet.

au contraire à l'Etat à titre de propriété civile, dans les conditions où les particuliers sont aptes à posséder. Ils constituent le *domaine privé* de l'Etat.

Cette distinction entre le droit de souveraineté et le droit de propriété est l'origine des différences essentielles qui, au point de vue administratif et juridique, existent entre le domaine public et le domaine privé.

Nous étudierons séparément les règles applicables à chacune de ces parties du domaine national.

I. — Domaine public

Consistance. — D'après l'article 538 du Code civil, « toutes les portions du territoire *qui ne sont pas susceptibles d'une propriété privée* sont considérées comme des dépendances du domaine public ». Cette formule compréhensive permet de classer dans le domaine public de la nation tous les immeubles (1) qui reçoivent de leur affectation à l'usage commun des citoyens le caractère de domanialité publique, quand même ils seraient détenus par des collectivités plus restreintes que l'Etat, telles que les départements et les communes.

Le domaine national comprend ainsi :

1° Un domaine maritime, c'est-à-dire les rivages (2), les havres et rades, les étangs et les ports ;

2° Un domaine fluvial composé des rivières navigables

---

(1) Les termes mêmes dont s'est servi le législateur conduisent à exclure, en général, du domaine public tous les objets mobiliers appartenant à l'Etat.

(2) On entend par rivages « tout ce que la mer couvre et découvre pendant les nouvelles et pleines lunes et jusqu'où le plus grand flot (flot de mars ou flot d'hiver selon les mers) se peut étendre sur les grèves ». (Ordonnance de 1681.)

et flottables, des ouvrages de navigation qui s'y rattachent étroitement, des lacs ;

3° Un domaine artificiel comprenant : les voies publiques, routes, chemins et rues de toute sorte, — les chemins de fer et certaines de leurs dépendances (loi du 15 juillet 1845), — les canaux de navigation, en principe du moins, — les eaux emmagasinées en vue d'un usage public, fontaines et réservoirs, — les lignes télégraphiques et téléphoniques ;

4° Un domaine monumental, autrement dit les monuments publics et les édifices religieux servant *en fait* à l'exercice *public* du culte ;

5° Un domaine militaire dans lequel il faut comprendre tous les terrains et ouvrages destinés à la défense du territoire.

Conservation du domaine public. — Le domaine public est *conservé* par les diverses administrations à la surveillance desquelles il est soumis selon sa nature. Ainsi le ministère de l'intérieur a dans ses attributions la voirie urbaine, les chemins vicinaux et ruraux ; le ministère des travaux publics, ou pour mieux dire, le service des ponts et chaussées, est chargé des routes nationales et départementales, des canaux, des chemins de fer, des ports de commerce, etc. Les autorités administratives ainsi désignées doivent, dans la sphère de leurs attributions respectives, prévenir les empiètements des particuliers et, à cet effet, *délimiter le domaine*, pourvoir aux travaux d'entretien et de réparation, etc.

En pareille matière, le ministère des finances n'intervient, par l'intermédiaire de l'administration des domaines, qu'au cas où les droits de l'Etat sont mis en question par les particuliers.

Condition juridique du domaine public. — Le domaine public n'étant pas, aux termes du Code civil *susceptible de propriété privée*, échappe à tous les droits et actions qui dérivent du droit de propriété, qui le supposent ou y aboutissent.

Il est donc inaliénable, toute aliénation impliquant la propriété ; il est imprescriptible, la prescription dérivant de la possession privative pendant un certain laps de temps ; il ne comporte pas de droits réels, tels que servitudes, privilèges, hypothèques qui ne sont que des démembrements du droit de propriété.

Toutefois, le domaine public n'est pas *indisponible*. On peut disposer d'une portion de ce domaine en lui faisant perdre, au préalable, le caractère de domanialité publique, en la transformant en une propriété privée de l'Etat, toujours aliénable et prescriptible, comme nous le verrons. Cette transformation s'opère au moyen de ce qu'on appelle le *déclassement*. Ainsi, l'administration qui veut aliéner une partie de route devenue inutile, doit tout d'abord la déclasser, c'est-à-dire la retrancher du domaine public.

Produits du domaine public. — De ce que le domaine public n'est pas susceptible de propriété privée, il ne faudrait pas conclure que l'État, qui en a la garde, n'a pas le droit d'en retirer un profit. Sans doute, les pouvoirs publics doivent, avant tout, maintenir la destination du domaine ; sans doute, ils ne doivent pas, dans le but unique de réaliser des recettes, en modifier l'affectation, mais ils n'ont pas non plus le droit de négliger les ressources que le domaine peut procurer.

C'est en vertu de ce principe que l'État recueille et vend les fruits naturels du domaine, qu'il afferme certains droits, tels que le droit de pêche sur les rivières navigables et flottables, qu'il concède enfin temporairement, à titre d'occupation précaire et révocable, des portions du domaine qui ne sauraient être utilement affectées à l'usage commun. — La gestion des produits domaniaux comporte ainsi : des ventes, des locations, des concessions temporaires qui tantôt sont gratuites, tantôt impliquent le payement d'une redevance annuelle.

En règle générale, il appartient à l'administration de l'enregistrement (1) de procéder aux ventes et aux locations et au besoin de les provoquer. Toutefois, l'intervention des services financiers est subordonnée à l'initiative ou du moins au consentement des fonctionnaires des diverses administrations chargées, suivant les distinctions que nous avons établies plus haut, de *conserver* telle ou telle partie du domaine.

Dans tous les cas, l'administration des domaines a seule qualité pour recouvrer les prix de vente, de location, ou les redevances imposées aux concessionnaires.

II. — Domaine privé.

Le domaine privé se compose de biens analogues à ceux qui constituent les fortunes particulières. L'État les possède en qualité de propriétaire, il exerce sur eux les droits du maître sur la chose. — Il ne saurait donc être question ici ni d'inaliénabilité, ni d'imprescriptibilité.

Consistance. — Ces biens se divisent en deux catégories : les uns sont affectés à un service public, les autres restent libres de toute affectation.

---

(1) La même administration est encore chargée de suivre les demandes relatives aux occupations temporaires du domaine public maritime ou terrestre, autres que celles qui ont pour objet la création ou l'exploitation d'établissements de pêche maritime.

La quotité des redevances exigibles en pareil cas est fixée, savoir : par les directeurs des domaines, lorsqu'elles ne dépassent pas 1.000 francs par an ; par le directeur général au delà de 1.000 francs jusqu'à 5.000 francs, et par le ministre des finances au delà de 5.000 francs. — Les redevances ainsi fixées sont revisées au plus tard tous les cinq ans.

On entend par biens affectés à un service public tous les biens soit mobiliers, soit immobiliers, répartis entre les départements ministériels chargés d'assurer les services publics, tels, par exemple, que les hôtels des ministères et leurs dépendances mobilières.

Les biens non affectés comprennent également des biens immobiliers et des biens mobiliers. Nous mentionnerons notamment : le domaine forestier, les maisons, établissements, terres appartenant à l'État et non utilisées pour un service public, — les objets composant les collections artistiques, littéraires, scientifiques de l'État, le matériel des armées de terre et de mer, etc.

Tous les immeubles du domaine privé, qu'ils appartiennent à la première ou à la seconde catégorie, ont, en vertu de la loi du 29 décembre 1873 et à la suite de cette loi, fait l'objet d'un relevé complet qui devrait être tenu annuellement au courant. En fait, cette dernière disposition est tombée en désuétude.

Mais, dans tous les cas, les archives de chaque direction des domaines doivent renfermer la description des parties du domaine privé de l'État situées dans le département où elle est établie. A cet effet, il a été prescrit aux directeurs de tenir divers registres ou *sommiers* sur lesquels sont inscrits tous les biens appartenant à l'État et particulièrement *les immeubles affectés.*

Administration du domaine privé.

Biens affectés. — L'affectation d'un immeuble ayant pour effet de le distraire du patrimoine utile de l'État, on conçoit que le législateur se soit préoccupé de prévenir les abus qui pourraient se produire. C'est dans ce but qu'il a décidé qu'aucune affectation ne pourrait avoir lieu si elle n'était sanctionnée par un décret contresigné par le ministre affectataire, pris sur l'avis du ministre des finances. La loi du 29 décembre 1873 a complété cette garantie en instituant une commission chargée de reviser tous les trois ans les affectations d'immeubles. Des mesures plus strictes encore ont été prises pour éviter les concessions abusives de logement dans les immeubles appartenant à l'État (Voir loi du 24 avril 1833, article 12 ; — loi du 16 septembre 1871, article 27 ; — loi du 25 février 1901, art. 56).

Il est interdit en conséquence aux directeurs des domaines d'effectuer la remise d'un immeuble quelconque à un service public, si les formalités édictées par la loi ne sont accomplies.

Mais, du moment où l'affectation est régulièrement prononcée, le directeur des domaines doit livrer l'immeuble affecté au chef du service intéressé, qui devient, dès lors, responsable de sa gestion.

La gestion des immeubles affectés et des objets mobiliers qui en dépendent est donc confiée aux services affectataires. L'administration des domaines n'est plus chargée que de suivre les instances relatives aux questions de propriété, de réaliser les produits dont les immeubles peuvent être susceptibles dans des cas exceptionnels, de vendre les objets mobiliers mis à la disposition des services quand ils ne peuvent plus être utilisés, enfin de s'assurer, au moyen de récolements périodiques, de l'existence des meubles que l'État fournit aux fonctionnaires qu'il loge.

Biens non affectés. — L'État gère les biens non affectés dans les mêmes conditions qu'un simple propriétaire. Il est cependant tenu, par le décret du 28 octobre 1790, d'affermer la plupart de ces biens ; ceux qui ne peuvent être loués avantageusement sont exploités directement, en vertu d'un autre décret du 19 août 1791, et les produits en sont vendus au profit de l'État.

1. — Les baux que, en règle générale, les pouvoirs publics sont obligés de passer, sont approuvés par les préfets, par le ministre des finances ou par la loi suivant le cas.

Les locations sont consenties à la suite d'adjudications préparées par le service des domaines, annoncées un mois à l'avance par des publications. Elles ont lieu dans la forme ordinaire des enchères, sous la présidence du préfet, du sous-préfet ou du maire, en présence du receveur des domaines.

Encore qu'il constitue le mode de procéder le plus usuel, l'affermage aux enchères n'est cependant pas rigoureusement obligatoire. Des baux amiables peuvent être consentis :

Par les directeurs des Domaines, pour les baux dont la durée n'excède pas neuf ans et dont le prix annuel n'est pas supérieur à **1.000** francs ;

Par le directeur général des domaines, pour ceux dont le prix dépasse **1.000** francs sans excéder **5.000** francs et dont la durée n'est pas supérieure à neuf ans ;

Par le ministre des finances pour tous les baux de plus de neuf ans, quel qu'en soit le prix, et pour tous ceux dont le prix excède **5.000** francs, quelle qu'en soit la durée, sans dépasser dix-huit ans.

La sanction législative serait nécessaire pour les baux amiables de plus de dix-huit ans.

Les preneurs doivent, dans tous les cas, verser le montant des loyers dans la caisse du receveur des domaines.

11. — Les biens exploités directement font partie du domaine forestier de l'État ou constituent certains établissements spéciaux.

Le domaine forestier est administré par un service rattaché au ministère de l'Agriculture et dont nous ne saurions exposer ici le fonctionnement. Il nous suffira de dire que les produits principaux des forêts, tels que ventes de coupes de bois, etc., sont encaissés par les trésoriers-payeurs généraux, que la perception des produits accessoires (vente de menus produits, etc.) est confiée à l'administration des domaines, qui participe d'ailleurs à de nombreuses opérations forestières : délimitations et bornage, cantonnements, etc. C'est encore cette administration qui est chargée d'instruire les affaires concernant la propriété des bois et forêts de l'État.

Les établissements spéciaux exploités directement par l'État comprennent principalement des écoles vétérinaires, des stations agronomiques, des écoles nationales d'agriculture, des haras, des établissements thermaux. Les produits de ces établissements doivent être vendus, exception faite de ceux qui peuvent être employés sur place. En principe, les ventes ont lieu par adjudication aux enchères, en présence et par les soins du receveur des domaines, qui est, en outre, chargé d'en encaisser le prix. — Quand aux droits et revenus de diverse nature qui peuvent être perçus dans ces établissements, tels que produit des montes dans les haras, prix des bains dans les établissements thermaux, ils sont recouvrés par des agents spéciaux qui en versent périodiquement le montant aux receveurs des domaines.

C'est également à l'administration de l'enregistrement qu'il appartient de pourvoir au dépenses que peuvent nécessiter l'entretien et la réparation des biens domaniaux non affectés. A cet effet, les receveurs doivent, lorsqu'il y a lieu de procéder à des travaux de quelque importance, provoquer une expertise destinée à faire connaître le coût probable des réparations. Une fois que les travaux, généralement engagés à la suite d'une adjudication, ont été exécutés et reçus, les receveurs des domaines sont encore chargés d'en payer le montant ; les mémoires fournis à l'appui des mandats doivent être arrêtés soit par le directeur départemental, soit par le directeur général ou encore par le ministre des finances, suivant le chiffre auquel ils s'élèvent.

La consistance du domaine privé de l'État peut être modifiée soit par des acquisitions, soit par des aliénations.

Acquisitions. — Le domaine de l'État s'accroît par les modes d'acquisition du droit commun et par des modes d'acquisition qui lui sont propres.

I. — L'État peut augmenter son domaine selon les règles du droit commun : c'est-à-dire au moyen d'achats, par l'effet de donations et de legs, ou grâce à la prescription, qui court à son profit comme elle peut courir au profit d'un particulier.

Les achats sont presque tous réalisés par la voie amiable, au gré du pouvoir exécutif, qui peut acquérir soit des meubles, soit même des immeubles, du moment où il dispose de crédits suffisants pour ordonnancer la dépense. — En principe, c'est le ministre des finances qui admet les achats d'immeubles et qui en fixe le prix. Le directeur des domaines du département doit étudier les titres de propriété, préparer l'acte, qui est soumis au préfet chargé de recevoir le contrat. L'intervention du service des domaines n'est cependant que facultative, lorsque l'acquisition est faite pour le compte d'une administration ne relevant pas du ministère des finances. Mais dans tous les cas, le directeur des domaines doit procéder à l'inscription de l'immeuble acheté sur le sommier de consistance des biens de l'État, et c'est entre ses mains que sont déposés les titres de propriété.

En ce qui concerne les donations ou les legs, l'acceptation doit en être autorisée par décret.

II. — L'État acquiert par suite d'une dévolution légale les biens vacants et sans maître et les successions en déshérence (voir : *Biens régis*). — Le domaine privé s'augmente encore des îles ou îlots qui viennent à se former dans les cours d'eau navigables ou flottables, des lais et relais de la mer, c'est-à-dire des parties du rivage abandonnés par les flots. Enfin, les biens du domaine public qui cessent d'être affectés à l'usage de l'universalité des habitants rentrent de plein droit dans le patrimoine privé de l'État.

Aliénations immobilières. — L'aliénation des immeubles faisant partie du domaine de l'État peut avoir lieu suivant deux modes différents ; la vente ou l'échange.

I. — *Ventes*. — Tous les biens du domaine privé sont susceptibles d'être vendus, à l'exception de ceux affectés à un service public ; mais ces derniers redeviennent disponibles dès que leur affectation cesse. Un bien quelconque peut être vendu sur l'initiative du pouvoir exécutif, à moins que sa valeur estimative (1) ne dépasse un million ; auquel cas l'intervention du législateur est nécessaire (loi du 1er juin 1864).

Les aliénations d'immeubles régulièrement autorisées se font toujours par voie d'adjudication publique. Les adjudications, annoncées par affiches, ont lieu à l'extinction des feux ; elles sont présidées par un bureau qui comprend, dans tous les cas, le préfet et le directeur des domaines ou leurs délégués.

Les actes de vente sont passés par le préfet, ou quelquefois par le ministre des finances ; ils ne font que reproduire les conditions et le résultat de l'adjudication et doivent mentionner les numéros sous lesquels les immeubles vendus sont immatriculés au tableau général des propriétés de l'État.

Dans certains cas exceptionnels *spécialement* prévus, la loi autorise les cessions amiables. L'administration des domaines peut ainsi aliéner suivant le mode qu'elle juge le plus avantageux, les lais et relais de la mer, les atterrissements ; elle peut encore concéder de gré à gré le sol des routes déclassées aux riverains ou aux propriétaires des terrains nécessaires à la confection d'une voie nou-

---

(1) C'est aux directeurs des domaines qu'il appartient de faire procéder à l'estimation des biens à vendre au moyen d'expertises qui sont suivies par des fonctionnaires de l'enregistrement.

velle, etc. Les conditions suivant lesquelles ces cessions doivent être opérées sont réglées par les différentes lois qui ont dérogé au principe de l'adjudication.

De quelque façon que l'aliénation ait lieu, le recouvrement du prix est effectué par le receveur des domaines du lieu où l'acte a été passé. Si le prix principal ne dépasse pas 100 francs, il est exigible et payable intégralement dans le mois de l'adjudication ou de la cession amiable. S'il dépasse 100 francs, il est divisé en trois fractions égales et payé, savoir : le premier tiers dans le mois à partir de la date de l'acte, les deux autres tiers d'année en année à dater de l'expiration du terme accordé pour le payement du premier tiers (1). La libération définitive des acquéreurs résulte non pas des quittances successivement délivrées par le receveur, mais bien d'un quitus établi par le directeur des domaines, qui doit le libeller au vu d'un décompte définitif du prix de vente présenté par l'acquéreur.

11. — *Échange*. — Craignant que l'échange ne servît à dissimuler une cession à titre gratuit, l'Assemblée constituante, par la loi des 22 novembre-1er décembre 1790, subordonna la validité de ce contrat à une approbation du pouvoir législatif. Depuis lors, la loi du 6 décembre 1897 (art. 6) a conféré au ministre des finances le pouvoir d'autoriser les échanges d'immeubles domaniaux dont la valeur ne dépasse pas 50.000 francs. La ratification de l'aliénation résulte, dans ce cas, d'un simple décret en Conseil d'État.

Les demandes d'échange formulées par les particuliers sont instruites par l'administration des domaines qui recueille l'avis des préfets. Si, au vu du dossier, le ministre des finances estime qu'il y a lieu d'étudier la demande, il prescrit une expertise. Les procès-verbaux d'expertise

---

(1) Aux termes de la décision ministérielle du 8 juillet 1908 qui a modifié le cahier des charges-type, le paiement du prix qui, antérieurement, était échelonné en cinq termes a été réparti en trois termes.

sont remis au préfet, qui les transmet au ministre avec son avis et celui du directeur des domaines. Le ministre, s'il juge à propos de poursuivre la réalisation de l'échange, fait prendre un décret autorisant à passer contrat, sous réserve de la ratification législative, s'il y a lieu. L'acte d'échange est alors établi par le préfet, assisté du directeur des domaines.

Aliénations mobilières. — L'administration des domaines doit, comme nous l'avons vu, mettre en vente les objets mobiliers provenant des services publics et devenus hors d'usage. Elle peut encore vendre divers biens meubles faisant partie du domaine de l'État.

I. — Les règles suivant lesquelles sont vendus les objets mobiliers provenant des ministères varient selon que telle ou telle administration se trouve en cause. Nous ne saurions entrer dans des détails à cet égard. Nous nous contenterons de dire que, dans presque tous les cas, les objets à vendre doivent être remis à l'administration des domaines et qu'un inventaire doit être fourni à l'appui. La vente est faite par le receveur des domaines, qui dirige les enchères, prononce l'adjudication, dresse le procès-verbal, le signe concurremment avec les représentants de l'administration intéressée. En principe également, le prix est versé dans les caisses du domaine.

II. — Les meubles qui ne sont pas utilisés par les services publics sont vendus le plus généralement aux enchères. Le lieu et le jour de la vente sont fixés par le préfet, sur la proposition du directeur. C'est le receveur des domaines qui dirige les opérations, rédige le procès-verbal d'adjudication. Le payement du prix doit avoir lieu séance tenante, ou à très bref délai.

Toutes les fois que l'administration juge que la procédure de l'adjudication serait impossible ou simplement inutile, elle peut recourir à la vente amiable. Le service des domaines a toute liberté d'appréciation à cet égard.

Les cessions amiables sont approuvées par les préfets quand le prix convenu est inférieur à 2.000 francs ; au-dessus de cette somme, le ministre peut seul autoriser l'aliénation de gré à gré.

III. — Poursuites et instances en matière domaniale

On distingue, en matière domaniale, les instances relatives à la *propriété* des biens qui font partie du domaine et celles qui ont pour objet le *recouvrement* des sommes dues à l'Etat.

Instances en matière de propriété. — *Compétence.* — D'après les principes généraux de notre droit, la juridiction administrative est seule compétente pour juger toutes les contestations qui peuvent s'élever au sujet des droits de souveraineté de l'Etat ; à la juridiction civile appartient, au contraire, la connaissance des difficultés que peuvent faire naître les droits que l'Etat exerce comme personne privée, en qualité de simple *propriétaire*.

Il en résulte que, en thèse absolue, tous les litiges intéressant la *propriété* du domaine de l'Etat devraient être portés devant les tribunaux ordinaires. Telle est, en effet, la règle générale. Mais ces mêmes litiges impliquent fréquemment l'interprétation d'actes administratifs dont il est interdit à la juridiction civile de connaître, en vertu des principes que nous venons de rappeler. En pareil cas, les tribunaux doivent se dessaisir, momentanément tout au moins, de l'affaire qui leur est soumise et que la juridiction administrative (conseil de préfecture ou Conseil d'Etat, parfois préfet ou ministre, suivant les espèces) a seule qualité pour examiner.

Ainsi, les tribunaux civils sont incompétents pour interprêter les clauses d'un cahier des charges auquel un concessionnaire est soumis, ou d'une convention qu'il a signée avec l'Etat. De même, si un particulier a fait reconnaître ses droits sur une portion du territoire comprise à tort dans le domaine public, les tribunaux civils ne peuvent faire rectifier la délimitation du domaine à laquelle il a été procédé par acte administratif. La partie doit s'adresser au conseil de préfecture pour obtenir restitution de son bien.

Mais, en dehors des cas où le principe de la séparation des pouvoirs doit être invoqué, la règle générale reprend tout son empire. Cependant, quelques lois spéciales y ont apporté, dans les cas que nous allons énumérer, des dérogations qui ne se justifient guère en droit et que des raisons historiques expliquent seules : le Code forestier soumet aux tribunaux administratifs les contestations en matière de bois de l'Etat ; l'arrêté du 6 nivôse an XI leur reconnaît également le droit de trancher les difficultés qui peuvent s'élever entre l'Etat et les communes au sujet de la propriété des eaux minérales. Enfin, l'exception la plus remarquable est contenue dans la loi du 28 pluviôse an VIII, dont l'article 4 investit la juridiction administrative du contentieux en matière de ventes domaniales immobilières.

Il est presque inutile d'ajouter que toutes ces dispositions sont de droit étroit, qu'elles ne sauraient être étendues par analogie, que notamment l'article 4 de la loi de pluviôse ne concerne aucun des contrats passés par l'Etat autres que les ventes immobilières. Il ne s'applique donc ni aux échanges, ni aux baux, ni aux aliénations de biens communaux de toute nature.

Instances judiciaires. — Aux termes de la loi, c'est aux préfets qu'appartient le droit d'exercer, tant en demande qu'en défense, les actions en justice sur les questions de propriété domaniale. Ils ne sauraient, toutefois, se passer du concours des directeurs des domaines, qui sont chargés de préparer et de suivre l'instruction des affaires. Les chefs des divers services ministériels dans les départements participent également, chacun en ce qui le concerne, à la défense des droits de l'Etat, en remettant au préfet, pour être communiqués au directeur des domaines, tous les actes, plans et documents nécessaires et en y joignant leurs observations et leurs avis (1).

Les instances domaniales sont soumises, en partie aux règles du droit commun, en partie à des règles spéciales dont nous indiquerons les plus caractéristiques.

Avant d'engager une instance, le préfet doit exiger du directeur des domaines la remise d'un mémoire énonciatif avec pièces à l'appui. Copie du mémoire est transmise aux parties avec invitation de faire connaître leur réponse dans le délai d'un mois. Le préfet donne ensuite une assignation, qui est le *premier* acte interruptif de prescription. — Si l'action est intentée contre l'Etat, la partie plaignante doit, au préalable, déposer à la préfecture un mémoire contenant l'exposé de la demande. Cette formalité, destinée à remplacer le préliminaire de conciliation dont sont dispensées les actions qui intéressent l'Etat, est requise à peine de nullité. Elle a pour effet d'interrompre la prescription au profit du demandeur. Celui-ci doit ensuite procéder par exploit d'assignation.

L'instance, une fois engagée, est suivie, en ce qui concerne le domaine, soit au moyen de mémoires, soit par le ministère des avoués. Si les parties sont, en effet, toujours tenues de constituer avoué, le domaine peut s'en dispenser, à moins que la nature de la cause ne l'exige (2).

(1) Le ministre de la guerre s'est toutefois réservé le droit d'examiner et de faire suivre comme il l'entend, en dehors de toute intervention du service de l'enregistrement, les instances relatives au domaine militaire.

(2) Il existe certaines procédures spéciales pour lesquelles le ministère d'un avoué est obligatoire, même pour l'Etat.

Dès que le jugement a été prononcé, le directeur des domaines doit le signifier, s'il est conforme aux prétentions de l'Etat. Si, au contraire, il infirme les conclusions prises au nom du domaine, le préfet doit, après avoir consulté le directeur, en référer au ministre des finances, qui décide s'il y a lieu d'acquiescer, de transiger ou d'en appeler.

Il est procédé en appel, quelle que soit la partie appelante, de la même façon qu'en première instance ; le recours en cassation a lieu, le cas échéant, selon les formes habituelles.

Instances administratives. — C'est le préfet qui représente l'Etat devant les conseils de préfecture, le ministre des finances devant le Conseil d'Etat. La procédure devant les tribunaux administratifs a lieu conformément aux lois qui, d'une façon générale, règlent la matière.

Instances en matière de recouvrement. — Les poursuites et instances relatives au recouvrement des droits et revenus domaniaux sont portées devant les tribunaux civils, et suivies par l'administration des domaines exclusivement, en dehors de l'autorité préfectorale (1), suivant les formes prescrites pour l'enregistrement, à la seule différence que les contraintes sont décernées par le directeur des domaines, visées et rendues exécutoires par le président du tribunal civil de la situation des biens, et que les instances subissent les deux degrés de juridiction, quand l'importance de la somme le comporte. — En appel, l'instance est instruite et jugée sur mémoires respectivement signifiés, l'affaire ayant été, au préalable, rapportée par un conseiller et le ministère public ayant fourni ses conclusions orales.

---

(1) Toutefois, les contraintes pour le recouvrement des reliquats dus sur des prix de ventes immobilières doivent être visées et rendues exécutoires par le préfet.

IV. — Biens régis par l'administration des domaines

La loi a imposé à l'administration des domaines l'obligation de régir certains biens qui, en principe et à considérer les choses au moment où cette gestion s'engage et se poursuit, n'appartiennent pas à l'Etat. La raison d'être de cette prérogative est différente suivant les cas.

Certains de ces biens sont *dévolus* par la loi au domaine, qui ne peut cependant en acquérir la propriété définitive qu'après l'expiration d'un laps de temps plus ou moins long. Durant la période qui s'écoule entre le moment où l'Etat fait valoir ses droits éventuels et l'époque où il devient propriétaire à titre incommutable, la gestion de ces biens appartient naturellement à l'administration des domaines. — Sur d'autres biens, au contraire, l'administration ne peut prétendre à aucun droit immédiat de propriété, mais, pour des raisons d'ordre public, on a jugé à propos de lui confier le soin de les *administrer*.

La première catégorie de biens régis comprend les biens vacants et sans maître, les successions en déshérence.

Les successions vacantes, les biens des contumax, etc., composent la seconde catégorie.

Biens dévolus à l'Etat. — *Biens vacants et sans maître.* — L'article 713 du Code civil porte que « les biens qui n'ont pas de maître appartiennent à l'Etat ». Quelque impérative que soit cette formule, elle n'implique cependant pas que tout bien qui paraît vacant est définitivement attribué à l'Etat. L'Etat doit sans doute l'appréhender sur-le-champ, mais il n'en devient propriétaire que lorsque la prescription est acquise, c'est-à-dire, en règle générale et sauf exceptions, au bout de trente ans. Jusque-là, en effet, il pourrait être réclamé par des particuliers ; on ne peut donc savoir s'il est *réellement* vacant. L'Etat en est simplement propriétaire sous condition résolutoire.

La prise de possession de la *généralité* des biens vacants est autorisée par le préfet et constatée par un procès-verbal établi par le receveur des domaines. La gestion en est soumise aux mêmes règles que l'administration du domaine privé de l'État. Si, avant l'expiration de la période trentenaire, une réclamation justifiée se produit, le domaine est tenu de restituer les objets appréhendés ou une somme équivalente, s'ils n'ont pas été conservés en nature. La liquidation de cette indemnité est faite par le préfet ou par le ministre, suivant l'importance de la somme à rembourser.

Ces règles n'ont toutefois aucun caractère absolu. Elles ont été modifiées dans un grand nombre de cas et notamment en matière d'épaves. On comprend dans la désignation générique d'*épaves* les objets vacants et sans maître trouvés soit sur le rivage de la mer, soit dans les fleuves, soit à terre, tels notamment que les objets délaissés sur la voie publique, les animaux abandonnés, les articles d'or et d'argent envoyés par la poste et dont personne n'a demandé la délivrance pendant cinq ans, les objets déposés dans les greffes des tribunaux et non réclamés dans le délai de cinq ans, etc. A une exception près (**1**), toutes les épaves sont attribuées à l'État en vertu de l'article 713 du Code civil. La vente *immédiate*, s'il y a lieu, en est effectuée par les agents du domaine dans les formes prescrites pour le mobilier de l'État. Les particuliers n'en conservent pas moins le droit de se pourvoir en restitution durant certains délais plus ou moins étendus (trois ans à partir du dépôt pour les objets trouvés, etc.).

(1) Le produit des épaves maritimes est, en vertu d'une disposition expresse de la loi, affecté spécialement à la caisse des Invalides de la marine.

Successions en déshérence. — Une succession est en déshérence lorsque l'État la revendique à défaut de parents au degré successible, de légataires, d'enfants naturels ou de conjoint survivant (articles 767 et 768 du Code civil). — Cela revient à dire qu'une succession peut être réclamée par l'État toutes les fois que le défunt n'a laissé ni héritiers ni légataires, ou que ceux-ci ont renoncé à la succession par acte au greffe, et que les successeurs irréguliers, s'il y en a, n'ont pas fait valoir leurs droits (1).

Mais il convient de remarquer que l'État n'est pas obligé d'appréhender toute succession qui se trouve dans les conditions énoncées ci-dessus ; il peut, comme tout héritier ou tout successeur irrégulier, s'abstenir de la réclamer. C'est exclusivement à l'administration des domaines qu'il appartient d'examiner si, eu égard à l'actif et au passif de la succession, il est avantageux de la revendiquer au nom de l'État (2).

Dès que l'administration a reconnu qu'il convient de réclamer une succession, il est procédé, à la diligence des agents du domaine et avec le concours des officiers ministériels, à l'accomplissement des formalités prescrites par les articles 724, 769 et 770 du Code civil. Aux termes de ces articles, l'administration est tenue de demander l'envoi en possession des biens au tribunal de première instance du lieu dans lequel la succession s'est ouverte, et le tribunal ne peut statuer sur cette demande qu'après trois publica-

---

(1) Des lois particulières ont, pour certaines natures de successions, fait fléchir la règle générale. Les hospices et les hôpitaux notamment sont appelés à recueillir, de préférence à l'État, les biens des enfants admis dans lesdits établissements, les effets mobiliers des malades qui y décèdent.

(2) Dans la pratique, il est très rare que le domaine revendique une succession, dès le moment où elle est ouverte. Le plus généralement, l'administration laisse proclamer la vacance, et c'est simplement quand le curateur a terminé ses opérations, c'est-à-dire établi l'état de l'actif et acquitté le passif de la succession, que les agents du domaine, qui ont alors tous les éléments d'information nécessaires, demandent l'envoi en possession.

tions et affiches, sur les conclusions du procureur de la République. La procédure imposée à l'État comporte ainsi deux jugements successifs : l'un qui autorise l'administration à remplir les formalités de publications et d'affiches et à administrer provisoirement, l'autre qui lui accorde l'envoi en possession. Dans la pratique, le premier jugement est ordinairement qualifié *jugement d'envoi en possession provisoire*, et le second, *jugement d'envoi en possession définitive*. L'intervalle qui s'écoule entre ces deux actes judiciaires est généralement d'un an.

Dès que l'envoi en possession provisoire est prononcé, le receveur des domaines établi près le tribunal de première instance de l'arrondissement dans lequel la succession s'est ouverte, doit procéder aux actes conservatoires en commençant par faire apposer les scellés et rédiger un inventaire. A partir de l'envoi en possession définitive, il est véritablement chargé de l'administration des biens ; il recouvre les sommes dues au défunt, vend les meubles et les immeubles paye les dépenses, passe les baux, engage ou poursuit les instances nécessaires.

Avant la loi du 30 décembre 1903, la vente des meubles sujets à dépérissement et celle des immeubles ne pouvait avoir lieu qu'avec l'assentiment du tribunal. Il n'en est plus ainsi aujourd'hui ; l'article 7 de cette dernière loi autorise, en effet, l'administration des domaines à aliéner, dans la forme ordinaire des ventes de biens de l'État, tous les biens et valeurs provenant des successions en déshérence, immédiatement après l'envoi en possession définitive prononcé par le tribunal. Les droits des tiers sur le prix net des objets vendus ont été, d'ailleurs, expressément réservés, dans la loi.

Les successions en déshérence peuvent être revendiquées par les héritiers, légataires ou successeurs irréguliers du défunt, pendant trente ans à partir du jour de leur ouverture. Si les droits des ayants cause sont reconnus, le domaine est tenu de restituer les capitaux qu'il a encaissés, en déduisant simplement 5 pour 100 à titre de frais de régie (1). Quant aux *fruits* perçus durant la gestion, ils appartiennent au domaine en sa qualité de possesseur de bonne foi.

A l'expiration du délai de trente ans, si des réclamations ne se sont pas produites ou si elles ont été écartées, le droit de propriété de l'État, dont les jugements d'envoi en possession ont simplement reconnu l'éventualité, est définitivement consolidé par la prescription.

Biens administrés par l'Etat. — *Successions vacantes.* — Une succession est réputée vacante lorsque, après l'expiration des délais pour faire inventaire et pour délibérer, il ne s'est présenté personne pour la réclamer, qu'il n'y a pas d'héritier connu, ou que les héritiers connus y ont renoncé (article 811 du Code civil). Comme on le voit, la succession vacante diffère essentiellement de la succession en déshérence : une succession est en déshérence quand elle est réclamée par l'État à défaut d'héritiers ; une succession est vacante quand personne, pas même l'État, ne la revendique.

Toute succession réputée vacante doit être pourvue d'un curateur, soit sur la demande des parties intéressées, soit sur la réquisition du procureur de la République, en dehors de toute intervention officielle du service des domaines. La nomination du curateur est faite par le tribunal de première instance de l'arrondissement dans lequel la succession s'est ouverte.

Le curateur est chargé de *liquider la succession*. A cet effet il doit, avant tout, faire inventaire ; il est également tenu de provoquer la vente des meubles corporels : enfin,

---

(1) La loi du 4 mai 1855 fixe, d'ailleurs, *d'une manière générale*, les frais de perception et d'administration dus à l'enregistrement à 5 pour 100 du montant des sommes recouvrées pour le compte de tiers ou qui doivent leur être remises.

il doit exercer et poursuivre les droits de la succession ; administrer dans le sens le plus large du mot, sans pouvoir procéder de lui-même à des actes de disposition, tels que la vente des immeubles, qui, en principe, ne peuvent être autorisés que par le tribunal. Tous les deniers que le curateur fait rentrer doivent être versés directement dans la caisse du receveur des domaines du chef-lieu judiciaire de l'arrondissement dans lequel la succession s'est ouverte. Il est, en effet, interdit aux curateurs de conserver la moindre somme, quelque minime qu'elle soit, sauf dans des cas tout à fait exceptionnels. — De son côté, le receveur des domaines n'encaisse les fonds qui lui sont versés qu'en qualité d'intermédiaire entre la succession et la Caisse des dépôts et consignations. Cet établissement reste définitivement chargé de la garde de l'actif et acquitte, en même temps, le passif sur le consentement et d'après les indications du curateur, dont le rôle se borne, à cet égard, à fixer le chiffre des dettes du défunt.

La curatelle prend fin dès que le curateur a réalisé l'actif, fait payer le passif, en un mot dès que la succession est liquide. Elle prend fin avant cette époque, toutes les fois que l'hérédité est réclamée par un successeur du défunt ou par l'État. Dans ce dernier cas, la succession vacante devient une succession en déshérence.

Le curateur qui, en sa qualité de mandataire salarié (1), est responsable non seulement des dols, mais encore des fautes qu'il commet, doit fournir pendant le cours de sa gestion, tant au receveur des domaines qu'aux créanciers et légataires, des comptes provisoires. Il rend un compte

---

(1) Le curateur reçoit en effet une indemnité dont le taux est généralement fixé par le jugement de nomination. — Le domaine retient, de son côté, 5 pour 100 du produit des successions vacantes à titre de frais de perception, en vertu de la loi du 5 mai 1855, qui s'applique aux successions vacantes, aux biens des contumax, etc., comme aux successions en déshérence.

définitif aux mêmes créanciers et légataires ou aux héritiers et successeurs qui revendiqueraient la succession. Si le curateur s'est indûment constitué détenteur de certaines sommes, il appartient au receveur des domaines d'en poursuivre la restitution par voie de contrainte. Il est procédé, pour l'exécution de ces actes comme en matière de droits d'enregistrement.

Biens des contumax. — Le contumax, c'est-à-dire l'individu qui, accusé d'un fait qualifié crime, n'a pas été saisi, ne s'est pas présenté dans le délai qui lui a été assigné, ou s'est évadé est privé de l'administration de ses biens ; ceux-ci sont mis sous séquestre et gérés par le receveur des domaines du lieu où ils sont situés. Le séquestre des biens n'étant qu'un moyen de coercition exercé dans le but de priver les condamnés de leurs revenus et de les obliger ainsi à comparaître devant la justice, le domaine doit se borner à administrer les biens des contumax, sans procéder, autant que possible, à aucune aliénation.

Le séquestre peut se prolonger tant que le condamné n'a pas purgé sa contumace, soit pendant vingt années à dater de l'arrêt. Il cesse avant l'expiration de ce délai : si le contumax se présente, s'il vient à mourir, s'il est amnistié, enfin si la condamnation est de nature à emporter interdiction légale, auquel cas le condamné doit être pourvu d'un tuteur à l'expiration des cinq années qui suivent la date de l'arrêt.

Aussitôt que le séquestre est levé, le receveur des domaines établit un compte d'actif et de passif qui est présenté, soit au contumax, soit à ses héritiers, soit à son tuteur.

Biens des absents. — L'article 115 du Code civil reconnaissant à *toutes parties intéressées* la faculté d'obtenir un jugement de déclaration d'absence, et l'État étant, en sa qualité de successeur irrégulier, *partie intéressée* dans toutes les successions, le domaine peut invoquer à son profit les dispositions légales qui régissent l'absence et, par suite, se faire envoyer en possession des biens d'un absent, quitte à les restituer ultérieurement, s'il y a lieu.

Biens des comptables en retard. — Les biens des comptables directs du Trésor ou des comptables spéciaux des communes et établissements publics peuvent être séquestrés, lorsque ces agents ne fournissent pas leurs comptes en temps utile. Le séquestre est ordonné par arrêt de la Cour des comptes. Il prend fin quand le comptable a obtenu quitus de sa gestion.

TITRE VIII

ORGANISATION DE L'ADMINISTRATION DE L'ENREGISTREMENT DES DOMAINES ET DU TIMBRE

L'administration, chargée de l'assiette et de la perception des droits et produits que nous venons de décrire, comprend un service central à Paris et un service départemental.

1. — Administration centrale.

L'administration centrale se compose d'un directeur général nommé par le chef de l'État, sur la proposition du ministre des finances, de quatre administrateurs désignés de la même manière, de chefs et sous-chefs de bureau, de rédacteurs et de commis de diverses classes, nommés soit par le ministre des finances, soit par le directeur général, dans des conditions déterminées.

Ces agents sont répartis entre plusieurs divisions et bureaux, dans lesquels les affaires sont traitées suivant leur nature.

II. — Administration départementale.

A la tête du service de chaque département est placé un directeur (1) secondé par un ou plusieurs receveurs-rédacteurs, et ayant sous ses ordres immédiats un garde-magasin contrôleur de comptabilité.

Le personnel départemental comprend, en outre, un ou plusieurs inspecteurs, des sous-inspecteurs en nombre variable, des conservateurs des hypothèques, des receveurs et des surnuméraires, et, dans les grandes villes, des receveurs-contrôleurs.

Nous exposerons tout d'abord les attributions des receveurs.

Receveurs. — Les receveurs sont nommés par le directeur général et recrutés parmi les surnuméraires, qui sont eux-mêmes désignés à la suite d'un concours.

En règle générale, il existe dans chaque canton un bureau d'enregistrement géré par un receveur. Toutefois, les villes d'une certaine importance comptent plusieurs bureaux entre lesquels le service est divisé.

Les principales attributions des receveurs consistent :

1° A donner la formalité de l'enregistrement et à recevoir les déclarations ;

2° A percevoir les droits, produits et amendes dont le recouvrement leur est confié et à acquitter certaines dépenses ;

3° A contrôler l'exactitude des évaluations contenues dans les actes et les déclarations faites par les parties et,

---

(1) Il y a à Paris deux directeurs. L'un d'eux s'occupe exclusivement du domaine, de la direction de l'atelier général du timbre et du service de l'enregistrement pour la banlieue de Paris.

d'une manière générale, à rechercher les contraventions aux lois dont ils sont chargés d'assurer l'exécution ;

4° A exercer, s'il y a lieu, des poursuites contre les redevables.

(1°) Nous avons indiqué précédemment ce qu'on entend par *donner la formalité*. Nous rappellerons que le rôle des préposés, à cet égard, ne consiste pas simplement à faire mention littérale sur les actes de la quittance des droits, mais encore à s'assurer que les prescriptions de la loi civile relatives à la formation des contrats sont de tous points observées. Nous rappellerons également que les actes doivent être analysés et des déclarations résumées sur des registres tenus par le receveur. Ces registres portent le nom de *registres de formalités*.

Il y a un registre de formalités spécial pour chaque catégorie d'actes ou de déclarations. On distingue ainsi : les registres des actes civils publics, des actes judiciaires, des actes extrajudiciaires, des mutations par décès, etc.

Les actes doivent y être analysés le jour même du dépôt, les déclarations transcrites au moment de la comparution des parties. Afin de donner plus de fixité à la date des enregistrements et d'assurer, s'il y a lieu, l'application des peines pécuniaires, les receveurs *arrêtent*, au moment de la clôture des opérations de chaque journée, tous les registres de formalités. L'arrêté consiste en une mention mise à la suite du dernier enregistrement, datée et signée par le préposé.

(2°) Les receveurs d'enregistrement sont chargés d'encaisser des droits et d'acquitter des dépenses.

Recettes. — Les recettes peuvent se diviser en trois catégories : le produit de la débite du timbre (vente des papiers timbrés et timbres mobiles), les droits au comptant et les droits constatés.

Les papiers timbrés, dont chaque receveur s'approvisionne dans les conditions que nous avons indiquées, sont vendus au public, aux débitants auxiliaires, aux officiers ministériels. Les droits, encaissés au fur et à mesure des ventes, ne sont pas immédiatement portés en recette ; en principe, c'est en fin de mois seulement que le receveur fait le décompte des quantités débitées et en inscrit le produit sur un registre spécial, appelé *registre de la comptabilité du timbre*.

On entend par droits au comptant les droits perçus, comme cela a lieu dans la majorité des cas, lors de l'enregistrement des actes ou des déclarations. La liquidation et la perception de ces droits s'opérant simultanément, c'est sur le registre de formalités que s'effectuent à la fois l'enregistrement et l'inscription de la recette.

On comprend également sous la dénomination de droits au comptant, les taxes et amendes qui ont pu être préalablement relevées ou liquidées provisoirement par l'administration, mais dont la liquidation définitive n'intervient qu'au moment même du payement (impôt sur le revenu des valeurs mobilières, droits supplémentaires et amendes, taxes d'abonnement, etc.). Les renseignements qui permettent d'établir l'exigibilité de ces droits et d'en fixer *approximativement* le montant sont consignés sur des registres spéciaux appelés *sommiers*. La recette est inscrite sur les registres de formalités ou, dans certains cas, sur des registres à souche.

Les droits constatés sont ceux dont la liquidation précède le recouvrement ; tels sont les droits et amendes d'enregistrement, de timbre, etc., dont l'exigibilité a été reconnue par un jugement, et tous les produits dont le montant a été *définitivement* arrêté par une décision judiciaire ou administrative. Ils sont consignés sur des sommiers, dits *sommiers des droits et produits constatés*, et portés en recette, après payement, sur un registre à souche spécial.

Dépenses. — Les dépenses publiques que les receveurs doivent acquitter sont : les frais de justice, les frais de Régie propres à l'administration de l'enregistrement, les remboursements et restitutions de droits.

Comptabilité. — A la différence des autres comptables publics, les receveurs de l'enregistrement ne sont pas tenus de résumer journellement leurs opérations de recettes et de dépenses. Simplement, à la fin de chaque mois, ils récapitulent tout l'ensemble de leur comptabilité sur un registre appelé *sommier de dépouillement*, où ils relèvent les totaux, pour le mois, de chacun des registres de recettes et du registre des dépenses.

(3°) Nous savons que les préposés de l'enregistrement peuvent user, en dehors de leur bureau, de certains droits d'investigation qui leur permettent de rechercher la fraude. Les dispositions légales prises à cet égard ont été complétées par des mesures d'ordre intérieur : les receveurs sont obligés de tenir certains documents ; ils reçoivent et transmettent périodiquement des renseignements de diverse nature.

Les documents tenus dans les bureaux et destinés à faciliter les recherches sont : des sommiers, des tables et un répertoire.

On consigne sur les sommiers soit les titres qui doivent donner lieu à des recouvrements, soit les renseignements qui peuvent ultérieurement motiver la perception de droits ou d'amendes.

Les tables et le répertoire général ont pour objet de résumer et de coordonner les renseignements épars dans les registres et dans les divers documents du bureau.

Le répertoire général se compose d'une série de comptes ouverts au nom de chaque contribuable ; ces comptes relatent, soit à l'actif, soit au passif, tous les actes ou déclarations enregistrés concernant cette personne et dont il peut être utile, dans l'intérêt du Trésor, de conserver la trace. Le répertoire n'étant pas établi dans l'ordre alphabétique, on recherche les comptes qui y sont ouverts au moyen de bulletins mobiles classés alphabétiquement (1). Les tables sont : la table des décès et la table des baux. La première présente le relevé alphabétique, par lettre initiale, de tous les décès notifiés au receveur. Ainsi, les préposés sont à même de découvrir les décès qui ne sont pas suivis de déclaration de succession et, le cas échéant, de réclamer les droits et amendes encourus ou d'exiger un certificat d'indigence.

La table des baux consiste en un relevé, par commune, des baux d'immeubles. Elle sert, d'une part, à suivre les échéances pour les baux à périodes, d'autre part, à vérifier l'exactitude des déclarations des parties en matière de mutation à titre gratuit ; on se rappelle, en effet, que, dans ce cas, le prix du bail constitue la base légale du revenu à déclarer. Pour compléter ce contrôle, on doit, dans chaque bureau, conserver et classer, par commune et dans l'ordre alphabétique des bailleurs, les déclarations de locations verbales.

Dans les villes soumises à un recensement annuel pour l'assiette des contributions directes, il n'est pas tenu de table des baux. Il est ouvert, pour chaque immeuble, un dossier dans lequel sont placés un relevé spécial des baux écrits et les feuilles de déclarations de locations verbales. Ces dossiers sont classés par rues, dans l'ordre des numéros des maisons (2).

---

(1) Le répertoire est particulièrement utile dans le cas de mutation par décès. Pour contrôler la déclaration de succession faite par les héritiers, on recherche au répertoire, à l'aide du fichier mobile, le compte du défunt, et on y trouve l'indication de tous les actes enregistrés où il a été partie et qui ont eu pour effet d'augmenter son actif, tels que : acquisitions immobilières, titres de créance, etc.

(2) Pour connaître les locations consenties par un propriétaire, il

— Les renseignements que les receveurs d'enregistrement transmettent et reçoivent peuvent se diviser en deux catégories : ceux qui sont recueillis par les préposés de l'enregistrement et qu'ils s'adressent entre eux, ceux qui proviennent des autres administrations.

Tout préposé est tenu de faire ce qu'on appelle le *renvoi* des extraits d'actes ou d'enregistrement, des titres de recouvrement et de tous renseignements qui sont de nature à intéresser le service d'un de ses collègues. Ainsi, chaque receveur doit avoir communication, au moyen de renvois, des baux ou actes de vente concernant des immeubles situés dans la circonscription de son bureau, mais enregistrés dans un autre bureau. Les renvois sont rédigés au fur et à mesure des enregistrements sur des formules spéciales, et transmis tous les mois, par l'intermédiaire de la direction du lieu d'origine et de celle du lieu de destination, au bureau qu'ils intéressent (1).

---

suffit, si la ville est recensée, de rechercher le compte du répertoire ouvert à l'intéressé. On trouve, à l'actif, la mention des baux et locations verbales. Dans les autres communes, il faut consulter le bulletin mobile correspondant au compte du propriétaire ; cette fiche présente, au verso, des indications qui permettent de se reporter à la table des baux ou au dossier des locations verbales.

(1) Cet échange de renseignements a été étendu, dans ces dernières années à un pays voisin. La Grande-Bretagne a passé avec la France une convention dont le but principal est de réprimer la fraude à laquelle donne lieu, dans chacun des pays contractants, le payement des droits exigibles sur les valeurs mobilières qui font l'objet d'une transmission par décès.

L'arrangement conclu, le 15 novembre 1907, entre la France et la Grande-Bretagne, stipule que toute déclaration souscrite en France, après le décès d'une personne domiciliée dans le Royaume-Uni fera l'objet, mais seulement lorsqu'elle comprendra des valeurs mobilières s'élevant au moins à 2.520 francs, d'un extrait contenant : 1° les nom, prénoms et domicile du défunt; 2° la date et le lieu de son décès ; 3° les renseignements relatifs aux héritiers, donataires ou légataires : 4° la consistance de l'hérédité en valeurs mobilières, c'est-à-dire l'énumération détaillée et complète de ces valeurs.

L'envoi doit en être fait à l'administration anglaise dans les six premières semaines de chaque trimestre.

De son côté, *le Board of Inland Revenue* doit expédier dans les

Dans le but de coordonner l'action des différentes administrations et de les amener à se prêter un mutuel concours, on a successivement imposé à divers fonctionnaires l'obligation d'adresser aux receveurs de l'enregistrement les renseignements qui peuvent leur être utiles. C'est ainsi que les maires sont, comme nous l'avons dit, tenus de fournir tous les trois mois un relevé ou *notice* des décès survenus durant le trimestre expiré. De même, les trésoriers-payeurs généraux doivent transmettre périodiquement l'état des sommes payées à des héritiers de créanciers de l'Etat, etc.

4° Tous les détails concernant le rôle des receveurs en matière de poursuites ont été donnés dans le titre VI.

Receveurs-contrôleurs. — Dans les grandes villes, où le service est particulièrement chargé, les receveurs d'enregistrement sont secondés par des receveurs-contrôleurs. Ceux-ci doivent procéder à des recherches pour découvrir les droits fraudés, et tenir certains des documents du bureau, tels que le répertoire général (1), les dossiers des baux et locations verbales, etc.

Il existe des receveurs-contrôleurs des baux, des receveurs-contrôleurs des successions, qui sont plus spécialement chargés de l'une ou de l'autre partie du service.

Conservateurs des hypothèques. — En principe, il y a dans chaque arrondissement un conservateur des hypothèques nommé par le ministre. Toutefois, nous avons vu que par application de la loi du 30 mai 1899 un certain nom-

---

mêmes délais à la Direction générale de l'Enregistrement, des extraits de toutes les déclarations de successions souscrites dans toute l'étendue du Royaume-Uni qui concerneraient des personnes domiciliées en France et énonceraient des valeurs mobilières pour un capital d'au moins cent livres sterling.

(1) Dans les villes où il existe des receveurs-contrôleurs, le répertoire général est tenu sous une forme particulière.

bre de conservations ont été divisées entre plusieurs titulaires ; à l'inverse, dans les arrondissements de peu d'importance, c'est le receveur d'enregistrement qui remplit les fonctions de conservateur des hypothèques.

Le conservateur des hypothèques est chargé : d'accomplir les formalités hypothécaires dans les conditions imposées par la loi civile et de percevoir les droits exigibles en conséquence, — de délivrer aux parties les états ou certificats qu'elles demandent.

— Les droits perçus par les conservateurs des hypothèques figurent dans une comptabilité analogue à celle des receveurs d'enregistrement. Les conservateurs inscrivent en recette, sur le registre des dépôts, les droits d'hypothèques, qui sont presque exclusivement perçus au comptant ; ils tiennent un registre et des sommiers des droits et produits constatés, qui ne sont généralement utilisés que dans des cas accidentels ; ils résument enfin mensuellement leur comptabilité sur un sommier de dépouillement (1).

— Pour établir les certificats ou états qu'ils sont tenus de délivrer aux parties, les conservateurs doivent connaître la situation hypothécaire de tout particulier. Ces renseignements leur sont fournis par le *répertoire* Ce document, à peu près semblable au répertoire des bureaux d'enregistrement, bien qu'il n'ait pas le même objet, se compose d'une série de comptes ouverts présentant, pour chaque personne, une mention sommaire des diverses formalités qui la concernent (inscriptions, transcriptions, radiations, subrogations, etc...) Les recherches au répertoire se font au moyen d'une table alphabétique.

— Enfin les conservateurs des hypothèques adressent

---

(1) Indépendamment des droits au profit du Trésor, les conservateurs des hypothèques prélèvent à leur bénéfice des salaires qu'ils inscrivent en recette, en dehors de leur comptabilité administrative, sur un registre dit *journal des salaires*.

certains renvois aux bureaux d'enregistrement et en reçoivent (1).

Sous-inspecteurs. — Les sous-inspecteurs sont nommés par le directeur général ; ils sont chargés à la fois de contrôler les receveurs et de compléter leur travail.

En leur qualité d'agents de contrôle, ils doivent vérifier la caisse des receveurs, revoir la comptabilité des bureaux ; s'assurer, par des rapprochements de quittances, de la sincérité des écritures ; enfin se rendre compte de la bonne exécution du service.

Ils complètent le travail des receveurs, d'une part en revisant l'enregistrement de tous les actes et déclarations et, d'une façon générale, toutes les perceptions ; d'autre part, en procédant à des recherches personnelles, soit dans le bureau même à l'aide des documents d'ordre intérieur, soit en dehors chez les divers assujettis aux vérifications de l'enregistrement.

Afin de remplir leur double mission, les sous-inspecteurs font des *vérifications à l'improviste* et des *vérifications de régie* dont l'ordre est réglé par le directeur. Les vérifications à l'improviste sont en nombre variable. Tous les ans une vérification de régie a lieu dans chaque bureau ; elle comprend l'examen de toutes les opérations effectuées par un même comptable dans le cours d'une année (2).

Inspecteurs. — Il existe, dans chaque département, un ou plusieurs inspecteurs, nommés par le ministre des finances, qui ont mission de contrôler les sous-inspecteurs

---

(1) On comprend par exemple qu'il soit particulièrement utile de signaler aux receveurs d'enregistrement les renouvellements d'inscriptions hypothécaires requis par les héritiers d'un créancier décédé.

(2) Si plusieurs receveurs se sont succédé dans le même bureau au cours d'une année, il est procédé à autant de vérifications de régie qu'il y a eu de comptables différents. Chacune de ces vérifications porte sur la gestion d'un même titulaire.

et, par le fait même, de vérifier au second degré le travail des receveurs.

On comprend que, étant en nombre plus limité que les sous-inspecteurs, ils ne puissent procéder à la vérification intégrale de toutes les opérations dans chaque bureau. Ils visitent un certain nombre de bureaux désignés par le directeur et contrôlent, par épreuves, les parties du service qui attirent particulièrement leur attention. Leurs recherches, de même que celles des sous-inspecteurs, comportent des investigations chez les officiers publics, dans les administrations ou sociétés.

Indépendamment du travail d'inspection proprement dit, ces employés supérieurs peuvent être appelés à étudier des affaires contentieuses ou des questions domaniales.

Directeurs. — Les directeurs départementaux sont nommés par décret, après concours, sur la proposition du ministre des finances et sur la présentation du directeur général. Ils sont secondés par un ou plusieurs receveurs-rédacteurs qui font partie des cadres de l'administration. L'expédition des affaires est, en outre, assurée par des commis qui n'appartiennent pas à l'administration et qui sont choisis et salariés par le directeur.

Les directeurs sont chefs du service dans le département ; ils ont en même temps des attributions qui leur sont propres.

En leur qualité de chefs de service, ils sont *ordonnateurs secondaires*, c'est-à-dire qu'ils mandatent les dépenses de l'administration de l'enregistrement ; ils surveillent leur personnel, sont en relation avec les autres administrations ; ils contrôlent et récapitulent la comptabilité des receveurs au moyen des comptes qui leur sont adressés périodiquement ; ils règlent le travail des employés supérieurs ; transmettent les renvois et tous les états de renseignements, etc.

Ils ont des attributions propres en matière domaniale (voir titre VII) et en matière contentieuse. Nous rappellerons à ce sujet qu'ils approuvent les soumissions en cas d'insuffisance, qu'ils engagent les expertises, qu'ils autorisent les poursuites pour le recouvrement des droits, en surveillent l'exécution, qu'ils suivent les instances devant les tribunaux, rédigent les mémoires, etc.

Gardes-magasins, contrôleurs de comptabilité. — Les directeurs ont sous leurs ordres immédiats des gardes-magasins contrôleurs de comptabilité, qui appartiennent à un cadre spécial appelé *cadre auxiliaire*. Ils sont choisis parmi les commis des bureaux ou des directions à la suite d'un concours spécial ; ils ne peuvent être promus à aucun autre emploi.

Ces agents sont, ainsi que nous l'avons dit précédemment, chargés de la réception, de la garde et de l'expédition des papiers timbrés de toute nature, du contrôle du timbre extraordinaire et du service des impressions. Ils participent en outre à la centralisation et à la vérification des écritures des receveurs ; ils préparent le travail de la liquidation et de l'ordonnancement des dépenses.

FIN DU PREMIER VOLUME

TABLE DES MATIÈRES

Préface I

PREMIÈRE PARTIE

CONTRIBUTIONS DIRECTES ET TAXES ASSIMILÉES

TITRE PREMIER. — Assiette des contributions directes . . 4
Chapitre premier. — Impôts de répartition et impôts de quotité 4
Chapitre II. — Impôt foncier. 7
    I. — Contribution foncière des propriétés non bâties . 7
    II. — Contribution foncière des propriétés bâties . . . 24
Chapitre III. — Impôt personnel-mobilier 34
Chapitre IV. — Impôt des portes et fenêtres. – Appendice . 43
Chapitre V. — Impôt des patentes 51
Chapitre VI. — Centimes additionnels au principal des quatre contributions directes 67
Chapitre VII. — Taxes assimilées perçues pour le compte de l'État 72
    I. — Taxe des biens de mainmorte 72
    II. — Redevance des mines 76
    III. — Droits de vérification des poids et mesures . . . 78
    IV. — Droits de vérification des alcoomètres et densimètres 81
    V. — Droits de visite des pharmacies et magasins de droguerie 82
    VI. — Droits d'inspection des fabriques et dépôts d'eaux minérales 82
    VII. — Contribution des chevaux, voitures, mules et mulets 83
    VIII. — Taxe sur les vélocipèdes 88
    IX. — Taxe sur les billards publics et privés 89
    X. — Taxe sur les cercles, sociétés et lieux de réunion . 90
    IX. — Taxe militaire. 93
    XII. — Redevance pour la rétribution des délégués mineurs 94
    XIII. — Droits d'épreuve des appareils à vapeur et des récipients de gaz liquéfiés ou comprimés 95

TABLE DES MATIÈRES

XIV. — Redevances pour frais de surveillance des fabriques de margarine et d'oléo-margarine	96
XV. — Centimes additionnels au principal des taxes assimilées	96
CHAPITRE VIII. — Taxes assimilées perçues au profit des communes, associations syndicales, Bourses et chambres de commerce, etc.	97
I. — Prestations en nature	98
II. — Taxe vicinale	103
III. — Taxe sur les chiens	103
IV. — Contribution pour les frais d'entretien des Bourses et chambres de commerce	105
V. — Taxes de remplacement des droits d'octroi	107
CHAPITRE IX — Réclamations relatives à l'assiette des contributions directes et taxes assimilées	109
CHAPITRE X. — Organisation et attributions de l'administration des contributions directes	121
I. — Attributions du contrôleur	121
II. — Attributions de l'inspecteur	127
III. — Attributions du directeur	127
TITRE DEUXIÈME. — RECOUVREMENT DES CONTRIBUTIONS DIRECTES.	131
I. — Organisation de l'administration chargée du recouvrement	131
II. — Formalités préalables à la mise en recouvrement des rôles	132
III. — Formes ordinaires du recouvrement	133
IV. — Privilège du Trésor pour le recouvrement des impôts directs	136
V. — Droits du Trésor à l'égard des tiers	138
VI. — Poursuites pour le recouvrement des contributions directes	142
VII. — Apurement définitif des rôles et prescriptions	152

DEUXIÈME PARTIE

ENREGISTREMENT, DOMAINE ET TIMBRE

TITRE PREMIER. — ENREGISTREMENT	159
CHAPITRE PREMIER. — Assiette des droits	159
I. — Généralités	159
II. — Division des droits d'enregistrement	166
III. — Droit fixe	169
IV. — Droit proportionnel	173
V. — Droit proportionnel réduit	192
VI. — Des fraudes dans les énonciations des actes et dans les déclarations des parties	197
VII. — Exemptions	212

TABLE DES MATIÈRES

Chapitre II. — Perception des droits	215
I. — Des délais pour l'enregistrement des actes et des déclarations	215
II. — Des bureaux où les actes et mutations doivent être enregistrés	221
III. — Du payement des droits et amendes. — De ceux qui doivent les acquitter	223
IV. — Privilège du Trésor	226
V. — Obligations des officiers publics et des détenteurs de biens héréditaires	228
VI. — Droits et obligations des receveurs	234
VII. — Des droits acquis et des prescriptions	237

TITRE DEUXIÈME. — Timbre 241

I. — Généralités	241
II. — Timbre de dimension	245
III. — Timbre proportionnel	249
IV. — Timbres spéciaux	253
V. — Exemptions	268
VI. — Obligations des officiers publics et des receveurs. — Droits des préposés de l'enregistrement et des agents des autres administrations	270
VII. — Du payement des droits. — Du privilège du Trésor. — Des droits acquis et des prescriptions	273

TITRE TROISIÈME. — Taxes diverses 276

Chapitre premier. — Impôts sur les contrats d'assurance	277
I. — Droits d'enregistrement	278
II. — Droits de timbre	284
III. — Pénalités. — Mesures prises pour prévenir la fraude	286
IV. — Prescriptions	289
Chapitre II. — Impôts sur les valeurs mobilières françaises	294
I. — Droits de timbre	294
II. — Droits de transmission	300
III. — Impôt sur le revenu	307
IV. — Appendice. — Lots et primes de remboursement	317
Chapitre III. — Impôts sur les valeurs mobilières étrangères	320
I. — Taxes annuelles	321
II. — Droit de timbre au comptant	326
Chapitre IV. — Impôts sur les congrégations religieuses et sur les sociétés similaires	330
I. — Impôt sur le revenu	333
II. — Droit d'accroissement — Taxe d'abonnement	335
III. — Pénalités. — Mesures prises pour prévenir la fraude	341
IV. — Prescriptions. — Privilège	343
Chapitre V. — Impôt sur les opérations de Bourse	344

TITRE QUATRIÈME. — Droits de greffe 352

TITRE CINQUIÈME. — Du régime hypothécaire et des droits d'hypothèques 354
    I. — Formalités hypothécaires 354
    II. — Droits au profit du Trésor 361

TITRE SIXIÈME. — Instances et procédure en matière d'enregistrement, timbre, hypothèques, etc. 368
    I. — Instances en restitution des droits. 369
    II. — Poursuites et instances relatives au recouvrement des droits et amendes de toute nature 370

TITRE SEPTIÈME. — Domaine de l'État 377
    I. — Domaine public 378
    II. — Domaine privé 384
    III. — Poursuites et instances en matière domaniale . . 390
    IV. — Biens régis par l'administration des domaines . . 394

TITRE HUITIÈME. — Organisation de l'administration de l'enregistrement, des domaines et du timbre. 402
    I. — Administration centrale. 402
    II. — Administration départementale 403

LAVAL. — IMPRIMERIE L. BARNÉOUD ET Cie.